马克思主义理论研究
和建设工程重点教材

管理学

《管理学》编写组

主　编　陈传明

副主编　徐向艺　赵丽芬

主要成员

（以姓氏笔画为序）

杨　忠　张玉利　周小虎
周卫中　周利国　钟耕深
班　博　贾良定

高等教育出版社·北京

二维码资源访问

使用微信扫描本书内的二维码,输入封底防伪二维码下的20位数字,进行微信绑定,即可免费访问相关资源。注意:微信绑定只可操作一次,为避免不必要的损失,请您刮开防伪码后立即进行绑定操作!

教学课件下载

本书有配套教学课件,供教师免费下载使用,请访问 xuanshu.hep.com.cn,经注册认证后,搜索书名进入具体图书页面,即可下载。

图书在版编目(CIP)数据

管理学/《管理学》编写组编. -- 北京:高等教育出版社,2019.1(2022.8重印)
马克思主义理论研究和建设工程重点教材
ISBN 978-7-04-045832-9

Ⅰ.①管… Ⅱ.①管… Ⅲ.①管理学-高等学校-教材 Ⅳ.①C93

中国版本图书馆 CIP 数据核字(2018)第 149448 号

| 责任编辑 | 牛 杰 | 封面设计 | 王 鹏 | 版式设计 | 于 婕 | 插图绘制 | 黄建英 |
| 责任校对 | 高 歌 | 责任印制 | 赵 振 | | | | |

出版发行	高等教育出版社	网 址	http://www.hep.edu.cn
社 址	北京市西城区德外大街4号		http://www.hep.com.cn
邮政编码	100120	网上订购	http://www.hepmall.com.cn
印 刷	高教社(天津)印务有限公司		http://www.hepmall.com
开 本	787mm×1092mm 1/16		http://www.hepmall.cn
印 张	24.25		
字 数	460千字	版 次	2019年1月第1版
购书热线	010-58581118	印 次	2022年8月第32次印刷
咨询电话	400-810-0598	定 价	48.00元

本书如有缺页、倒页、脱页等质量问题,请到所购图书销售部门联系调换
版权所有 侵权必究
物 料 号 45832-00

目 录

绪 论 ……………………………………………………………………………… 1
    一、管理学的研究对象 ………………………………………………………… 1
    二、管理学的产生与发展 ……………………………………………………… 3
    三、管理学的学习意义与方法 ………………………………………………… 10

第一篇 总 论

第一章 管理导论 ……………………………………………………………… 19
  第一节 管理的内涵与本质 ……………………………………………………… 19
    一、组织与管理 ………………………………………………………………… 19
    二、管理的内涵 ………………………………………………………………… 22
    三、管理的本质 ………………………………………………………………… 25
  第二节 管理的基本原理与方法 ………………………………………………… 27
    一、管理的基本原理 …………………………………………………………… 28
    二、管理的基本方法 …………………………………………………………… 31
    三、管理的基本工具 …………………………………………………………… 33
  第三节 管理活动的时代背景 …………………………………………………… 35
    一、全球化 ……………………………………………………………………… 35
    二、信息化 ……………………………………………………………………… 37
    三、市场化 ……………………………………………………………………… 39

第二章 管理理论的历史演变 ………………………………………………… 44
  第一节 古典管理理论 …………………………………………………………… 44
    一、科学管理研究 ……………………………………………………………… 44
    二、一般管理研究 ……………………………………………………………… 47
    三、科层组织研究 ……………………………………………………………… 52
  第二节 现代管理流派 …………………………………………………………… 53
    一、管理思维的系统与权变研究 ……………………………………………… 54
    二、管理本质的决策与协调研究 ……………………………………………… 57
    三、管理分析的技术与方法研究 ……………………………………………… 61

第三节　当代管理理论 ································ 62
一、制度视角的研究：新制度学派的组织趋同理论 ········ 62
二、技术视角的研究：企业再造理论 ···················· 66

第二篇　决　策

第三章　决策与决策过程 ································ 71
第一节　决策及其任务 ································ 71
一、决策的概念和要素 ······························ 71
二、决策与计划 ···································· 72
三、决策的功能与任务 ······························ 73
第二节　决策的类型与特征 ···························· 74
一、决策分类 ······································ 74
二、决策的特征 ···································· 76
第三节　决策过程与影响因素 ·························· 77
一、决策过程模型 ·································· 77
二、决策的影响因素 ································ 80
三、决策的准则 ···································· 80

第四章　环境分析与理性决策 ···························· 84
第一节　组织的内外部环境要素 ························ 84
一、环境分类 ······································ 84
二、环境分析的常用方法 ···························· 87
第二节　理性决策与非理性决策 ························ 91
一、理性决策 ······································ 91
二、行为决策 ······································ 92
三、非理性决策 ···································· 94
四、价值理性与工具理性的对立 ······················ 95
第三节　决策方法 ···································· 96
一、决策背景研究方法 ······························ 96
二、活动方案生成与评价方法 ························ 98
三、选择活动方案的评价方法 ························ 99

第五章　决策的实施与调整 ······························ 104

第一节 实施决策的计划制定 …………………………………………… 104
　一、计划的本质与特征 ………………………………………………… 104
　二、计划的类型与作用 ………………………………………………… 104
　三、计划编制的过程与方法 …………………………………………… 107
第二节 推进计划的流程和方法 …………………………………………… 110
　一、目标管理 …………………………………………………………… 110
　二、PDCA 循环 ………………………………………………………… 115
　三、预算管理 …………………………………………………………… 116
第三节 决策追踪与调整 …………………………………………………… 118
　一、决策追踪与调整的内涵 …………………………………………… 118
　二、决策追踪与调整的原则 …………………………………………… 119
　三、决策追踪与调整的程序及方法 …………………………………… 120

第三篇 组　　织

第六章 组织设计 ………………………………………………………… 127
第一节 组织设计的任务与影响因素 ……………………………………… 127
　一、组织设计的任务 …………………………………………………… 127
　二、组织设计的影响因素 ……………………………………………… 128
　三、组织设计的原则 …………………………………………………… 133
第二节 组织结构 …………………………………………………………… 135
　一、组织结构的概念 …………………………………………………… 135
　二、机械式组织与有机式组织 ………………………………………… 137
　三、组织结构的形式 …………………………………………………… 139
　四、组织结构的演变趋势 ……………………………………………… 145
第三节 组织整合 …………………………………………………………… 148
　一、正式组织与非正式组织的整合 …………………………………… 148
　二、层级整合 …………………………………………………………… 151
　三、直线与参谋的整合 ………………………………………………… 155

第七章 人员配备 ………………………………………………………… 159
第一节 人员配备的任务、工作内容和原则 ……………………………… 159
　一、人员配备的任务 …………………………………………………… 159
　二、人员配备的工作内容 ……………………………………………… 160

三、人员配备的原则 ·· 160
第二节　人员选聘 ··· 161
　　一、人员的来源 ·· 161
　　二、人员选聘的标准 ·· 163
　　三、人员选聘的途径与方法 ·· 163
　　四、人员录用 ·· 167
第三节　人事考评 ··· 169
　　一、人事考评的功能与要素 ·· 169
　　二、人事考评的方法 ·· 172
　　三、人事考评的工作程序 ·· 173
第四节　人员的培训与发展 ·· 173
　　一、人员培训的功能 ·· 173
　　二、人员培训的任务 ·· 174
　　三、人员培训的方法 ·· 175

第八章　组织文化 ··· 178
第一节　组织文化概述 ·· 178
　　一、组织文化的概念与分类 ·· 178
　　二、组织文化的特征 ·· 182
　　三、组织文化的影响因素 ·· 183
第二节　组织文化的构成与功能 ·· 185
　　一、组织文化的构成 ·· 185
　　二、组织文化的功能 ·· 186
　　三、组织文化的反功能 ·· 187
第三节　组织文化塑造 ·· 188
　　一、选择价值观 ·· 188
　　二、强化认同 ·· 189
　　三、提炼定格 ·· 190
　　四、巩固完善 ·· 190

第四篇　领　　导

第九章　领导的一般理论 ·· 195
第一节　领导的内涵与特征 ·· 195

一、领导与管理 ·· 195
　　二、领导权力的来源 ·· 196
　　三、领导三要素 ·· 198
第二节　领导与领导者 ·· 198
　　一、领导者特质理论 ·· 198
　　二、领导者行为理论 ·· 201
　　三、领导者团队理论 ·· 205
第三节　领导与被领导者 ·· 206
　　一、情境领导模型 ·· 206
　　二、领导—成员交换理论 ·································· 208
　　三、领导者角色理论 ·· 210
第四节　领导与情境 ·· 212
　　一、费德勒的权变领导理论 ······························ 212
　　二、豪斯的路径—目标领导理论 ······················ 214
　　三、文化背景与领导 ·· 216

第十章　激励 ·· 219
第一节　激励基础 ·· 219
　　一、人的行为过程及特点 ·································· 219
　　二、人性假设及其发展 ······································ 221
　　三、激励机理 ·· 224
第二节　激励理论 ·· 225
　　一、行为基础理论 ·· 225
　　二、过程激励理论 ·· 229
　　三、行为强化理论 ·· 233
第三节　激励方法 ·· 234
　　一、工作激励 ·· 235
　　二、成果激励 ·· 236
　　三、综合激励 ·· 237

第十一章　沟通 ·· 239
第一节　沟通与沟通类型 ·· 239
　　一、沟通及其功能 ·· 239
　　二、沟通过程 ·· 240

三、沟通类型与渠道……………………………………………………… 241
第二节　沟通障碍及其克服………………………………………………… 245
　　　一、有效沟通的标准……………………………………………………… 245
　　　二、影响有效沟通的因素………………………………………………… 245
　　　三、克服沟通障碍………………………………………………………… 247
第三节　冲突及其管理……………………………………………………… 249
　　　一、冲突的概念及特征…………………………………………………… 249
　　　二、冲突的原因与类型…………………………………………………… 252
　　　三、冲突观念的变迁……………………………………………………… 254
　　　四、管理冲突……………………………………………………………… 254

第五篇　控　　制

第十二章　控制的类型与过程……………………………………………… 261
第一节　控制的内涵与原则………………………………………………… 261
　　　一、控制的内涵…………………………………………………………… 261
　　　二、控制的系统…………………………………………………………… 262
　　　三、控制的原则…………………………………………………………… 264
第二节　控制的类型………………………………………………………… 265
　　　一、控制进程分类………………………………………………………… 265
　　　二、控制职能分类………………………………………………………… 267
　　　三、控制内容分类………………………………………………………… 269
第三节　控制的过程………………………………………………………… 269
　　　一、确定标准……………………………………………………………… 270
　　　二、衡量绩效……………………………………………………………… 274
　　　三、分析与纠偏…………………………………………………………… 275

第十三章　控制的方法与技术……………………………………………… 278
第一节　层级控制、市场控制与团体控制………………………………… 278
　　　一、层级控制……………………………………………………………… 278
　　　二、市场控制……………………………………………………………… 281
　　　三、团体控制……………………………………………………………… 283
第二节　质量控制方法……………………………………………………… 284
　　　一、工作质量与过程控制………………………………………………… 285

二、全面质量管理方法 287
　　三、六西格玛管理方法 289
第三节　管理控制的信息技术 294
　　一、信息技术及其在控制中的作用 294
　　二、现代控制的信息技术方法 296
　　三、基于信息技术的柔性作业系统 297

第十四章　风险控制与危机管理 301
第一节　风险识别与分析 301
　　一、风险及其分类 301
　　二、风险管理的目标 303
　　三、风险识别的过程 304
　　四、风险识别的方法 306
第二节　风险评估与控制 309
　　一、风险评估的标准 309
　　二、风险评估的方法 310
　　三、控制风险的策略 313
第三节　危机管理 318
　　一、危机及其特征 318
　　二、危机预警 319
　　三、危机反应与恢复管理 320

第六篇　创　　新

第十五章　创新原理 327
第一节　组织管理的创新职能 327
　　一、管理创新的内涵 327
　　二、管理工作的维持与创新关系 328
　　三、管理创新工作的内在规定性 330
第二节　管理创新的类型与基本内容 331
　　一、不同方式的管理创新 331
　　二、不同职能领域的管理创新 333
　　三、不同要素水平的管理创新 335
第三节　创新过程及其管理 337

一、创新动力来源……337
　　二、创新管理决策……339
　　三、实施创新领导……340
　　四、创新活动的评估与审计……341

第十六章　组织创新……344
　第一节　组织变革与创新……344
　　一、组织变革模式和路径……344
　　二、组织变革的障碍……346
　　三、组织变革过程管理……348
　第二节　组织结构创新……351
　　一、制度结构创新……352
　　二、层级结构创新……353
　　三、文化结构创新……356
　第三节　创新与学习型组织……357
　　一、作为知识体系的组织……358
　　二、知识创新的模式与过程……359
　　三、组织学习与组织修炼……362

结语：互联网时代的管理展望……365
　　一、互联网在商业领域的广泛应用……365
　　二、互联网广泛应用对企业活动产生的影响……366
　　三、互联网广泛应用引发的管理革命……367

阅读文献……370
人名译名对照表……372

后　记……376

绪　　论

　　管理学是研究人类管理活动一般规律的科学。时代背景不同，环境特征不同，管理活动的规律就会表现出不同的特征。管理学学习和研究的目的就是在揭示管理活动一般规律的基础上，分析这种规律在特定时期的表现形式，探讨如何根据这种规律指导不同情境下的管理实践。

一、管理学的研究对象

（一）个体活动与群体活动

　　广义上来说，管理学的研究对象既包括个体活动的管理，也包括群体活动的管理。任何个人即使在从事仅与自己相关的目标活动时，也需要在可利用的不同资源中进行选择。优先利用哪些资源？以什么样的方式利用这些资源？如何才能利用可支配的资源给自己带来尽可能大的收益？所有这些问题的解决都需要借助我们自己的统筹管理能力。即便我们在进行相关活动时能够利用的资源种类有限，可以选择的余地很小，也至少有一类基本问题需要解决：如何有效地利用时间？如何合理地把我们的时间资源分配在不同的活动中？时间管理也是管理的一个重要内容。个体活动的有效组织因此也应成为管理研究的重要议题。

　　个体活动需要管理，人类有组织的群体活动更需要管理。群体活动的管理首先需要选择群体活动的方向与内容。这种选择的实质是群体可支配资源的配置方向与配置方式选择，其目的是保证群体从可支配的资源利用中获得最大满足。但是，群体活动根据定义可知是由一群人完成的活动。这一群人中的每一个个体的工作能力是有差异的，能为组织提供的贡献是不同的，对组织要求其提供的特定服务的理解也是不一样的。所以，对群体活动的管理不仅要研究资源的利用，而且要研究人的努力的整合。要通过对人的管理使群体中不同人在不同时空的努力转化成对群体有效的贡献。

（二）一般组织与企业组织

　　持续的群体活动是在一定形式的组织中进行的。或者说，群体活动的持续进行导致了组织的产生。我们需要在思考群体活动管理，或者说需要在思考作为群体活动框架的组织管理的基础上抽象出一般的管理规律，然后在概括这些规律的基础上形成一般的管理理论，进而把这些理论移植于其他人类组织的管理。

　　从逻辑上说，任何形式的人类组织都有可能成为管理学的研究对象。然而历史的演进选择了工厂制度或在此基础上发展起来的现代企业作为管理学的研究对象。管理思考虽然历史渊源久远，但是管理思想则是伴随着工厂制度而大量涌现的。随着产业革命的发展，工厂或企业的数量愈来愈多，规模愈来愈大，活动内容愈来愈复杂，专门从事管理的人因此愈来愈多，对这些人所专门从事的管理活动的思考也愈来愈丰富。正是这些思考的累积促进了管理思想的系统形成，进而推动了管理理论的发展。因此，现代管理学通常通过解剖企业经营活动来描述和抽象管理活动的一般规律。把企业组织作为管理学的研究对象，不仅因为它是现代微观经济活动选择的普遍形式，这种组织形式数量众多、提供着大量鲜活的研究案例，而且也是历史发展的选择。

对人的活动，或者说对人在活动中的行为与关系的协调是企业以及其他有组织的群体活动管理的基本内容，因此在企业研究基础上抽象出的一般管理理论对其他类型组织的管理也具有普遍的指导意义。

(三) 管理学的研究体系

管理学的研究体系是由管理活动的过程特点决定的。管理活动是一个由决策、组织、领导、控制以及创新所构成的循环往复、螺旋上升的过程。

组织活动是整合相关资源实现特定目标的过程。组织可以从外部获得的资源以及组织获得这些资源的能力都是有限的。这种双重有限性决定了组织必须努力提高资源的利用效率。所有管理的最初目的都是要提高资源利用的效率。有效利用资源首先需要正确地利用资源，因此管理者首先需要研究和选择资源利用活动的正确方向和内容。这是管理的决策职能所要完成的任务。

管理者是通过整合组织中不同个体的努力来完成资源利用活动的。为此，管理者需要对所选择的活动进行分解，据此规定不同岗位的任务和职责（职务或职位设计），然后根据不同的标准把这些岗位组合成不同的部门（机构设计）并规定不同部门间的权力关系（结构设计），进而根据不同任务的要求招募合适的人员并把他们安置在不同的岗位上（人员配备）。这是管理的组织职能。

把招募到的人员安排在适当的岗位后，管理者还要研究怎样才能让这些人始终以饱满的热情、高昂的士气投身到组织活动中去。为此管理者要分析组织成员在参与组织活动中的行为影响因素，然后在此基础上设计合理的制度、选择恰当的领导方式以激发和引导组织成员的积极行为。这是管理的领导职能。

由于认知和能力的不同，组织成员在组织活动中的行为不一定完全符合组织的预定要求，所以管理者要对组织成员的行为表现进行及时的检查和追踪，分析他们的行为表现是否偏离了组织的预期。如果存在偏差，就要在分析偏差原因的基础上采取纠正偏差的行动。这是管理的控制职能。

控制保证了决策选择的活动能按预定的规则有秩序地进行。秩序是获得效率的前提。从某种意义上说，管理就是在设计并维持某种秩序。但是，我们知道，组织活动总是在特定环境中进行的，组织活动所需要的资源都是在环境中获取的，而环境本身又是在不断变化的。组织需要根据环境的变化不断调整决策、变革组织、完善领导、改进控制，需要不断打破旧秩序、建立新秩序。这是管理的创新功能。

通过控制，管理成为周而复始、不断循环的过程；通过创新，管理过程表现为这个循环的螺旋上升。管理学因此而需要研究这个循环往复、螺旋上升过程中的决策、组织、领导、控制、创新活动的内容，可以借助的方法以及必须依循的基本原则。据此，我们在教材中安排了"总论"以概述管理活动的基本特征并回顾管理思想的历史演进，安排了"决策""组织""领导""控制"以及"创新"等各篇以讨论管理学的基本原理。

二、管理学的产生与发展

只要有人的活动，特别是只要有人的群体活动，就会有对人以及人的群体活动的思考。从某种意义上说，人类就是在群体活动中不断发展的。因此，人类关于管理活动的思考有着非常悠久的历史，甚至可以说，人类关于管理活动的思考和人类本身一样历史久远。管理思想是不同时期人们关于管理活动思考的结晶，管理学的系统形成和发展即是这种思考及其结晶的累积。

(一) 中国古代管理思想

中国有着数千年的文明史，在浩如烟海的文献资料中蕴藏着极其丰富的关于管理的思考。顺道无为、重人求和、预谋慎战、依法治理就是其中几例。[1]

1. 顺道无为思想

中华民族早在自己的社会实践中发现，无论是自然界还是人们利用和改造自然的社会活动都有其自身的客观运行规律。这个客观规律就是"道"。利用和改造自然的社会活动的有效进行要在"辨道"的基础上"顺道"。"辨道"是要准确认识客观规律，"顺道"是要根据客观规律组织管理。

老子认为，"道法自然"，自然界和人类社会的运行都有其固有的规律。管子指出，对自然界来说，"天不变其常，地不易其则"[2]，其运行规律不以人的意志为转移。自然界如此，人类社会亦如此。生产活动的组织、市场交易的运行、农村和城市的治理，都有轨可循，"不通于轨数而欲为国，不可"[3]。因此，人们要取得事业成功，必须顺道而行，不能逆道而上。

---

[1] 参见蔡一：《华夏管理文化精粹》，高等教育出版社1996年版；陈炳富、陈传明：《略论孙子的慎战思想与现代企业的有限竞争》，《南京大学学报》（哲学·人文科学·社会科学版）1992年第2期，第31—37页。
[2] 张小木编著：《管子解说》，华夏出版社2009年版，第457页。
[3] 张小木编著：《管子解说》，华夏出版社2009年版，第524页。

辨道顺道，才能"无为而治"。辨道顺道，是指在认知客观规律的基础上，依据客观规律的要求设计和完善社会或组织运行的规则。无为不是消极放任，而是让客观规律自行发挥作用，让每个人都自觉根据客观规律的要求选择符合社会和组织需要的恰当行为，让组织活动在客观规律的约束与指导下有序地进行。规律与规则只要能正常地发挥作用，为政者就可不必太过干预。从这个意义上说，"无为"实为"有为"，"无为"实为"无不为"。

2. 重人求和思想

中国传统文化中儒家思想一直是居于主导地位的。儒家思想一贯强调人是管理的核心。以人为核心的管理，要求重视人的需要，讲求用人之道，实现人的和谐。

"民惟邦本，本固邦宁。"民本思想源于先秦，汉以后被进步思想家们奉为治国的基本方略。"闻之于政也，民无不为本也。国以为本，君以为本，吏以为本。"国家的安危、存亡、兴衰，定之于民。得民是治理、兴国之本。而欲得民则须先得民心。"政之所兴，在顺民心；政之所废，在逆民心"，"得众而不得其心，则与独行者同实"。① 为了得民心，必须为民谋利。只有"因民之所利而利之"，才能使"天下之民归心焉"②。

得人是基础，用人是保障。只有根据不同人的特点，使这些人的才干得以施展，社稷才能兴旺，国家才能发展。人的才干能否充分发挥，不仅取决于为政者使用是否得当，还取决于组织中人际关系是否和谐融洽。和则兴邦，和则生财。天时、地利、人和是中国人普遍认同的成功三要素。其中的人和是发挥天时、地利作用的先决条件，"天时不如地利，地利不如人和"，所以孔子提倡"礼之用，和为贵"，管子强调，"上下不和，虽安必危"。为求事业成功，务必"和协辑睦"，"上下和同"。

3. 预谋慎战思想

"兵马未动，粮草先行"，这不仅指行动前要做好后勤准备，而且强调任何活动的组织展开都要事先谋划。"凡事豫则立，不豫则废。""无过在于度数，无困在于预备。"③ 预者，预测、预谋、预备，核心是预谋。为预谋必须先预算，谋划方案，落实人力、物力的预备。孙子也主张未战先算，"以虞待不虞者胜"④。军事活动如此，经济活动亦如此。管子提倡"以备待时"，要有预见，才能备患于无形、

---

① 张小木编著：《管子解说》，华夏出版社 2009 年版，第 243 页。
② 《论语译注·尧曰》，杨伯峻译注，中华书局 2009 年版，第 206、208 页。
③ 《大学·中庸·第二十章》，王国轩译注，中华书局 2006 年版，第 110 页。
④ 《孙子兵法·谋攻篇》，陈曦译注，中华书局 2011 年版，第 52 页。

立于不败之地，"唯有道者能备患于未形也"①，"有道"即能遵守客观规律，由此产生了重视调查和预测的传统。范蠡经商注意预测年景变化规律，推知粮食供求和价格变化趋势，"论其有馀不足，则知贵贱"，"贵上极则反贱，贱下极则反贵"，进行"时断"和"智断"，进行及时收购和发售，并提出"旱则资舟，水则资车"的"待乏"原则。②

军事行动的进行往往涉及国家的生死存亡。因此，孙子强调，"兵者，国之大事，死生之地，存亡之道，不可不察也"③。但这里的"察"，不仅仅是强调研究道、天、地、将、法，分析双方资源优劣，而且要估算用兵动武可能产生的代价，要意识到"军争为利，军争为危"④。孙子指出，"不尽知用兵之害者，则不能尽知用兵之利也"⑤。用兵动武，纵能扩城掠地，但在实现这个结果之前，也可能导致双方阵地上血流成河、尸积如山。因此，"非利不动，非得不用，非危不战。主不可以怒而兴师，将不可以愠而致战"，一再告诫"明君慎之，良将警之"⑥。据此，孙子主张，"上兵伐谋，其次伐交，其次伐兵，其下攻城"，"不战而屈人之兵，善之善者也"。⑦

4. 依法治理思想

管理的目的是提高组织活动的效率。活动的效率是以秩序为前提的。从某种意义上说，管理就是围绕着秩序的建立和维持而进行的一系列工作。建立和维持秩序可以借助两种不同的方法：依靠管理者主要根据自己判断的实时监督，或者借助规则的制定和执行。前者是"人治"的基本特征，后者是"法治"或"依法治理"的本质。从国家层面来说，法治或依法治理就是根据法律、而非君主或官吏的个人好恶来调整社会、经济、政治关系，组织社会政治、经济活动。

中国历史上依法治理的思想源于先秦法家。韩非引用舜的治理事例比较了法治与人治的效率差异：舜事必躬亲，亲自解决民间的田界纠纷和捕鱼纠纷，花了三年时间才纠正了三个错误。韩非认为，此法不可取，"舜有尽，寿有尽，天下过无已者；以有尽逐无已，所止者寡矣"⑧。如果制定法规，公之于众，违者以法纠正，治理国家就方便多了。他进一步指出，"释法术而心治，尧不能正一国；去规矩

---

① 张小木编著：《管子解说》，华夏出版社2009年版，第7页。
② 参见司马迁：《史记·货殖列传》，韩兆琦评注，岳麓书社2012年版，第1752页。
③ 《孙子兵法·计篇》，陈曦译注，中华书局2011年版，第2页。
④ 《孙子兵法·军争篇》，陈曦译注，中华书局2011年版，第117页。
⑤ 《孙子兵法·作战篇》，陈曦译注，中华书局2011年版，第23页。
⑥ 《孙子兵法·火攻篇》，陈曦译注，中华书局2011年版，第225页。
⑦ 《孙子兵法·谋攻篇》，陈曦译注，中华书局2011年版，第37页。
⑧ 《韩非子》，高华平、王齐洲、张三夕译注，中华书局2018年版，第530页。

而妄意度，奚仲不能成一轮；废尺寸而差短长，王尔不能半中"①。只有借助"法术""规矩""尺寸"，才能建立稳定的政治或经济活动的秩序，提高治理的有效性。

依法治理，需要依循"明法""一法"以及"常法"的原则。

所谓"明法"，是指法的公开性原则。明则信："法必明，令必行"。"上有明法，下有常事也"。法或规则，只有形成文字并公之于众，才能使民众依法行事，使管理者执法有据。"令未布，而民或为之，而赏从之，则是上妄予也。……令未布而罚及之，则是上妄诛也"，因此，"宪律制度必法道，号令必著明，赏罚必信密，此正民之经也"。② 因为明法，"人不敢犯"，所以"明赏不费，明刑不暴"③。

所谓"一法"，是指法的统一性原则和平等性原则。一法首先要求法令统一，不能政出多门，一切"唯令是行"。如果"权度不一，则修义者惑"④，人们将会无所适从。一法还强调执法统一，不能区别对待，不搞"刑不上大夫"。韩非说，"明主使其群臣不游意于法之外，不为惠于法之内，动无非法。……故以法治国，举措而已矣。法不阿贵，绳不挠曲。法之所加，智者弗能辞，勇者弗敢争。刑过不避大臣，赏善不遗匹夫"⑤。要反对官吏乃至君主的法外特权，任何人不得游离于法律之外。

所谓"常法"，是指法的相对稳定性原则。法是国家治理的依据。客观环境发生变化，法也需要作相应的调整。所以法不是静止不变的，而是动态的。但与此同时，也要注意，法一经产生，在一定时期内要保持相对的稳定，不能多变、常变。立法、废法，过于频繁，则治理主体和治理对象的行为不可预测，秩序也就无从谈起。所以，管子在强调法制应该"化故从新"的同时，"执者固，固则信"，"法制有常，则民不散而上合"，"君据法而出令，有司奉命而行事，百姓顺上而成俗，著久而为常"；因此，"治民有常道"，"生财有常法"。否则"上无固植，下有疑心；国无常经，民力必竭"。⑥

中国古代先哲的这些思想虽然大多涉及宏观层面的国家和社会治理，但对当今微观组织的管理仍可提供重要的启迪。

(二) 西方工厂制度早期的管理思想

西方管理思想的大量涌现是伴随着工厂制度的出现而开始的。工厂制度的出现，不仅使管理活动的思考有了众多的对象，而且使管理劳动渐渐成为许多组织

---

① 《韩非子》，高华平、王齐洲、张三夕译注，中华书局 2018 年版，第 302 页。
② 张小木编著：《管子解说》，华夏出版社 2009 年版，第 140 页。
③ 张小木编著：《管子解说》，华夏出版社 2009 年版，第 106 页。
④ 张小木编著：《管子解说》，华夏出版社 2009 年版，第 252 页。
⑤ 《韩非子》，高华平、王齐洲、张三夕译注，中华书局 2018 年版，第 49—50 页。
⑥ 张小木编著：《管子解说》，华夏出版社 2009 年版，第 299、265、254、255、138 页。

成员的专门职业，他们的任务便是思考和改善管理劳动的组织。欧文、斯密以及巴贝奇是在西方工厂制度初期对管理活动进行思考的，并留下了自己的特殊痕迹。

英国的罗伯特·欧文是我们所熟悉的空想社会主义者，他是19世纪初期最有成就的实业家之一，也是杰出的管理学先驱。欧文认为，人是环境的产物，只有处在适宜的物质和道德环境下，人才能培养出好的品德。为了证明自己的哲学观点是正确的，欧文在自己的工厂里进行了一系列劳动管理方面的改革：规定工人每天的工作时间，禁止对工人体罚，为工人提供厂内膳食，设立按成本销售生活必需品的厂内商店，通过建造工人住宅与修筑道路来改善工人生活的社区环境，等等。由于欧文在关于人的因素方面的思考和实践，一些现代学者把他称为现代人事管理的创始人。

英国的亚当·斯密是著名的古典经济学家。他的《国民财富的性质和原因的研究》① 不仅是经济学说史上的不朽巨著，而且是管理学宝贵的思想遗产。在这部作品中，他不仅阐述了劳动价值理论，而且详细分析了劳动分工带来的好处。

斯密认为，劳动是国民财富的重要源泉之一。一国财富的多寡，取决于两个因素：一是该国从事有用劳动的居民在总人口中所占的比重；二是这些人的劳动熟练程度、劳动技巧和判断力的高低。财富的增加可以提高人民的幸福程度，而提高劳动者的技巧的熟练程度，从而提高劳动生产率，则是增加一国物质财富的重要途径。劳动分工有助于这个目标的实现。为什么"同样数量的劳动者因为有了劳动分工就能完成更多量的工作呢"？斯密认为，原因有三个：第一，劳动分工可以使工人重复完成简单的操作，从而可以提高劳动熟练程度，提高劳动效率；第二，分工节省了通常由一种工作转到其他工作所损失的时间；第三，分工使劳动简化，使工具专门化，从而有利于创造新工具和改进设备。而新机械的发明和利用，又使得劳动进一步简化和减少，从而使一个人能够完成许多人的工作。

为达成群体活动的目标，管理者首先要对群体成员的劳动进行分工，然后对这些成员在不同时空的分工劳动进行协调，即组织他们之间的协作。分工和协作因此成为管理者在管理实践中必须解决的两个基本问题，也是人们对管理实践进行思考的两个主要议题。

英国数学家查尔斯·巴贝奇继续了斯密关于劳动分工的研究，他在1832年出版的《论机器与制造业的经济学》② 一书中指出，劳动分工不仅可以提高工作效率，还可以带来减少工资支出的好处。他认为，一项复杂的工作，如果不进行分

---

① 参见［英］亚当·斯密：《国民财富的性质和原因的研究》上、下卷，郭大力等译，商务印书馆1972年版、1974年版。
② Charles Babbage, *On the Economy of Machinery and Manufactures*, London: Charles Knight, Pall Mall East, 1832.

工，每个工人都要完成制造过程中的每项劳动，企业则必须根据全部工序中技术要求最高和体力要求最强的标准来雇用工人，并支付每个人的工资。相反，在进行了合理的分工后，企业就可以根据不同工序的复杂程度和劳动强度来雇用不同的工人，支付不同标准的工资，从而使工资总额减少。这样，劳动生产率的提高和工资总额的减少都会带来生产成本的节约。

欧文、斯密、巴贝奇以及其他一些人对工厂制度早期管理问题的思考虽然是零散的，但正是这些思考的累积为管理理论的系统形成奠定了坚实的基础。

（三）现代管理学的萌芽与发展

工厂制度为管理思想的繁荣提供了客观的基础，系统的管理理论便是随着工厂制度的发展而逐渐萌芽的。从企业基层做起的泰勒对作业方法与时间的研究和进入企业不久就成为中高层管理人员的法约尔对一般管理的研究，显示了早期管理学者与管理实践的密切关系。韦伯关于官僚组织的抽象总结则彰显了早期理论家的贡献。工业心理学家梅奥在霍桑工厂的实验启动了管理学家关于企业活动中人的因素的思考。20世纪40年代以后诸多学者关于管理特质的多方位研究则催生了管理的理论丛林。社会科学的这枝新秀终于在汲取其他相关学科理论与方法的基础上不断成长与发展。

1856年出生的泰勒在青年时期曾被哈佛大学法学院录取，1875年据说因患眼疾而弃学到一家水力机械厂当学徒。1878年，泰勒进入米德瓦尔钢铁公司当普通工人，先后被提升为工长、机修车间主任、总机械师、总工程师。在米德瓦尔钢铁公司工作期间，泰勒曾对生产作业方法的标准化和生产过程组织的合理化进行了系统的思考，并在此基础上于1911年出版了《科学管理原理》[①]一书。为了纪念他对管理理论萌芽的贡献，泰勒被后人称为"科学管理之父"。

法约尔生前发表过许多管理著述，对管理理论的形成和发展有着卓越的贡献。他1841年出生于法国中部的一个中产阶级家庭，1860年毕业于圣艾蒂安国立矿业学院，以矿业工程师的身份进入一家大型矿业公司，并在此度过了整个职业生涯。在公司里，他起初担任采矿作业的基层技术职务，由于管理才能迅速得到承认，先后被任命为矿井矿长、经理，直至董事长兼总经理。1918年他从公司退休，专门致力于管理理论的研究和宣传，直至1925年离世。其间，他曾应法国政府的邀请，对邮政和烟草专卖机构的管理状况进行了调查，提出了改进政府组织行政管理的若干建议。在探索和总结管理经验的基础上，法约尔于1916年出版《工业管理与一般管理》[②]，构建了管理研究的基本框架。目前出版的几乎所有管理学教材

---

① 参见［美］弗雷德里克·泰勒：《科学管理原理》，马风才译，机械工业出版社2013年版。
② 参见［法］亨利·法约尔：《工业管理与一般管理》，迟力耕等译，机械工业出版社2013年版。

都延续了他早在一个世纪前就已确立的过程思路。

韦伯与泰勒、法约尔处于同一时代，1864年出生于德国爱尔福特的一个律师家庭。1882年高中毕业后进入海德堡大学法律系学习；1889年完成博士论文；1891年取得在大学授课的资格。从1892年起，韦伯曾先后在柏林大学任法学讲师，在弗赖堡大学和海德堡大学任经济学教师，在慕尼黑大学任社会学教授，1920年去世，享年仅56岁。与泰勒和法约尔相比，韦伯主要是一个学者。他一生发表了许多著述，研究领域涉及法律制度、宗教体系、政治制度和权力关系等多个方面。在管理领域，韦伯主要分析了官僚组织（因"官僚"一词的意义演化，目前人们通常把这种组织称为"科层组织"）的构成要素和运行特点，提出并论证了官僚组织是理想的组织形态的观点。韦伯也因此而被人们称为"组织理论之父"。

泰勒的科学管理方法在不同企业的推广获得了不同的效果。于是20世纪20年代以后有人关注：人的工作效率究竟受到哪些因素的影响？为什么在同样的组织环境中，不同的工人即使体力和技术能力大致相当，从事相同的工作却会产生差异很大的结果呢？为什么同一个人从事同样的工作，而在不同时期具有不同的工作效率呢？根据分析，他们得出了这样的结论：人的劳动生产率不仅受到工作场所物质环境或企业的制度环境、人的工作能力以及技术水平的影响，而且与人们在劳动中的工作态度和情绪、人们的工作积极性和主动性有关，与人的诸多社会心理需要能否得到满足有关。这些研究使得人们开始把管理的注意力从生产现场的机器操作转向生产过程的人性方面，从对人的经济需要的注意转向对人的社会性需要的关心。这些研究中比较著名的是霍桑实验。20年代初期哈佛大学工业心理学教授梅奥在美国科学院专家小组照明度实验基础上，在美国西方电气公司所属的霍桑工厂进行了"继电器实验""访谈计划"，对企业活动中的人的行为及其影响因素进行了充分的研究，并在此基础上出版了《工业文明的人类问题》（1933）[①] 等书，提出了"职工是社会人""企业中存在非正式组织"以及"新型的领导能力在于提高职工满足程度的能力"等观点，开启了管理研究中的"行为科学"之旅。

第二次世界大战以后，特别是20世纪60年代以后，企业经营范围不断扩展，技术进步的速度日益加快，生产的社会化程度不断提高，企业经营环境日趋复杂，对企业的影响越来越大。环境已成为企业经营与管理不可忽视的一个重要变量。在新的形势下，企业在组织内部的生产经营活动时，不仅要考虑到自身的条件限制，而且要研究环境的特点和要求，要努力提高适应外部环境的能力。然而，先前的管理理论已不能有效地指导企业在新形势下的管理活动：这些理论的研究范

[①] 参见［美］乔治·梅奥：《工业文明的人类问题》，陆小斌译，电子工业出版社2013年版。

围局限于企业内部，或者偏重于工程技术，如泰勒的科学管理思想；或者专注于人事研究，如工业人际关系理论和行为科学，但对外部环境的因素却考虑较少。为了解决管理理论与实践相脱离的矛盾，许多研究人员就企业如何在变化的环境中经营进行了许多方面的探索，在此基础上形成了一系列不同的理论观点。美国管理学家孔茨把这种现象称为"管理理论的丛林"。不同学者分别从系统、决策、经验、权变等角度对企业管理问题进行了全方位的思考，管理学的理论框架因此而逐渐成熟。

三、管理学的学习意义与方法

管理学是在研究人类有组织的群体活动的基础上产生的。任何人的活动在客观上都存在管理的需要。学习和研究管理学，不仅是为了抽象和掌握管理的一般规律，了解管理的一般理论和方法，更是为了提升我们的管理能力、指导我们的管理实践，以实现个体与社会的和谐发展。

（一）学习管理学的意义

任何个人都处于一定的管理关系之中，都需要面对和解决一定的管理问题。学习管理学可以帮助我们了解和掌握管理的一般规律，提升我们分析管理问题和解决管理问题的能力，因而可以指导我们在学习、生活以及工作中的管理实践。

学习管理学，首先可以让我们了解管理的一般规律。我们每个人都可能有意识或往往是无意识地根据自己的理解去处理一些管理问题，我们也常可列举出一些杰出的企业家甚至领袖人物从来都没有接受过系统的管理教育。我们自己也好，那些成功的管理者也好，都可以在自己的实践中去摸索、去总结、去积累管理的经验，从而可以逐渐自如地应对复杂的管理实践。但是，只是通过自己的实践去摸索，可能存在以下两个方面的局限：第一，经历的时间可能很长；第二，自己的探索既可能成功，也可能失败。我们虽然可以观察到许多通过自己的总结而获得巨大成功的管理者，但非常遗憾的是，历史往往只记住了成功者，而忘却了那些倒在探索过程中、有时甚至可能离成功并不太远的失败者。管理学是在总结大量前人成功经验与失败教训的基础上抽象出来的科学结论。系统地学习管理学的相关理论，可以帮助我们了解管理的一般规律，熟悉管理的一般方法，不仅可以缩短我们成为成功管理者的过程，而且可以帮助我们越过陷阱，少走弯路，缩短成功的周期，提高成功的概率。

学习管理学，不仅可以帮助我们形成理性分析能力，而且可以提升我们以直觉判断为基础的决策或决断的能力。资源的有效利用需要设计、评价和比较不同的方案。为此，需要我们在拥有理性思维的同时熟悉相应的量化分析方法。管理学的学习可以帮助我们掌握管理的思维方式以及与之相应的计算方法，从而使人们形成思考和解决管理问题所需要的理性分析能力。然而，成功管理者的实践不断向我们表明，许多重大决策在关键时刻往往需要借助管理者以直觉为基础的判断。形式上似乎缺乏科学依据的直觉判断实际上可能有着非常丰富的科学内涵。直觉似乎以经验为基础，因而似乎主要与行为主体的实践相关。但实际上，管理学中的案例分析和事例解读，也可能帮助我们填补不管你的经历多么丰富也必然会存在的实践缺憾，在此基础上引发的思维沉淀也因而可以提升我们在直觉基础上判断的正确性。

学习管理学，归根结底，是要指导我们的管理实践，是要提升我们的管理水平。马克思在《关于费尔巴哈的提纲》中强调，哲学的重要使命在于指导实践改造世界。① 实际上，从某种意义上说，科学的根本使命是指导人们在认识世界的基础上改造世界。管理亦然。在所有科学特别是社会科学中，管理学是与实践联系最为密切的。管理学的理论来自实践，管理学理论的可靠性和有用性也要通过实践去检验。只有在掌握科学理论与方法的基础上，我们才能结合不同组织的性质和使命，根据组织可以支配的资源种类和数量，适应组织环境的特点及其变化，选择合理的活动方向、内容和方式，从而在不断提高资源配置效率的前提下充分地实现组织的目标。

（二）学习管理学的理论指导、科学思维以及基本方法

要用马克思主义指导管理学的研究和学习，用科学的思维方式和理论联系实际的方法去思考管理实践，探讨管理理论的运用和发展。

1. 学习和研究管理学的理论指导

学习和研究管理学，要以马克思主义为基本指导。用马克思主义理论指导管理学的研究就是要用马克思主义的世界观和方法论去指导管理学的思考。辩证唯物主义与历史唯物主义是马克思主义最根本的世界观和方法论，管理实践的描述、管理问题的分析、管理理论的抽象、管理演化的预测都应该体现辩证唯物主义与历史唯物主义的精神。

马克思和恩格斯所创立的历史唯物主义是关于人类社会发展普遍规律的科学。根据唯物主义的观点，社会存在决定社会意识，物质生活的生产方式决定社会生活、政治生活和精神生活的一般过程。历史上不同时期的社会存在决定了与该时期特征相对应的社会意识，这是历史唯物主义的基本观点。在社会存在决定社会意识的同时，社会意识也会影响社会存在，也会反作用于社会存在。存在与意识的关系、物质与精神的关系不是单向的决定或作用的关系，而是双向的作用与反

---

① 参见《马克思恩格斯文集》第1卷，人民出版社2009年版，第502页"哲学家们只是用不同的方式解释世界，问题在于改变世界"。

作用的关系，这是辩证唯物主义的基本观点。用马克思主义指导我们的管理学研究和学习，就是要用辩证唯物主义和历史唯物主义的观点去分析管理理论与管理实践的关系，去探讨管理理论的一般抽象与具体运用的关系，去思考作为管理对象的组织活动与组织环境的关系。

首先，要用辩证唯物主义与历史唯物主义的观点去分析管理理论与管理实践的关系。管理理论是管理实践发展的产物。人类的管理实践虽然古已有之，但只是随着工厂制度的发展，等到管理实践丰富到一定程度，从而人们关于管理实践的思考积累到一定程度后才开始形成比较系统的管理理论。管理理论产生以后，又随着管理实践因规模扩大、内容复杂、市场扩展、技术变革等多个维度的环境变化而在不同国家的不同历史时代呈现出不同特征，形成了不同时期的不同管理流派。管理理论的未来发展也必然是管理实践发展的结果。管理实践的性质决定了管理理论的特点，管理实践的演化催生了管理理论的发展。但是，一旦人们在总结管理实践经验的基础上抽象产生了反映管理一般规律的管理理论，人们就可以用这个理论去指导管理的实践，去完善管理活动的组织，去丰富管理活动的内容，从而去提高管理活动的效率。从某种意义上说，现代社会经济是在微观组织充满活力的基础上不断实现其发展的，而管理理论的运用则是微观组织充满活力的重要原因之一。

其次，要用辩证唯物主义与历史唯物主义的观点去分析管理理论的一般抽象与具体运用的关系。在管理实践研究基础上抽象出的一般管理理论，虽然对不同组织活动的管理都有可能提供一定的指导意义，但是不同组织的性质不同、使命不同、成员不同、活动内容不同、所处的环境不同，相同的管理理论不能在这些不同的背景下被教条地运用。管理者需要把管理学的一般理论与具体组织的活动特点相结合，寻找最适当的管理方法。我们对不同管理实践的研究也需要把握和区分管理理论的具体运用与管理理论随实践而发展的特征。

再次，要用辩证唯物主义与历史唯物主义的观点去分析作为管理对象的组织活动与组织环境关系。组织活动是运用可支配资源提供社会所需服务的过程。在这个过程中，组织与环境的关系也是互动的。一方面，组织要根据环境的要求来选择活动的方向、内容和形式；另一方面，组织也要在这个过程中根据对环境特点及其变化趋势的判断，在适应环境的基础上利用自己的特殊能力和优势去影响环境的变化，去开发和创造有利于自己的环境。不适应环境，组织就无法生存；不改造和影响环境，组织就无法发展。只有在适应的基础上不断去开发和改造环境，组织才能在获得生存权利的基础上实现持续的发展。组织活动内容的变化相应地会导致对活动过程的管理调整，从而会引导人们对管理工作的重新思考，进而会产生对实践特点的新抽象，在这个基础上会推动管理理论的新发展。

总之，用马克思主义理论指导管理学的研究和学习，要求我们用辩证唯物主义和历史唯物主义的观点去追踪管理思想的历史演进，去抽象管理活动的一般规律，去指导管理理论的实践运用，去分析管理学的时代特征，去预测管理学的未来发展。

2. 学习和研究管理学的科学思维

管理的直接目的是要提高组织活动的效率。活动效率是参与活动的人的行为选择的结果，而人的行为选择则受制于人的思维方式。学习和研究管理学，要求我们在马克思主义理论指导下用科学的方式去思考管理实践的特征，提高我们对管理理论的认识和运用能力，提高我们的管理思维能力。科学的管理思维是战略思维、历史思维、辩证思维、创新思维以及底线思维的统一。①

学习和研究管理学，要有战略的思维。战略思维是整体的思维、长期的思维、系统的思维。战略思维要求我们"高瞻远瞩、统揽全局，善于把握事物发展总体趋势和方向"。管理研究的对象是一个构成复杂、关系交错、动态变化的整体。管理研究和学习要视野开阔、见微知著，站在组织活动系统协调、动态整合的高度观察、思考和研究管理过程中的问题，要"透过纷繁复杂的表面现象把握事物的本质和发展的内在规律"。

学习和研究管理学，要有历史的思维。历史思维，就是要"以史为鉴、知古鉴今，善于运用历史眼光认识发展规律"，以把握前进方向，指导现实，走向未来。一方面，管理研究的对象——组织的活动及其管理是一个动态发展、逐渐演化的过程。准确剖析今天管理活动的特点要求我们深入追踪昨天组织活动的选择及其影响因素。另一方面，对管理活动规律的认识，也是一个不断深化的过程。研究中国管理问题，不仅要继承和运用相对成熟的国外管理理论，还要从丰富的历史遗产中探讨传统文化对当今管理的启示。

学习和研究管理学，要有辩证的思维。辩证思维，就是要"承认矛盾、分析矛盾、解决矛盾，善于抓住关键、找准重点、洞察事物发展规律"。管理实践中充满了矛盾。这些矛盾不仅涉及个人和组织以及各种群体间的利益冲突，还可能表现为可供组织选择的不同战略的相互对立以及被选择的战略在不同背景下实施效果的不一致。辩证思维要求我们在管理实践中分析矛盾的本质，抓住冲突的关键，消除不一致，实现组织的和谐发展，同时在对管理实践对立统一过程的分析中揭示管理活动的发展规律。

学习和研究管理学，要有创新的思维。创新思维要求破除迷信，因时制宜，

---

① 参见中共中央宣传部编：《习近平总书记系列重要讲话读本》（2016 年版），学习出版社、人民出版社 2016 年版，第 286—288 页。

知难而进，敢为人先。管理实践是一个不断创新的过程。经济学家熊彼特认为，企业生产经营活动是生产要素组合的过程。企业家的职能就是在这个过程中不断寻求要素组合的新方法。要素组合方法的不断创新必然要求管理协调的相应改变。创新思维要求我们追踪管理实践的变化，分析管理实践中遇到的新环境、新问题，探讨解决问题的新方法、新工具，发现管理活动的新规律，以推动管理实践和管理理论的新发展。

学习和研究管理学，要有底线的思维。底线思维不仅指企业经营活动内容、方向以及方式的选择要在道德和法律的框架内进行，而且强调企业活动目标的确定要同时考虑期望达到的状况与水平以及目标活动中可以接受的不利结果的范围和程度。企业在组织任何活动的过程中都不仅会遇到希望达到的有利结果，而且可能会面对主观不希望出现的不利情况。这种不利的情况有时是不可避免的。企业要预先估计这种不利情况出现的可能性，并限定不利情况可以允许的范围和程度。超过这个范围、程度，就要对企业目标活动进行调整。只有充分预估了这种可能性并事先做好调整的准备，才能临危不乱，保证企业活动有序地进行。

3. 学习和研究管理学的基本方法

虽然管理学的研究与学习也要运用定性与定量、归纳与演绎、比较研究等社会科学普遍运用的方法，但理论联系实际是在马克思主义指导下我们学习和研究管理学的基本方法。

理论联系实际，首先需要我们把握管理学的理论体系，理解管理的基本原则、方法和工具。这些原则、方法和工具是在众多管理者丰富经验的基础上抽象出来的，具有普遍的指导意义。但同时我们知道，具体组织的管理实践总是千差万别的。组织性质不同，使命不同，活动特点不同，环境不同，可以借助的原则、方法以及工具也会不同。即使可以借助的原则、方法、工具相同，其具体运用也必然相互有异。这就不仅要求我们在学习相关理论时了解这些理论形成的实践背景，而且要求我们通过具体的案例解剖或事例分析来把握理论与方法的本质。

理论联系实际还要求我们用所学的管理理论与方法去观察和分析我们工作和生活中的管理问题。管理既然是对人的活动的管理，是对活动中人的关系的协调，那么只要有人的活动，有人在活动中的关系，就会有管理活动的存在。管理可以说无处不在、无时不在。不管我们是否愿意，我们每个人都处在一定的管理关系之中。你要么是管理者，要么是被管理者，或者既是管理者也是被管理者。我们的工作与生活中处处都有管理的问题。理论联系实际要求我们运用管理学的相关理论知识更有效地思考和探讨我们身边的管理问题。

管理既然是对人的活动的管理，那么所有描述人的活动的文字材料，只要我们用心去读，用心去分析，就有可能使我们从中得到关于管理的启示。描述人的活动的文字材料，我们首先会想到的可能是那些以传记、报告文学、纪实文学以及回忆录等形式表现的文学作品。这些作品中大量的故事和事例都有可能成为我们管理学分析的对象，进而都有可能帮助我们加深对某些抽象的管理理论与方法的理解和记忆。实际上，文学作品的最常见形式当属小说。许多优秀小说中栩栩如生的人物描写、跌宕起伏的故事叙述，只要我们用心去体会，用心去思考，都有可能让我们产生许多管理理论的联想。

管理学在萌芽和发展过程中曾大量运用了其他社会科学的理论与方法。劳动分工和协作曾是古典政治经济学的首选课题，行为及其动机曾被心理学广为研究，组织曾是社会学研究的议题，权力及其运行则一直是政治学关注的焦点之一。理论联系实际还要求我们了解和掌握经济学、政治学以及社会学等相关学科的知识，综合运用这些学科的理论与方法来关注、探讨、分析甚至指导、提升我们的管理实践。

思考题

1. 管理学的研究对象是什么？在企业管理研究基础上抽象出的一般管理理论对其他组织的管理是否也具有指导意义？
2. 现代管理学是如何产生的？这对当代管理理论研究和管理实践的发展可能提供哪些启示？
3. 管理学学习的目的和意义是什么？
4. 试分析管理学的理论研究与管理实践能力提升的关系。
5. 马克思主义对学习和研究管理学的指导意义是什么？
6. 为什么说"理论联系实际"是管理学学习和研究的基本方法？

第一篇 总论

第一章 管理导论

任何人类活动,特别是人类有组织的群体活动都需要管理。管理的实质是协调组织中的不同成员在不同时空的努力以有效地实现组织的活动目标。在这个过程中,管理者需要依循一定的原理、借助一定的方法和工具。全球化、信息化以及市场化是现代组织管理活动必须考虑的时代背景。

第一节 管理的内涵与本质

不同组织的活动形式和内容虽千姿百态,对其管理也呈现出不同特征,但决策、组织、领导、控制以及创新通常是基本内涵,包括上述主要内容的管理工作的本质是对参与组织活动的不同对象进行协调。

一、组织与管理

管理的客体,既可以是个人单独进行的活动,也可以是若干个人组成的群体活动。任何个人,为了使自己的活动取得比较高的效率,都需要精心计算、统筹使用自己的可支配时间、金钱以及物质等资源;任何群体,为了有效地获得每个成员的贡献,都必须对他们的努力进行协调。现代管理学的研究对象主要是对人类有组织的群体活动的管理。

(一)组织的概念

"组织"在中文里是一个动名词。

作为动词,"组织"是管理的一种职能,甚至是管理的代名词。不论多么简单的工作,只要需要两个以上的人共同劳动,都会产生组织问题。显然,为了一个共同目标而走到一起的一群人,为了使每个人都能以适当的方式提供目标活动所需要的贡献,首先需要进行劳动分工,然后需要对他们的分工劳动进行协调。动词属性的组织是本教材将要展开讨论的管理的一个基本职能。

作为名词,"组织"是指一群人的一种相对稳定的集合。人类在适应、征服和改造自然的实践中早已意识到集体活动可以实现人们孤立工作无法取得的成果,因而人类的大多数活动都以某种方式有组织地集体进行。由若干个人组成的集合体,如果他们在一定的时期内相对固定地集中在一起从事某种活动,就会形成某种社会组织。因此,组织是指一群人为了实现某个共同目标而结合起来协同行动的集合体。

（二）组织的特征

作为现代社会基本单元的组织具有以下基本特征：

第一，组织是由两个或两个以上的成员构成的。这些成员为了某种共同的目的而走到一起协调行动。这群人形成一个集体后，组织便获取了某种社会生命。组织的社会生命将独立于其成员的生命，且通常将超越成员的自然生命。此外，组织在特定时期的目标不同，愿意接受这种目标并为其实现做出自己贡献的人可能也不相同，因此，在不同时期，组织虽然始终是由成员构成的，但这些成员可能是且通常必然是不同的自然人。组织的社会生命可能是永存的，但组织的成员可能是经常变换的。

第二，组织具有明确的目标。不同成员之所以愿意走到一起并相互协调地行动，是因为他们希望通过协调共同的行动来实现某种共同目标。这个共同目标便是组织目标。具有特定目标是组织的基本特征。不同成员参与组织的具体目标可能是不相同的，他们之所以愿意接受这个目标并愿意为这个目标的实现贡献自己的努力，是因为他们认识到只有通过共同目标的实现才可实现自己的个人目标。实现共同目标是实现自己个人目标的基本前提。

第三，组织有特殊的活动。为了实现组织成员的共同目标，组织必须从事一定的活动。组织活动的内容是由组织目标的性质所决定的。由于能够实现同一目标的活动形式和内容是多种多样的，所以组织必须对不同的目标活动进行比较、权衡和选择。不同组织的区别通常不在于组织成员或其目标的不同，更多地可能在于活动的内容、形式、特点和性质的不同。组织活动的进行需要利用一定种类和数量的资源。组织不仅是人的集合，而且是不同资源的集合。特定组织是特定类群的人与特定资源的特殊结合。组织活动过程实质上是人与物的组合及变化的过程。

第四，任何组织在一定程度上都是独立存在的，因此与外部社会有着相对明确的界限。组织成员来自外部社会，组织目标的确定需要考虑外部社会的环境特征，组织活动的资源从外部获取，组织活动的成果通常也需要在外部去实现。组织与相关的外部环境有着千丝万缕的联系，组织的存在和发展离不开特定的环境。但是，组织是有别于或更准确地说是独立于外部其他组织的，组织与其存在所依赖的环境有着相对明确的界限。这个界限的存在大体上标明了组织的权力和利益范围。组织的存在首先是或主要是为满足其内部目前及未来成员的利益而服务的。

（三）企业——一种特殊的社会经济组织

经济活动是人类社会活动的主要内容，人类其他活动都是直接或间接地为经济活动服务的。经济活动的组织因此而成为现代管理学研究的主要对象。

在现代社会，经济活动主要是以企业为单位进行的。企业是一个历史的概念，是商品经济发展的产物。人类为了生存，必须消费一定的物品。在商品经济条件下，人们为满足生存需要而必须消费的物品或与之有关的服务主要是在市场上通过商品交换的形式获得的。专门为市场提供这种产品或服务的社会经济组织被称为企业。因此，企业是指那些根据市场反映的社会需要来组织和安排某种商品（包括物质产品或非物质的服务）的生产和交换的社会经济单位。企业是国民经济的细胞。社会经济发展的水平与速度在很大程度上取决于微观企业活动的效率。当现阶段我国社会的主要矛盾转化为人民日益增长的美好生活需要和不平衡不充分的发展之间的矛盾以后，我们必须通过加强管理，努力提高不同地区、不同类型企业活动的效率，以更好地满足人民日益增长的美好生活需要、促进整个社会经济的平衡发展。

为了能够提供某种产品或服务，企业必须筹集和组织利用生产这种产品所需要的各种资源。因此，企业的经济活动主要包括三个环节：资源筹措、资源转换以及产品销售或成果处理。资源筹措是企业生产经营的基本工作。任何产品都是在对一定资源进行加工的基础上形成的。企业需要投入的基本资源主要包括人力资源、物质资源以及财务资源。资源转换的过程就是企业产品的生产制造过程，是企业组织劳动者借助劳动资料，利用一定的生产技术作用于劳动对象，使原材料改变其化学成分或物理形态，以得到符合要求的产品。成果处理或产品销售是企业借助特定渠道把特定产品利用特定方式转移到需要这种产品的特定消费者手中，企业借此获得相应的销售收入，以补偿生产过程中的各种消耗，使企业的经济活动得以延续。

企业是在下述背景下进行上述活动的：第一，企业活动所需借助的资源是稀缺的；第二，企业内部活动的成果需要到外部去实现；第三，企业产品的制造过程是生产者的联合劳动过程。资源的稀缺性是一切经济问题的起源。与人们的无限需求相比，能够满足这些需求的资源总是有限的。对企业来说，资源的稀缺性是双重的：一方面，企业外部可以获得的资源本身便是稀缺的；另一方面，企业内部获得稀缺资源的手段也是有限的。资源的这种双重稀缺性要求企业必须研究如何在正确的方向上以正确的方式高效率地利用这些资源。成果实现的外部性要求企业必须研究外部需求及其变化。我们知道，企业生产的目的不是获得产品的使用价值，而是获得产品的价值。而产品价值的实现是以其使用价值的实现为前提的。企业只有顺利地把生产出来的产品成功地转移到外部需求者的手中，才能保证产品价值的实现。产品制造的联合劳动性质也是双重的。从与外部的关系来说，任何企业都不可能单独完成产品制造的全部社会劳动。所有企业进行的都只是产品社会生产过程中某个环节的作业；从企业内部来说，产品制造需要经过众多劳动者在众多环节的操作。因此，为顺利地完成产品的生产制造工作，企业既要协调好与外部其他经济组织的关系，也要协调好内部不同成员在不同时空的贡献。

在上述条件的约束下，企业为有效地组织其活动，既要注意选择正确的活动方向以保证生产出来的产品符合外部的需要，又要运用恰当的方法与技术以保证有限的资源得到充分的利用，还要组织好企业内部不同部门和成员之间以及企业与外部其他企业之间的协作关系，以保证企业内部和外部的联合劳动过程能够有条不紊地进行。

二、管理的内涵

(一) 管理的概念

何谓管理？作为管理学研究的基本概念，自这个学科萌芽以来，不同的研究者就有着各种各样的见解。有学者认为，管理就是管人，就是通过别人的劳动去实现自己为组织设定的目标；有学者强调，管理就是决策，就是围绕着决策的制定和组织实施而展开的一系列活动；有学者指出，管理就是研究系统运行的规律，然后据此设计系统运行的规则，并在组织运行过程中不断地根据系统环境的变化进行调整，使系统呈现出新的状态；有学者分析，管理就是实行计划、组织、指挥、协调和控制的过程；等等。这些定义从不同角度描述了管理活动某个或某些方面的特征。综合这些学者的观点，本书认为，管理就是为了有效地实现组织目标，由管理者利用相关知识、技术和方法对组织活动进行决策、组织、领导、控制并不断创新的过程。

(二) 管理的基本特征

第一，管理的目的是有效地实现组织预定的目标。管理本身不是目的，管理是为组织目标的有效实现服务的。"有效"主要是指通过管理以较少的资源消耗来实现组织目标。强调管理是为实现组织目标服务的，一方面意味着明确了管理的工具或手段属性。既然首先是工具，是手段，那么任何主体都可以运用它来为自己服务。另一方面意味着作为工具和手段，管理的具体实践必然会体现其运用主体的意志和特征，必然会带有其运用主体的目的和行为烙印。

第二，管理的主体是具有专门知识、利用专门技术和方法来进行专门活动的管理者。管理劳动是社会生产过程中分离出来的一种专门活动，管理者是一种专门的职业，不是任何人都可以成为管理者的，只有具备一定素质和技能的人，才有可能从事管理工作。

第三，管理的客体是组织活动及其参与要素。组织需要通过特定的活动来实现其目标，活动的过程是不同资源的消耗和利用的过程。为促进组织目标的有效实现，管理需要研究怎样充分地利用各种资源，如何合理地安排组织的目标活动。

第四，管理是一个包括多阶段、多项工作的综合过程。决策虽然在管理劳动中占有十分重要的地位，但是管理不仅是决策。管理者制定了正确的决策后，还要组织决策的实施，激发组织成员的工作热情，追踪决策的执行进展，并根据内外环境的变化进行决策调整。因此，管理是一个包括决策、组织、领导、控制以及创新等一系列工作的综合过程。

（三）管理工作的内容

为了提高组织可支配资源的利用效率，管理者首先需要为组织利用资源的活动选择正确的方向（决策），然后根据目标活动的要求设计合理的职位系统、招募合适的人员（组织）；把招募到的人员安排在恰当岗位后，要尽力让他们持续地表现出积极的行为（领导）；不同成员的行为不一定都符合组织的预定要求，所以要进行及时的追踪和检查（控制）；资源利用的效率在很大程度上取决于活动方法或技术是否合理，随着人们对客观世界认识能力的提升，活动方法需要不断改进，实际上，不仅仅活动方法，组织活动的方向、从事具体活动的人的安排也应随着活动环境与条件的变化而及时调整或创新。因此，组织要通过管理努力保证始终让正确的人用正确的方法在正确的岗位上从事正确的工作。管理包括决策、组织、领导、控制以及创新等一系列工作。

1. 决策

决策是组织在未来众多的行动可能中选择一个比较合理的方案。为选择正确的行动方向、确定合理的行动目标，管理者首先要研究组织活动的内外部背景。要判断组织外部的环境特征及其变化趋势，同时要分析企业内部在客观上拥有的资源状况以及在主观上利用资源的能力。要通过外部环境研究，分析环境在变化过程中可能给企业造成什么威胁、提供何种机会；要通过内部条件分析，判断组织在资源拥有和利用上有哪些劣势或优势。了解了这些机会和威胁、优势和劣势，组织决策就有了一个比较可靠的依据。制定了正确的决策后，还要详细分析为了实现决策目标，需要采取哪些具体的行动，这些行动对组织的各个部门和环节在未来各个时期的工作提出了哪些具体的要求。因此，编制行动计划的工作实质上是将决策目标在时间上和空间上分解到组织的各个部门和环节，对每个单位、每个成员的工作提出具体要求。以往管理学研究通常把计划作为管理的第一职能。在环境相对稳定的情况下，组织活动基本上没有太多太快的变化，管理主要是对已经选择的活动的组织展开；当环境呈现出迅速多变的动态特征后，组织活动方向和内容的调整则成为管理的常态，决策也因此而取代计划成为管理的首要职能。

2. 组织

为了保证决策活动的有效实施，管理者要根据目标活动的要求设计合理的组织，包括在目标活动分解的基础上分析需要设置哪些岗位，即职务设计；根据一定的标准将不同岗位加以组合形成不同的部门，即机构设计；并根据业务活动及其环境的特点规定不同部门在活动过程中的相互关系，即结构设计；然后根据不同岗位所从事的活动要求或组织现有成员的素质特征，将适当的人员安置在组织结构的适当岗位上，实现人岗匹配；在此基础上向配备在各岗位上的人员发布工作指令，并提供必要的物质和信息条件，以开动并维持组织的运转；在组织运行过程中，要借助不同手段和方法，整合正式组织与非正式组织、直线与参谋以及不同层级管理人员的贡献，并根据业务活动及其环境特点的变化，研究与实施组织结构的调整和变革。

3. 领导

把组织的每个成员安排在适当的岗位上以后，还要努力使每个成员以高昂的士气、饱满的热情投身到组织活动中去。这便是领导工作。所谓领导是指利用组织赋予的权力和自身的能力去指挥和影响下属为实现组织目标而努力工作的管理活动过程。有效的领导要求管理人员在合理的制度（领导体制）环境中，利用优秀的素质，采用适当的方式，针对组织成员的需要及特点，采取一系列措施去提高和维持组织成员的工作积极性。

4. 控制

控制是为了保证组织系统按预定要求运作而进行的一系列工作，包括根据预先制定的标准检查和监督各部门、各环节的工作，判断工作结果与目标要求是否相符；如果存在偏差，则要分析偏差产生的原因以及偏差产生后对目标活动的影响程度；在此基础上，还要针对原因，制定并实施纠正偏差的措施，以确保决策活动的顺利进行和决策目标的有效实现。

5. 创新

控制使组织活动按预定的目标和要求进行，维持了组织活动的有序性，从而为效率的提高提供了保证。但是，组织活动是一种伸向外部、面向未来的活动。组织外部的环境以及企业内部与之相关的可以利用的资源是在不断变化的。即便环境与资源不变，组织中的管理者对资源与环境的认识也可能发生改变。这些变化要求组织内部的活动技术与方法不断变革，组织活动与人的安排不断优化，甚至组织活动的方向、内容与形式选择也需要不断地进行调整。这些变革、优化和调整是通过管理的创新职能来实现的。

如果说管理的工作内容包括决策、组织、领导、控制以及创新，那么管理学理论的研究就应该沿着这样的思路来展开。当然，在讨论管理的基本理论之前，我们还需分析管理的内涵、特征与方法，回顾管理理论的形成和演化。本教材的篇章结构就是依循这样的逻辑来设计的。

三、管理的本质

管理究竟是管人还是管事？管理研究中对这个问题有不同的认识。实际上，任何活动都是要靠人来完成的，活动的选择和组织实施都是人的行为，因此管理首先是对人或人的行为的管理，管理的本质从某种意义上说是对组织成员在活动中的行为进行协调。组织成员的行为能够被有效协调的前提是他们愿意接受这种协调，而且他们的行为具有一定程度的可协调性。

（一）管理是对人或对人的行为的管理

毫无疑问，管理需要管事。在管理活动的内容中我们分析指出了为有效利用组织可支配的资源，首先需要选择活动的方向与内容，需要制定正确的决策，需要做对的事情。但是，这个选择本身是作为管理者的人去完成的，作为选择结果的企业决策是要靠组织中的所有人来努力落实的。管理者对事的管理的目标是通过对人的管理来实现的。管理者的主要工作是选择对的人去做对的事情，并努力让这些人在做事情的过程中表现出符合组织需要的行为。只要组织中的每个人都能在合适的岗位上从事符合组织需要的事并始终表现出符合组织要求的行为，决策目标的实现就会是必然的结果。

管理者的工作主要是对人的管理，意味着管理者的成功、管理者的职业生涯发展，在很大程度上不仅仅取决于自己的个人素质、能力以及努力程度，而且更多地取决于他们识人和用人的能力，取决于他们调动和维持人的积极性的能力。

（二）管理的本质是对人的行为进行协调

由于认知和行动能力的限制，个人在参与组织活动中表现出的行为不一定完全符合组织的要求，管理者首先要努力引导组织成员的行为使之与组织的目标要求相一致。同样，由于认知和行动能力的差异，不同组织成员在不同时空表现出的行为虽然单个地分析都是符合组织要求的，但从整体上来看，他们的行为以及在此基础上对组织提供的贡献之间也可能出现不平衡。因此，管理者的任务是协调不同成员在组织活动中的行为和贡献。正如马克思所指出的，"凡是直接生产过程具有社会结合过程的形态，而不是表现为独立生产者的孤立劳动的地方，都必然会产生监督和指挥的劳动。"[1]

协调组织成员的行为是以组织成员愿意接受协调和组织成员的行为可以协调为前提的。巴纳德曾经强调，组织是一个协作系统。协作系统能够存在并持续的

---

[1] 《马克思恩格斯文集》第7卷，人民出版社2009年版，第431页。

第一个基本要素就是组织成员的协作意愿。[①] 协作意愿的实质是组织成员愿意在一定时期内把对自己一定程度的控制权交由组织行使，愿意根据组织的要求提供组织所需的服务。因此，只要组织成员还留在组织内就意味着他们愿意接受管理者对他们行为的协调。可协调性是指组织成员能够根据管理者的指令或要求表现出相应行为。管理者之所以向某个或某些组织成员发出某个指令，是因为他估计相关组织成员会根据这个指令表现出某种相应的行为。也就是说，管理者与作为被管理者的组织成员的关系是互动的。实际上，不仅是管理者与被管理者之间，而且持续交往的社会成员之间的关系都是互动的：甲在时点 1（t_1）表现出行为 A，乙便会表现出相应的行为 B；乙只要表现出行为 B，甲在下一个行为周期必然会选择行为 A'。甲和乙的交往因互动而持续。这种互动关系的形成是因为交往双方或各方的行为是可预测的：甲之所以在时点 1（t_1）表现出指向乙的行为 A，是因为他预计乙会表现出相应的行为 B。而乙之所以会表现出行为 B，是因为他预计甲会根据自己作为对 A 的行为反应的行为 B 在下一个时点（t_2）表现出相应的行为 A'。

上述分析表明，行为可协调性的前提是行为的可预测性。管理者之所以能对组织中不同成员的行为进行有效的协调，是因为他自己和作为协调对象的组织成员的行为都具有一定程度的可预测性。

人们的行为之所以可预测是因为人们的行为呈现出一定的规律性，而人们的行为之所以表现出这种规律性是因为人们在行为过程中自觉或不自觉、有意识或无意识地依循了一定的行为规则。按规则办事，行为可预测，人们才会愿意继续交往下去，稳定的社会关系才会形成。因此，行为可预测要求存在规则，大家了解规则、接受规则、愿意根据规则来选择自己的行为表现。因此，从某种意义也可以说，实质表现为协调的管理活动要围绕着规则的设立、运行以及不断改进来组织展开。

（三）管理的科学性与艺术性

讨论管理活动的本质，人们马上会想到管理研究中多年来一直争论的一个问题：管理究竟是科学还是艺术？对这个问题至少存在三种不同的观点：有学者认为管理是科学，有学者认为管理是艺术，有学者认为管理既是科学又是艺术。主张管理是科学的人通常强调管理研究总结了管理活动的一般规律，产生了系统的管理理论。在管理工作中，我们也可以借助许多科学的手段、工具以及方法。强调管理是艺术的人则认为，对于相同的理论、相同的原则、相同的手段，不同的人有不同的理解。即使有相同的理解，在管理实践中也可能有不同的运用；即使有相同的运用，产生的效果也可能是不一样的。

[①] [美] 切斯特·I. 巴纳德：《经理人员的职能》，王永贵译，机械工业出版社 2007 年版，第 5 页。

我们认为困扰我们多年的这个争论是源于问题表述得不严谨。管理是科学还是艺术？这里的管理指的是管理理论（或管理学）还是管理工具（手段与方法），或是管理实践？如果非常明确地表述了上述三种不同指向，那么答案是不言自明的。管理理论和管理工具毫无疑问是科学的，或者可以是科学的，而管理实践则明显地表现出艺术性的特征。在管理实践中，管理者需要根据活动环境、活动条件以及活动对象等因素的特征及其变化艺术地运用那些科学的理论、手段和方法。实际上，管理活动的有效性在很大程度上正是取决于管理者能否艺术地运用以及在何种程度上艺术地运用那些科学的理论、手段和方法。

（四）管理的自然属性与社会属性

管理是对组织中人的活动进行整合和协调。组织活动过程是一系列资源的组合过程。这些资源及其利用方法都与一定的技术相联系。不同的时代背景下技术发展水平不同，对整合资源利用过程的管理也必然体现出不同的特征。这些特征与管理的自然属性相关。在不同社会制度背景下对不同类型组织不同活动的管理会表现出相似的自然属性特征，在不同背景实践中抽象出的与之相关的管理理论与方法也因此而具有一般借鉴意义。

对组织中人的活动的整合必然会涉及对活动中人的关系的协调。管理是为了达到预期目的而进行的特殊活动。管理的预期目的是管理主体的利益和意志的体现。具体组织的具体管理总是为一定的管理主体或他们所代表的社会阶级的利益服务的。代表的利益不同，管理需要达成的目的就不一样，管理过程中管理主体对需要协调的人的关系的假设以及协调人的关系的方法和手段就有可能不同。正如马克思在分析资本主义企业管理时所指出的："资本家的管理不仅是一种由社会劳动过程的性质产生并属于社会劳动过程的特殊职能，它同时也是剥削一种社会劳动过程的职能，因而也是由剥削者和他所剥削的原料之间不可避免的对抗决定的。"[①] 管理为管理主体利益服务，是管理主体为实现其预期目的而需借助手段的特点决定了管理具有特殊的社会属性。管理社会属性的特征决定了在特殊背景下产生的理论与方法总是与这个特殊背景有着密不可分的关系，其他社会背景下的组织借鉴和运用这些理论和方法时必须考虑到社会制度、主体性质、服务目的以及主客体关系等方面的差异。

第二节 管理的基本原理与方法

在组织和协调群体活动的过程中，管理者必须依循人本、系统、效益及适度等

---

① 《马克思恩格斯文集》第 5 卷，人民出版社 2009 年版，第 384 页。

基本原理，利用理性分析和直觉判断等基本方法，借助权力和组织文化等基本工具。

一、管理的基本原理

管理的基本原理是管理者在组织管理活动的实践中必须依循的基本规律。这些规律主要有人本原理、系统原理、效益原理以及适度原理。

（一）人本原理

组织是人的集合体，组织活动是由人来进行的，组织活动的管理既是对人的管理，也是通过人进行的管理。人是组织的中心，也是管理的中心，人本原理当是管理的首要原理。

以人为中心的人本原理要求对组织活动的管理既是"依靠人的管理"，也是"为了人的管理"。"依靠人的管理"一方面强调组织被管理者参与管理，参与组织活动方向、目标以及内容的选择、实施和控制，另一方面强调根据人的特性对组织、对人进行管理，重视管理的人性化。活动方向（做正确的事）与方式（用正确的方法做事）的选择影响着组织活动的效益水平。这种选择是否正确在很大程度上取决于选择者是否拥有与选择有关的各种情报信息。管理者对这些信息的掌握可能受到时间、角度、层次以及个人能力等方面的限制。组织被管理者参与决策，用执行者在具体业务活动中了解的组织各环节活动能力及其利用情况以及相关环境特点的情况来弥补管理者的信息不足，可以提高组织活动方向和方式选择的正确性，同时会使他们在活动过程中产生某种认同感，从而可以诱发他们自觉地为实现自己参与选择的组织活动而努力。此外，我们还知道，人是参与组织活动的各种要素中的最活跃者。如果说其他要素是被动、消极地参与组织活动的话，人则是积极、主动地投入这种活动中的。因此，人的态度和积极性直接关系到活动中其他要素的利用效果，从而决定着组织活动的效率。激发人的积极性、纠正人的工作态度，要求管理者研究行为和态度的影响因素，考虑到人的物质的和精神的各种需要，根据人的特点来进行领导和激励，实行"人性化的管理"。

"为了人的管理"是指管理的根本目的是为人服务的。管理的为人服务不仅应包括通过管理工作来提高组织业务活动的效率，从而使组织能够更好地满足服务对象的要求，而且应包括通过管理工作，充分实现组织成员的社会价值，促进组织成员的个人发展。在经济相当发达的今天，人们参与某个组织活动的目的，绝不仅仅是解决生计问题，能在社会活动中有所作为并使自己的社会价值得到充分实现已成为许多社会成员非常重要的心理需要。这种需要的满足，不仅要求管理者组织民主决策，而且要求管理者根据每个组织成员的素质特点安排恰当的工作，同时要求通过这种安排使每个人都有机会在组织的业务活动中增加知识、提高能力、完善素质，从而实现自身的不断发展。"为了人的管理"还应体现在全体组织成员共享由于管理而促进的组织成果的改善。组织成果及其改善是全体组织成员共同贡献而成的。只有让全体成员分享相应的成果，才能在根本上保证每一个人的利益，调动每一个人参与组织活动的积极性。

(二) 系统原理

系统是指由若干相互依存、相互作用的要素或子系统组合而成的具有特定功能的有机整体。客观世界中存在形形色色的系统。根据不同的标准，系统可以分成不同类型。从系统形成方式看，可分为自然系统与人造系统。自然系统是由自然物质组成的系统，人造系统则是人为了实现某种目的而有意识建立的系统。从系统是否与环境交互作用看，可分成封闭系统和开放系统。封闭系统是指不与外界进行物质、信息、能量交换的系统，开放系统则在存在与运行过程中不断地与外界发生交互作用。从系统状态是否发生变化这个角度来分析，可以分成静态系统和动态系统。静态系统的结构和状态不随时间而改变，动态系统的结构和状态随时间而改变。显然，我们研究的组织、组织所从事的活动以及对组织活动的管理都是人造、开放、动态的系统类型。

人造、开放、动态的社会经济组织系统虽然存在多种形式，但一般来说具有以下共同特征：(1) 整体性。整体性是系统的基本特征，主要表现在两个方面：从构成上来看，系统是由若干既相互联系又相互区别的要素（子系统）构成的整体。从功能上来看，系统的整体功能实现依赖于要素的相互作用。(2) 相关性。相关性是指系统各要素之间相互制约、相互影响、相互依存的关系。(3) 有序性。系统的有序性是指系统在相对稳定的结构状态下有序运行。主要表现在两个方面：第一，系统内各要素相互作用的层次性，即构成系统的各要素在不同的层次上发挥作用；第二，系统要素相互作用的方向性，即系统各要素在纵向的各层次之间和横向的各环节之间朝一定的方向交互作用。(4) 与外部环境的互动性。系统与外部环境的关系是互动的：一方面，系统要根据环境的特点及变化选择并调整自己的活动；另一方面，系统会通过自己的活动去影响和改造环境，使环境朝有利于自己的方向变化。

根据系统论的观点，我们在组织管理活动时应注意以下几个方面：

第一，管理活动所要处理的每一个问题都是系统中的问题。因此，解决每一个具体的问题，不仅要考虑该问题的解决对直接相关的人和事的影响，还要顾及对其他相关因素的影响；不仅要考虑到对目前的影响，还要考虑到对未来可能产生的影响。只有把局部与整体、内部与外部、目前与未来统筹兼顾、综合考虑，才能妥善地处理组织中的每一个问题，避免顾此失彼。

第二，管理必须有层次观点。组织及其管理活动是一个多元、多级的复杂系统。在这个系统中，不同层次的管理者有着不同的职责和任务。各管理层次必须职责清楚、任务明确，并在实践中各司其职，各行其权，各负其责，以正确发挥各自的作用，实现管理的目标。如果管理工作层次不清、职责不明，或者虽然层次分明，但上级越权指挥、下级越权请示，不按组织层次展开工作，则可能使管理系统变得一片混乱。

第三，管理工作必须有开发观点。组织与环境的作用是交互的，管理者不仅应根据系统论的观点，注意研究和分析环境的变化，及时调整内部的活动和内容，以适应市场环境特点及变化的要求，而且应努力通过自己的活动去改造和开发环境，引导环境朝着有利于组织的方向去发展变化。

（三）效益原理

任何组织在任何时期的存在都是为了实现一定的目标。同时，任何组织在任何时期的目标活动都需要组合和利用一定的资源，从而付出一定的代价。效益是指组织目标的实现与实现组织目标所付代价之间的一种比例关系。追求组织活动的效益就是尽量以较少的资源消耗去实现组织的既定目标。

追求效益是人类一切活动均应遵循的基本规则，这是由资源的有限性所决定的。我们知道，在特定的历史时期，人类认识自然和改造自然的能力总是有限的，因此人们能够从自然界取得的物质资源以及利用这些资源生产的物质产品的数量也是有限的。而与此相对应，人们希望通过这些资源和产品的利用来满足的需要总是无限的。解决资源的有限性与人类需要的无限性之间的矛盾，是经济学与管理学的古典课题和永恒任务。为了缓和这个矛盾，人类必须在一切社会活动特别是经济活动中遵循效益的原理。

效益即是目标实现与实现目标的代价这两者之间的关系，追求效益就应该向这两个方面去努力。组织目标能否实现，实现的程度高低，通常与目标活动的选择有关。活动的内容选择不当，与组织的环境特点或变化规律不相适应，那么，即使活动过程中组织成员的效率很高，结果也只能是南辕北辙，组织目标无法实现。组织实现目标的代价与目标活动过程中的资源消耗有关，而资源消耗的高低则取决于活动正确与否。方法正确，资源则可能得到合理配置、充分利用；方法失当，则可能导致资源的浪费。因此，"做正确的事"是追求效益的前提，"用正确的方法做正确的事"则是实现效益的保证，管理者必须注意提高自己和下属的"做正确的事的能力"和"用正确的方法做事的能力"。

（四）适度原理

管理活动中存在许多相互矛盾的选择。例如，在业务活动范围的选择上专业化与多角化的对立。专业化经营可以使企业稳定业务方向和顾客队伍，从而有利于企业完善管理、改进技术；多角化经营则可以使企业有广阔的市场，从而承受着较小的经营风险。又如，在组织结构的安排上，有管理幅度宽窄之分。较宽的管理幅度可以减少管理层次，从而加快信息的传递速度，提高组织高层决策的及时性，同时可避免上级对下级工作的过多干预，从而有利于发挥下级在工作中的主动性；较窄的管理幅度则可以减少每个层次的管理者需要处理的信息数，从而有利于有价值的信息被及时识别和利用，同时可以使管理者有较多的时间去指导下属，从而有利于下属工作能力的提高。再如，在管理权力的分配上，有集权与分权的矛盾。集权可以保证组织总体政策的统一以及决策的迅速执行，而分权则可增强组织的适应能力，提高较低层次管理者的积极性。

在这些相互对立的选择中，前者的优点恰好是后者的局限之所在，而后者的贡献恰好构成了前者的劣势。因此，组织在业务活动范围的选择上既不能过宽，也不能过窄；在管理幅度的选择上，既不能过大，也不能过小；在权力的分配上，既不能完全集中，也不能绝对分散，必须在两个极端之间找到最恰当的点，进行适度管理，实现适度组合。

正因为存在这些相互对立的选择才使得管理者的劳动显得更加重要，同时正因为这些对立的存在从而寻求最佳组合的必要，才决定了管理者的工作效率更多的不是取决于对管理的理论知识和方法的掌握程度，而是取决于对所掌握的知识和方法的应用能力。也许正是这个原因，管理的有效性才更多地取决于管理者艺术地运用科学的管理理论与方法的能力。

二、管理的基本方法

管理者在组织管理活动的过程中，需要借助大量的方法。根据管理对象的不同，这些方法包括与人有关的管理方法、与物有关的管理方法、与资金管理有关的管理方法以及与活动组织有关的管理方法；根据活动选择与组织实施的阶段不同，这些方法涉及方案的制定、方案的比较、方案的组织实施以及实施过程中的控制；根据管理的层次，这些方法可分成宏观的管理方法、中观的管理方法以及微观的管理方法；根据属性的不同，管理方法可分成法律方法、行政方法、经济方法以及教育方法；等等。抽象地看，这些方法或者以理性分析为基础，或者以直觉判断为依据。

（一）理性分析

自泰勒以来，管理研究中就一直强调管理的科学性，强调用科学的手段与方法来科学地组织管理的过程。管理的科学性是以理性分析为基础的。理性分析不仅仅是大量严格的定量方法的运用，而且是以严密的逻辑思维为基础的。毫无疑问，科学地组织管理的活动过程，要求我们对组织活动的外部环境和内部条件进行充分的分析，在这个基础上制定不同的方案，对这些不同方案进行充分比较后选择实施方案，并进一步论证所选方案的可行性与合理性，以为方案的组织实施提供支持。方案的制定、比较以及论证过程中需要借助大量科学的定量分析方法。正是因为定量分析方法的这种普遍需要才催生了以探讨模型的构建和运用为主要特征的管理科学和管理工程的迅速发展。

但是，严格的定量分析方法的构建与运用是以严密的逻辑思维为基础的。数学模型抽象地反映了参与组织活动的各种要素之间相互关系的一般特征，或者抽象地反映了这些要素组合过程的一般规律。这些特征和规律的抽象是通过对管理实践中的大量相关因素及其相互关系的观察、分析、归纳、演绎后才得出的。科学的观察、分析、归纳、演绎过程是一个严密的逻辑思维过程。实际上，不仅这些模型的构建要求以逻辑严密的分析为基础，其运用更需要管理者清晰地思考和辨识各要素之间的因果或相关等关系性质，准确地选择恰当的方法来对相关活动进行分析和计算。

以定量分析方法运用及严密的逻辑思维为基础的理性分析是管理过程中比较普遍采用的方法，有的人甚至认为这是唯一的科学管理方法。

(二) 直觉判断

我们在进行理性分析的同时，也不能忽视直觉的作用。直觉的运用表面上来看不那么精确、不那么科学，有人甚至认为根据直觉判断来进行决策是一种"拍脑袋"的方法。但是在组织的管理实践中，甚至在个人的日常生活中，许多重要问题的处理，直觉或者说以直觉为基础的判断，仍发挥着重要的作用。对个人来说，生活并不总是理性的；对组织来说，组织环境的变化并不总是依循既有的规律，即便依循一定的规律，因相关因素的错综复杂，这种变化的规律也可能未能被迅速揭示，特别是组织活动中需要处理的许多问题时间敏感性很强，以直觉判断为基础的决策就显示出优越性了。

德国军事学家克劳塞维茨在分析拿破仑战略思想时曾指出，拿破仑许多战略行动的成功是源于他在广泛阅读历史战例、思维沉淀的基础上，在关键时刻能够结合当时的自然地理特点"闪现灵感"。尽管环境异常复杂，"极端黑暗"，依然能"发生一线内心的光明，足以指出真实的方向"[1]。熊彼特曾经强调，"个人的直觉与力量"是企业能否成功的"关键"[2]。实际上，许多科学家也非常强调直觉的作用。爱因斯坦曾经指出，真正有价值的东西是直觉；门捷列夫也曾强调，元素周期表的发现依靠的主要是直觉；牛顿在苹果树下的重大理论发现也曾借助了直觉性质的顿悟。

---

[1] [德]克劳塞维茨：《战争论》(第二版)，钮先钟译，广西师范大学出版社2003年版，第27页。
[2] 参见[美]约瑟夫·熊彼特：《经济发展理论》，郭武军、吕阳译，华夏出版社2015年版，第72页。

直觉，表面上看没有切实的数据，没有定量的模型，没有精确的计算，因而没有形式上的科学性。但实际上，直觉仍是一个快速的逻辑思维过程的结果。虽然我们目前还无法用科学的语言严谨地描述和揭示直觉思维的科学特征，但是毫无疑问，直觉思维有着非常丰富的科学内涵。揭示管理者直觉思维的科学内涵、研究如何通过管理教育去提升管理者以直觉判断为基础的决策能力，应当成为管理研究的重要课题。

三、管理的基本工具

管理者在管理活动中可以借助许多工具。如果说管理的本质是规范和协调人的行为，那么管理者影响人的行为的手段无非两类：一类与权力有关，另一类与组织文化有关。管理者既需要运用权力直接规范被管理者在组织中必须表现的行为，并对其进行追踪和控制，也需要借助组织文化引导组织成员在参与组织活动过程中不同时空的行为选择。

（一）作为管理工具的权力

权力本是政治学研究的一个基本概念，它描述的是组织中的相关个体在一定时期内相对稳定的一种关系。这种关系的性质，有学者认为是"命令—服从"关系，也有学者认为是一种影响关系。把权力的实质理解为命令与服从，则权力关系是单向的，权力的主体根据自己的意志决定权力指向的客体的行为，权力指向的客体必须根据权力主体的要求表现出符合其旨意的行为。[1] 把权力的实质理解为影响力，则权力关系必然是双向的：权力主体在某些问题的处理上对权力指向的客体可能产生一定的影响，但与此同时，权力指向的客体可能在另一些问题的处理上影响权力主体的行为。[2] 当然，即使从命令与服从的角度去理解，权力关系中相关主体的行为也是互动的，影响是双向的：权力指向对象的服从是权力关系得以维系的基本前提。但是需要指出的是，不论我们如何强调权力关系中的互动性，不同权力主体影响对方行为的能力或可能性是不同的：有的主体是主动施与，有的主体是被动接受；有的主体有更多的选择，有的主体选择空间非常有限；有的

---

[1] 韦伯认为，"权力是一种社会关系中的某一行动者能处在某个尽管有反抗也要贯彻他自己的意志的地位上的概率。"引自［德］马克斯·韦伯：《社会和经济组织理论》，牛津大学出版社1947年版，第152页。转引自［美］彼德·布劳：《社会生活中的交换与权力》，孙非、张黎勤译，华夏出版社1988年版，第135页。

[2] 伯兰特·罗素认为，权力"是从事或者影响某些事的能力"。引自［英］罗素：《权力论》，W. 诺顿公司1938年版，第35页。美国政治学家达尔认为，权力是"在某件具体事上 A 的意图引起 B 的行动或行动倾向"，即"A 的权力就是 A 能使 B 去做某事，而没有 A 的干预 B 就不会去做某事这样一种能力"。转引自［美］罗伯特·达尔：《现代政治分析》，王沪宁、陈峰译，上海译文出版社1987年版，第42页。

主体影响能力大一些，话语权多一些，有的主体则影响力小一些，话语权少一些。不完全平等的权力地位是权力关系的基本特征。实际上，在完全平等的权力关系下，行为主体间的互动是无法继续的，组织也因此而无法有序地运行。

权力关系中相对权力地位或相对影响力不一样的原因是行为主体拥有的权力资源不同。

行为主体的权力资源可能包括：具有为组织活动所必需的某种专门知识或技能；在组织的以往活动中，取得过明显的成功，表现出丰富的经验和能力；办事公正，待人诚恳，表现出被普遍赞誉的个人品质；在组织中所担任的职位提供了某种奖励或惩罚他人的可能性。从某种意义上说，特殊的知识、能力、经验、品质以及组织中的职务都是稀缺性资源，所以用经济学的术语去表述，一个人在组织中的权力或影响力是他能够支配的相关稀缺资源的函数。这些资源有的与行为主体在组织中担任的职位有关，有的则来自行为主体自身或自身的学习与工作经历。我们把前者称为正式的职位或职务权力，把后者称为非正式的个人影响力。虽然任何管理者都需要借助个人影响力在组织中发挥作用，但是决定他在组织中权力地位的首先是职位所赋予他的正式权力。在不同岗位任职，决定了任职者应该承担的责任以及拥有的权限，决定了他与相关岗位任职者的权力关系。

（二）作为管理工具的组织文化

组织文化是一个内涵非常丰富的概念。有学者认为组织文化是组织的基本规则，有学者认为组织文化不仅包括以价值观为主体内容的核心文化，还包括以员工行为特征和组织物质形式为外在表现的行为文化和物质文化。我们认为，组织文化的核心是组织成员普遍认同、共同接受的价值观念以及由这种价值观念所决定的行为准则。价值观是企业文化的内核，价值观的性质决定了企业文化的基本特征。行为准则体现了核心价值观的具体要求，为组织成员的日常行为选择提供了具体的依据。价值观和行为准则的广泛认同、普遍接受决定了组织文化是一种内化于组织成员的管理工具，而不是一种外在的管理手段。

组织文化一旦形成，对组织成员的行为影响就会是持续的、普遍的，而且是低成本的。依据共同的价值观念和行为准则，人们在组织中不同时空自觉的行为选择将不仅符合组织的目标要求，而且相互之间是协调的，即使出现某种或某些不协调，他们也会自觉地相互调适。

作为一种低成本的管理工具，文化的发挥作用曾经是无意识的。实际上，不论我们是否意识到，任何组织都存在一定的文化；不管我们是否愿意，这样的文化对组织成员的行为进而对组织活动的效果都会产生一定的影响。在组织成功影响因素的研究中，人们发现了文化的存在及其作用，如何构建合理的组织文化以引导组织成员的积极行为也因此成为当今管理者的一个重要任务。

第三节　管理活动的时代背景

　　管理活动既反映了所处时代的生产力和生产关系的状况，又是所处时代生产力和生产关系相互作用的结果。因此，管理活动与时代背景密切相关，是一个历史范畴，既反映时代背景，又是一定时代背景下的产物。全球化和信息化是当今世界的两大重要特征。作为新兴的经济大国，中国20世纪70年代末开始改革开放，引入市场机制，市场化因此逐渐成为中国经济生活的主旋律。

一、全球化

　　我们生活在一个日益全球化的世界里。管理已经成为企业在世界范围内的活动。越来越多的企业从事全球化经营，并通过对分布在世界各地的子公司或代理机构人力、物力、财力等要素的有效规划、组织、协调、指挥和控制，谋取全球范围内的竞争优势。即便是当地经营的企业，管理者也必须从全球视角来考虑诸如环境评估、对手分析、人员招聘与配置、资源获取与配置等一系列管理问题。

　　全球化既是一个事实，又是一个过程。说全球化是一个事实，其反映的是世界各国及各国人员之间比以往任何时候都更加相互依赖，而且这种依赖程度越来越高。说全球化是一个过程，其既是技术发展又是人类发展的过程，反映了全球化背后的两股最根本的推动力。一方面，随着交通、信息与通信技术的发展，如高速飞机、移动电话、互联网、可视电话等，当今世界好似一个地球村。实现全球范围内的瞬间协调和交流正变得十分平常。另一方面，各种政治的、经济的和文化的力量都在推动着全球化进程，如联合国、世界贸易组织等在全球范围内建立共同的规则，如企业家为寻求一种国际效率，在全球范围配置资源、销售产品，甚至改变消费者偏好。食品的口味和饮食习惯长久以来都被认为是与文化联系最密切的消费者行为，但是，像麦当劳和可口可乐的全球化成功已经说明，即便是这些与文化密切相关的偏好也可以被改变。[①]

　　在公司层面上，全球化是指公司在各国或地区的收入份额和资产扩展的程度，以及与各国或地区的资本、商品和信息的跨国或跨地区交流程度。在信息产业，亚洲个人计算机第一位、全球第三位的联想集团的全球化发展是一个很好的例子。

---

① 参见［美］克里斯托弗·A.巴特利特、苏曼特·高沙尔：《跨边界管理：跨国公司经营决策》（第二版），马野青等译，人民邮电出版社2002年版，第4页。

1984年11月1日，柳传志等科技人员响应中国科学院科技体制改革的号召，成立中国科学院计算机新技术发展公司，这是联想的前身。经过20年的发展，2004年12月8日，联想集团以12.5亿美元收购"PC产业缔造者""蓝色巨人"IBM个人计算机事业部。收购完成后的联想拥有IBM的ThinkPad品牌及相关专利、IBM深圳合资公司、位于大和（日本）和罗利（美国北卡罗来纳州）的研发中心，以及遍及全球160个国家和地区的庞大分销和销售网络与广泛的全球认知度。在家电制造业，海尔集团的全球化发展又是一个很好的例子。从1984年开始，海尔先后实施了名牌战略（1984—1991年）、多元化战略（1992—1998年）和国际化战略（1999—2004年）。2005年年底，海尔进入第四个战略发展阶段：全球化品牌战略，即在每一个国家的市场创造本土化的海尔品牌。具体来说，就是三个1/3的全球化战略，即海尔产品1/3国内生产国内销售，1/3国内生产国外销售和1/3国外生产国外销售。

那些只局限于一国或地区范围内的业务正在逐步减少，如今的管理者都必须具有全球化视角。越来越多的情形是，管理者需要在不同地区、不同的国家和不同的文化情况下进行管理工作。例如，海尔在美洲、欧洲、非洲、亚洲等几十个国家与地区都有生产基地和/或研发中心。海尔的管理者面临着更广泛、更复杂的任务，并且这些任务对管理者提出了特殊的挑战。正如管理学家南希·阿德勒所说："全球化管理者主要关心的是在不同文化之间的人员和思想的互动，而不是关注在管理者的祖国中原来的特定领导方式的效果和对来自不同国家或地区的管理者的管理方式的比较。"[1] 斯蒂芬·莱因史密斯强调"全球化思考，本地化行动"（think globally, act locally）这一全球化管理的全新范式。[2] 因此，作为一名全球化管理者，首先需要理解全球化管理的环境，即一般环境（主要是国家和文化）和任务环境（主要是供应商、竞争对手、销售商、顾客和劳动力市场与工会），以及理解这些环境因素对管理的影响。所谓"知彼知己，百战不殆"。其次需要理解与掌握一些全球化管理所必需的关键能力，即国际商务知识、文化适应能力、换位思考能力和创新能力。这四项能力是一个整体。这一整体不仅仅是跨文化管理能力，更是如玛克辛·道尔顿等所说的"跨地区、跨国家与跨文化管理能力"。

全球化环境和全球化经营对管理的主要职能，如决策、组织、领导和控制都

---

[1] 转引自［美］玛克辛·道尔顿、克里斯·厄恩斯特、珍妮弗·迪尔、琼·莱斯利：《成功的全球化管理者：如何进行跨地区、跨国家与跨文化管理》，王俊杰译，中国人民大学出版社2005年版，第5页。

[2] 参见Stephen H. Rhinesmith, *A Manager's Guide to Globalization: Six Keys to Success in a Changing World*, Homewood, IL: Business One Irwin, 1993. "全球化思考，本地化行动"是由ABB集团的帕西·巴列维克（Percy Barnevic）提出的。

提出了新的挑战。例如，企业应该在外部环境评估和内部条件分析基础上，首先考虑如何进行国际化经营。国际化经营的进入方式主要有进口、非股权安排和国际直接投资。企业可以根据所进入国或地区的环境，以及企业自身的发展阶段，选择恰当的进入方式。在选择目标市场和东道国市场的进入方式后，管理者就需要在战略目标的指引下，管理和组织分布在世界各地的子公司和代理机构。这就需要企业在全球化压力和当地化反应之间进行权衡，选择恰当的组织模式。

二、信息化

有人说，全球化的世界是平的，像一个村庄。信息化是全球化的成因和重要特征之一。近年来，随着信息技术和网络技术的飞速发展，信息化和网络化影响着个人、组织和政府的方方面面。我国是信息化和网络化高度发达的国家之一。信息化和网络化已经极大改变了包括企业和政府等组织的管理环境和经营方式，也改变了人们的生活方式。

信息化（informatization）既是一种过程，指现代信息技术的应用，促成对象或领域（如社会或企业）发生转变的过程，又是一种状态，指对象或领域因信息技术的应用所达成的新形态或状态。我们可以从宏观和微观两个层面来理解信息化。

从国家、地区或社会层面，1997 年我国召开的首届全国信息化工作会议，把信息化概括为"培育、发展以智能化工具为代表的新的生产力并使之造福于社会的历史过程"，并把国家信息化概括为"在国家统一规划和组织下，在农业、工业、科学技术、国防及社会生活各个方面应用现代信息技术，深入开发、广泛利用信息资源，加速实现国家现代化进程"。2006 年 5 月由中共中央办公厅、国务院办公厅印发的《2006—2020 年国家信息化发展战略》正式提出，"信息化是充分利用信息技术，开发利用信息资源，促进信息交流和知识共享，提高经济增长质量，推动经济社会发展转型的历史进程"。根据战略规划，我国信息化涉及五大应用领域：一是经济领域的信息化，包括农业信息化、服务业信息化、两化融合、信息产业等；二是社会领域的信息化，包括民生、公共卫生、劳动保障等；三是政务领域的信息化，包括政府办公、对外服务等；四是文化领域的信息化，包括图书、档案、文博、广电、网络治理等；五是军事领域的信息化，包括装备、情报、指挥、后勤等。

从企业、政府等组织层面，信息化指将现代信息技术与先进的管理理念相融合，将组织各活动过程数据化和数字化，通过信息系统加工处理成信息资源，提供给组织各层次人员，有助于各类决策和行动，实现效率和效益的过程。从 20 世纪 90 年代开始，企业信息化管理，如企业资源计划、客户关系管理、供应链管理、办公自动化系统、云平台和大数据等，迅猛发展。

20世纪90年代初，美国加特纳公司（Gartner Group Inc.）在当时MRP II软件基础上发展出企业资源计划（enterprise resource planning，ERP）。它是指建立在信息技术基础上，以系统化的管理思想，为企业决策层及员工提供决策运行手段的管理平台。ERP系统集信息技术与先进的管理思想于一身，反映时代对企业合理调配资源，最大化地创造社会财富的要求。

客户关系管理（customer relationship management，CRM）既是一种应用软件技术，也是一种管理理念。该理念认为，与客户建立良好关系是所有业务持续发展的基石，也是企业持续竞争优势之源泉。作为一种软件技术，它是利用信息科学技术，实现市场营销、销售、服务等活动的自动化。该系统同每个客户建立联系，了解客户的不同需求，实现"一对一"个性化服务。

供应链管理（supply chain management，SCM）是组织对从供应商起到产品传递给客户的所有活动的协调。根据美国供应链管理专业协会（Council of Supply Chain Management Professionals）的定义，供应链管理是对嵌入采购、生产、物流之中的所有活动的计划与管理，以及与供应商、中介机构、第三方服务提供商或客户等渠道伙伴的协调和合作。供应链管理集成了公司间和公司内的供需管理。由于使产品供需信息的交换更加便捷和迅速，信息技术对供应链管理有巨大的影响。供应链管理系统就是利用信息技术和网络技术，整合供应链管理过程的各项活动，以实现协同化、一体化的供应链管理。

办公自动化系统（office automation system，OAS）是运用信息技术，借助自动化的办公设备和计算机系统实现各种办公的信息管理、决策支持及综合事务的处理。办公自动化实现了自动化、无纸化和网络化，能够综合处理图像、声音、文字、数据等信息，完成公文归档、信息管理、电子公文公告、会议的网络化、资料统计及办公人员权限管理等系列功能，以提高办公质量和效率。

云平台是基于云计算技术的资源整合和资源共享的平台。云计算是一种计算方式，它通过互联网将信息资源以服务的形式对外提供，是一种商业模式，各用户系统能够按照需求获取存储空间和软件应用服务等。云平台的应用模式可以分为两种：一种是基于企业或集团内部的"私有云"，该模式强调企业内部资源整合；另一种是基于互联网的"公有云"，该模式强调企业间的制造资源和制造能力整合，致力于提高整个社会制造资源和制造能力的使用率。"公有云"的主要表现形式就是公共服务平台，它可以解决中小企业在信息化建设方面资金、技术、人才和管理缺乏等问题。

大数据，目前还没有明确的定义。最早的概念，是因为信息量过于庞大，无法完整存储在计算机系统中，必须重新设计工具和发展技术来存储和分析信息。根据美国南加利福尼亚大学安纳堡传播学院的马丁·希尔伯特教授的研究，2007

年全世界存储了超过 300EB 的资料（1EB 大约等于 10 亿 GB），2013 年全世界资料量大约是 1 200EB。这不过是刚开始而已。在这个大数据时代，我们的生活方式、与世界互动方式、企业决策和经营方式等，都受到挑战。

信息化不仅催生了一个质量要求高，成本要求低，个性化，短、平、快的全球市场，而且深刻地改变了企业的运作和管理模式。它实现信息技术支持下的组织管理，在信息化实施运作过程中进行决策、组织、领导、控制和创新。

三、市场化

市场化是指在开放的市场中，用市场机制而非行政命令方式实现资源配置。市场机制主要包括价格机制、供求机制和竞争机制。用形象的比喻，配置资源有两只手：一是无形的手；一是有形的手。前者指市场机制；后者指政府或企业的管理者的指挥命令。市场化需要同时确立市场决策者的主体性和市场在资源配置中的作用。

自 20 世纪 70 年代末改革开放以来，我国从计划经济向市场经济转变。改革开放以来，我国不断深化市场化的经济体制改革，在不断加强市场在资源配置中的作用、确立企业的自主决策地位的同时，逐渐削弱政府官员及政府有关职能部门对企业经营管理的干涉和对市场价格的干扰。邓小平在 1992 年年初的重要讲话中指出，"计划多一点还是市场多一点，不是社会主义与资本主义的本质区别。计划经济不等于社会主义，资本主义也有计划；市场经济不等于资本主义，社会主义也有市场。计划和市场都是经济手段。"① 这些精辟论断，从根本上解除了把计划经济和市场经济看作属于社会制度基本范畴的束缚，使我们在计划与市场关系问题的认识上有了新的重大突破。

我国的市场化改革大致经历三个发展阶段。② 第一阶段是 1979—1992 年，属于改革初期，在社会经济活动中引入市场机制，尊重价值规律的作用。1978 年 12 月，党的十一届三中全会开启了改革开放建设中国特色社会主义的新时期。全会公报指出，"现在我国经济管理体制的一个严重缺点是权力过于集中，应该有领导地大胆下放，让地方和工农企业在国家统一计划的指导下有更多的经营管理自主权。""应该坚决实行按经济规律办事，重视价值规律的作用，注意把思想政治工作和经济手段结合起来，充分调动干部和劳动者的生产积极性。" 1984 年 10 月党的十二届三中全会研讨通过《中共中央关于经济体制改革的决定》，指出"改革计划体制，首先要突破把计划经济同商品经济对立起来的传统观念，明确认识社

---

① 《邓小平文选》第 3 卷，人民出版社 1993 年版，第 373 页。
② 张卓元：《中国经济四十年市场化改革的回顾》，《经济与管理研究》2018 年第 39 卷第 3 期，第 3—15 页。

会主义计划经济必须自觉依据和运用价值规律，是在公有制基础上的有计划的商品经济。"这一阶段，我国开始采取一系列引入市场机制的改革开放举措。首先，农村开始改革，实行家庭联产承包责任制，农民收入大幅度提高。其次，逐步放开农副产品、小商品和工业消费品价格。再次，对国有企业实行放权让利，使国有企业有一定的自主权，开始调动了广大职工的积极性，企业也有了一定活力。此外，还有允许个体工商户发展、兴办经济特区和引进外资等。

第二阶段是 1992—2012 年，属于深化改革阶段，确立社会主义市场经济体制改革目标，我国的市场化改革大步推进，改革的核心问题是要处理好政府与市场的关系，社会主义经济运行从计划主导型转为市场主导型。1992 年，党的十四大明确了"建立中国社会主义市场经济体制"的改革目标，提出要"使市场在国家宏观调控下对资源配置起基础性作用"，"要大力发展全国的统一市场"。这一阶段循序渐进地采取了一系列改革措施。主要有：第一，用市场经济国家通行的分税制代替原来的地方财政包干制。第二，鼓励个体私营经济发展，逐步打破公有制一统天下的局面，逐步建立起以公有制为主体、多种所有制经济共同发展的基本经济制度。到 2012 年，我国非公有制经济对国民经济的贡献率超过 60%，对就业岗位的贡献率超过 80%。第三，积极利用外资，特别 2001 年加入世界贸易组织后，中国吸收和利用外资走上快车道。到 2012 年年底，我国外商投资企业共计达 440 609 家，投资总额 32 610 亿美元。第四，价格改革的重点逐步转向资源产品和生产要素价格的市场化。到 20 世纪末，我国商品和服务价格已基本上放开，由市场调节、统一开放的市场体系初步建立。市场格局发生重大变化，买方市场取代了连续近半个世纪困扰中国人民的卖方市场。2003 年，党的十六届三中全会第一次提出"大力发展资本和其他要素市场，促进商品和各种要素在全国范围自由流动和充分竞争"。生产要素市场主要包括金融市场、土地市场、劳动力市场等，与之对应的价格即利率和汇率、地价和地租、工资等。与此相配套，我国开始逐步推进利率市场化、人民币汇率形成机制市场化、土地管理制度改革以及收入分配改革等。目前，我国的市场化程度已经达到较高的水平，95%以上的消费品和 97%的生产资料价格由市场决定，生产要素价格也正在逐步由市场决定，利率市场化、汇率市场化正全力推进。

第三阶段是 2012 年至今，属于全面深化改革阶段，2012 年党的十八大和 2013 年党的十八届三中全会，标志着我国进入全面深化改革的新时期。这段时期，改革的重点和亮点主要有：第一，用"市场在资源配置中起决定性作用"的提法，代替已沿用 20 多年的"市场在资源配置中起基础性作用"的提法。党的十八届三中全会《关于全面深化改革若干重大问题的决定》指出，"经济体制改革是全面深化改革的重点，核心问题是处理好政府和市场的关系，使市场在资源配置中起决定性作用和更好发挥政府作用。"着力解决政府对资源配置干预过多问题，大幅度减少政府对资源的直接配置，推动资源配置依据市场规则、市场价格、市场竞争实现效益最大化和效率最优化，进一步建设统一开放、竞争有序的市场体系。第二，国资监管机构要实现从以管企业为主到以管资本为主的转变。2017年7月，国务院出台《中央企业公司制改制实施方案》落实改革方案。第三，提出国有资本、集体资本、非公有资本等交叉持股、相互融合的混合所有制经济是基本经济制度的重要实现形式。允许更多国有经济和其他所有制经济发展成为混合所有制经济；国有资本投资项目允许非国有资本参股；等等。

在我国市场化改革进程中，市场经济的主体——企业，其主体地位也逐步确立。改革开放之前的计划经济体制下我国没有严格意义的自主经营的企业，也没有市场，整个社会活动主要靠中央和地方政府的计划来管理和协调。企业的"人、财、物、产、供、销"都由中央或地方政府部门来决策。生产什么、生产多少、为谁生产、如何分配等决策权都在政府手里，企业仅仅是一个生产单位，只管按政府的计划保质保量生产。企业市场主体地位的确立主要经过了三个阶段。

第一阶段是1978—1986年，以扩大企业自主权、推行经济责任制和利改税为主要内容。1984年5月，国务院颁布了《关于进一步扩大国营工业企业自主权的暂行规定》，明确规定了企业10个方面的自主权：生产经营计划权、产品销售权、产品定价权、物资选购权、资金使用权、资产处置权、机构设置权、人事劳动权、工资奖金使用权和联合经营权。经济责任制主要采取利润留成、盈亏包干、以税代利、自负盈亏等改革措施。1983年和1984年分两步推行利改税，以扩大企业的经营自主权。

第二阶段是1987—1991年，以推行承包经营责任制、租赁经营责任制和试点股份制、实行所有权和经营权分离为主要内容。承包经营责任制，是在坚持企业的社会主义全民所有制的基础上，按照所有权与经营权分离的原则，以承包经营合同形式，确定国家与企业的责、权、利关系，使企业做到自主经营、自负盈亏的经济管理制度。自1987年4月，国务院做出在全国范围内推广经营承包责任制决定后，全国28个省、自治区、直辖市、80%以上的独立核算工业企业和90%以上预算内国有工业企业于1987年开始了第一轮承包，1990年有90%左右的企业第一轮承包到期，它们中的绝大多数又转入第二轮承包。

租赁经营责任制，是指以国家为资产所有者的代表，按出租企业资产价值收取一定的租金，将企业出租给承租人，使其在一定的时期内获得资产经营权与使用权的一种经营让渡行为的经济管理制度。1984年沈阳首先在商业、饮食业中推行租赁经营责任制，取得了明显的效果，32户租赁企业1985年利润较上年增长3.3倍，职工收入也增长了16%。1988年，国务院颁布了《全民所有制小型工业企业租赁经营暂行条例》，开始全面推行该种经营责任制。

股份制是指将企业的资本划分为一定数量的股份，继而发行认购，吸收投资者入股的一种资本组织形式。1984 年 7 月，北京天桥百货商场率先进行股份制试点工作。同年 11 月，上海电声总厂发起组建上海飞乐音响股份公司，公开发行股票。1986 年重庆市已有 17 000 家乡镇企业实行股份制。从 1991 年开始，特别是邓小平南方谈话后，股份制试点工作进入了一个全新的发展阶段，与股份制配套的政策法规不断完善，试点规模大大扩大，证券市场初步建立且进一步发展。

第三阶段是 1992 年以后，以理顺产权关系，转换企业经营机制和建立现代企业制度为主要内容。

1992 年 7 月，国务院又颁布了《全民所有制工业企业转换经营机制条例》，该条例将 1988 年 4 月通过的《中华人民共和国全民所有制工业企业法》进一步明确化和具体化，并且有所创新和发展。该条例主要内容有：企业对国家授予其经营管理的财产享有占有、使用和依法处分的权利；这些权利包括企业生产经营决策权，产品和劳务定价权，产品销售权，物资采购权，进出口权，投资决策权，留用资金支配权，资产处置权，劳动用工权，联营、兼并权，人事管理权，工资、奖金分配权，内部机构设置权和拒绝摊派权等；企业是法人实体，它以国家授予其经营管理的财产承担民事责任。

1993 年 11 月 14 日，党的第十四届三中全会通过了《中共中央关于建立社会主义市场经济体制若干问题的决定》。该决定明确提出了"建立现代企业制度，是发展社会化大生产和市场经济的必然要求，是我国国有企业改革的方向"。具体来说，现代企业制度有五个基本特征：一是产权关系明晰，企业中的国有资产所有权属于国家，企业拥有包括国家在内的出资者投资形成的全部法人财产权，成为享有民事权利、承担民事责任的法人实体。二是企业以其全部法人财产，依法自主经营，自负盈亏，照章纳税，对出资者承担资产保值增值的责任。三是出资者按投入企业的资本额享有所有者的权益，即资产受益、重大决策和选择管理者等权利。企业破产时，出资者只以投入企业的资本额对企业债务负有限责任。四是企业按照市场需求组织生产经营，以提高劳动生产率和经济效益为目的，政府不直接干预企业的生产经营活动。企业在市场竞争中优胜劣汰，长期亏损、资不抵债的应依法破产。五是建立科学的企业领导体制和组织管理制度，调节所有者、经营者和职工之间的关系，形成激励和约束相结合的经营机制。所有企业都要向这个方向努力。

1993 年 12 月 29 日，全国人大常委会第五次会议通过了《中华人民共和国公司法》，并根据改革发展需要，1999 年、2004 年、2005 年和 2013 年不断修订。该法用法律语言详尽地描述了现代企业制度，为我国企业改革指明了方向，全面确立企业为市场的法人实体和竞争主体。

思考题

1. 如何认识组织的特征、企业的特征?
2. 简述管理工作的主要内容。
3. 如何理解管理的本质?它对我们的管理实践活动有哪些启示?
4. 管理活动的基本原理有哪些?简述其主要思想。
5. 管理的基本方法与工具有哪些?它们的作用是什么?
6. 如何认识理性分析与直觉判断的关系?
7. 当代社会发展的主要特征是什么?它对组织管理活动的影响有哪些?

▶ 自测习题及参考答案

第二章 管理理论的历史演变

管理理论是在思考和总结管理实践的基础上对管理活动一般规律的抽象和总结。管理理论研究的视角也必然因时代背景以及实践特征而有所不同。本章分别从古典、现代以及当代三个阶段回顾管理理论的形成和发展。

第一节 古典管理理论

管理理论是随着工厂制度和工厂管理实践的发展,在19世纪末20世纪初开始系统形成的。其主要标志是泰勒的《科学管理原理》和法约尔的《工业管理与一般管理》分别于1911年和1916年的出版。这个时期的管理理论通常被称为古典管理理论,主要研究问题涉及科学管理、一般管理以及科层组织。

一、科学管理研究

科学管理是20世纪初在西方工业国家影响最大、推广最普遍的一种管理理论。它包括一系列关于生产组织合理化和生产作业标准化的科学方法及理论依据,是由美国的机械工程师泰勒首先提出并极力推广的,因此通常也被称作泰勒制(Taylorism)。

泰勒制的产生和迅速发展有着非常深刻的历史背景。科学管理的产生既是资本主义生产力发展的必然,也是维护资本主义生产关系、实现资本对劳动的完全控制的需要。

一方面,随着社会生产力的发展和企业数量的增加与规模的扩大,企业管理逐渐要求从传统的经验管理走向科学管理。在工厂制度建立的初期,资本所有者也是企业管理者。由于企业规模有限,资本家只要根据自己的经验和判断便可进行相对有效的管理。工厂制度发展到19世纪末20世纪初,情况发生了变化。由于机器和机器体系在工业生产中的运用越来越广泛,企业的数量越来越多,生产规模越来越大,复杂程度不断提高,对企业管理的要求也越来越高,凭经验和判断来进行的传统管理方式不再适应,迫切要求人们把过去在企业管理方面积累的经验加以标准化、系统化、科学化,用科学的管理代替传统的经验管理。

另一方面,资本对劳动的控制从不完全到完全也要求改进企业管理的方法。根据政治经济学的传统分析,劳动者自把自己的劳动力出卖给企业的那一天起,就把自己完全置于资本家的控制之下了。然而甚至到了19世纪末,资本家对工人,或者说资本对劳动的控制依然是不完全的：资本家在市场上雇用了工人以后，虽然可以规定他每天工作多长时间，强制他去从事任何工作，但是他如何去干这些工作，完成加工作业需要多长时间，在很多情况下，资本家是无法决定的。在生产过程中广泛运用机器和机器体系的条件下，资本家不可能熟知每一台机器的操作技术。因此，生产技术主要掌握在工人手中。工人掌握了生产技术就能决定劳动方式，就能控制操作方法和作业时间，就能在生产中来一些技术性的"磨洋工"，并使资本家无法辨别。所以在当时，不论是对工人的作业方法还是作业时间，资本家都未能实行完全控制。为了剥夺工人决定生产方法和生产时间的权力，资本家迫切需要改进管理方法。泰勒的科学管理理论正是在这样的背景下产生的。

绪论中提过的泰勒之《科学管理原理》一书，阐述了后来被人们称为泰勒制的主要内容。

泰勒认为，当时企业的劳动生产率普遍低下，工人每天的实际产量只为他们劳动能力的 1/3，而造成这种状况的原因主要有三个方面：第一，劳动使用不当，包括工作分配不合理和劳动方法不正确；第二，工人不愿干或不愿多干，这里面既有工人本性的因素，又有报酬方法上的原因；第三，是企业生产组织与管理方面的原因。因此，要提高劳动生产率，增加企业盈利，必须从三个方面做文章。泰勒在企业管理实践和理论上的探索正是围绕着这些问题而展开的。

(一) 改进工作方法，并根据工作的要求挑选和培训工人

1. 改进操作方法，以提高工效、合理利用工时

泰勒认为，要让每一个工人都用正确的方法作业。为此，应把生产过程中每个环节的每项操作分解成许多动作，继而把动作细分为动素，然后研究每项动素的必要性和合理性，据此决定去掉那些不必要的动素，并对保留下来的必要动素根据经济合理的原则加以改进和组合，以形成标准的作业方法。在此基础上，还要进一步观测和分析工人完成每项动作所需的时间，并考虑到满足一些生理需要的时间和不可避免的耽误时间，为标准作业方法制定标准作业时间。

2. 作业环境与作业条件的标准化

泰勒认为，为了使工人能够在标准时间内完成标准的操作，还必须根据作业方法的要求，使工人的作业环境和作业条件（工具、设备、材料等）标准化。例如，为了回答"使用铁锹有无科学"的问题，泰勒在伯利恒钢铁厂做了装锹实验。他让几个装锹手使用不同的铁锹，以观察他们的工作量，结果发现，每锹装量 21.5 磅[①]可以使一天总工作量达到最高。根据这次实验，他为这家工厂的装卸工人设计了 8~10 种不同的铁锹，要求工人根据装卸物品的不同选择使用。

[①] 1 磅≈0.45 千克。

3. 根据工作要求，挑选和培训工人

泰勒认为，人有不同的禀赋才能，只要工作合适，都可以成为第一流的工人。提高工人的劳动生产率，首先要根据不同工人的不同特长来分配工作。正确地选择工人担任适当的工作后，还要根据标准的作业方法来培训工人。泰勒指出，工作技术的获取，过去只靠工人自己来摸索，或者靠师傅带徒弟的方法来传授，这种传统的培训方法，虽然可以教会徒弟有用的方法，但也可能把不科学的东西传下来，而且一个师傅能够带的徒弟数量有限，同时需要的时间很长。相反，如果利用标准的作业方法来集中成批培训，则不仅可保证受训者掌握的是科学的操作方法，而且可以提高培训速度和效率。

（二）改进分配方法，实行差别计件工资制

泰勒认为，工人不愿提供更多劳动的一个重要的原因是分配制度不合理。当时有些企业也实行计件工资制，但是工人的产量一旦增加，工资总额也需要增加时，资本家便降低工资标准。工人则采用压低产量的办法来对付资本家，从而造成劳动生产效率的低下。泰勒认为，要刺激工人提供更多的产量，工资标准不仅应当稳定，而且应该随着产量的增加而提高，实行差别计件工资制，即在计算工资时，采取不同的工资率，未完成定额的按低工资率付给，完成并超过定额的按高工资率付给。由于完成并超过定额能以较高的标准得到报酬，工人愿意提供更多数量的劳动。

（三）改进生产组织，加强企业管理

泰勒在企业工作的实践中，从工程技术人员的角度，意识到了改进和加强企业管理工作对提高劳动生产率的重要作用。

1. 在企业中设置计划部门，把计划职能和执行职能分开

泰勒指出，提高劳动生产率，就要改进工人的作业方法。工人虽然拥有丰富的操作经验，却没时间进行系统的研究和分析。这项工作应该由企业主或企业委托的专门人员进行，因为"只有富人才可能向自己提供时间这个奢侈品来进行科学研究"。所以，他主张在企业中设立专职的计划部门，把计划（管理）职能同执行（作业）职能相分离。泰勒认为，专职的计划部门应该完成下述四个方面的任务：

（1）调查研究。计划部门负责收集和整理工人的操作经验，进行作业研究和时间研究，作为确定工时定额的依据。

（2）根据调查研究的结果，制定有科学依据的作业方法、时间定额和工资标准。

（3）制定计划，向工人发布命令和指示。

（4）把实际执行情况与确定的标准进行比较，以便进行控制。

作业（执行）部门包括进行现场监督的工头和直接从事操作的工人，他们的任务是根据计划部门制定的标准和定额进行监督和生产作业。

2. 实行职能工长制

泰勒把管理工作做了细分，认为每个管理者只能承担其中的一两项工作。他认为，当时通常由车间主任完成的工作应该由八个职能工长来承担，其中四个在计划部门，四个在生产现场进行监督，每个职能工长只负责某一方面的工作，在其职能范围内可以向工人发布命令。

泰勒认为，实行职能工长制，对管理人员的培养只需花费较少的时间，因为只需他们掌握某一个方面的技能；从事专门的职能管理，可以提高管理劳动的效率；由于计划和作业标准已在计划部门制定，现场工长只需进行指挥监督，因此低工资者也可从事复杂的工作，从而可能降低企业的生产费用。

3. 进行例外管理

泰勒认为，如果说现场的管理应该实行职能工长制的话，那么在规模较大的企业，高层管理者还需要遵循例外管理的原则。例外管理是指企业的上级主管把一般的日常事务授权给下级管理人员去处理，而自己保留对例外事项或重要问题的决策与监督权。这个原理实际上为后来的分权化管理和事业部制准备了理论依据。

泰勒以自己在工厂的管理实践和理论探索，冲破了产业革命开始以来一直沿袭的传统的经验管理方法，将科学引进了管理领域，并且创立了一套具体的管理方法，为管理理论的系统形成奠定了基础。同时，泰勒主张将管理职能从企业生产职能中独立出来，使得有人开始从事专职的管理工作，这就进一步促进了人们对管理实践的思考，从而有利于管理理论的发展。泰勒制在现场生产组织的推广方面也取得了显著的效果。由于采用了科学的作业程序和管理方法，推动了生产的发展，企业的生产效率提高了 2~3 倍。正是由于这些原因，泰勒的科学管理方法在 20 世纪初的美国和西欧受到了普遍欢迎。

二、一般管理研究

在泰勒主要围绕生产过程组织的合理化与生产作业方法的标准化进行科学管理研究的同时，法国的法约尔根据其在企业高层管理岗位上的工作实践，对企业的整体管理进行了系统思考。在总结自己管理经验的基础上，法约尔发表了一系列关于管理的著述。比较重要的有：《工业管理与一般管理》（1916），《国家在管理上的无能》（1921），《公共精神的觉醒》（1927），《管理的一般原则》（1908），《高等技术学校中的管理教育》（1917），《国家的行政管理理论》（1923）。

法约尔曾打算写一部包括四个部分的管理学著作：第一部分论证管理教育的

必要性和可能性；第二部分研究管理的要素和原则；第三部分介绍他自己的观察和经验；第四部分分析第一次世界大战的教训。后两部分的研究成果未曾发表，前两部分的观点则主要体现在他于 1916 年出版的《工业管理与一般管理》这部著作中。这本书系统地介绍了法约尔管理思想的主要观点。

(一) 经营和管理

法约尔认为，经营和管理是两个不同的概念，管理只是经营的一部分。除了管理外，经营还包括技术、商业、财务、安全以及会计等一系列职能。其中，技术职能是企业加工材料、生产产品的制造活动；商业职能是指与原材料和设备的购买和产品的销售有关的市场活动；财务职能是指围绕资金的筹集和运用而展开的活动；安全职能是指与设备和人员保护有关的活动；会计职能是指为监视资金的合理运用而对其运动过程中的变化状况进行的记录、归类和分析活动。作为经营的一个方面，管理职能本身由计划、组织、指挥、协调、控制等一系列工作构成。

法约尔指出，这六个方面的活动，在任何组织的任何层次都会以这种或那种方式不同程度地存在，因此组织中不同层次的工作人员都应根据任务的特点，拥有不同程度的六种职能活动的知识和能力。例如，管理知识与能力，不仅在企业中担任经理、厂长、车间主任或工段长职务的人应该具备，而且从事直接生产劳动的工人也应拥有——虽然在要求程度上不如对前者那么高，但是，根据法约尔的分析，当时人们注重对技术知识的灌输和技术能力的培训，而普遍忽视了管理教育。其主要原因是零散的管理知识和经验没有系统化。因此，法约尔指出，要适应企业经营的需要，必须加强管理教育，而加强管理教育，必须"尽快建立一种管理理论"，建立"一种得到公认的理论：包括为普遍的经验所验证过的一套原则、规则、方法和程序"。法约尔的《工业管理与一般管理》的写作便是建立一种系统的管理理论的尝试。

(二) 管理的原则

由于任何组织的活动都存在共同的管理问题，因此人们在管理实践中必然要遵循一系列一致的原则。法约尔根据自己的经验总结了 14 条管理原则。他指出，原则虽然"可以适应一切需要"，但它们是"灵活的"。"在管理方面，没有什么死板和绝对的东西，这里全都是尺度问题。"原则的应用"是一门很难掌握的艺术，它要求智慧、经验、判断和注意尺度。由经验和机智合成的掌握尺度的能力是管理者的主要才能之一"。法约尔提出的 14 条管理原则包括：

1. 劳动分工

法约尔认为，劳动分工属于自然规律的范畴，其目的是"用同样的劳动得到更多更好的成果"。这个原则"不只适用于技术工作，而且毫无例外地适用于所有涉及或多或少的一批人或要求几种类型的能力的工作"。此外，法约尔还隐约感觉到，"劳动分工有一定限度，经验与尺度感告诉我们不应超越这些限度"。

2. 权力和责任

权力是指挥和要求别人服从的力量。法约尔把权力分成两类：制度权力和个人权力。前者是由职务和地位而产生的，后者则与担任一定职务的人的智慧、学识、经验、道德品质和领导能力有关。"责任是权力的孪生物，是权力的当然结果和必要补充。凡权力行使的地方，就有责任。"为了保证权力的正确使用，必须"规定责任的范围，然后制定奖惩的标准"。

3. 纪律

任何组织活动的有效进行，都必须有统一的纪律来规范人们的行为。纪律的实质"是对协定的尊重"，为了保证大家都遵守纪律，"协定应当清楚明了，并能尽量使双方都满意"。组织中纪律是否严明，与领导者有很大关系。为了保证纪律的严肃性，"高层领导和下层一样，必须接受纪律的约束"。

4. 统一指挥

这是一条基本的管理原则，指"一个下属人员只应接受一个领导人的命令"。如果这条原则被打破，"权力将受到损害，纪律将受到危害，秩序将被扰乱，稳定将受到威胁"。

5. 统一领导

对于达到同一目标的全部活动，只能有一个领导人和一项计划。这是统一行动、协调组织中一切努力和力量的必要条件。法约尔指出，统一领导和统一指挥的区别在于："人们通过建立完善的组织来实现一个社会的统一领导；而统一指挥则取决于人员如何发挥作用。统一指挥不能没有统一的领导而存在。"换句话说，没有统一领导，就不可能存在统一指挥。但是即使有了统一领导，也不足以保证统一指挥。

6. 个人利益服从整体利益

由于"无知、贪婪、自私、懒惰、懦弱以及人类的一切冲动总是使人为了个人利益而忘掉整体利益"，因此必须经常提醒人们去注意遵守这个原则。

7. 人员的报酬

报酬是人们"服务的价格，应该合理，并尽量使企业和所属人员满意"。合理的报酬方式必须符合三个条件："一是能保证报酬公平；二是能奖励有益的努力和激发热情；三是不应导致超过合理限度的过多报酬"。

8. 集中

集中原则涉及管理权力的集中与分散。作为管理的两种制度，分权与集权本身无所谓好坏，它们不同程度地同时存在，"这是一个简单的尺度问题，问题在于找到适合企业的最适度"。

9. 等级制度

等级制度是从组织的最高权力机构直至最低层管理人员的领导系列，它是组织内部命令传递和信息反馈的正常渠道。依据这条线路来传送信息对于保证统一指挥是非常重要的，但它并不总是最迅捷的途径。因此，应该把尊重等级制度与保持行动迅速结合起来。为了解决这个矛盾，法约尔设计了一种"联系板"的方法，以便使组织中不同等级线路中相同层次的人员能在有关上级同意的情况下直接联系。

10. 秩序

秩序包括物的秩序和人的秩序。物的秩序要求"每件东西都有一个位置，每件东西都放在它的位置上"，因此，要正确设计、选择和确定物的位置，以方便所有工作程序。人的秩序亦称社会秩序，要求"每个人都有一个位置，每个人都在他的位置上"。完善的社会秩序要求让适当的人从事适当的工作，因此要根据工作的要求和人的特点来分配工作。

11. 公平

公平是由善意与公道产生的。公道是实现已订立的协定；为了鼓励下属忠实地执行职责，应该以善意来对待他们。

12. 人员稳定

人员稳定对于工作的正常进行、活动效率的提高是非常重要的。一个人要适应新的工作，不仅应具备相应的能力，而且应付出一定的时间来熟悉这项工作。如果这个熟悉过程尚未结束便被指派从事其他工作，那么其工作效率就会受到影响。法约尔特别强调指出，这条管理原则对于企业管理人员来说是尤为重要的。

13. 首创精神

首创精神是指人们在工作中的主动性和创造性。法约尔认为，"想出一个计划并保证其成功是一个聪明人最大的快乐之一，也是人类活动最有力的刺激之一。这种发明与执行的能力就是人们所说的首创精神，建议与执行的自主性也属于这个范畴。"它对企业来说是一股巨大的力量，因此应尽可能地鼓励和发展员工的这种精神。

14. 人员的团结

全体人员的和谐和团结是企业的巨大力量。为了实现团结，管理人员应该避免使用可能导致分裂的分而治之的方法。此外，法约尔还隐约认识到，人员间的思想交流特别是面对面的口头交流有助于增强团结，因此他认为应该鼓励口头交流，禁止滥用书面联系的方式。

这些原则虽然在早期的工厂管理实践中已经在不同程度上得到了自觉或不自

觉的运用，但对它们进行系统的概括则是法约尔首创的。

（三）管理要素

管理原则是在具体的管理活动中被执行的。法约尔认为，管理活动包括计划、组织、指挥、协调和控制五个方面的内容。

1. 计划

计划是管理的一个基本部分，包括预测未来和对未来的行动予以安排。预测是计划的基础。行动计划的制定则是计划工作的主要内容，它指出了组织所需达到的结果、应该遵循的行动路线、所要经过的阶段以及所要使用的手段，是人们对组织未来前景的预先安排。

2. 组织

从广义上来说，管理的组织工作包括物的组织和人的组织（或称社会组织）。法约尔主要讨论了人的组织。他指出，在配备了必要的物质资源以后，管理者的任务就是把本单位的人员合理地组织起来，以完成企业的六个基本职能。组织工作包括：选择组织形式，规定各部门的相互关系，选聘、评价和培训工人，等等。

3. 指挥

指挥的任务是让已经建立的企业发挥作用。"对每个领导来说，指挥的目的是根据企业的利益，使他单位里所有的人做出最好的贡献。"

法约尔认为，指挥是一种艺术，领导者指挥艺术的高低取决于自身的素质和对管理原则的理解两个方面。

4. 协调

法约尔认为，协调是一项单独的管理要素，是指"企业的一切工作都要和谐地配合，以便企业经营的顺利进行，并且有利于企业取得成功"。协调就是平衡各种关系：使企业活动和物质资源保持一定的比例；使组织的各个职能部门都意识到自己的工作对其他职能部门可能产生的影响；使收入与支出、生产与销售、材料供应与生产消耗保持正确的比例；等等。实现组织协调的手段既包括计划的合理制定，也包括会议或其他形式的信息沟通。

5. 控制

控制是保证计划目标得以实现的重要手段，是要"证实各项工作是否都与已定计划相符合，是否与下达的指标及已定原则相符合。控制的目的在于指出工作中的缺点，以便加以纠正并避免重犯"。

法约尔的管理理论起初没有像泰勒的科学管理方法那样走运，在20世纪40年代以前，不仅没有在国际上广泛传播，甚至在他的祖国也未受到重视。但是，"是金子总会闪光"，这种理论在内容上的系统性、逻辑上的严密性以及它对管理工作普遍性的认识使得它在稍后的时间里得到了普遍的认可。孔茨甚至认为法约尔是"现代管理理论的真正创始人"①，法约尔提出的许多概念、术语和原理在现代管理学中被普遍继承和运用。

三、科层组织研究

与历史上的其他组织类型相比，科层组织是最理想的组织形式。这是学者韦伯在深入思考和比较分析后得出的结论。

（一）理想的科层组织体系

科层组织或科层制度，通常亦被译为官僚组织、官僚政治，是一种通过公职或职位，而不是通过世袭或个人魅力来进行管理的理想的组织制度。

韦伯指出，科层组织是依照下述规则来建立和组织运行的：第一，按行政方式控制的机构的目标所要求的日常活动，是作为正式职责来分配的；第二，执行这种职责所需要的权力是按一种稳定的方式来授予的，并且由官员能加以控制地采用某种强制手段来严格限制；第三，对于正常而继续地履行职责来行使相应的权力的方法有所规定：只有按一般规定符合条件的人才被雇用。按照这三个原则，便可在国家管理的领域构建一种官僚（科层）组织体系的机关，在私营经济领域建立一种科层组织体系的企业。

（二）权力的类型

权力是统治社会或管理某个组织的基础。社会或组织与其构成部分的关系，主要不是通过契约关系或道德一致来维持的，而是通过权力的行使来凝聚的。韦伯把权力定义为一种引起服从的命令结构。为了保证权力的有效运用，统治者极力使权力合法化。韦伯认为，为社会所接受的合法的权力有三种类型：

1. 传统型权力

传统型（traditional）权力建立在对于习惯和古老传统的神圣不可侵犯性要求之上。这是一种由族长或部落首领来行使的权力。臣民或族人之所以服从，是基于对神圣习惯的认同和尊重。

2. 个人魅力型权力

个人魅力型（charismatic）权力是建立在对某个英雄人物或某个具有神赋天授品质的人的个人崇拜基础之上的权力。个人魅力型权力的维持在于其拥有能够使追随者或信徒们确信（或继续确信）自己的盖世神力。为此，他必须经常做出英雄之举，不断创造奇迹，而这在日常管理中是很难做到的。因此，韦伯认为，个

---

① ［美］哈罗德·孔茨、海因茨·韦里克：《管理学精要》，韦福祥等译，机械工业出版社 2005 年版。

人魅力型权力产生于动乱和危机之中，崩溃于稳定秩序条件下的日常事务管理以及使这种权力制度化的尝试之中。所以，个人魅力型的权力不能作为政治统治的稳固制度的基础。

3. 法理型权力

法理型（legal-rational）权力的依据是对标准规则模式的合法化的信念，或对那些按照标准规则被提升到指挥地位的人的权力的信念。这是一种对由法律确定的职位或地位的权力的服从。

韦伯认为，只有法理型权力才能成为科层组织的基础，因为这种权力具有下述特征：

（1）为管理的连续性奠定了基础。因为权力是赋予职务而不是个人的，因此权力的运用不会因领导人的更换而中断。

（2）合理性。担任职务的人员是按照完成任务所需的能力来挑选的。

（3）领导人可以借助法律手段来保证权力的行使。

（4）所有权力都有明确的规定，而且是按照组织任务所必需的职能加以详细划分的。

第二节　现代管理流派

第二次世界大战以后，特别是 20 世纪 60 年代以后，西方企业的经营环境发生了重大变化。随着企业规模的不断扩大，资本在国家间相互渗透，出现了许多巨型的跨国公司，企业的经营空间不断拓展，影响和制约经营的因素也不断增加；技术进步的速度日益加快，新的科技用于工业生产的周期大大缩短，新产品、新设备、新工艺、新材料不断出现，企业之间的竞争进一步加剧；生产的社会化程度不断提高，许多复杂产品的生产和大型工程的建设，需要组织大规模的广泛协作。

这些变化使得环境对企业的影响越来越重要。企业在组织内部的生产经营活动时，不仅要考虑到自身的条件限制，而且要研究环境的特点及要求，要提高适应外部环境的能力。然而，古典管理理论的研究范围主要限于企业内部，或者偏重于工程技术，如泰勒的科学管理思想；或者专注于组织管理，如韦伯的科层组织研究；甚至法约尔的一般管理讨论的也主要是企业内部的经营组织。为了解决理论不适应实践发展的问题，许多研究者就企业如何在变化的环境中经营进行了许多方面的探索，在此基础上形成了一系列不同的理论观点和流派。美国管理学家孔茨把这种状况称为出现了"管理理论的丛林"。我们从以下三个方面来予以归纳介绍。

一、管理思维的系统与权变研究

管理首先是一种思维方式。管理者是在一定思维方式的影响下选择和组织管理活动的。影响管理者思考管理问题的基本方式是系统思维和权变思维，即从系统的角度和权变的角度考虑解决管理问题的对策和方法。

（一）管理思维的系统观

在第一章中我们详细介绍了管理的系统原理，分析了系统论的基本观点及其对管理活动的启示。从系统的角度去系统地思考管理问题是从美国职业经理人和管理学家巴纳德开始的。他认为，应该把企业组织及其成员的相互关系看成一种协作的社会系统。根据这种基本认识，巴纳德写作和发表了大量著述，也因此被后人称为社会系统学派的创始人。

巴纳德1886年出生于美国马萨诸塞州的马尔登，5岁丧母，自幼家境贫困。1906—1909年，巴纳德通过勤工俭学读完了哈佛大学经济学的课程，但因未能取得实验科学（物理与化学）的成绩而未能获得哈佛大学的经济学学位。1922年，巴纳德担任美国电话电报公司所属的宾夕法尼亚贝尔电话公司助理副总经理，1926年任该公司总经理。1927年，巴纳德出任规模庞大的新泽西贝尔电话公司总经理，并且担任这个职务多年。在从事高层管理的实践中，巴纳德进行了广泛的思考，并发表了大量的著述。他的代表作是1938年出版的《经理人员的职能》①。

在《经理人员的职能》这本书中，巴纳德研究了系统的特征及构成要素，并分析了经理人员的任务和作用。

1. 组织是一个协作系统

巴纳德认为，"组织是两个或两个以上的人有意识协调活动和效力的系统"。要将这个系统作为整体来看待，因为其中每个组成部分都以一定的方式同其他部分相联系。

组织是由个人组成的，组织要能存在下去，就必须有两个或两个以上的人愿意为达到一个确定的目标而进行协作活动。个人对是否参加组织的活动可以做出选择。这种选择是以个人的目标、愿望等作为依据的，即要受到个人动机的影响，组织中的管理人员就是通过改变个人动机来影响他们的行为从而促进组织目标实现的。

为了影响个人的动机和行为，管理人员就必须研究作为组织成员的个人特征。在对组织成员进行管理的过程中，管理人员应该意识到：

---

① ［美］切斯特·I. 巴纳德：《经理人员的职能》，王永贵译，机械工业出版社2007年版。

（1）职工既是一个独立的、完整的个体（其行为的个性化、直觉和主观的方面），又是在特定组织中扮演有限角色的组织成员（其行为的非个性化、理性和客观的方面）。

（2）管理人员的权威取决于指挥下属的命令是否为下属所接受。如果命令不被服从，权威也就不存在了。

（3）个人具有自由意志，但他的行为又受到遗传、社会和环境中各种力量的影响。因此，管理人员一方面必须让下属对他们自己的行为负责，另一方面必须认识到，在许多情况下人们是无法对自己的行动负责的。所以，不要盲目地对那些个人无法控制的事情进行指责，而应力图通过改变环境条件、提供恰当的刺激手段来影响和引导组织成员的行为。

2. 协作系统的三个基本要素

巴纳德认为，作为正式组织的协作系统，不论其规模大小或级别高低，都包含了三个基本要素，即协作的意愿、共同的目标和信息的沟通。

（1）协作的意愿。组织是由个人组成的，组织成员愿意提供协作条件下的劳动和服务是组织存续所必不可少的。协作的意愿意味着个人自我克制、交出对自己行为的至少是部分的控制权，个人行为的非个人化。其结果是协作的意愿与个人的努力结合在一起。没有这种意愿，就不可能有对组织有用的持续的个人努力，就不可能有不同组织成员的个人行为有机地结合在一起协调的组织活动。

但是，不同组织成员的协作意愿的强度是不同的；同一成员在不同时期的协作意愿也是可能改变的。个人协作意愿强度的高低取决于自己提供协作导致的"牺牲"与组织因自己的协作而提供的"诱因"这两者之间的比较。由于"诱因"与"牺牲"的尺度通常是由个人主观决定的，而不是客观的，比如有人重视金钱，另一些人则可能重视威望，所以组织为了获得和提高成员的协作意愿，一方面要提供必要的金钱、威望、权力等各种客观的刺激，另一方面要通过说服来影响成员的主观态度，培养他们的协作精神，号召他们忠于组织、相信组织目标等。

（2）共同的目标。共同的目标是协作意愿的必要前提。协作的意愿没有共同的目标是发展不起来的。没有共同的目标，组织成员就不知道组织要求他们做出何种努力，同时不知道自己能从协作劳动的结果中得到何种满足，从而不会导致协作活动。

由于组织成员对共同目标的接受程度影响他们对组织提供的服务，同时由于个人之所以愿意对组织目标做出贡献，并不是因为组织目标就是个人目标，而是因为他们意识到实现组织目标有助于实现自己的个人目标，所以，管理人员的一项非常重要的职责就是帮助成员加深这种认识，并努力避免组织目标和个人目标的真实的或理解上的背离。

（3）信息的沟通。组织的共同目标和不同成员的协作意愿只有通过信息沟通才能相互联系形成动态的过程。没有信息沟通，不同成员对组织的目标就不可能有共同的认识和普遍的接受；没有信息沟通，组织就无法了解其成员的协作意愿及其强度，也就无法将现有成员的努力转变成协作劳动。因此，组织的存在及活动是以信息沟通为条件的。

3. 经理人员的职能

巴纳德认为，经理人员在组织中的作用就是在信息沟通系统中作为相互联系的中心，并通过信息沟通来协调组织成员的协作活动，以保证组织的正常运转，实现组织的共同目标。具体来说，经理人员的职能主要有三项：

（1）建立和维持一个信息系统。巴纳德指出，组织活动的复杂性以及协调不同成员劳动的重要性决定了有必要建立一个正式的信息沟通系统，即经理人员（或管理人员）组织。这项工作包括：确定和阐明经理人员的职务，并用合适的人来担任这些职务。

（2）从不同的组织成员那里获得必要的服务。包括：招募和选聘能够提供合适服务的工作人员，维持组织的"诱因"和职工的士气，以保证协作系统的生命力。

（3）规定组织的共同目标，并用各个部门的具体目标加以阐明。

巴纳德认为，经理人员的上述职能是由协作系统的组织性质和特征决定的。

（二）管理思维的权变观

组织的性质不同、使命不同、活动特点不同、所处环境不同，在管理活动中选择的技术与方法也各有不同。组织管理要根据内外条件随机应变，没有什么一成不变的、普遍适用的、最好的技术和方法，这是20世纪70年代以后在西方形成的权变管理理论的主要观点。

权变学派希望通过观察和分析大量的管理事例，寻找管理思想、技术和方法与各种环境因素间的相互关系，把纷繁复杂的管理实践归纳为几个基本类型，并为每个类型找出一种模式。因此，根据权变学派的观点，管理技术与方法同环境因素之间存在一种函数关系，企业管理要随环境的变化而变化。这两者之间的关系可用图2-1来表示。

环境自变数与管理因变数这两者之间的相互关系可解释成"如果—就要"的关系，如果出现某种环境情况，就要采用某种管理思想、方式和技术，这样才能更好地达成组织目标。例如，在市场疲软的背景下，企业产品供过于求，就可采用集权的组织机构，而在经济繁荣、产品供不应求的情况下，企业则可采用分权的经营方式。又如，在企业领导方式上，如果现行的社会价值趋向于自由主义，职工是具有高度科学知识的专业人员，就要采用参与式、开放式的领导方法，而

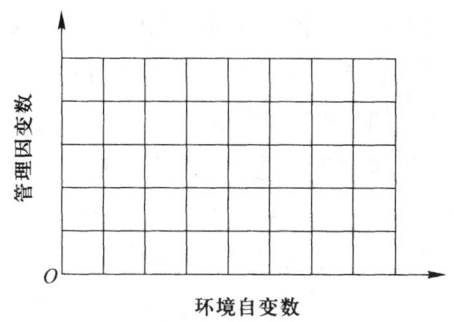

图 2-1 管理与环境的关系

不是采用严格的专权型领导方式。

可以划归权变学派的管理学家及其理论观点很多，其中影响比较大的有：莫尔斯和洛什的"超 Y 理论"，费德勒的权变领导模型等。我们将在领导原理中详细介绍这些理论。

二、管理本质的决策与协调研究

管理的本质究竟是什么？自人们对管理活动进行有意识的思考以来，对这个问题就有各式各样的答案。有学者认为，管理就是用人，是通过众人的劳动来实现自己单独无法企及的目标；有学者认为，管理就是收集和运用各种信息；有学者则认为管理就是在收集信息的基础上选择组织活动的方向与内容（决策），然后组织不同的人进行分工劳动（协调）去努力实现预定的目标。决策与协调是关于管理本质的两种代表性认识。

（一）管理本质的决策研究

美国学者西蒙认为，管理的本质是决策，所有管理工作都是围绕着决策的制定和组织实施来进行的。西蒙因其关于组织决策的相关研究而被称为决策理论的主要代表人物。

西蒙于 1916 年出生于美国威斯康星州，是经济学家和社会科学家，在管理学、组织行为学、经济学、政治学、人工智能等方面均有所造诣。他早年就读于芝加哥大学，1943 年获博士学位；1943—1949 年，西蒙先后在芝加哥大学、伯克利大学和伊利诺伊理工学院任教；1949 年以后一直在卡内基—梅隆大学任教。由于在决策理论的研究中做出了杰出贡献，西蒙获得了 1979 年度的诺贝尔经济学奖。

决策理论的主要观点如下：

1. 管理就是决策，决策贯穿于整个管理过程

西蒙等人认为，决策是组织及其活动的基础。组织是作为决策者的个人所组成的系统。组织之所以存在，是因为所有组织成员做出了参加组织的决策，这也是任何组织的任何成员的第一个选择（决策）。在这以后，组织成员还要做出其他决策。但由于个人目标已经退居次要地位，从属于组织目标，因而个人决策也往往从属于组织的需要，个人同组织一体化。

组织的全部活动都是集体活动，对这种活动的管理实质上是制定一系列决策。制定计划的过程是决策，在两个以上的可行方案中选择一个，也是决策；组织设计、机构选择、权力分配属于组织决策；实际同计划标准的比较、检测和评论标准的选择属于控制决策；等等。总之，决策贯穿于管理各个方面和全部过程，管理就是决策。

2. 决策过程

管理的实质是决策。决策并非是一些不同的、间断的瞬间行动，而是由一系列相互联系的工作构成的一个过程。这个过程包括四个阶段的工作：

（1）情报活动。其任务是搜索和分析反映决策条件的信息，为拟定的选择计划提供依据。

（2）设计活动。其任务是在情报活动的基础上设计、制定和分析可能采取的行动方案。

（3）抉择活动。其任务是从可行方案中选择一个适宜的行动方案。

（4）审查活动。其任务是对已做出的抉择进行评估。

3. 决策的准则

决策的核心是进行选择，而要进行正确的选择，就必须利用合理的标准对各种可行方案进行评价。西蒙认为，人们习惯上运用"最优"或"绝对的理性"作为决策的准则。根据这个准则进行决策需要三个前提：一是决策者对所有可供选择的方案及其执行结果无所不知；二是决策者具有无限的估算能力；三是决策者的脑中对各种可能的结果有一个"完全而一贯的优先顺序"。由于决策者在认识能力上和时间、经费及情报来源上的限制，不可能具备这些前提，所以事实上不可能做出"完全合理"或"最优"的决策。人们在决策时，不能坚持要求最理想的解答，常常只能满足于"足够好的"或"令人满意的"决策，由于人们没有求得"最优解"的才智和条件，所以只能满足于"令人满意的"这一准则。

4. 程序化决策和非程序化决策

西蒙把组织活动分为两类：一类活动是例行活动，指一些重复出现的工作，如订货、材料的出入库等。有关这类活动的决策是经常反复的，而且有一定的结构，因此可以建立一定的决策程序。每当出现这类工作或问题时，就利用既定的程序来解决，而不需重新研究。这类决策叫程序化决策。另一类活动是非例行活动，不重复出现，如新产品的开发、生产规模的扩大、品种结构的调整、工资制度的改变等。处理这类问题没有一成不变的方法和程序。因为这类问题在过去尚未发生过，或因为其性质和结构尚未明确，又或因为其十分重要而需用个别方式加以处理。解决这类问题的决策叫非程序化决策。西蒙的决策理论对非程序化决策的方法进行了详细的研究。他用心理学的观点和运筹学的手段，提出了一系列指导企业管理人员处理非例行化、非程序化决策的技术。

(二) 管理本质的协调研究

亨利·明茨伯格，加拿大麦吉尔大学教授，美国麻省理工学院斯隆管理学院管理学博士。在1979年发表的《组织的结构》、1983年发表的《"五"字组织结构》以及1989年发表的《明茨伯格论管理》等书中，明茨伯格讨论了组织的协调机制、组织的基本构成部分以及组织结构的基本形态。

1. 组织的协调机制

明茨伯格认为，组织管理的基本问题是分工和协调：通过分工，组织把目标活动分派给组织的不同成员，以便于执行；通过协调，组织使不同时空工作的组织成员的活动构成一个整体，从而保证组织任务的完成。因此，组织结构的实质是人们在组织内进行劳动分工和协调的方式的总和。了解组织结构，首先要了解组织中的各种协调机制。明茨伯格指出，不论企业采用的具体协调方法有多少种，都可以归纳为六种基本的机制[①]：

(1) 相互调适。通过私下沟通来达成协调的目的，如两个基层作业人员之间的沟通。

(2) 直接监督。由一个人向其他在工作上相关的人下达命令或进行指示，进而达到协调的目的。

(3) 工作程序标准化。为相关任务下的工作人员明确制定工作程序，以达成协调的目的。这些标准通常由技术官僚制定，由作业层去执行。

(4) 成果标准化或产出标准化。通过规定工作的结果来对组织成员的活动进行协调或控制。

(5) 技术（技能）以及知识标准化。让员工接受相关的训练，使之具有共同的技术或知识背景，从而达成协调的目的。

(6) 规范标准化。把行为规范注入整个组织工作当中，使所有成员根据相同的信念选择和表现其行为。

这六种协调机制在时间上相继出现，在空间上也可能同时并存。从发展过程来看，当企业规模小时，几个人工作，彼此间的协调可以采用相互调适的方式。随着企业规模的扩大和组织复杂性的增加，就需要有一个上级来进行协调，即出现直接监督方式。而企业规模和组织复杂性的进一步增加，就要实行标准化协调

---

① 参见［加拿大］亨利·明茨伯格：《明茨伯格论管理》，闾佳译，机械工业出版社2007年版。

方式。一般工作可以实行程序标准化，有些工作较复杂，无法规定标准工作程序，就应采用成果标准化。如果工作再复杂些，不仅工作过程难以标准化，而且工作成果难以预定一个标准，则只能实行技能标准化，从投入方加以控制。而企业若进一步复杂化，如高科技企业，标准化协调方式也难以实行，则又要回过头来采用相互调适的方式，只不过这时的相互调适通常是以共同接受的文化、价值观、信念以及行为规范等为基础的。从空间上来看，在企业日常经营活动中，组织进行不同层次的经营活动需要同时借助这些不同的协调机制。事实上，在一个具有相当规模的企业中，并不是单靠一种协调方式，而是六种同时并存的。当然，在一个企业中，总有某一种协调机制占主导地位。

2. 组织的基本构成部分

协调是对在一定组织架构中的人的分工活动进行的。成员在组织中活动的分工必须具有一定的稳定性。相对稳定的分工要求构造一个相对稳定的组织框架。明茨伯格指出，任何企业的组织结构或框架，不管具体形式如何，都由六个基本部分构成。在《组织的结构》一书中，明茨伯格提出了五个构成部分，在《明茨伯格论管理》中，作者增加了第六个"意识形态或文化"[①]。

（1）工作核心层。由该组织的基层部门组成，直接从事产品生产或服务。

（2）战略高层。企业的高层领导集团，对该组织全面负责，保证实现组织的战略目标。

（3）直线中层。由各部门的中层直线经理或领导干部构成，他们把战略高层和工作核心层连接起来。

（4）技术官僚。由组织中的职能人员组成，其任务不是直接参加生产或服务过程，而是利用自己的专门知识和技能为组织中的其他部门和人员服务。明茨伯格把这些人也称为分析师。

（5）支援幕僚。这些人不参与直接的生产过程，而是为保证直接生产过程的顺利进行提供支持性的辅助服务。

（6）意识形态或文化。其包括组织中的传统和信念。这些传统和信念使组织有别于其他组织，并为该组织的结构注入活力。

3. 组织结构的基本形态

明茨伯格认为，上述六个部分的不同组合，形成了组织结构的七种基本形态：创业型组织（简单结构）、机械型组织、多角化组织（分部式结构）、专业型组织、创新型组织（特别小组）、使命型组织以及政治型组织。

（1）创业型组织（简单结构）。其特点是分工粗略，技术官僚和支持人员很

---

① ［加拿大］亨利·明茨伯格：《明茨伯格论管理》，闾佳译，机械工业出版社2007年版。

少，管理层次简单，尚未制度化和正规化，企业主创建并亲自管理着企业。

（2）机械型组织。其特点是专业化程度高，技术专家发挥重要作用，行为正规化和制度化，决策权力比较集中。

（3）多角化组织（分部式结构）。组织活动涉及多重领域。每个活动领域都在一个机械型组织内完成，整个组织是这些机械型组织的联合体。由于各机械型组织的活动具有自己的特点，组织中纵向的分权程度较高，主要利用成果标准化进行协调和控制。

（4）专业型组织。这类组织从事的活动有高度的技术性和职业性，工作复杂，需要用技术和知识的标准化来进行协调和控制，因而技术官僚和支持人员在组织中具有较大的权力和较高的地位。这是一种纵向和横向分权程度都较高的组织。

（5）创新型组织（特别小组）。支援幕僚在这种组织中有较强的权力要求。明茨伯格认为，对高度精密的创新发明有迫切要求的组织会让步于支援幕僚的这种要求。在这种组织中，有高度专门化知识和技能的专业人员组成一个"选择性的纵向和横向分权的单一系统"。在这个系统内，成员主要通过相互调适来实现协调。

（6）使命型组织。意识形态或文化在这类组织中起重要作用，它把组织成员凝聚在一起。由于每个成员都受到信赖，组织想让他们在决策和行动中都会自觉地为整个组织设想，所以高度分权是这种组织的基本特征。

（7）政治型组织。明茨伯格认为，政治权谋也会在组织中存在，它可能导致成员间的冲突，使组织中没有任何一种力量或协调机制能起主导作用。在这种组织中，没有任何的集权和分权形式。

三、管理分析的技术与方法研究

在选择活动方向、组织决策实施的过程中，管理者要借助多种管理技术与方法。管理活动以及作为管理活动对象的组织活动的有效性在很大程度上取决于管理者在管理过程中借助的技术与方法的科学性。在泰勒、法约尔、韦伯、西蒙等构建管理理论框架、分析管理活动本质特征的同时，一大批有数量技术背景的学者对管理活动的技术与方法进行了广泛探讨，形成了孔茨所称的管理科学学派。

在管理科学学派看来，管理就是制定和运用数学模型与程序的系统，即通过对企业的生产、采购、人事、财务、库存等职能间相互关系的分析，然后用数学符号和公式来表示计划、组织、控制等合乎逻辑的程序，求出最优的解答，以达到企业的目标。从名称上来看，凡以管理为研究对象的科学都可称为管理科学。但作为一个学派，它主要与将定量方法运用于管理活动的研究有关，所以通常也被称为管理的数量学派或运筹学派。

管理科学在研究组织活动的管理时是以下述假设为前提的:

(1) 组织成员是经济人,或者叫作组织人、理性人。他们认为,人是理性的动物,追求经济上的利益,会根据物质手段的刺激程度而做出不同的努力。

(2) 组织是一个追求经济效益的系统。管理科学学派认为,组织追求的是以最小的成本求得最大的收益,而且是整个系统的最大收益,不是局部的最大收益;组织追求的是整体优化,不是局部优化。有时,局部的最大收益反而会妨碍整个系统的最大收益。

(3) 组织是由作为操作者的人同物质技术设备所组成的人机系统。这个人机系统对投入的各种资源进行加工,将其转变为产品后再输出。工作过程能明确规定,结果也能用定量的方式进行准确的衡量和评价。

(4) 组织是一个决策网络。决策是一个符合逻辑的理性程序,并遍布于组织活动的各个方面,构成一个网络。许多管理决策都具有结构性,可以应用计量模型。

由于组织及其成员都是"理性的动物",由于组织活动的决策、过程及成果可以定量的方法进行描述,因此在组织的管理过程中应该发展许多数量分析方法和决策技术,如盈亏平衡分析、库存控制模型、决策树、网络计划技术、线性规划、动态规划、排队论、对策论等。在利用这些方法和模型解决管理问题时,要依循以下程序:

(1) 观察和分析,以敏锐地发现组织活动中存在的问题。

(2) 透过问题的表面现象,确定问题的实质,了解影响问题的诸种因素。

(3) 根据对问题的影响因素之间关系的分析,建立数学模型。

(4) 由模型得出解决方案,通过不断试算,找出最优解。

(5) 对模型和得出的最优解进行验证,包括用实际情况来检验模型的预测,并对实际的结果和预计的结果进行比较。

(6) 建立对解决方案的控制,包括建立必要的手段监视各项变数的变化,并准备在发生重要变化时可采取的修正方案。

(7) 把解决方案付诸实施。即把解决的方案转化为可行的作业程序,并在作业过程中对临时发现的偏差和缺点予以补救、纠正。

上述七个步骤的工作不是孤立地进行的,而是相互联系、相互作用的。

第三节 当代管理理论

一、制度视角的研究:新制度学派的组织趋同理论

根据权变理论的观点,组织应该根据所处环境以及内部活动特点来设计和选

择适合自己的结构形式。然而，在现代社会中我们却常看到各种组织形式越来越相似的现象。我们可以发现，不同企业，不论其经营领域有何差异，都采用了科层制的等级结构和职能制或事业部制的组织形式，甚至不同类型的社会组织，如学校、基金、社会福利机构等也表现出类似的特征。这不仅与管理学的理论不符，与经济学的效率逻辑也是相悖的。在管理学研究中引用越来越多的社会学中组织研究的新制度学派从制度环境的影响这个角度剖析了组织的趋同现象，并用合法性的逻辑解释了组织趋同现象的生成机制。

（一）组织趋同的现象观察

管理学中的组织研究也是社会学领域的重要课题。社会学中关于组织研究的制度学派源于20世纪40年代。美国社会学家塞尔兹尼克1949年发表的《TVA与基层结构》对美国田纳西大坝水利工程和管理机构进行了研究。塞尔兹尼克在研究中发现，组织的实际运行与其设计目标可能大相径庭，其原因在于组织不是一个封闭的技术体系，不仅要根据技术环境的要求设计理性的程序与方法，而且在运行的过程中要受到外部制度环境的影响。据此，他指出，组织（organization）是制度化的组织（institution）。制度化（institutionalization）是指外部的制度环境（价值判断、文化观念、社会期待等）渗入组织内部并影响内部组织行为的过程。[1]

20世纪70年代，美国社会学家梅耶和罗恩在这个观点的基础上对美国教育机构的组织趋同现象进行了分析，于1977年在《美国社会学》上发表了《制度化的组织：作为神话与仪式的正式结构》[2]，开创了组织理论的新制度研究；1983年美国社会学家迪马吉奥和鲍威尔在《美国社会学评论》上发表的《关于"铁笼"的再思考：组织场域中的制度性同形与集体理性》[3] 推动了新制度理论的发展。

根据新制度理论，组织行为的选择受到组织外部环境特点的影响，这个环境不仅是指技术环境，而且包括制度环境。梅耶指出，组织所面临的这两种环境对组织的要求是不同的。技术环境要求组织活动的有效性，即选择与社会技术发展水平相应的恰当方法和程序合理地组织内部的活动，使组织资源尽可能得到有效的利用。制度环境则要求组织内部以符合社会规范或"外界公认或赞许的社会事实"，即"社会制度"的方式进行其内部活动。否则就会出现"合法性"危机，引起社会的非议，不利于组织的社会存在和发展。鲍威尔和迪马吉奥指出，制度就

---

[1] Philip Selznick, *TVA and the Grass Roots: A Study of Politics and Organization*, Berkeley: University of California Press, 1949.

[2] 参见［美］沃尔特·W. 鲍威尔、保罗·J. 迪马吉奥：《组织分析的新制度主义》，姚伟译，上海人民出版社2008年版，第45—67页。

[3] 转引自［美］沃尔特·W. 鲍威尔、保罗·J. 迪马吉奥：《组织分析的新制度主义》，姚伟译，上海人民出版社2008年版，第68—87页。

是"能约束行动并提供秩序的共享规则体系,这个规则体系既限制行动主体追求最佳结果的企图和能力,又为一些自身利益受到通行的奖惩体制保护的社会集团提供特权"①。这个共享的规则体系不仅包括法律制度,而且包括一个社会共同体的文化观念。存在于一定环境中的组织,在安排其内部活动时,不仅要追求技术约束下的效率,而且要努力使自己的行为选择和行为表现与社会"共享的规则体系"相一致。只有这样,才有可能为外部社会所认同,被认为是"合法的"或"合规的"。"当组织环境对组织提出多重要求或具有多种影响时,组织就会逐渐设立更多的内部管理层次以应对这种多重的影响",以"仪式性地"遵从外部环境的要求。② 因此,追求"合法性"的实质是组织努力追求内部活动之内容和形式的外部认同,其结果必然是不同组织虽然其任务性质和活动不尽相同,但组织的结构形式和行为特征表现出很高程度的相近性或相似性,即呈现出组织的结构形式和行为特征的趋同性。

(二)组织趋同的原因分析:"合法性"释义

合法性机制是新制度学派解释组织趋同现象的重要逻辑。追求合法性的过程不仅涉及法律制度的作用,也包括文化、观念、社会期待等制度环境对组织行为的影响。合法性机制是指制度环境诱使或迫使组织采纳被外部认同的组织结构和行为的作用机制。这个机制可以在多层面发挥作用,如可以塑造社会事实,从而对所有社会成员产生影响,也可能只在某一行业、领域中发挥作用。

合法性机制对于组织行为的影响可能表现为"强意义",也可能表现为"弱意义"。前者强调组织行为和组织形式都是制度所塑造的,组织或个人本身没有自主选择;后者则认为制度通过激励机制来诱导组织及其成员的趋同性选择。

梅耶从强意义上解释了合法性机制的影响。这个观点是人类学家玛丽·道格拉斯在她的《制度如何思考》一书中率先提出的③。道格拉斯认为,制度实际上是一种约定俗成的规范,主要用来协调人们之间的关系和行为。这种规范通常是隐含在自然或超自然的世界中,超越了个体的意志。道格拉斯指出,有三种机制促成了制度或者观念的自然化或超自然化:

(1)制度赋予人们身份,塑造人的思维习惯。即人所饰角色会影响人们的思维方式和行为方式。

---

① 转引自高柏:《中国经济发展模式转型与经济社会学制度学派(代总序)》,[美]沃尔特·W. 鲍威尔、保罗·J. 迪马吉奥:《组织分析的新制度主义》,姚伟译,上海人民出版社2008年版,第2页。
② 参见[美]沃尔特·W. 鲍威尔、保罗·J. 迪马吉奥:《组织分析的新制度主义》,姚伟译,上海人民出版社2008年版,第2—3页。
③ 转引自周雪光:《组织社会学十讲》,社会科学文献出版社2003年版,第78页(Douglas M., *How Institutions Think*, Syracuse University Press, 1986)。

(2) 制度塑造了社会群体记忆和遗忘的功能。

(3) 制度对事物加以分门别类，列入不同的范畴。例如可以根据地区或职业来对人进行分类，不同类别的人思维方式也有所不同。

道格拉斯指出个体利益完全为制度所控制，她认为制度制约了组织或其成员，影响了组织行为，使组织不得不采取为外界环境所认可的合法性机制。

迪马吉奥和鲍威尔则认为，组织或个人之所以选择了某些社会认可的行为不是因为其固有的思维模式，而是因为受到可以更方便地获得稀缺资源等利益的诱惑。他们在1983年发表的文章中讨论了合法性导致组织趋同的三种不同机制：

(1) 强迫性（coercive）机制。例如，组织必须遵守政府制定的法律、法令，不然就会受到惩罚；法律制度是具有强迫性的，如果不接受便没有办法生存。

(2) 模仿（mimetic）机制。即模仿同领域成功组织的行为和做法。这种模仿的首要起因是环境的不确定性。当环境不确定时，组织不知何为最佳行动方案，模仿那些成功组织的行为可以减少组织活动的风险。模仿机制包括竞争性模仿和制度化模仿：竞争性模仿是组织源于竞争性压力而向竞争对手的模仿，制度化模仿则是组织由于合法性压力而模仿那些通常已经被认为是合理的、有效的组织形式或组织活动方式。通过模仿，组织不仅减少了最佳行动方案的搜寻和试错成本，而且更容易被其他组织所承认和接受，因而降低了与市场拓展有关的费用，特别是与交易安排有关的费用。

(3) 社会规范（normative）机制。社会规范产生一种共享观念、共享行为规范的思维方式。尽管没有人告诉你应该如何做，但是当你在接受专业化训练的过程中会不知不觉地接受这些基本的行为规范。社会规范机制对人们或组织的趋同性有十分重要的作用。

迪马吉奥和鲍威尔指出，组织间的依赖关系以及组织目标的不清晰导致了组织趋同。当组织之间关系越来越紧密时，组织之间的联系和信息交换也随之增多，这时组织之间的结构越相似，资源的交换就越容易，组织之间也越容易对话，从而导致组织趋同。同时，组织目标的不清晰也可能导致组织间的趋同。因为组织如果目标不清晰，就很难解释组织存在的合理性，这时需要利用合法性机制，选择象征性行为和符合社会公德的行为，做社会承认的事，以获得制度环境的认同。此外，目标不清晰可能导致内部矛盾的滋生，组织需要借助外部制度的介入来避免内部矛盾的激化。

技术环境的合理性压力与制度环境的合法性压力对组织活动效率可能产生的影响表面上来看是不同甚至是相反的：合理性压力诱使组织选择了恰当的技术程序与方法，从而有利于提高组织资源利用的效率；合法性压力则驱动企业选择与外部其他组织相似但在逻辑上与本组织的使命与活动可能并不完全适配的结构与行为，从而对资源利用效率的提升并不一定能带来积极的意义。然而，结构和行为的趋同不仅导致了环境对组织的认同,而且有利于组织与外部的沟通,从而可以帮助组织节约与之相关的交易成本。从这个意义上说,制度环境与技术环境对组织活动效率的影响是殊途同归的。

二、技术视角的研究:企业再造理论

20世纪80年代,信息技术不断发展,并被广泛应用到企业管理,20世纪三四十年代形成的企业组织已不能适应竞争日益激烈的环境的要求。一些管理学者提出了要在企业管理的制度、流程、组织、文化等方面进行创新,美国企业从20世纪80年代起率先发起了大规模的"企业重组革命",企业管理经历了前所未有的脱胎换骨的变革。业务流程再造即是在这样的背景下产生的。

业务流程再造(business process reengineering,BPR)也被称为业务流程重组和企业经营过程再造,是针对企业业务流程的基本问题进行反思,并对它进行彻底的重新设计,以在成本、质量、服务和速度等当前衡量企业业绩的这些重要方面取得显著的进展。该理论是由美国的哈默和钱皮提出的,并将其引入西方企业管理领域。[①]

(一)流程再造的原则

业务流程再造强调以业务流程为改造对象和中心、以关心客户的需求和满意度为目标,对现有的业务流程进行根本的再思考和彻底的再设计,利用先进的制造技术、信息技术以及现代化的管理手段,最大限度地实现技术上的功能集成和管理上的职能集成,以打破传统的职能型组织结构,建立全新的过程型组织结构,从而实现企业经营在成本、质量、服务和速度等方面的巨大改善。这种做法不仅适用于单独一个流程,也适用于整个组织。

哈默提出了业务流程再造的七个原则:

(1)围绕结果而不是任务进行组织。
(2)让使用流程最终产品的人参与流程的进行。
(3)将信息加工工作合并到真正产生信息的工作中去。
(4)对于地理上分散的资源,按照集中在一起的情况来看待和处理。
(5)将并行的活动联系起来而不是将任务集成。
(6)在工作被完成的地方进行决策,将控制融入流程中。
(7)在信息源即时掌握信息。

(二)业务流程再造过程

业务流程再造由观念再造、流程再造、组织再造、试点和切换、实现愿景目

---

① [美]迈克尔·哈默、詹姆斯·钱皮:《企业再造》,王珊珊等译,上海译文出版社2007年版。

标五个关键阶段组成，其中流程再造占主导地位，每个层次内部又有其各自相应的步骤过程，各层次之间也彼此联系、相互作用。

1. 观念再造

这个阶段主要是解决有关 BPR 的观念问题，即要在企业内部树立和实施 BPR 的正确观念，使企业的员工理解 BPR 对于企业管理的重要性。

2. 流程再造

流程再造指对企业现有的流程进行调研分析、诊断、再设计，然后构建新流程的过程。

3. 组织再造

新流程实施之前，需要对组织基础结构进行评审和必要的变革。这种基础结构包括人力资源和技术。人力资源制度基础结构的要素有管理等级体制、报酬和奖励制度、劳动合同等；技术方面的要素有信息网络、工厂或办公室位置、办公设施、设备和机器等。组织再造的目的是为业务流程再造提供制度上的维护和保证，并追求不断改进。

4. 试点和切换

在完成对于新流程、人力资源结构和能力、技术结构和能力的思考与工作后，下一阶段是实现愿景目标阶段。最好的实施过程应该是先试点后推广。

5. 实现愿景目标

这一阶段包括：评价流程再造的成效；获取改进业绩的效益及其信息；发展流程再造所得能力的新用途；不断改进，不断创新，创造持续竞争优势。

企业再造及其相关概念的提出不仅使管理的实践者们兴奋不已，而且为管理的理论研究注入了活力。一时间，重组或再造的方案在一个个企业的董事会上被不断提起，管理顾问公司的大师们也为不同客户的再造咨询疲于奔命；在管理研究界，一篇篇精美的论文或者在理论上论证了价值创造与流程再造的逻辑关系，或者更多地实证分析了流程再造对企业经营绩效改进的促进作用。然而，通过这种热闹非凡的现象，我们看到的可能是管理实践与管理理论研究对基础管理的回归。

就管理实践而言，正如哈默和钱皮所指出的，20 世纪 70 年代以后，"目标管理""多样化""零基预算""价值分析"等概念层出不穷，但在许多企业的实践中却收效甚微，这不得不引起管理实践者的反思。反思中，人们认识到，目标的达成不仅在于构建，更取决于组织成员的日常执行；绩效的提高不仅要求规划框架的合理或产品设计的结构合理，更要求组织成员在规划执行或产品生产过程中重视细节的完美，是执行力或细节决定着成败。因此，管理必须回归基础，从具体活动、活动单元及其组合的合理性分析开始。

就管理研究而言，"流程分析""流程及其相应的组织与人事改进方案设计"

"改进方案的组织实施与持续改进",企业再造理论提出的再造程序,熟悉管理思想发展与演进的读者可能多少有些似曾相识的感觉。实际上,从泰勒1911年出版的《科学管理原理》中我们即可找到相似甚至相同的词语。我们知道,泰勒科学管理原理的主要内容便是对生产过程组织的合理化和生产作业方法标准化的研究。泰勒制的推广使得企业在作业研究的基础上确定标准的作业方法,然后设计合理的生产过程去组合这些以标准方法完成的作业。流程再造的基本逻辑早已隐含于泰勒的科学管理原理之中,这是哈默和钱皮不会否认的。

经过100多年的发展,管理实践与管理研究重新回到管理的基础工作或对基础工作的管理中,这是非常值得我们深思的。

思考题

1. 评述泰勒科学管理的基本思想。
2. 评述法约尔的一般管理理论的主要思想。
3. 试评价韦伯组织理论在今天管理实践中的意义。
4. 现代系统与权变管理理论的主要思想是什么?
5. 评述西蒙决策理论的主要思想。
6. 在组织理论中,组织协调机制主要有哪些形式?
7. 什么是组织合法性?它对于组织结构变化的影响如何?
8. 有人说"管理既是科学,也是艺术",你是如何评价这个观点的?

第二篇 决　策

第三章　决策与决策过程

管理的核心是决策，制定决策并承担相应的责任是管理人员工作的基本内容。为此，本章从决策的界定出发，阐述决策的类型和特征，解析决策过程及其影响因素，提升对管理决策内涵体系的认识，为决策分析和制定奠定理论基础。

第一节　决策及其任务

管理是科学与艺术的融合，决策则是这种融合的最佳体现。从日常生活到科研开发，从工商企业的日常经营到政团宗教等的非营利活动，都会涉及不同类型的决策。有些决策是人们依据经验做出的，而更多的决策则是管理者在运用科学的决策技术和方法的基础上研究制定的。

一、决策的概念和要素

（一）决策的概念

在现实生活中，做正确的事情比仅仅把事情做对要重要得多。选择做正确的事情，正是决策的任务。

决策是管理工作的本质。管理的各项职能都离不开决策。对于决策的定义，不同的学者有不同的看法。狭义的决策是一种行为，是在几种行动方案中做出选择。如果只有一个方案，就没有选择的余地，也就无所谓决策。决策要求提供可以相互替代的两个以上的方案。广义的决策是一个过程，包括在做出最后选择之前必须进行的一切活动。首先，决策的前提，是为了解决某个问题，实现一定的目标。其次，有决策的条件，有若干可行方案可供选择。再次，需要对方案进行分析比较，确定每一个方案对目标的贡献程度和可能带来的潜在问题，以明确每一个方案的利弊。最后，是决策的结果，即在众多可行方案中，选择一个相对满意的行动方案。总之，决策是指为实现一定的目标，在多个备选方案中选择一个方案的分析判断过程。

（二）决策的要素

决策要素可分为有形要素和无形要素。对于管理决策来说，这两类要素都是其存在的必要条件，尤其是无形要素。缺少任何一个，都难以形成完善有效的科学决策。

1. 决策主体

这是决策构成的核心要素，可以是单个决策者，也可以是多个决策者组成的群体，如委员会（公司最高层的委员会是董事会）。实际上，现实中很少有决策是个人在完全不考虑他人观点的情况下做出的，即使个人具有决策制定权，也通常要听取利益相关群体的意见，再征得其他人或团体的同意或默许。

2. 决策制度

决策制度包括决策过程中人员的安排，如职务和职位等。从职务角度看，组织决策中的人员必须从事一定的与组织目标实现相关的工作，承担一定的义务。从职位角度看，同一种工作或业务经常无法由一人完成，需要设置多个从事相同工作或业务的岗位。而且，担任不同职务、承担不同责任的人员之间必然存在某种责任、权力以及利益方面的关系。

3. 决策方案

决策方案指可供决策主体选择的行动方案。备选方案的制定、评价和选择是决策过程的基本环节。为供选择，备选方案要尽可能多，并具有可行性和创造性。为了提出更多、更好的方案，需要从多角度审视问题，需要广泛地调研，需要征询他人的意见，需要学习和掌握创造性解决问题的思维和方法。

4. 组织目标

目标是组织在一定时期内所要达到的预期成果，为决策提供方向。目标在组织中的作用是通过其具体形态来实现的，目标的具体形态是通过目标的具体描述来完成的。处于不同组织层次上的管理人员所关注的目标是不同的：宗旨和使命是最高层次，由董事会负责制定；高层管理人员主要负责制定战略。战略是指导全局和长远发展的方针，涉及发展方向以及资源分配方针等；中层管理人员主要应制定战术目标；基层管理人员则负责具体作业目标。组织目标是一个完整的体系。决策需要关注组织使命和宗旨这些方向性目标。

5. 不确定性情境

不确定性情境指决策中虽然对最终结果产生影响但却不能直接由决策主体控制的部分。例如，生产能力决策中新产品可能的需求量就是一个不可控因素，可将其视为一种自然状态，它是由环境决定的，与决策本身无关。

二、决策与计划

决策与计划工作往往相互渗透、紧密联系并交织在一起。确定组织目标和拟定实现目标的总体行动计划是计划工作的首要职能，而确定组织目标和拟定行动计划的过程，其实质就是决策。决策为计划的任务安排提供了依据，计划则为决策所选择的活动和活动方案的落实提供了实施保证。通常，计划工作与决策工作密不可分。计划工作中的目标确定、任务分配、时间安排、资源配置、行动方案选择等都是不同层次的决策工作。其中目标的确定是最高层次的决策，而其他的则是常规性的决策。

计划体系通常分为以下基本阶段，而每个阶段及其步骤与决策都密不可分。第一阶段，筹划。每个企业或部门都有自己的产出，包括产品和服务，需要明确本企业或本部门的任务是什么，产出是什么。这些任务和产出实际上既是企业或部门存在的理由，也是企业成功的关键因素，需要首先在决策中予以考虑。第二阶段，分析。对收集的数据进行分析比较，即找出本企业与目标企业在绩效水平上的差距，以及在管理措施和方法上的差异，确立追赶的绩效目标，明确应该努力的最佳实践。第三阶段，综合与交流。反复交流、征询意见，根据全体员工的建议，修正决策方案，这也是计划能否成功的关键。第四阶段，行动。制定具体的行动方案，包括计划、安排实施的方法和技术以及阶段性的成绩评估等。必要时可聘请专家进行指导。而且，对工作进展要及时总结，并对新的情况、新的发现进行进一步的分析，提出新的目标，以便进行下一轮的计划决策，最终，将此作为企业经营的一项职能活动融合到日常工作中去，使之成为一项固定制度连续进行。

三、决策的功能与任务

组织发展过程中面临各种选择，决策的功能与任务就在于做出选择。决策往往是由问题而引发的，识别问题是决策的起点，解决问题是决策的目的。从不同的角度可以对决策有不同的划分，不同的决策类型有不同的决策功能与任务。

（一）决策的功能

从组织层面看，决策能够为组织确立明确的方向。管理是为了实现某一目标而协调不同成员行为的活动，对管理目标的决策可以为管理活动指明方向。每一个组织都会在一定时期确定其追求的发展方向，如何决策就决定了组织的目标和发展意志。通过明确的目标决策，把组织成员联系起来，使分散的个人力量协调起来共同朝着同一方向努力。

从个体层面看，决策可以激发组织成员的积极性。有效的决策，可以激发成员的工作热情、干劲，通过决策方案的确定，达到激励人奋斗的作用。只有明确的决策，每一个人才能根据目标的要求积极工作，不断学习，提高实现目标的能力。在完成了决策目标后，每个人才有奋斗的乐趣，才有满足感。因此，决策的内容要与成员的需求相一致或密切相关，决策的目标要有一定的挑战性，可以激发人们产生高昂的士气去克服困难。

（二）决策的任务

从外部环境视角看，决策的任务是让组织灵活适应外部环境的变化。组织总是在一定的环境中进行某种活动的，这个环境又是在不断变化的。比如，就企业而言，竞争对手可能推出新产品和新的服务项目，新材料和新技术可能出现，政府可能制定新的法规或对原有政策进行修正，组织内部的人员可能产生很大的变动，等等。这些变化不仅会影响企业原先选择的目标的实现可能性，甚至会影响目标活动的继续进行。因此，需要构建有效的决策系统帮助管理者预测和确定这些变化，并对由此带来的机会和威胁做出反应。这种环境探测越有效、持续的时间越长，组织对外部环境的适应能力就越强。

从组织内部视角看，决策的任务还包括调整和优化组织管理体系。如果一个企业只购买一种原材料，生产一种产品，并且市场对其产品的需求稳定，那么只需一个非常基本和简单的系统就能保持对企业生产经营活动的控制。但这样的企业在现实中几乎没有，大多数企业要选用很多的原材料，制造多种产品，市场区域广阔，组织设计复杂并且竞争对手林立。他们需要复杂的决策系统来保证有效的管理。

第二节　决策的类型与特征

一、决策的类型

（一）根据环境可控程度的分类

根据环境的可控程度，决策问题可分为三种类型，即确定型决策、风险型决策和不确定型决策。

1. 确定型决策

决策者掌握准确、可靠、可衡量的信息，能够确切地知道决策的目标以及每一备选方案的结果，常常可以很容易地迅速对各个方案进行合理的判断。例如，在其他条件不变的状态下，比较各个供应商提供的价目表做出购买决策，此时的决策问题就是确定型的。

2. 风险型决策

决策者虽不能准确地预测出每一备选方案的结果，但却因拥有较充分的信息而能预知各备选方案及其结果发生的可能性。此时的决策问题就是如何对备选方案发生的概率做出合理估计，选择出最佳方案。但是无论选择哪一个方案，风险都是不可避免的。

3. 不确定型决策

因面对不可预测的外部条件或缺少所需信息而对备选方案或其可能结果难以

确切估计，大多数工商企业面临的决策问题都是这种类型。这种不确定性的因素主要来自两个方面：一是决策者无法获得关键信息，二是无法对行动方案或其结果做出科学的判断。

决策问题大多是风险型的和不确定型的，面对此类决策，决策者常常处于一种难以取舍的两难困境。管理研究与管理实践中不断发展形成的科学决策方法则在很大程度上使风险型和不确定型问题转化成了确定型问题，从而有利于做出科学决策。

（二）根据决策问题的分类

从决策所涉及问题来看，决策可以分为程序化决策和非程序化决策两种类型。组织中的问题可被分为两类：例行问题与例外问题。例行问题是指那些重复出现的、日常的管理问题；例外问题是指那些偶然发生的、未遇见过的、性质与结构不明、具有重大影响的问题。程序化决策涉及的是例行问题，非程序化决策涉及的是例外问题。

程序化决策即在问题重复发生的情况下，决策者通过限制或排除行动方案，按照书面的或不成文的政策、程序或规则所进行的决策。这类决策要解决的具体问题是经常发生的，解决方法是重复的、例行的程序。例如，在组织对每个岗位的员工工资范围已经做出了规定的情况下，对新进入的员工发放多少工资的决策就是一种程序化的决策。实际上，多数组织的决策者每天都要面对大量的程序化决策。

非程序化决策旨在处理那些不常发生的或例外的非结构化问题。如果一个问题因其不常发生而没有引起注意，或因其非常重要或复杂而值得给予特别注意，就有必要作为非程序化决策进行处理。事实上，决策者面临的多数重要问题，如怎样分配组织资源，如何处理有问题产品，如何改善社区关系等问题，常常都属于非程序化决策问题。随着管理者在组织中地位的提高，所面临的非程序化决策的数量和重要性都逐步提高，进行非程序化决策的能力也变得越来越重要。

（三）根据决策主体的分类

根据主体的不同，决策可以分为个体决策和群体决策。它们的决策效果各不相同，应根据其利弊在不同条件下加以选择。随着环境的变化，当今世界的重大问题越来越多地采用群体决策。虽然在许多时间紧迫的关键时刻，群体决策无法取代个人决策，但组织许多决策都是通过委员会、团队、任务小组或其他群体的形式完成的，分析群体决策的利弊及影响因素因此具有重要的现实意义。

群体决策具有以下明显优点：第一，有利于集中不同领域专家的智慧，应付日益复杂的决策问题。通过这些专家的广泛参与，专家们可以对决策问题提出建设性意见，有利于在决策方案得以贯彻实施之前，发现存在的问题，提高决策的针对性。第二，能够利用更多的知识优势，借助更多的信息，形成更多的可行性方案。第三，具有不同背景、经验的不同成员在选择收集的信息、要解决问题的类型和解决问题的思路上往往都有很大差异，他们的广泛参与有利于提高决策时考虑问题的全面性。第四，容易得到普遍的认同，有助于决策的顺利实施。由于决策群体的成员具有广泛的代表性，因而有利于得到与决策实施有关的部门或人员的理解和接受，在实施中也容易得到各部门的相互支持与配合。第五，有利于使人们勇于承担风险。有关学者研究表明，在群体决策的情况下，许多人都比个人决策时更敢于承担更大的风险。

但是，群体决策也可能存在一些问题。一方面是速度、效率可能低下。群体决策鼓励各个领域的专家、员工的积极参与，力争以民主的方式拟定出最满意的行动方案。但在这个过程中，也可能陷入盲目争论的误区之中，既浪费了时间，又降低了速度和决策效率。另一方面是有可能为个人或子群体所左右。群体决策之所以具有科学性，原因之一是群体决策成员在决策中处于同等的地位，可以充分地发表个人见解。但在实际决策中，很可能出现以个人或子群体为主发表意见、进行决策的情况。同时，不可否认，群体决策中也有可能出现更关心个人目标的情况。在实践中，不同部门的管理者可能从不同角度对不同问题进行定义，管理者个人更倾向于对与其各自部门相关的问题非常敏感。例如，市场营销经理往往希望较高的库存水平，而把较低的库存水平视为有问题的征兆；财务经理则偏好于较低的库存水平，而把较高的库存水平视为问题发生的信号。因此，如果处理不当，很可能发生决策目标偏离组织目标而偏向个人目标的情况。

二、决策的特征

(一) 目标性

任何决策都包含着目标的确定。目标体现的是组织期望获得的结果。目标本身也是对决策方案进行评价与检查的标准与依据。目标是组织的追求，决策则引导了组织成员在一定时期的行动方向。若目标不具有先进性特征，那么就意味着失去了组织追求的价值。从某种意义上说，组织目标的先进程度决定着组织的先进程度，组织只有在追求先进的目标过程中才能够不断进步，超越竞争对手，实现组织变革和发展。

(二) 可行性

任何决策方案的实施都离不开资源的支撑，要充分考虑其实施条件与资源的限制。决策方案需要与组织的能力和资源相吻合，与组织的环境状况相适应。若决策目标定得太高，会造成计划失效，相应的惩罚措施无法落实，组织面临进退两难的尴尬处境，更严重的是会挫伤组织成员的积极性。若决策目标定得较低，未能充分发挥资源效益，很容易实现目标甚至超额完成计划，相应的奖励无法发挥其应有的作用。

（三）动态性

从权变理论角度看，没有一成不变的、普遍适用的、最好的管理理论和方法，一切应取决于当时的既定情况。决策也是一样。组织的外部环境在不断变化中，决策者应密切监视并研究外部环境及其变化，从中发现问题或找到机会，及时调整组织的活动，以实现组织与环境的动态平衡。组织不是静态的，其内部环境也不断地发生变化，决策的标准和方法不能固定不变。因此，决策要充分分析变化的管理背景和要解决的主要问题，及时调整研究思路和方法，灵活运用基本的管理理论，处理好两难困境，实现不断创新。

（四）整体性

整体性有两层含义：一是决策涉及组织全体成员，决策方向和具体方案实施是组织全体成员共同的责任；二是决策内容要兼顾组织各个方面，确保组织各部门和单位彼此在工作上的均衡与协调。决策是一个系统工程，所要处理的每一个问题都是系统中的问题，只有统筹兼顾、综合考虑，才能妥善地处理组织中的每一个问题。

（五）创造性

任何决策都需要不同程度的创造性思维。创造性思维过程通常包括四个相互交叉、相互作用的阶段：一是无意识审视，通常要求对问题集中精力，而这一行为可能是在潜意识下进行的。二是直觉，要求人们找到新的组合并将各种不同的概念和想法综合到一起。三是洞察力，它大多是创造的结果，或是豁然开朗的状态。四是验证，需要经过逻辑或实验的测试以检验创新的效度。创造性思维要求运用头脑风暴、集思广益等决策组织方法。

第三节　决策过程与影响因素

决策是解决问题的过程。这个过程受到环境、组织历史、决策者特点以及组织文化等因素的影响。

一、决策过程模型

决策过程通常包括识别问题，诊断原因，确定目标，制定备选方案，评价、选择方案以及实施和监督六个阶段的工作（见图3-1）。

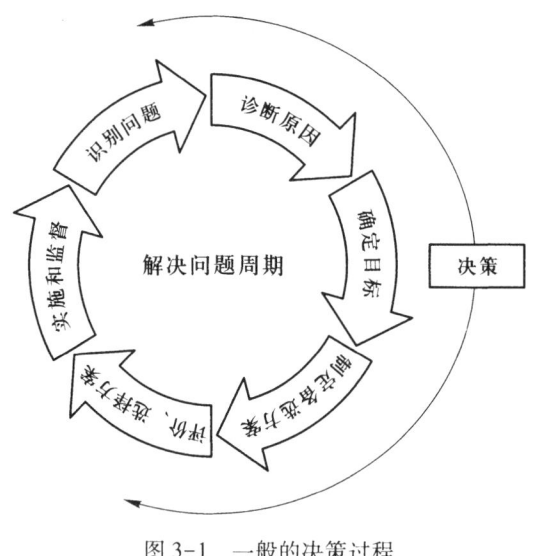

图3-1 一般的决策过程

（一）识别问题

识别问题就是要找出现状与预期结果的偏离。管理者所面临的问题是多方面的，有危机型问题（需要立即采取行动的重大问题）、非危机型问题（需要解决但没有危机型问题那么重要和紧迫）、机会型问题（如果适时采取行动能为组织提供获利的机会的问题）。识别问题是决策过程的开始，以后各个阶段的活动都将围绕所识别的问题展开。如果识别问题不当，所做出的决策将无助于解决真正的问题，因而将直接影响决策效果。

（二）诊断原因

识别问题不是目的，关键还要根据各种现象诊断出问题产生的原因，这样才能考虑采取什么措施，选择哪种行动方案。可以通过尝试性地询问来发掘问题的原因。例如：组织内外的什么变化导致了问题的产生？哪一类人与问题有关？他们是否有能力澄清问题？等等。或是利用鱼骨图等诊断分析工具逐步发现原因并分清主次。

（三）确定目标

找到问题及其原因之后，应该分析问题的各个构成要素，明确各构成要素的相互关系并确定重点，以找到本次决策所要达到的目的，即确定目标。美籍华裔企业家王安博士曾说过："犹豫不决固然可以免去一些做错事的机会，但也失去了成功的机遇。"犹豫不决，通常就是由于目标很模糊或设立得不合理所致。

(四) 制定备选方案

明确了解决问题要达到的目标后,决策者要找出约束条件下的多个可行方案,并对每个行动方案的潜在结果进行预测。在多数情况下,它要求决策者在一定的时间和成本约束下,对相关的组织内外部环境进行调查,利用顾客、供应商、外部的评论家、工人、管理阶层、报刊、论文及本企业自己积累起来的调研数据等多种来源,收集与问题有关的、有助于形成行动方案的信息进行分析。同时,决策者应当注意避免因主观偏好接受第一个找到的可行方案而中止该阶段的继续进行。在这一阶段中,创新因素的运用是最重要的,应注意与创新方法的适度结合。

(五) 评价、选择方案

决策者通常可以从以下三个主要方面评价和选择方案:首先,行动方案的可行性。即组织是否拥有实施这一方案所要求的资金和其他资源,是否同组织的战略和内部政策保持一致,能否使员工全身心地投入决策的实施中去,等等。其次,行动方案的有效性和满意程度。即行动方案能够在多大程度上满足决策目标,是否同组织文化和风险偏好一致,等等。需要指出的是,在实际工作中,某一方案在实现预期目标时很可能对其他目标产生积极或消极影响。因此目标的多样性在一定程度上又增加了实际决策的难度,决策者必须分清不同决策目标的相对重要程度。最后,行动方案在组织中产生的结果。即方案本身的可能结果及其对组织其他部门或竞争对手现在和未来可能造成的影响。采用统一客观的量化标准进行衡量,有助于提高评估和选择过程的科学性。

(六) 实施和监督

一项科学的决策很有可能由于实施方面的问题而无法获得预期成果,甚至导致失败。从这个意义上说,实施决策比评价、选择行动方案更重要。决策工作不仅仅是制定并选择最满意的方案,而且必须将其转化为实际行动,并制定出能够衡量其进展状况的监测指标。为此,决策者首先必须宣布决策并为其拟采取的行动制定计划、编制预算。其次,决策者必须和参与决策实施的管理人员沟通,对实施决策过程中所包括的具体任务进行分配。同时,他们必须为因出现新问题而修改实施方案做好准备,通常要制定一系列备选方案以便应对在决策实施阶段所遇到的潜在风险和不确定性。再次,决策者必须对与决策实施有关的人员进行恰当的激励和培训。因为即使是一项科学的决策,如果得不到员工的理解和支持,也将成为无效决策。最后,决策者必须对决策的实施情况进行监督。如果实际结果没有达到计划水平,或者决策环境发生了变化,就必须在实施阶段加以修正,或者是在目标不可达到时修正原始目标,从而全部或部分重复执行以上决策过程。

决策实际上是一个"决策—实施—再决策—再实施"的连续不断的循环过程,

如此往复贯穿于管理活动的始终。

二、决策的影响因素

（一）环境

环境是组织生存与发展的土壤，环境变化往往是导致企业进行变革决策的一个最直接的原因。随着时代的发展、科学技术的进步、经济全球化趋势的加剧，外部环境变化的速度越来越快，对组织的影响程度也越来越大。

（二）组织的历史

决策通常不是在一张白纸上描绘组织的未来蓝图，而是在一定程度上对组织先前的活动进行调整。因此，组织过去活动的特点、过去决策的依据以及过去决策在实施过程中遇到的问题都会在不同程度上影响组织今天的选择。

（三）决策者的特点

决策者的个人特点对组织未来行动方案的选择有着至关重要的影响。决策者的职能背景会影响对不同活动相对重要性的判断；决策者的风险意识会影响对具有不同风险程度的行动方案的接受；决策者过去职业生涯中的成功或失败则可能影响他们对不同行动方案的赞同或厌恶。

（四）组织文化

决策通常会带来变革。决策过程中，任一方案的选择都意味着对过去某种程度的否定，任一方案的实施都意味着组织要发生某种程度的变化。决策者和决策的实施者对这种可能产生的变化的态度必然影响对不同行动方案的评价和选择。人们对待组织变化或变革的态度，在根本上取决于组织文化的特点，取决于组织文化所创造的价值观念和行为准则。

三、决策的准则

（一）提高决策效率和效果的准则

1. 重要性原则

组织资源和决策者时间的有限性决定了决策者不可能对组织中每天出现的所有问题同时进行决策，组织也没有足够的资源来同时解决所有问题。这就需要决策者必须分清重点，对解决问题的优先次序和应当投入的时间、精力、资金等资源的数量做出判断。重要性原则的体现之一就是靠近问题，即在尽可能地靠近问题产生或机会出现的地方进行决策，将会更容易、更便捷地获取真实信息，快速地做出并实施决策。

2. 准确性原则

准确性原则首先要求提供准确的信息。提供不准确信息的决策将会导致管理者在应该采取行动的时候没有行动或根本没有出现问题时而采取行动。基于不准确信息的种种决策，往往会使整个组织蒙受损失。在信息准确的基础上，决策者必须建立起明确的决策目标，以便确定努力方向，在进行方案抉择时提供参考标准，同时有利于决策者对决策实施的最终效果进行监督和评价。此外，准确性原则还要求运用精确的工具和方法去衡量决策的实施结果，以保证准确的控制。

3. 灵活性原则

在复杂的环境中，决策要能适应组织调整或外部变化，即具备灵活性。正如毛泽东曾经指出的，"我们的原则性必须是坚定的，我们也要有为了实现原则性的一切许可的和必需的灵活性。"[①] 现今世界技术进步日新月异，顾客需求也在不断变化，环境复杂性越来越大，如果不能对这些变化做出准确的预测或反应，那么组织的生存将难以维系。灵活性还意味着管理者能即时获取所需信息，从而及时采取行动。

（二）不确定性情境下决策方案选择准则

不确定性情境下，决策方案的选择有四个基本准则：一是乐观准则，即决策者认为无论他们采取什么措施，无论别人采取何种策略，事情总是朝着对自己最有利的方向发展。因此他们估计每个方案的最好结果，并选择结果最好的行动方案。二是悲观准则，即决策者认为无论他们采取什么措施，无论别人采取什么策略，环境如何变化，事情总是朝着最坏的方向发展。因此，他们估计每个方案的最坏结果，并在最坏结果中选择他们认为最好的行动方案。三是等概率准则，即决策者认为各个可行方案的各种可能结果发生的概率相同，进而选择期望值最大的行动方案的准则。四是最小后悔准则，即决策者总是选择与最好结果偏离不大的行动方案。这是介于乐观准则和悲观准则之间的一个决策准则。按照这一准则，决策者需要先构造出一个机会损失矩阵，然后从机会损失矩阵的每一行中选出最大的机会损失，再从选出的机会损失中选择最小的机会损失，其所对应的方案就是最满意方案。

以下为反映这四条准则的决策示例。某工厂以批发方式销售其生产的产品，每件产品的成本为 0.03 元，批发价格为 0.05 元/件。如果每天生产的产品当天销售不完，每天要损失 0.01 元/件。已知该工厂每天的产量可以是 0 件、1 000 件、2 000 件、3 000 件、4 000 件；根据市场需求，每天销售的数量可能为 0 件、1 000 件、2 000 件、3 000 件、4 000 件。则该工厂的决策者应如何安排每天的生产量才最满意？

---

① 《毛泽东选集》第 4 卷，人民出版社 1991 年版，第 1436 页。

根据条件，有五种备选方案，分别为每天生产 0 件、1 000 件、2 000 件、3 000 件、4 000 件，问题的关键在于计算出每种方案的收入。由于每一种方案又面对五种可能的市场需求，所以每种可行方案共有五种可能的收益。设产量为 Q，销量为 S，收益为 R，则当 $Q>S$ 时，$R=S\times(0.05-0.03)-(Q-S)\times0.01$；当 $Q\leqslant S$ 时，$R=Q\times(0.05-0.03)$。计算结果如表 3-1 所示，表 3-1 中数字表示各个方案在不同的市场需求下的收益。

表 3-1 某工厂的收益矩阵

收益 R/元		销售量 S/件				
		0	1 000	2 000	3 000	4 000
产量 Q/件	0	0	0	0	0	0
	1 000	-10	20	20	20	20
	2 000	-20	10	40	40	40
	3 000	-30	0	30	60	60
	4 000	-40	-10	20	50	80

按照乐观准则，决策者将找出每个可行方案的最大值，然后选出各个最大值中的最大值即 80 元，这个最大值对应的方案即产量为 4 000 件的方案是最满意方案。按照悲观准则，决策者选择产量为 0 件的方案。

按照等概率准则，方案 2 即产量为 1 000 件的方案的期望值 =(-10+20+20+20+20)/5=14 元，依次算出各方案的期望值分别为 0 元、14 元、22 元、24 元、20 元。所以，选择产量为 3 000 件的方案。

按照最小后悔准则，机会损失矩阵如表 3-2 所示。从中可以看出，第四个方案即产量为 3 000 件时，决策者最满意。

表 3-2 最小后悔准则决策表

收益 R/元		销售量 S/件					最大机会损失/元
		0	1 000	2 000	3 000	4 000	
产量 Q/件	0	0	20	40	60	80	80
	1 000	10	0	20	40	60	60
	2 000	20	10	0	20	40	40
	3 000	30	20	10	0	20	30
	4 000	40	30	20	10	0	40

思考题

1. 如何理解决策？决策有哪些基本特征？

2. 请描述决策的制定过程。
3. 请用实例说明不同的决策类型及其异同之处。
4. 请阐述当前影响决策的主要因素及趋势。

▶ 自测习题及参考答案

第四章 环境分析与理性决策

组织活动是在一定环境中进行的，组织活动方向的选择以及过程的展开都要充分考虑到既定环境的特点。环境的复杂与动态特点以及人的认知与行动能力的局限性决定了组织决策的理性与正确程度会受到一定的限制。要尽可能减少这些限制，就要对组织活动的内外部环境进行充分的调查和研究。要在调查的基础上，"经过思考作用，将丰富的感觉材料加以去粗取精、去伪存真、由此及彼、由表及里的改造制作工夫"，"完全地反映整个的事物，反映事物的本质，反映事物的内部规律性"[①]，以揭示环境变化的规律。本章旨在通过对环境结构及其要素的讨论，分析理性决策的要求与限制，探讨提高决策理性以及正确程度的方法。

第一节 组织的内外部环境要素

一、环境分类

环境是由众多因素交错而成的整体，管理学研究中有许多不同的分类方法。这里采用较常见的一种分类，即把环境分成三大层次或三个大类，即一般或宏观环境、具体或微观环境以及组织内部环境，如图4-1所示。

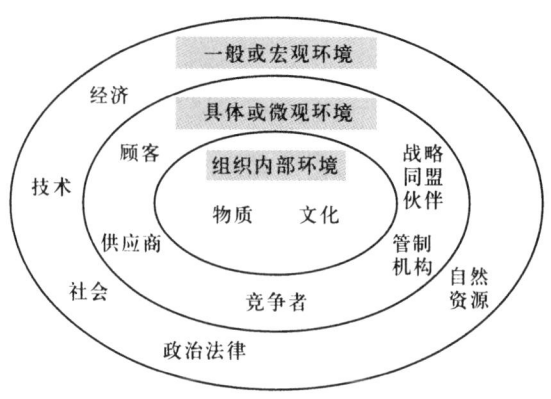

图4-1 组织环境的层次类型

（一）一般或宏观环境

一般或宏观环境是指任何时期对所有组织均能产生影响的外部环境因素。主要包括：

[①] 《毛泽东选集》第1卷，人民出版社1991年版，第291页。

1. 经济环境

经济环境因素是指组织运行所处经济系统的情况，如国内外的经济形势、政府财政和税收政策、银行利率、物价波动、市场状况等。物价上涨时，企业必须为原材料支付更高的价格，同时可能要适当提高产品价格以弥补成本的上涨。经济环境因素对于非营利性组织来说也是至关重要的，例如，国家经济情况的好坏直接影响政府的购买力和政府对许多非营利性组织的财政支持。

2. 技术环境

科学技术是第一生产力。技术的含义很广，它既包括生产技术（如劳动手段、工艺流程的改进、发展与完善，特别是新技术、新设备、新工艺、新材料、新能源的生产与制造等），也包括管理技术（如管理方法、计划决策方法、组织方法及推销方法的改进与更新等），还包括生活技术、服务技术等内容。技术对组织及其管理工作一直具有重要的影响。任何企业为了实现其预定目标，都必须进行某种生产经营活动，而任何生产经营活动都与一定的技术密切相关。

3. 社会环境

风俗习惯、文化传统、受教育程度、价值观念、道德伦理、宗教信仰、商业习惯等构成了一个组织所处的社会环境。社会环境中最重要的是文化传统和教育。不同的国家（或地区）和民族，其社会文化传统和教育水平往往不同，这会影响甚至改变人们的生活习惯和价值观念，而且对企业的产品和服务提出不同要求。风俗习惯、文化传统、道德价值观念等对人们的约束力量往往比正式法律的约束力量要大得多。

4. 政治法律环境

政治法律环境因素是指政治制度、政治形势、国际关系、国家法律和法令、政府政策等。这其中特别重要的是法律因素，因为政治环境中的许多因素都是以法律的形式出现的，以制约和限定企事业单位的生产经营活动。一国的政治法律环境直接影响企事业单位的管理政策和管理方法。管理者必须全面了解与本企业生产经营活动有关的各种法律政策，依法管理企业，并运用法律保护企业的合法利益，减少不必要的损失。

5. 自然资源环境

相对于其他环境因素，自然资源环境是较稳定的。自然资源因素与企业的厂址选择、原材料供应、产品输出、设备和生产技术的应用等众多方面都有着紧密的关系。随着经济和技术的发展，自然资源环境不论从法律上还是从企业的社会责任角度来说，都将成为企业必须关注的问题。组织不仅要有效地利用、开发自然资源，而且要很好地保护环境。

（二）具体或微观环境

具体或微观环境指那些对组织的影响更频繁、更直接的外部环境因素，是与某一具体的决策活动和处理转换过程直接相关的各种特殊力量，是那些与组织目标的制定与实施直接相关的因素。下面主要从企业的角度进行分类介绍。

1. 顾客

顾客是那些购买企业产品或服务的个人或组织。顾客是一个企业的基础并使它能继续存在的因素。正是为了满足顾客的需求，社会才把生产资源托付给工商企业。一个企业可能要面对多种顾客，如个人和组织、批发零售商和最终消费者、国内和国外顾客等。企业的顾客会因受教育水平、收入水平、生活方式、习俗偏好、地理条件等众多方面的影响，而对企业的产品和服务提出不同的要求，企业在市场营销、质量管理、战略决策等方面必须充分关注顾客。

2. 供应商

供应商是组织从外部获取投入的来源。对企业来说，供应商可能是组织也可能是个人，企业从他们那里获得原材料、劳动力、信息、能源等。供应商提供的这些要素的质量和价格直接影响企业产品和服务的质量及成本水平，因此，许多企业对供应商有诸多要求，同时给予稳定的供应商一定的支持。

3. 竞争者

与本企业竞争资源的其他组织就是竞争对手。企业与他们竞争的最大资源就是顾客为购买产品或服务而支付的货币。企业的竞争不仅发生于生产同类产品或提供同类服务的不同企业之间，有时两个不相关的企业也会因为获得一笔贷款而竞争。非营利组织之间也存在竞争关系，不同地区的政府部门为吸引外商投资而相互竞争，不同单位在人才招募上也存在竞争，等等。

4. 管制机构

微观环境中包含的管制机构与宏观环境中的政治法律环境不同。这种管制机构主要有两类：一类是能够直接影响和控制企业行为的机构，如美国的食品药物管理署（FDA），我国的一些行业协会、市场监督管理部门等；另一类是一些社会公众机构，如绿色和平组织、消费者协会、新闻机构等。

5. 战略同盟伙伴

企业之间存在竞争，也存在合作。福特公司与大众（Volkswagen）合作在南美洲生产小轿车，与日产（Nissan）公司合作在美国生产汽车。不仅企业与企业之间可以结成战略同盟，企业与科研院校、政府部门也可以在某一共同利益的联系下结成战略同盟。

（三）组织内部环境

内部环境是那些对组织影响最频繁、最直接的环境因素，也可以认为组织内部环境因素就是组织的一部分，它直接影响组织的日常运营、生存和发展。

1. 物质环境

组织内部的物质环境是指组织内部的资源拥有情况和利用情况。由于组织在客观上所能拥有的资源数量有限，在主观上对这些资源的利用能力也有限，组织内部的物质环境直接影响组织利用资源的情况和效果。任何组织的活动都需要一定的资源。一般来说，资源环境可以划分为以下三种：人力资源环境，包括组织内不同类型人力资源的数量、素质和使用情况；物力资源环境，包括组织活动中需要运用的物质条件的拥有数量和利用程度；财力资源环境，包括组织的资金拥有情况、构成情况、筹措渠道和利用情况。

2. 文化环境

组织文化是指组织中全体成员共同接受和共同遵循的价值观念及行为准则。任何组织都存在自身特有的组织文化，组织文化环境对组织成员及其活动会产生重要影响，包括影响组织成员个人士气和积极性、影响组织成员群体的向心力、影响组织的外部形象，最终影响组织的绩效。

（四）环境各层次间的关系

虽然组织环境及环境因素分为三个不同的层次，但三个层次之间有着密切的联系。组织的管理者通常将大量注意力集中于组织的具体环境和内部环境，因为具体环境、内部环境与一般环境相比更能直接地给组织提供有用的信息，更易识别。一般环境因素虽然不直接影响组织的经营决策，但这并不意味着组织可以忽视这些因素。一般环境的改变对组织的影响往往是通过具体环境对组织产生作用力表现出来的。例如，技术环境是一般环境因素，但企业并不能直接从技术环境中感受到技术进步的影响，往往是采用先进技术的竞争者使企业感受到技术进步带来的市场变化。在组织管理中，一般环境和具体环境是相对的。同样的外部环境，对一个组织可能是一般环境，而对另一个组织却是具体环境。一般环境和具体环境还可以相互转化，即一般环境可以转化为具体环境，具体环境也可以转化为一般环境。

二、环境分析的常用方法

（一）一般环境分析方法

一般环境分析中最常见的是 PEST 分析方法。PEST 分析，就是指从政治与法律环境（P）、经济环境（E）、社会与文化环境（S）、技术环境（T）四个方面来探察、认识影响组织发展的重要因素。可见，该方法实际是将众多的一般环境因素概括为政治与法律环境、经济环境、社会与文化环境、技术环境四个方面，也有人把人口问题从社会与文化环境中单独列出。一般环境分析的主要方面及其内容如表 4-1 所示。对一个特定的组织而言，在特定的时期内进行一般环境分析，还需要具体地识别各方面的特定内容。

表 4-1 一般环境分析的主要内容

主要方面	主要内容
人口	人口的地理分布、就业水平、收入水平、年龄、文化差别等
经济	增长率、政府收支、外贸收支及汇率、利率、通货膨胀率等
政策与法律	环境保护、社会保障、反不正当竞争法以及国家的产业政策
社会与文化	公民的环保意识、消费文化、就业观念、工作观念等
科学技术	高新技术、工艺技术和基础研究的突破性进展

资料来源：Michael A. Hitt, R. Duane Ireland and Robert E. Hoskisson, *Strategic Management*, 2nd ed., Cincinnati, Ohio: South-Western College Pub., 1996.

环境因素的层次性分析中已经强调，许多一般环境因素往往是通过影响具体环境因素影响企业的。这就要求组织识别所在具体环境对一般环境因素的敏感性。对企业来说，就是分析一般环境中与所在行业密切相关的因素，这实际上是企业在浩瀚的一般外部环境因素中识别出对本行业和本企业有意义的一组因素，从而大大缩小了企业分析一般环境的范围。

PEST 分析通常要借助各种经济、社会以及其他相关学科已有的研究成果，但在这些成果的基础上有必要对与组织有关的问题进行进一步研究。由于一般环境分析需要借助许多相关学科的知识，而每个组织的情况又有很大差别，因此 PEST 分析没有通用的和一般性的方法，需要具体问题具体对待。

(二) 具体环境分析方法

具体环境对组织的影响更直接、更频繁，因而是组织分析外部环境的焦点。在这方面，迈克尔·波特提出的五种力量模型是一种有效的分析方法。迈克尔·波特发现，在企业经营环境中，能够经常为企业提供机会或产生威胁的因素主要有五种，分别来自本行业中现有的其他企业、卖方（供应商）、买方（顾客）、其他行业之中的潜在进入者和替代产品，如图 4-2 所示。

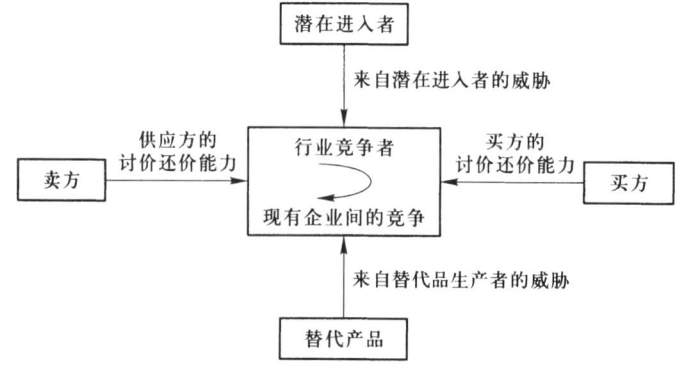

图 4-2 五种力量模型

资料来源：[美] 迈克尔·波特：《竞争战略》，陈小悦译，华夏出版社 1997 年版，第 12 页。

分析潜在进入者，即从进入障碍的角度来进行潜在竞争者分析。进入障碍，是指行业外部的企业进入这一领域时必须付出的，而行业内企业无须再付出的一笔损失。显然，进入障碍越大，潜在进入者的威胁越小。除进入障碍之外，行业的吸引力、行业发展的风险和行业内企业的集体报复可能性等，都影响着进入威胁的大小。

分析替代产品，即识别替代威胁。替代，是指一种产品在满足顾客某一特殊需求或多种需求时取代另一种产品的过程。替代产品的存在扩大了顾客的选择余地。短期看，一种产品的价格和性能都受到替代产品的限定；长期看，一种产品或行业的兴起有可能导致另一种产品或行业的消失，例如随着微电子工业的发展，打印机基本取代了打字机，电子计算器完全取代了计算尺。

分析买方和卖方议价实力，即评估买方和卖方掌控交易价格的能力。企业与顾客和供货方之间既存在合作，又存在利益冲突。交易双方在交易过程中总希望争得对自己有利的价格，而价格的变化使一方获得超额收益的同时，直接导致另一方的损失。在具体的交易活动中，影响议价实力的因素很多，如交易洽谈的地点、人员素质、日程安排等，但这些都是运作层面的因素。从行业层面看，交易双方的议价实力受到一些行业特征的制约。通过这些特征，人们能够更好地认清企业如何建立与外部环境相适应的关系。

分析行业竞争者，即对竞争对手的现状和未来进行分析。同种产品的制造和销售通常不止一家，多家企业生产同种产品，必然会采取各种措施争夺用户，从而形成市场竞争。对行业内部要分析主要竞争者的基本情况、对本企业构成威胁的原因以及分析竞争对手的发展动向。

迈克尔·波特的五种力量模型既适用于企业，也适用于其他类型的组织。这一模型能帮助人们深入分析行业竞争压力的来源，使人们更清楚地认识到组织的优势和劣势，以及组织所处行业发展趋势中的机会和威胁。

(三) 内外部环境综合分析方法

管理要通过组织内部的各种资源和条件来实现。因此，组织在分析外部环境的同时，必须分析其内部环境，即分析组织自身的能力和限制，找出组织所特有的优势和存在的劣势。

任何组织的经营过程，实际上是不断在其内部环境、外部环境及经营目标三者之间寻求动态平衡的过程。组织的内外部环境绝对不能割裂开来。如果一个企业能力很强，竞争优势十分明显，那么外部环境中的不确定性对该企业便不会构成太大的威胁。相反，不具任何经营特色的企业，外部环境再有利，也不会有快速的发展。因此，应对比分析外部环境中存在的机会和威胁与组织内部的优势和劣势，以便充分发挥组织的优势，把握外部的机会，避开内部的劣势和外部的威胁。

SWOT 分析是最常用的内外部环境综合分析技术，是由哈佛大学的安德鲁斯等人提出的一种分析方法。SWOT 分析是优势（strengths）、劣势（weaknesses）、机会（opportunities）、威胁（threats）分析法的简称。这种方法把环境分析结果归纳为优势、劣势、机会、威胁四部分，形成环境分析矩阵。

SWOT 分析之所以能广泛地应用于各行各业的管理实践中，成为最常用的管理工具之一，原因在于：首先，它把内外部环境有机地结合起来，进而帮助人们认识和把握内外部环境之间的动态关系，及时地调整组织的经营策略，谋求更好的发展机会。其次，它把错综复杂的内外部环境关系用一个二维平面矩阵反映出来，直观而且简单。再次，它促使人们辩证地思考问题。优势、劣势、机会和威胁都是相对的，只有在对比分析中才能识别。最后，SWOT 分析可以形成多种行动方案供人们选择，加上这些方案又是在认真对比分析基础上产生的，因此可以提高决策的质量。

（四）针对环境变化的分析方法

环境是复杂多变的，一些常用的长期预测方法包括定量的统计预测，往往是对单一因素进行预测，或是预测的结果单一，在环境因素众多、变化的不确定性很大时往往会失去效用。为使组织能够从容面对环境变化可能产生的不同结果，针对环境变化，国际上许多大型企业长期以来一直应用并不断完善一种方法——脚本法（情景分析法）。

脚本法的原意是情景分析。情景（scenarios）一词有电影脚本、梗概、剧情、情节或情况等意思，既可以应用于环境预测，也可以应用于决策方案的形成。在环境分析中，一种或一组情况也可被称为一个脚本；在组织各项决策中，一个脚本就是一个决策方案。显然，方案脚本以环境脚本为基础，即先形成环境脚本，再根据环境脚本形成决策的方案脚本。

根据使用过程中编制脚本方法的不同，情景分析法可分为定量脚本法和定性脚本法。定量脚本法以计量经济学或其他定量分析方法为基础建立模型，通过选择和调整不同的参数从而产生不同的脚本。借助于计算机进行模拟运算，这种方法可以迅速地产生大量脚本，有的多达 1 000 多个。然后，分析人员对每一个脚本的合理性和发生概率做出评估。在产生脚本的过程中，改变一个变量，保持其他变量不变，产生不同的脚本。定性脚本法通过人的思维、判断，识别重要的环境因素，分析它们之间的关系，克服了定量脚本法中看似精确的复杂方法所固有的机械性。同时，定性脚本法基于人的思考，可以关注和识别因素的范围十分宽广，而定量脚本法尽管可以考虑很多因素，但它对数据的苛刻要求限制了因素的选择范围。

脚本法的优点在于，它能够开阔企业管理者的思路，扩展他们的视野，提高他们对环境威胁的警惕，使企业的战略更具灵活性，同时不会妨碍企业把握长期发展机遇的努力。即使有些情况实际上没有发生，预先采取应急措施，建立起企业接受不确定性变化的反应能力也是有益无害的。

第二节　理性决策与非理性决策

一、理性决策

（一）理性决策的理论基础

理性决策通常也被称为科学决策，它假设管理者在决策时运用理性和逻辑，决策的目标是组织利益最大化。该理论提出了有关人类行为决策的一个绝对标准，即人们在决策时所遵循的是最大化原则，这就是谋求最大效益，在经济领域则是求得最大利润；在抉择方案时进行最优化选择，即从诸多方案中选择最优方案。在这一理论原则的指导下，随着现代管理技术的发展和决策分析手段的现代化，逐渐地形成了一整套理性决策模式的理论和学说。

古典决策理论假设，组织要实现的目标是明确的、组织一致同意的，问题可以识别并精确地予以陈述。决策者可以收集完全信息，能够得到所需要的全部详细决策信息，从而使决策状态成为确定性的。所有可行性方案和可能的结果都是可以量化和评估的，决策者能够准确地预测和正确地估计每一方案所产生的全部后果。方案评估标准是明确的或可以确定的，决策者选择能够使组织利益最大化的方案。决策者是理性的，能够了解所有人的社会价值偏好及其所占的相对比重，合乎逻辑地评估标准和偏好（权重），评估每一方案，并做出使组织利益最大化的决策。

针对古典决策理论的缺陷，西蒙等人提出以"令人满意的"准则代替"最优化"准则作为决策的准则，被认为是较为实际可行的。尽管在社会经济活动中，人们希望能够以科学的态度或者科学的方式来决策，以期最大限度地应对不确定性和规避风险，即按照经济学的理性人概念，理性的人们总是期许以最小的成本投入来获得目标收益，或者以既定的成本投入获取最大的收益，但是人的实际行动不可能完全理性，由于知识结构、经验、能力以及信息等因素的限制，决策者是具有有限理性的人，不可能预见一切结果，只能在可供选择的方案中选出一个"满意的"方案。

有限理性的决策者往往不能通盘考虑决策环境中的各种复杂因素。另外，即使能够考虑所有因素，也无法搜索和罗列所有可能的问题解决方案，只是看到有限几个方案及其部分结果。最后，甚至在仅有的几个预选方案中，由于理性水平的限制，最终所选方案也可能是次优而非最优。正因为如此，西蒙认为在组织的决策机制中不应忽视组织机制及集体对决策的作用。

（二）理性决策的基本内容

理性决策模式的要点包括：第一，决策者面临的是一个既定的问题。这一问题可以同其他问题相互区别，或至少同其他问题相比，它是重要的。第二，引导决策者做出决定的各种目的、价值或各种目标是明确的，而且可以按它们的重要性而依次排列。第三，处理问题的各种可供选择的方案为决策者所考虑。第四，决策者对可供选择的每一方案可能出现的结果进行了调查研究。第五，每一个选择方案和其可能出现的结果能与其他选择方案相比较。第六，决策者将采用其结果能最大限度地实现他的目的、价值或目标的那个方案。

在此基础上，理性决策的主要环节可以分为：第一步，明确和界定面临的问题。决策者之所以要进行决策，首先是因为在实际的管理过程中面对一个存在的问题，需要对这个问题加以解决。第二步，分析所有目的和目标及其轻重次序。理性决策模式理论假设作为决策主体的人是完全理性的，他根据自己的目的或价值观，针对已发现的问题提出解决问题的目标，并将这些目标进行排列或组合。第三步，寻找所有可能的行动方案。决策者将所有可能的解决问题的方案全部列举出来，以供备用。第四步，预测和评估每个方案的所有可能结果。决策者运用一系列的科学方法对每一决策方案进行评估，预测执行该方案后所要达到的结果及其可能带来的新问题。第五步，比较每个方案实现目的和目标的程度。决策者将各个方案进行一一对比，在比较的基础上排列出先后顺序。第六步，选择能够最大限度地实现目的和目标的方案。决策者在对各个方案进行比较分析后，选取其中一个预期效果与目标最一致的方案作为决策的最佳方案。

在上述六个步骤中，作为决策者的人始终是理性的，每一步活动都是理性的活动，不存在任何非理性的成分，整个决策过程都是理性化的。从理想的角度而言，这一模式确实是一个非常科学化的模式。但是，决策活动要受到很多现实因素的制约，因此在实践中，人们很难严格地遵循这一模式。

二、行为决策

（一）决策中的行为基础

从是否参与决策出发，西蒙和马奇两位学者按照人的假设对管理理论作了分类：第一，机械人模式，即经济人模式。这种模式把组织成员看作进行一定作业的生产工具——机械，他们只能被动地接受命令、进行作业，在解决问题时并不发挥什么作用。第二，动机人模式。该模式认为，组织成员不是机械而是人，是为了满足个人的要求、动机和目的而劳动的。成员为实现组织目的而进行合作的动机是劳动生产率最重要的决定因素。行为科学管理理论属于这种模式。

决策理论学派把决策人作为独立的管理模式。决策人模式，又称管理人模式。这种模式认为，组织成员（管理者和员工）都是为实现一定目的而合理地选择手段的决策者。巴纳德的社会系统理论和西蒙等人的决策理论属于这种模式。

决策者把学习、记忆、习惯等心理学因素作为决策的行为基础。学习，是指人能够根据过去的经验，采取试验的方法，通过知识的传递和理论的推断，对特定的选择将产生的结果做出估计。这种学习过程对个人和组织都是合理决策的基本条件。记忆，是指把为解决一个问题而收集的情报以及从这些情报得出的结论储存起来，以便在发生同类问题时用来做出新的决策。这就是说，决策组织需要有记忆装置来为决策服务。习惯是帮助符合目的的行动方式持续下去的重要途径，具有"从有意识地进行选择的范围内排除情况反复"的作用。习惯形成后，当人们需要采取适当的行动时，不必再有意识地进行决策而能对同样的刺激产生相同反应。

（二）行为决策理论的发展

行为决策理论认为，人的理性介于完全理性和非理性之间，即人是有限理性的，这是因为在高度不确定和极其复杂的现实决策环境中，人的知识、想象力和计算力是有限的。而且，决策者在决策中往往只求满意的结果，而不愿费力寻求最佳方案。该理论形成初期，主要研究对象可分为判断和抉择两大类。判断，是指人们在估计某一事物发生概率的时候，整个决策过程是如何进行的；抉择，则是指人们在面对多个可选事物的情况下，是如何做挑选的。研究框架基于认知心理学，认为人的判断和抉择过程实际是信息处理过程，包括信息获取、信息处理、信息输出、信息反馈四个环节。

行为决策在成为一门独立的研究学科后，在经济、金融和管理等领域的应用日益扩大。理论研究对象扩大到决策行为各个阶段，分析人们是如何具体地完成这一阶段，并且讨论偏离最优行为的"决策偏差"，建立了基于人们实际决策行为的描述性决策模型，包括前景理论、不确定性效应、锚定效应等，为行为决策理论后来的蓬勃发展和更广泛应用奠定了基础。从20世纪80年代中后期开始至今，行为决策理论在这个阶段的研究主要不再是对传统理论的挑战，而是概括行为特征，提炼行为变量，然后将其运用到理性决策的分析框架之中。不仅考虑客观的备选方案以及环境对它们的影响，而且包含了决策者认知局限性、主观心理因素以及环境对决策者的心理影响等因素，这样得到的模型普适性更强。行为决策理论在这个阶段最具影响力的研究，主要集中在金融领域。

(三) 行为决策代表性模型

1. DHS 模型

这个由丹尼尔、赫什利弗尔和苏布拉马尼亚姆等学者于1998年提出的模型，分析决策者对信息的反应程度时，更强调过度自信和有偏差的自我归因。过度自信是指决策者过高地估计私人信息所发出信号的精度，过低地估计公开信息所发出信号的精度的投资者，使私人信号比先验信息具有更高的权重，引起反应过度。归因偏差是指当事件与决策者的行动一致时，决策者将其归结为自己的高能力；当事件与决策者的行为不一致时，决策者将其归结为外在噪声。

2. HS 模型

这个由学者宏和斯坦于1999年提出的模型，又称统一理论模型。与前一个模型的不同之处在于，它把研究重点放在不同作用者的作用机制上，而不是作用者的认知偏差方面。例如，该模型把作用者分为"观察消息者"和"动量交易者"两种类型。前者根据获得的关于未来价值的信息进行预测，其局限是完全不依赖于当前或过去的价格；后者则完全依赖于过去的价格变化，其局限是他们的预测必须是过去价格历史的简单函数。

3. BHS 模型

这个由学者巴伯瑞斯、黄和桑托斯于1999年提出的模型，将决策者所出现的偏差归纳为一类，即直觉偏差。该模型的前提在于，人们自行解决问题的过程，通常采用试错的方法，这就容易导致人们形成一些经验规则。但是，这个过程常常带来其他错误，即该模型识别出这些经验规则的原理以及与它们联系的系统性错误，这些经验规则自身被称为直觉。

三、非理性决策

（一）渐进决策模型

渐进决策模型是美国著名政治学家和政策科学家林德布洛姆在批判理性决策模型的基础上提出的。渐进决策，是说在以往的政策、惯例的基础上制定新政策，新政策是对过去政策的延伸和发展，只对过去的政策做局部的调整与修改。它的内涵包括：要求决策者必须保留对以往政策的承诺；决策者不必过多地分析与评估新的备选方案；决策者着意于政策目标和备选方案之间的相互调适，以使问题较易处理，而并不关心政策制定基础的变化；这种决策只能是一种保守的补救措施。它的特点是稳妥可靠，渐进发展。

（二）政治协调决策模型

政治协调决策模型实质是把公共政策看成利益集团斗争的产物。它是决策者制定政策时，广泛地通过对话、协商、讨论，协调利益关系，在达成妥协、谅解的基础上进行决策。它认为公共政策就是各利益集团对政府机构施加压力和影响并在相互竞争中实现平衡的结果。这一模型的缺点是过分夸大了利益集团的重要性，认为政府甚至立法和司法机关在政策制定过程中都完全处于被动的地位。

(三) 领导集体决策模型

领导集体决策模型是认为政策选择是建立在领导者优秀的素质和管理经验的基础上，由领导者或领导集体依据自己的应变能力和判断力进行决策。其优点是决策迅速，但决策的质量同领导者个人的素质、经验密切相关，是决策是否成功的决定性因素。但由于政策问题的复杂性，决策者在进行决策时还要依靠各种政策研究机构和专家的支持。类似地，还有"精英决策模型"，即忽略公众对社会发展的影响，而把公共政策看成反映精英们的价值和偏好，认为是他们决定了政策。

四、价值理性与工具理性的对立

关于理性在决策中究竟发挥何种程度的作用，研究者一直在进行反思。有些学者认为，主张价值理性重构以克服理性有限的观点过于强调了工具性和效率，而忽视了人本、价值等因素。

马克斯·韦伯认为，近代西方社会的发展主要表现为理性化的发展。这种理性主要是一种行为的"目的理性"，其实就是一种工具理性。他提出，若从意义方面观察，人类行为可以解释为"目的理性""价值理性"和"情感理性"三种。目的理性是人类为了实现特定的目的，在手段、成本和收益之间进行的权衡和比较。在韦伯看来，工具理性和价值理性存在尖锐的对立：工具理性着重考虑手段对达成特定目的的能力或可能性，价值理性则关注权力本身是否符合绝对价值，诸如公平、正义等。不管是完全理性还是有限理性，都摆脱不了工具理性和价值理性对立的宿命。

工具理性与价值理性的对立是行政学产生以来的常态，行政学研究中主张价值中立的立场，使得决策理性和方法都更加注重手段的工具性即技术性尺度，忽视了价值理性的重要性。西蒙即便运用了手段—目的链的分析思路，但在研究中也是不允许"价值观"来介入的，并且认为可以使用效率标准来帮助将价值观从对组织行为的讨论中剔除出去。耶鲁大学的政治学家罗伯特·达尔对此提出质疑，认为一个行动是理性的并不等于说它符合道德目的或者符合在政治上负责的目的，而只是说，这个行动可以更有效率地将该组织推向前进。

目前，决策理性的社会性日益突出。随着社会的成熟发展，市民社会成为趋势，决策理性也将呈现出社会性。决策理性所反映的社会尺度主要包括两个方面：首先，指决策和它所指向的实践及其过程的社会性。其次，包括决策和它所指向的实践的结果符合社会利益。也就是说，社会尺度就在于反映决策所导向的实践活动的社会条件和社会利益，使实践活动的效果既符合实践个体的利益，又符合社会主体的利益，起码不损害他人和社会的利益。

第三节 决策方法

一、决策背景研究方法

（一）决策背景的性质分析

决策背景具有不稳定性，并对决策工作产生复杂的影响，这就给决策者认知、适应和改变环境带来困难。所以，决策者除了了解环境内容，更要把握其性质特征。

首先，决策背景具有整体性和综合性。组织包含的各环境因素之间具有一定的独立性，但它们是作为一个整体对管理工作起作用的，这种作用具有综合性。在某一特定时期内，不同的环境因素对企业的影响程度不同，管理者很难准确地区分开来自环境的影响到底是哪种因素所致。因此，管理者必须把环境作为一个整体，考虑其综合影响。

其次，决策背景具有复杂性。组织的环境是一个多种环境因素的组合体，具有明显的复杂性。一方面，环境对企业及其管理活动的影响是复杂的、多方面的，各种因素甚至相互矛盾和冲突；同样的环境对某个企业可能是机会，而对另一个企业可能就是威胁。另一方面，各环境因素之间又相互影响、作用和制约，进一步加大了环境的复杂性。

最后，决策背景具有动荡性。这包括三层含义：第一，环境的变化速度。由于社会生产力的发展和生产关系的变革，环境总是处于不断发展变化之中。当然，伴随着环境的变化，各种环境因素不可能同步、同程度变化。第二，有关环境的信息和情报的不确定性。人们对环境的了解可以是直接的，但更多是间接的。信息情报本身不准确和信息传递中的失真，都会使信息接收者无法准确了解环境的变化。第三，管理者制定决策时所考虑的时间期限。期限越长，对环境的了解就越不准确。

（二）决策背景的不确定性模型

在决策背景的各种性质和特点中，核心是环境中蕴含的高度不确定性。美国学者邓肯提出从两个不同的环境层面来确定组织所面临的不确定性程度：一是环境变化的程度，即静态（稳定）—动态（不稳定）层面；二是环境复杂性程度，即简单—复杂层面。进而得出一个评估环境不确定性程度的模型，如表4-2所示。

表 4-2 评估环境不确定性模型

		稳定（静态）	不稳定（动态）
环境复杂性程度	复杂	（Ⅱ）低—中程度不确定性 1. 大量的外部环境要素，而且要素不相似 2. 要素维持不变或缓慢变化	（Ⅳ）高不确定性 1. 大量外部环境要素，而且要素不相似 2. 要素常常变化且不可预测
	简单	（Ⅰ）低不确定性 1. 少量外部环境要素，而且要素相似 2. 要素维持相同或慢慢变化	（Ⅲ）高—中程度不确定性 1. 少量外部环境要素，而且要素相似 2. 要素常常变化且不可预测

环境变化的程度

资料来源：饶美蛟、刘忠明主编：《管理学新论》，商务印书馆（香港）有限公司1996年版，第25页。

如果组织面对常规的需求环境，如为相同或极其相似的顾客生产同一种产品或提供相同的服务，则组织面对的是一个稳定的环境，如公用事业行业。反之，如果企业面对变化极其快速的环境，而且不同的环境要素都在发生变化，则组织面对的是动态、不稳定的环境，如计算机行业。如果一个组织只与很少的外界部门相关，其面临的环境属于简单类型；如果组织必须面对许多外界部门，其面临的环境属于复杂类型。一般而言，组织规模越大，面临的环境越复杂。

（三）决策背景的分析步骤

第一步，明确决策主题。只有明确了主题，决策背景分析的各项工作才有明确的方向和中心。主题的确定可能涉及整个组织活动，也可能只涉及组织活动的某个方面。比如，研究企业的广告效率，对这一任务可以有多种不同的理解，既可理解成广告的沟通效果亦可理解成广告的说服力，还可理解为广告的效益。理解不同，研究的方向、内容、重点、结果等均可不同。

第二步，提出假设。在确定主题的基础上，环境研究人员还要利用组织现有的资料，根据自己的经验、知识和判断力，进行初步分析，提出关于组织活动中所遇问题的初步假设：判断组织问题可能是由哪些因素造成的，在众多的可能原因中哪些是最主要的。

第三步，收集资料。验证假设需要占有能够反映组织内外环境的资料。这些资料可有两个来源：一是组织内外现存的各种资料，比如组织活动的各种记录，组织外部公开出版的报刊文献等。二是充分进行环境研究，进行专门的环境调查。收集资料往往在扫描和监测的过程中进行。

第四步，整理资料。环境调查收集的原始资料经过加工整理才有意义，才可能比较正确地反映客观环境的情况。整理资料包括两项工作：首先，审核资料的准确性、真实性，以求去伪存真、去粗取精；其次，利用经过整理的资料，分析影响组织活动的各种因素之间的关系，验证前面提出的有关问题原因的假设是否正确。如果正确，就可利用资料对采取措施后可能收到的效果进行预测。

第五步，趋势预测和评估。利用一定的科学方法和环境调查取得的资料，对环境的发展趋势和组织未来的发展进行预估。首先是利用对有关资料的分析，找出环境变化的趋势，然后根据这个趋势预测环境在未来可能呈现的状况；其次是根据对假设原因的验证，根据对组织活动各种影响因素之间关系的分析，研究采取相应的措施后，组织存在的问题能否解决，预测组织未来的活动条件能否得到改善。

二、活动方案生成与评价方法

（一）活动方案生成方法

1. 5W2H 法

决策方案的生成，类似于谋划行动路线图。作为指挥和协调组织活动工作文件，决策方案要清楚地告诉人们做什么、何时做、由谁做、何处做及如何做等问题。5W2H 法由美国陆军兵器修理部首创，诞生于第二次世界大战中，由于易记、应用方便，曾被广泛用于企业管理和各项工作中。5W2H 都是英文的第一个字母，即通过设问来诱发人们的创造性设想，发问的具体内容可根据具体对象灵活应用。主要问题有：why，为什么需要改革？为什么非这样做不可？what，目的是什么？做哪一部分工作？where，从何入手？何处最适宜？when，何时完成？何时最适宜？who，谁来承担？谁去完成？谁最适合？how，怎样去做？怎样做效率最高？怎样实施？how much，要完成多少数量？成本多少？利润多少？

2. 头脑风暴法

这是一种定性的方法。具体做法是请一定数量的专家，对预测对象的未来发展趋势及状况做出判断。通过专家面对面的信息交流，引起思维共振，产生组合效应，进行创造性思维，在较短的时间内取得较明显的成果。头脑风暴法也有不足之处。如专家人数受限，代表性可能不充分；受个人语言表达能力的限制；受群体思维的影响，随大流，为权威所左右等。所以，对专家的人选和对会议的精心组织至关重要。一般地说，专家小组规模以 10~15 人为宜，会议时间以 40~60 分钟为佳。

3. 德尔菲法

德尔菲是古希腊阿波罗神宣布神谕的所在地。20 世纪 50 年代，美国兰德公司与道格拉斯公司协作研究通过有控制的反馈，更可靠地收集专家意见，最后用"德尔菲"命名这种方法。德尔菲法依靠专家背靠背地发表意见，各抒己见，管理小组对专家们的意见进行统计处理和信息反馈，经过几轮循环，使分散的意见逐步统一，最后达到较高的预测精度。该法的不足之处是时间较长，费用较高。

4. 强迫联系法

将无关的观点和目标之间建立关系是这种方法的基础。一个目标是固定的，其他的目标则可完全随机地或从名单上进行选择，然后参加者要找出尽可能多的方法将固定目标和随机选择的目标联系起来。这种联系的强迫性将会导致许多新的和有创意的方法产生。

（二）活动方案评价方法

1. 定量评价方法与定性评价方法

定量指标较为具体、直观，通常可用货币金额、产销数量、完成比率、完成阶段等来表示。定量指标有很多优点，如可以制定明确的评价标准，衡量实际绩效时也可以计算出该指标的实际值，而且通过量化的表述，使评价结果给人以直接、清晰的印象。然而，不是所有反映方案水平的因素都能够量化。这就要求对这些因素设计定性指标予以反映。其实，在很多情况下，这些定性指标所含信息量的宽度和广度，不但可以弥补定量指标的不足，还可以避免定量指标过分强调短期目标的某些负面影响，使绩效评价结果更具有综合性和导向性。所以，评价指标的选择既要包括定量指标，又要包括定性指标，遵循定量指标与定性指标相结合的原则。

2. 财务评价方法与非财务评价方法

传统的财务评价，多注重可用货币单位计量的财务指标，因为对于这些指标，可以直接引用会计报表上的数据资料，或将其转换成相关比率来予以评价和衡量。财务指标当然是绩效评价中最重要的一类指标，常常必不可少。然而，在很多情况下非财务指标越来越重要。如在评价企业运营方案时，产品质量、技术进步、生产效率、市场占有率等指标，对最终的选择是否全面、准确也非常关键。因此，在实际构建评价指标体系时要特别注意引入一些恰当的非财务指标，以保证评价指标体系的全面性、完整性与科学性。

3. 动态评价方法与静态评价方法

决策评价指标体系在指标的内涵、指标的数量、体系的构成等方面均应有相对的稳定性。但是随着企业经营环境的变化，决策评价体系也应做相应的变更。因此，绩效评价体系还具有明显的动态性特征。例如，当政策提出了一些新的要求或导向时，那么，企业也需要对相应的决策评价指标体系进行调整。

三、选择活动方案的评价方法

对于确定性决策，可以采用微分法、线性规划、非线性规划、排队论等数学方法进行备选方案的优化选择。而风险决策和不确定性决策，还需要结合决策技术进行选取和应用。

（一）决策树方法

决策树是具有代表性和现实操作性的常见方法之一。这是一种以树形图来辅助进行各方案期望收益的计算和比较的决策方法。决策树的基本形状如图 4-3 所示。

举个简单的例子（这里不考虑货币的时间价值）。某公司为满足市场对某种新产品的需求，拟规划建设新厂。预计市场对这种新产品的需求量比较大，但也存在销路差的可能性。公司有两种可行的扩大生产规模方案：一是新建一个大厂，预计需投资 30 万元，销路好时可获利 100 万元，销路不好时亏损 20 万元；二是新建一个小厂，需投资 20 万元，销路好时可获利 40 万元，销路不好仍可获利 30 万元。假设市场预测结果显示，此种新产品销路好的概率为 0.7，销路不好的概率为 0.3。根据这些情况，下面用决策树法说明如何选择最佳的方案。

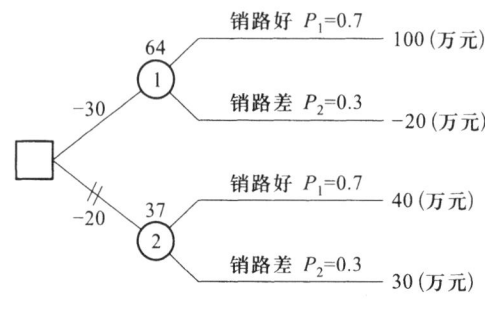

图 4-3　决策树示意图

图 4-3 中，方框表示决策点，由决策点引出的若干条一级树枝叫作方案枝，它表示该项决策中可供选择的几种备选方案，分别以带有编号的圆形节点①、②等来表示；由各圆形节点进一步向右边引出的枝条称为方案的状态枝，每一状态出现的概率可标在每条直线的上方，直线的右端可标出该状态下方案执行所带来的损益值。

用决策树的方法比较和评价不同方案的经济效果，需要进行以下几个步骤的工作：

（1）根据决策备选方案的数目和对未来环境状态的了解，绘出决策树图形。

（2）计算各个方案的期望收益值。首先是计算方案各状态枝的期望值，即用方案在各种自然状态下的损益值去分别乘以各自然状态出现的概率（P_1，P_2）；然后将各状态枝的期望收益值累加，求出每个方案的期望收益值（可将该数值标记在相应方案的圆形节点上方）。在上例中：

第一方案的期望收益 = 100×0.7 + (−20)×0.3 = 64（万元）

第二方案的期望收益 = 40×0.7 + 30×0.3 = 37（万元）

（3）将每个方案的期望收益值减去该方案实施所需要的投资额（该数额标记在相应的方案枝下方），比较余值后就可以选出经济效果最佳的方案。在上例中，第一方案预期的净收益＝64－30＝34（万元）；第二方案预期的净收益＝37－20＝17（万元）。比较两者，可看出应选择第一方案（在决策树图中，未被选中的方案以被"剪断"的符号来表示）。

（二）机会评价框架

这是在创新和创业项目决策中常见的方法，评价的对象是具有创新性的机会。美国百森商学院的蒂蒙斯教授提出的创业机会评价基本框架是相对完善的创业机会评价指标体系。在其中，蒂蒙斯教授认为创业者应该从行业和市场、经济因素、收获条件、竞争优势、管理团队、致命缺陷问题、个人标准、理想与现实的战略差异八个方面评价创业机会的价值潜力，并围绕这八个方面形成了53项指标，如表4-3所示。

表4-3 蒂蒙斯的机会评价框架

行业和市场	1. 市场容易识别，可以带来持续收入
	2. 顾客可以接受产品或服务，愿意为此付费
	3. 产品的附加价值高
	4. 产品对市场的影响力大
	5. 将要开发的产品生命长久
	6. 项目所在行业是新兴行业，竞争不激烈
	7. 市场规模大，销售潜力达到1 000万~10亿美元
	8. 市场成长率在30%~50%，甚至更高
	9. 现有厂商的生产能力几乎完全饱和
	10. 在5年内能占据市场的领导地位，达到20%以上
	11. 拥有低成本的供货商，具有成本优势
经济因素	12. 达到盈亏平衡点所需要的时间为1.5~2年
	13. 盈亏平衡点不会逐渐提高
	14. 投资回报率在25%以上
	15. 项目对资金的要求不是很高，能够获得融资
	16. 销售额的年增长率高于15%
	17. 有良好的现金流量，能占到销售额的20%~30%
	18. 能获得持久的毛利，毛利率要达到40%以上
	19. 能获得持久的税后利润，税后利润率要超过10%
	20. 资产集中程度低
	21. 运营资金不多，需求量是逐渐增加的
	22. 研究开发工作对资金的要求不高

续表

收获条件	23. 项目带来的附加价值具有较大的战略意义 24. 存在现有的或可预料的退出方式 25. 资本市场环境有利，可以实现资本的流动
竞争优势	26. 固定成本和可变成本低 27. 对成本、价格和销售的控制较高 28. 已经获得或可以获得对专利所有权的保护 29. 竞争对手尚未觉醒，竞争较弱 30. 拥有专利或具有某种独占性 31. 拥有发展良好的网络关系，容易获得合同 32. 拥有杰出的关键人员和管理团队
管理团队	33. 创业者团队是一个优秀管理者的组合 34. 行业和技术经验达到了本行业内的最高水平 35. 管理团队的正直廉洁程度能达到最高水准 36. 管理团队知道自己缺乏哪方面的知识
致命缺陷问题	37. 不存在任何致命缺陷问题
个人标准	38. 个人目标与创业活动相符合 39. 创业家可以做到在有限的风险下实现成功 40. 创业家能接受薪水减少等损失 41. 创业家渴望进行创业这种生活方式，而不只是为了赚大钱 42. 创业家可以承受适当的风险 43. 创业家在压力下状态依然良好
理想与现实的战略差异	44. 理想与现实情况相吻合 45. 管理团队已经是最好的 46. 在客户服务管理方面有很好的服务理念 47. 所创办的事业顺应时代潮流 48. 所采取的技术具有突破性，不存在许多替代品或竞争对手 49. 具备灵活的适应能力，能快速地进行取舍 50. 始终在寻找新的机会 51. 定价与市场领先者几乎持平 52. 能够获得销售渠道，或已经拥有现成的网络 53. 能够允许失败

资料来源：姜彦福、邱琼：《创业机会评价重要指标序列的实证研究》，《科学学研究》2004 年第 1 期，第 61—62 页。

思考题

1. 如何理解组织与环境的关系？
2. 环境分析有哪些主要方法？如何应用？
3. 请用实例说明理性决策、非理性决策和行为决策。
4. 决策方案生成的主要方法是什么？
5. 请用决策树方法来评价和选择一个具体的决策方案。
6. 请用蒂蒙斯的机会评价框架评价一个创新或创业机会。

▶ 自测习题及参考答案

第五章 决策的实施与调整

决策是选择组织未来活动的方向与目标，计划则是将决策选择的内容在时间和空间上展开，即组织的不同部门在未来的不同时期需要完成哪些任务以保证组织目标的达成。本章在分析与决策相对应的计划类型与特征的基础上，介绍计划编制以及组织实施的方法，讨论决策和计划在组织实施过程中怎样根据外部环境与内部条件的变化进行适时的调整。

第一节 实施决策的计划制定

一、计划的本质与特征

计划是关于组织未来的蓝图，是对组织在未来一段时间内的目标和实现目标途径的策划与安排。一般地，人们从动词和名词两种意义上使用着"计划"一词。从动词意义看，计划（planning）是指对各种组织目标的分析、制定和调整以及对组织实现这些目标的各种可行方案的设计等一系列相关联的行为、行动或活动。从名词意义看，计划（plans）就是指上述计划行动的结果，包括组织使命和目标的说明以及组织所选择的战略活动在未来不同时空的展开。

计划工作是管理的重要职能，其特征体现在以下几个方面：首先，计划工作的首要性。一方面，一切管理活动都是为支持和保障计划目标的实现而展开的。另一方面，计划工作是一切管理活动的前提，通常只有有了计划，人们才能开展其他的管理活动。例如，一个企业如果没有生产经营计划，则它的任何组织管理、资产管理、控制管理等都会成为盲目的行为。其次，计划工作的普遍性。一切有组织的活动，不论涉及范围大小、层次高低，都必须有计划。计划工作是渗透到组织各种活动中的普遍性管理工作。另外，各级管理人员实际上都要担负或多或少的计划工作，计划是管理人员参与最普遍的工作之一。

二、计划的类型与作用

（一）计划的类型

根据不同标准，可以将计划分成不同类型。

1. 战略、战术和作业计划

根据计划对企业经营范围影响程度和影响时间长短的不同，计划可以分为战略计划、战术计划和作业计划。

战略计划是关于企业活动总体目标和战略方案的计划。其特点是：涵盖的时间跨度长，涉及范围宽广；内容抽象、概括，不要求直接的可操作性；不具有既定的目标框架作为计划的依据，设立目标本身成为计划工作的一项主要任务；方案往往是一次性的，很少能在将来得到再次或重复的使用；前提条件多是不确定的，执行结果也往往带有高度的不确定性。

战术计划是有关组织活动具体如何运作的计划。其特点是：涉及的时间跨度比较短，覆盖的范围也较窄；内容具体、明确，通常要求具有可操作性；任务主要是规定如何在已知条件下实现根据企业总体目标分解而提出的具体行动目标，这样计划制定的依据就比较明确；战术计划的风险程度较低。

作业计划则是给定部门或个人的具体行动计划。作业计划通常具有个体性、可重复性和较大的刚性，一般情况下是必须执行的命令性计划。

战略、战术和作业计划强调的是组织纵向层次的指导和衔接。具体来说，战略计划往往由高层管理人员负责，战术和作业计划往往由中层、基层管理人员甚至是具体作业人员负责，战略计划对战术、作业计划具有指导作用，而战术和作业计划的执行可以确保战略计划的实施。

2. 长期、中期和短期计划

根据计划跨越的时间间隔长短，计划可以划分为长期、中期和短期。企业通常是将1年及以内的计划称为短期计划，1年以上到5年以内的计划称为中期计划，5年以上的计划称为长期计划。

在这三种计划中，长期计划主要是方向性和长远性的计划，它主要回答组织的长远目标与发展方向以及大政方针方面的问题，通常以工作纲领的形式出现。中期计划根据长期计划制定，它比长期计划要详细、具体，是考虑了组织内部与外部的条件与环境变化情况后制定的可执行计划。短期计划则比中期计划更加详细、具体，它是指导组织具体活动的行动计划，它一般是中期计划的分解与落实。

3. 综合、专业和项目计划

按照所涉及活动的内容，计划可以分成综合计划、专业计划与项目计划。其中，综合计划一般会涉及组织内部的许多部门和许多方面的活动，是一种总体性的计划。专业计划则是涉及组织内部某个方面或某些方面的活动计划。例如，企业的生产计划、销售计划、财务计划等，它是一种单方面的职能性计划。项目计划通常是组织针对某个特定课题所制定的计划。例如，某种新产品的开发计划、某项工程的建设计划、某项具体组织活动的计划等，它是针对某项具体任务的事务性计划。

在一个组织中，每个部门都需要制定计划，也都会有自身的计划目标。因此，在一个组织中可能同时存在很多个专业和项目计划。综合平衡法有助于将这些计划衔接成为一个整体。综合平衡法就是从企业生产经营活动的整体出发，根据企业各部门、各单位、各个环节、各种要素、各种指标之间的相互制约关系，依照系统管理的思想，对企业内部的各种计划予以协调平衡，进而使计划成为一个相互关联、相互配合的有机整体。进行综合平衡时，首先必须确定计划工作的主体或主要任务，然后围绕着这一主体进行平衡。

一般来说，对企业计划的综合平衡主要包括以下工作：销售量与企业的生产任务之间的平衡；生产任务与企业自身的生产能力之间的平衡；生产任务与劳动力之间的平衡；生产任务与物资供应之间的平衡；生产任务与成本、财务之间的平衡。此外，还有生产与生产技术准备、生产与销售之间的平衡等。通过平衡，可以充分挖掘企业在人力、物力、财力等方面的潜力，保证计划的顺利实现，并取得最好的经济效果。

（二）计划的作用

通常，经过科学而周密的分析研究制定出的计划具有下述几方面的作用：

1. 计划是管理者进行指挥的抓手

管理者在计划制定出来之后就可以依据计划进行指挥了。这种指挥包括依据计划向组织中的部门或人员分配任务，进行授权和定责，组织人们开展计划的行动，等等。在这一过程中，管理者都是依照计划进行指挥与协调的。

2. 计划是管理者实施控制的标准

管理者在计划的实施过程中必须按照计划规定的时间和要求指标，去对照检查实际活动结果与计划规定目标是否一致，如果存在偏差，管理者就必须采取控制措施去消除差距，从而保证按时、按质、按量地完成计划。没有计划，控制便无从谈起。

3. 计划是降低未来不确定性的手段

未来的情况是不断变化的。尤其是在当今信息时代，世界正处在急剧的变化之中，社会在变革，技术在进步，观念在更新，一切都处在变化之中。而计划就是面向未来的，因此在计划编制过程中，人们就必须对各种变化进行合理预期，以及预测各种变化对组织带来的影响。计划编制者在编制计划时，通常要依据历史和现状信息对未来的变化做出预测与推断，并根据这些预测与推断制定出符合未来发展变化的计划。计划编制中的这些工作能够大大地降低未来不确定性所带来的风险。

4. 计划是提高效率与效益的工具

在计划编制过程中，有一项很重要的工作是进行综合平衡。这项工作的目的是使未来组织活动中的各个部门或个人的工作负荷与资源占有都能够实现均衡或基本均衡。这种计划综合平衡工作可以消除未来活动中的重复、等待、冲突等各种无效活动，从而消除这些无效活动所带来的浪费。同时，这种综合平衡工作会带来资源的有效配置、活动的合理安排，从而提高组织的工作效率。

5. 计划是激励人员士气的依据

计划通常包含有目标、任务、时间安排、行动方案等。由于计划中的目标具有激励人员士气的作用，所以包含目标在内的计划同样具有激励人员士气的作用。不论是长期计划、中期计划还是短期计划，也不论是年度计划、季度计划还是月度计划，甚至每日、每时的计划都有这种激励作用。例如，有的研究发现，当人们在接近完成任务时会出现一种"终末激发"效应，即在人们已经出现疲劳的情况下，当人们看到计划将要完成时会受到一种激励，使人们的工作效率又重新上升，并一直会坚持到完成计划，达成目标。

三、计划编制的过程与方法

（一）计划编制的过程

计划工作必须紧紧围绕两个基本问题：拟实现哪些目标？如何实现所制定的目标？围绕这两个问题，完整的计划工作程序可展开为以下过程。

1. 制定计划目标

目标是组织期望达到的最终结果。一个组织在同一时期可能有多个目标，但任何目标都应包括以下内容：一是明确主题，即明确是扩大利润，提高顾客的满意度，还是改进产品质量。二是期望达到的数量或水平，如销售数量、管理培训的内容等。三是可用于测量计划实施情况的指标，如销售额、接受管理培训的人数等。四是明确的时间期限，即要求在什么样的时间范围内完成目标。

2. 估量现状与目标之间的差距

组织的将来状况与现状之间必然存在差距。客观地度量这种差距，并设法缩小这种差距，是计划工作的重要任务。一般来说，缩小现状与目标之间的差距，可采取两类措施：一类措施是在现状的基础上力求改进，随着时间的推移不断地逼近目标。例如，针对市场占有率低的现状，可以通过加大广告开支和营销力度，降低产品价格等措施，实现企业提高市场占有率的目标。这类措施风险相对小。另一类措施是变革现状，有时甚至是对组织进行根本性的调整，如调整产品品种、大幅度精减人员等。这类措施风险相对大，但如果成功，组织绩效将会得到明显的改进。具体采用哪一类措施，需要对现状与目标之间的差距做出客观而准确的分析。

3. 预测未来情况

在计划的实施过程中，组织内外部环境都可能发生变化。预测，就是根据过去和现在的资料，运用各种方法和技术，对影响组织工作活动的未来环境做出正确的估计和判断。预测有两种：一种是对未来经营条件、销售量和环境变化所进行的预测，这是制定计划的依据和先决条件；另一种是从既定的现行计划发展而来的对将来的期望，如对一项新投资所做的关于支出和收入的预测，这是计划工作结果的预期。预测的方法可归纳为两大类：一是定性预测方法，主要靠人们的经验和分析判断能力进行预测，如德尔菲法等；二是定量预测方法，就是根据已有的数据和资料，通过数学计算和运用计量模型进行预测，如时间序列分析、回归分析等。

4. 制定计划方案

在上述各阶段任务完成之后，接下来应制定具体的计划方案。制定计划方案包括提出方案、比较方案、选择方案等工作，这与决策方案的选择是一样的道理。计划是面向未来的管理活动，未来是不确定的，不管计划多么周密，在实施过程中都可能因为内外部环境的变化而无法顺利开展，有的情况下甚至需要对预先制定的计划予以调整。僵化的计划有时比没有计划更糟糕。因此，在制定计划方案的同时，应该制定应急计划（或称权变计划），即事先估计计划实施过程中可能出现的问题，预先制定备选方案（有时甚至是几套备选方案），这样可以加大计划工作的弹性，使之更好地适应未来环境。

5. 实施和总结计划方案

实施全面计划管理，应把实施计划包括在计划工作中，组织中的计划部门应参与计划的实施过程，了解和检查计划的实施情况，与计划实施部门共同分析问题，采取对策，确保计划目标的顺利实施。参与计划实施，及时获取有关计划实施情况的信息，总结和积累经验，将有助于计划的实施和计划工作科学化水平的提高。

（二）计划编制的方法

1. 滚动计划法

长期、中期和短期计划必须有机地衔接起来，长期计划要对中期、短期计划具有指导作用，而中期、短期计划的实施要有助于长期计划的实现。滚动计划法就是努力保证长期、中期、短期计划相互衔接的一种方法，其目的是增加计划的弹性和适应性，保证计划符合实际情况进而得以顺利实施。

这种方法的基本思想是：在编制长期计划时，就应采取"近具体、远概略"的方法，对近期计划制定得尽量具体，以便于计划的实施；对远期计划只规定出大概的要求，使组织成员明确奋斗的方向。然后根据计划在具体实施过程中发现的差异和问题，不断分析原因，并结合对内外环境情况的分析，予以修改和调整。在计划的实施过程中将远期计划逐渐予以具体化，使之成为可实施的计划，进而把长期计划与短期计划，甚至与具体的执行计划有机地结合起来。这样既保证了计划工作的经济性，又能使计划与实际情况相吻合，提高计划工作的科学性。

2. 项目计划技术

计划必须具有可操作性。最能反映操作性特点而且有助于提升分析和规划技能的计划当属项目计划。项目不同于一般的常规性工作任务。项目是在固定的预算以及固定的时间内，为了达到某一特定目的而临时组合在一起的一组资源的利用活动。项目具有具体的起始和结束时间，具有特殊性而且只发生一次，一般由具体的个人或团体承担责任，须广泛地使用各种资源和技能。项目计划是对项目的目标及活动予以统筹，以便能在固定的时间内，以最低的成本获取项目预期成果。其工作过程如下：

第一阶段是项目的界定。围绕项目的最终成果界定项目的总体目标。总体目标的界定应考虑到可行性、具体化、明确的时间期限等多方面的因素。一般情况下，为使目标更具有指挥协调的作用，还应进一步把总体目标分解成一系列阶段性目标。第二阶段是行动分解。由于项目是非常规性的例外工作，时间要求紧，所以有必要对项目进行更加周密的筹划，对项目做进一步的分解，并进一步分析每项行动的时间、所需要的资源和费用预算等，即明确每项行动何时做、由谁来做、如何做，以及花费多少等问题。第三阶段是行动统筹。分析、识别众多具体行动之间的内在联系，合理地筹划，进而将众多的行动重新整合起来。

3. 计划评审技术

计划评审技术（program evaluation and review technique，PERT）产生于20世纪50年代末期。1958年，美国海军特别项目局负责对大型军事开发计划中性能动向的探索，在北极星武器系统中首次采用了原先已被创造出来并经汉密尔顿管理咨询公司协助改进的计划评审技术。此后，这项技术很快扩展到全美的国防和航天工业。大约在海军发展此项技术的同时，杜邦公司为了解决新产品从研究到投入生产所需的日益增长的时间和成本问题，着手搞了一套类似的技术，叫作关键路线法（critical path method，CPM）。

计划评审技术是在网络理论基础上发展起来的计划控制方法，其核心工具是网络图，即用图形的形式显示项目中各项工作之间的关系。计划评审技术的主要内容是：在某项业务开始之前制定周密的计划，并依据计划制定一套完整的执行方案。然后，用方向线、节点、数字等符号把执行方案绘制成网络图，之后便依据网络图进行控制。借助网络图，每个项目成员都能看到自己对于整个项目的成功所起的关键性作用，不切实际的时间安排能够在项目计划阶段被发现并及时加以调整，所有成员能够将注意力以及资源集中在真正关键的任务上。

4. 甘特图

甘特图经常与计划评审技术同时使用。甘特图是由科学管理运动的先驱者之一亨利·甘特在第一次世界大战中提出来的。这种工具不仅能清楚地反映出各种行动间的逻辑关系,而且能在图上反映出每种行动的起止时间。更重要的是,借助甘特图,可以清楚地看到项目的实际进展情况。一般而言,甘特图上与每项工作对应的横道表示该工作所需要的时间,横道上实体部分表示工作的实际完成情况,空白的部分表示没有进行的工作(见图5-1)。这样,可以在任何时点上检查工作的实际进展情况。将项目工作层层分解,最终落实到甘特图上,项目的计划便具有了很强的可操作性。

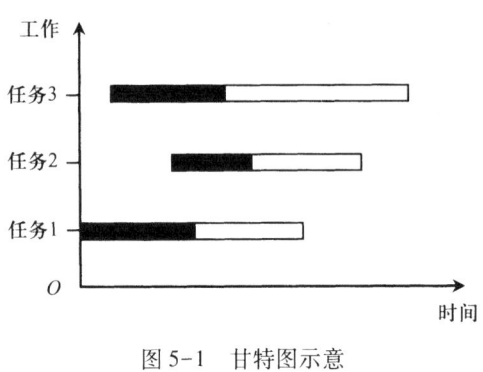

图 5-1　甘特图示意

第二节　推进计划的流程和方法

一、目标管理

(一) 目标管理的含义

1. 目标管理的基本观点

目标管理(management by objectives,MBO)是德鲁克1954年在《管理的实践》一书中提出的,目前已成为西方许多国家普遍采用的系统制定目标并进行管理的有效方法。目标管理是一种鼓励组织成员积极参加工作目标的制定,并在工作中实行自我控制、自觉完成工作任务的管理方法或管理制度。该理论假设所有下属能够积极参加目标的制定,在实施中能够进行自我控制。目标管理的重点是让组织中的各层管理人员都与下属围绕工作目标和如何完成目标进行充分沟通。

2. 目标管理的特点

第一,实行参与管理。在目标制定与分解过程中,各级组织、部门动员其下属积极参加目标制定和分解,充分发表各自的见解,积极讨论组织目标及个人的目标。这一过程是上下级充分沟通的过程,而不是下属被动服从命令、指示的过程。组织成员通过参与这一活动,可以加深对环境、目标的全面、深刻认识,有利于协调组织目标与个人之间的关系。

第二，重视工作成果而不是工作行为本身。目标管理与其他管理方法的根本区别在于，它并不要求或强硬规定下属如何做，而是以目标为标准考核其工作成果，评价下属的工作成绩。下属可以在保持既定目标的情况下，选择适合自己的方式、方法实现目标，从而激发了下属的主观能动性和创造性。当然，由于对下属的行动方式不做出统一的要求，管理人员不必把自己精力放在监督员工的行为细节上，可以避免管理人员与员工在完成目标的方法细节上产生不必要的争执。

第三，强调组织成员的自我控制。目标管理以下属的自我管理为中心。下属可以根据明确的目标、责任和奖罚标准，自我评价工作的标准及进度，根据具体情况，自我安排工作进度计划，采取应急措施和改进工作效率。管理者的监督工作量减少了，但并不影响工作目标实现过程中的控制，因为下属可以进行自我控制。

第四，建立系统的目标体系。目标管理通过发动群众自下而上、自上而下地制定各岗位、各部门的目标，将组织的最高层目标与基层目标、个人目标层层联系起来，形成整体目标与局部目标、组织目标与个人目标的系统整合。这使得组织目标在内部层层展开，最终形成相互联系的目标体系。

3. 目标管理的类型

根据组织目标是否最终分解到个人，目标管理可以分为全分解式目标管理和半分解式目标管理。

全分解式目标管理，是指把目标分解到每一个成员。其特点是：把个人目标与部门乃至整体组织目标结合起来，形成个人、局部和整体三个层次的目标体系；加强了个人之间的竞争，可能导致个人间的协作减少，也可能影响整体组织目标的完成。当组织目标容易分解、组织成员有良好的协作意识时，可以采取这种目标管理。

半分解式目标管理，是指把目标分解到科室、车间、工段等基层组织，并不制定十分明确的个人目标，组织成员以所在基层组织为单位，有着共同的目标。这一目标能否实现，靠整个集体的力量，而不只是个人的努力。其特点是：有利于促进组织成员的团结、协作，增强组织凝聚力；个人工作压力较小，易出现"平均主义""大锅饭"现象。当组织目标不易分解、组织成员之间互补性特点明显时，可以采取这种目标管理。

(二) 目标管理的过程

目标管理是通过一个过程来实现的。这一过程可以分为三个阶段：目标的制定与展开阶段、目标实施阶段和成果评价阶段。这三个阶段形成了一个循环过程，如图5-2所示。

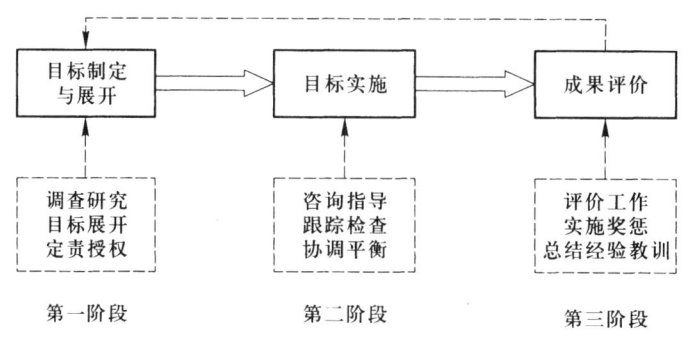

图 5-2 目标管理过程

1. 目标制定与展开

目标制定与展开是目标管理的第一阶段。这一阶段的中心任务是上下协调，制定好各级组织的目标。具体工作包括三项：

第一，调查研究。制定组织目标要研究组织外部影响因素和内部影响因素。通过对外部影响因素的调研，了解组织在计划期内环境因素变化的可能性，把握关键因素以及这些关键因素对组织所产生的可能影响。通过内部因素的调研，主要掌握组织过去的业绩、发展速度、发展中存在的问题和优势、劣势。在综合内外部因素分析的基础上，以组织使命为指导，确定组织的整体目标。在确定组织的整体目标过程中，依然需要与基层组织、员工进行沟通，集思广益，使组织目标的确定比较切合实际，符合组织的根本利益和要求，为总体目标的进一步展开奠定基础。

第二，目标展开。目标展开即把组织的总目标逐级分解落实到每一部门、岗位、个人。上一级组织的实施目标措施，往往构成下一级组织的目标，层层展开，如图 5-3 所示。在目标的展开过程中并不是强行下达计划任务、指标，而是上级

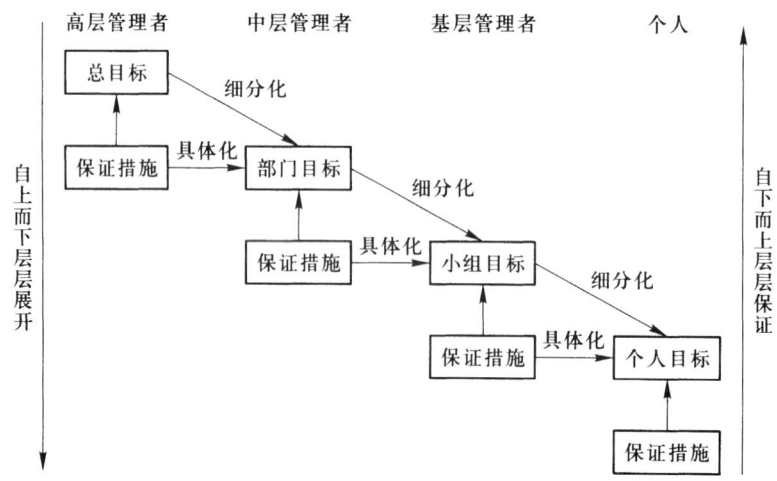

图 5-3 目标管理体系示意图

与下级充分协商，共同确定目标。目标的展开纵无"断路"，一直到"底"；横无"短路"，一直到"边"。这一过程有大量的组织协调工作需要完成，因为个别部门目标的调整往往牵一发而动全身，涉及其他相关部门的目标调整，有时甚至整体目标也随之调整。

在目标展开的工作过程中，应当编写目标管理卡，也称目标责任书。目标管理卡记载着目标责任人的权限和目标名称、目标值、完成期限，以及需要上级给予的权限和提供的保障条件及奖罚办法，如表5-1所示。表中所示的目标管理卡，适用于工作标准化程度比较高、工作进度控制比较严格的组织单位、个人。由于目标管理卡基本上记载了责任书的全部活动，该卡的填写、保管对目标管理活动十分重要。

表5-1 目标管理卡

责任单位		责任人					签发者	
目标名称	目标值	权限及保障条件	工作进度				奖罚办法	
			一季度	二季度	三季度	四季度		
评价								

第三，定责授权。依据目标的大小、难易程度，确定相应权限以便授权执行，保证目标的完成。同样，根据目标的主要特点，预先确定奖惩标准，明确职责和奖罚条件，便于执行。

2. 目标实施

目标确定之后，组织的各部门都会进入一个新的阶段：各自围绕自己的目标因地制宜、因时制宜采取措施，以保证目标顺利实现。在这一阶段应做好以下工作：

第一，咨询指导。由于上级对如何实现目标不做硬性规定，管理者不必对照一些所谓的规则去监督下属行为。但是，这并不等于管理者可以撒手不管，只等结果。管理者应当积极帮助下属，在人力、物力、财力、技术、信息等方面给予支持，尽可能指导下属提高工作效率。特别是对于缺乏工作经验的下属，更应当给予支持、指导。当然，这种咨询指导要征得下属的同意，不能强制干涉下属的工作。

第二，跟踪检查。管理者在目标的实施中，还应当及时了解如工作进度、存在困难等信息，及时了解整个组织的运行状况，既有利于对下属的咨询指导，也可以针对普遍存在的问题，依靠组织的力量去解决。

第三，协调平衡。在部门之间和岗位之间存在许多协作关系，而在目标的实施中却可能出现为了完成自己的目标而忽略其他部门、岗位目标的各自为政现象。这就需要管理者在人、财、物、工作进度等方面，进行必要的协调工作，以平衡各部门、岗位的发展，从而有助于整体组织目标的实现。

3. 成果评价

这是目标管理的最后阶段，根据目标评价完成的成果，并进行奖惩。主要有以下三项工作：

一是评价工作。按照事先制定的目标值，对照工作成果进行评价。一般实行自我评价与上级评价相结合，共同认定成绩或目标的完成情况。评价工作是进行奖罚的基础，如果评价不公、不实，就会带来奖惩的不公、不实的问题，就会导致挫伤员工积极性的严重后果。

二是实施奖惩。依据各部门、各成员的目标完成情况和预先规定的奖惩制度，进行相应的奖惩，以激励先进、鞭策后进，有利于下一期目标管理的顺利进行。

三是总结经验教训。对目标实施中存在的问题和经验进行认真总结，分析原因，吸取教训，以利于今后工作的改进。

（三）对目标管理的评价

在目标管理中，由于员工参与目标的设置，并有充分的自主权，下属更愿意投入实现组织目标的过程中去。目标管理为员工提供了明确的行动目标、自主工作和创新的组织氛围以及明确的奖惩标准，使员工对工作的满意程度提高。目标管理的优点主要包括：使员工知道他们所期望的结果；使管理人员通过制定目标及目标完成时间帮助计划工作的开展；改善了上下级的沟通；使员工更加清楚地明白组织的目标；通过注意对具体业绩的评价，使评价过程更为公正合理；使员工了解到他们的工作完成状况，直接关系到组织目标的实现。

目标管理也存在一些局限性。第一，在实施过程中，具体环节的操作比较困难。没有大量甚至反复的工作，目标管理就不可能达到应有的效果。特别是目标的设置，可考核的目标往往是很难确定的：有些目标会随年度不同而变化，另一些目标则可能难以量化。要让上级和下属最终都能接受目标，制定目标时经常出现讨价还价的现象。第二，容易导致管理者强调短期目标，不利于长期目标的完成。在实行目标管理的许多组织中，管理人员为了便于明确目标，往往愿意设置短期目标，很少超出一年。这就导致了员工看重眼前利益的行为，甚至还会产生急功近利的倾向，对组织长期目标的实现不利。第三，需要注意目标停滞的危险。一旦进入目标的实施阶段，目标的改变就非常困难。因为改变目标易打乱目标体系，管理人员只有重新征求有关部门和员工的意见才能进行。而目标的高低又与奖惩挂钩，涉及部门、下属的切身利益。所以此时目标的调整，困难往往比较大。为了避免不必要的麻烦，尽量不做目标调整，以求目标稳定，员工情绪稳定。

二、PDCA 循环

（一）PDCA 循环的内涵体系

PDCA 循环又叫戴明环，是美国质量管理专家威廉·戴明博士提出的，已经成为当今管理实践中广为应用的科学程序。PDCA 分别代表计划（plan）、实施（do）、检查（check）和改进（action）四个基本阶段。

P（计划）是指根据顾客的要求和组织的方针，为提供结果建立必要的目标和行动计划。D（实施）是指实施行动计划，具体运作和实现计划中的内容。C（检查）是指根据方针、目标和产品要求，总结执行计划的结果，分清哪些对了、哪些错了，明确效果，找出问题，对过程和产品进行监视和测量，并报告结果。A（改进）则指新作业程序的实施及标准化，以防止原来的问题再次发生，或者设定新一轮的改进目标。对总结检查的结果进行处理，成功的经验加以肯定，并予以标准化，或制定作业指导书，便于以后工作时遵循；对于失败的教训也要总结，以免重现。对于没有解决的问题，应交给下一个 PDCA 循环去解决。

PDCA 循环的特点表现在以下几个方面：首先，大环套小环。PDCA 循环构成了一个大环套小环、一环扣一环、互相制约、互为补充的有机整体。在 PDCA 循环中，一般来说，上一级循环是下一级循环的依据，下一级循环是上一级循环的落实和具体化。其次，上升式循环。每个 PDCA 循环，都不是在原地周而复始地运转，而是像爬楼梯那样，每一循环都有新的目标和内容，这意味着质量管理，经过一次循环，解决了一批问题，质量水平有了新的提高。再次，综合性循环。四个阶段是相对的，它们之间不是截然分开的。最后，推动 PDCA 循环的关键是 A（改进）阶段。PDCA 循环总体过程如图 5-4 所示。

（二）PDCA 循环的实施步骤

PDCA 循环的具体步骤可以分为：第一步，分析现状，找出存在的问题。具体包括确认问题所在，收集和组织数据，设定目标和测量方法。第二步，分析产生问题的各种原因或影响因素。例如，通过有效的方法，寻找可能的影响因素，并进行规范的验证。第三步，找出问题所在。这个过程，需要比较并选择主要的、直接的影响因素。第四步，针对问题的主要因素制定措施，提出行动计划。这个过程则需要先寻找可能的解决方法，然后进行测试并选择，最后提出行动计划和相应的资源。第五步，实施行动计划。也就是按照既定计划执行措施，协调

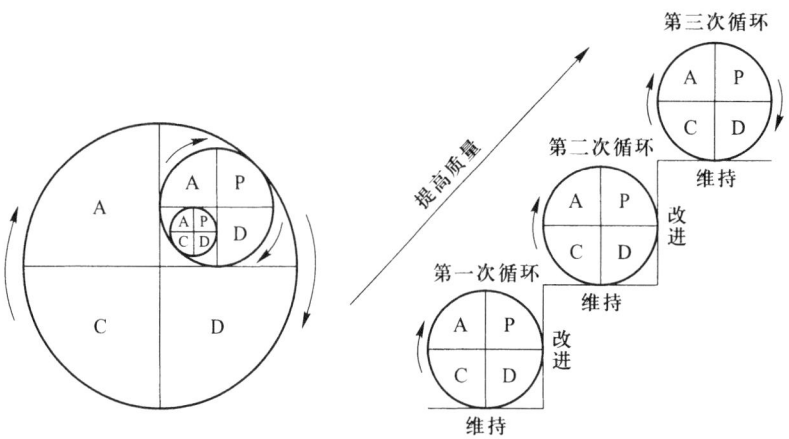

图 5-4　PDCA 循环示意图

和跟进，并且注意收集数据。第六步，评估结果。在分析数据的基础上，评判结果同目标是否相符，每项措施的有效性如何，哪里还存在差距，可以从中学到什么等问题，从而确认措施的标准化和新的操作标准。第七步，标准化和进一步推广。既要采取措施以保证长期的有效性，同时注意将新规则文件化，设定程序和衡量方法，进而能够分享成果，交流好的经验，也要总结可以重复运用的解决方法。第八步，提出这一循环尚未解决的问题，把它们转到下一个 PDCA 循环。

三、预算管理

（一）预算管理的内涵

首先，预算管理是一种计划思想的体现。预算的编制是作为计划过程的一部分开始的，而预算本身又是计划过程的终点。预算是一种转化为控制标准的数字化计划，是用财务数字（如在财务预算和投资预算中）或非财务数字（如在生产预算中）来表明预期的结果。

其次，预算管理是预测方法的运用。预算是对未来一个时期内的收支情况的预计。作为预测，确定预算数字可以采用统计方法、经验方法或工程方法。预算的预测过程可以概括为：一是"多少"，即为实现计划目标的各种管理工作的收入（或产出）与支出（或投入）各是多少；二是"为什么"，即为什么必须收入（或产出）这么多数量，以及为什么需要支出（或投入）这么多数量；三是"何时"，即什么时候实现收入（或产出）以及什么时候支出（或投入），必须使收入与支出取得平衡。

最后，预算管理是一种控制手段。编制预算实际上就是控制过程的第一步——拟定标准。由于预算是以数量化的方式来表明管理工作的标准，从而本身就具有可考核性，因而有利于根据标准来评定工作绩效，找出偏差，并采取纠偏措施。无疑，编制预算能使确定目标和拟定标准的计划得到改进。但是，预算的最大价值还在于它对改进协调和控制的贡献。当为组织的各个职能部门都编制了预算时，就为协调组织的活动提供了基础。同时，由于对预期结果的偏离将更容易被查明和评定，预算也为控制中的纠正措施奠定了基础。

(二) 预算管理的类型

1. 按预算的内容，预算可分为经营预算管理、投资预算管理和财务预算管理

经营预算管理，是指企业对日常发生的各项基本活动预算的管理。它主要包括销售预算、生产预算、直接材料采购预算、直接人工预算、制造费用预算、单位生产成本预算、推销及管理费用预算等。

投资预算管理，是指对企业的固定资产的购置、扩建、改造、更新等，在可行性研究的基础上，进行预算编制和管理。它具体反映在何时进行投资、投资多少、资金从何处取得、何时可获得收益、每年的净现金流量为多少、需要多长时间回收全部投资等。投资预算应当力求和企业的战略以及长期计划紧密联系在一起。

财务预算管理，是指企业对计划期内反映有关预计现金收支、经营成果和财务状况的预算的管理。它主要包括"现金预算""预计收益表"和"预计资产负债表"。各种经营预算和投资预算中的材料都可以折算成金额反映在财务预算内，财务预算因而成为各项经营业务和投资的整体计划，故亦称总预算。

2. 按预算控制的力度，预算可以分为刚性预算管理和弹性预算管理

刚性预算管理指在管理过程中，关注执行进程中没有变动余地的预算，执行人在执行中无活动余地。一般来说，刚性预算不利于发挥执行人的积极性和不适应环境变化。刚性预算只能在重点项目上采用。常见的刚性预算是控制上限或控制下限的预算，如严格要求的财政支出预算和财政收入预算等。

弹性预算管理指在管理过程中，预算指标有一定的调整余地，执行人可灵活地执行的预算。这种预算的控制力度稍弱，但有较强的环境适应性，能较好地适应控制的要求。在预算控制中弹性预算比较常见。

(三) 预算的方法

零基预算法是广为运用的典型预算方法之一。这种方法的基本思想是：在每个预算年度开始时，把所有还在继续开展的活动都看作从零开始的，预算也就以零为基础，由预算人员在从头开始的思想指导下，重新安排各项活动及各个部门的资源分配和收支。实行零基预算法的预算人员需要在如下四个方面重新考虑预算：一是组织的目标是什么，预算要达到的目标又是什么；二是这项活动有没有必要，不开展行不行，开展这项活动应取得什么样的成果；三是开展这项活动的

可选方案有哪些，目前执行的方案是不是最好的；四是这项活动需要多少资金，资金从什么地方获取，按目前的方案使用是否合理。

与传统预算管理相比较，零基预算的优点是预算比较科学，有利于资金分配和控制支出；其存在的缺点是预算编制的工作量大，费用高。需要指出的是，零基预算的本质是一种控制思想。因为它的核心是预算工作人员不要盲目接受过去的预算支出的结构和规模，一切都应重新考虑。

零基预算法的程序包括建立预算目标体系、逐项审查预算、排定各项目与各部门的优先顺序和编制预算等。零基预算法的思想应贯彻到每一个预算编制工作人员和部门，主持者必须对组织目标有足够的了解，同时要发扬创新精神，从零开始本身就是隐含着创新要求的。当然，零基预算法在实施过程中需要注意防止搞形式主义，避免出现名义上从零开始、实际上新瓶装旧酒的情况。

第三节　决策追踪与调整

一、决策追踪与调整的内涵

决策追踪与调整，是决策者在初始决策的基础上对已从事活动的方向、目标、方针及方案的追踪和重新调整的过程。在决策研究中，确定选择与判断的底层过程主要有两种研究范式可供使用，即结构化建模和过程追踪。结构化建模的思路是，将所呈现信息与决策者最终的选择或判断联系起来，以形成具有特定结构和参数的逻辑模型，从而推断所选取的方案。而过程追踪，则意味着决策是在初始决策的基础上，对已从事活动的方向、目标、方针及方案，进行追踪并不断重新调整，对预期目标能否最终得以实现影响重大。这与偏重关注决策的制定和实施环节的决策理念不同。追踪与调整是科学决策过程中不容忽视的环节。

决策追踪与调整，不同于决策实施当中的补充和修正。决策的补充和修正是指在决策执行过程中，由于决策本身的特点和决策环境的变化，决策者必须对决策执行情况不断检查，并根据反馈信息，找出偏差，实施相应的控制，不断修正、完善决策。这个过程尚不需要对决策计划或方案作较大改变。但是，决策追踪与调整，实质上则是对原来面临的问题重新进行一次决策。由于主客观情况已经发生变化，所以它并非正常决策的简单重复，也不是对原决策的根本否定，而是根据对原决策过程的再次分析，纠正原决策中的错误，是对原决策的扬弃。表5-2展示了决策追踪与调整的各种情况。

表 5-2 决策追踪与调整的各种情况

决策	状态		
	客观情况重大变化	主观情况重大变化	主客观情况基本不变
原决策正确	决策追踪与调整	决策追踪与调整	决策实施
原决策错误	决策追踪与调整	决策追踪与调整	决策追踪与调整

决策追踪与调整的特征有以下几个方面：第一，回溯分析。决策追踪与调整意味着对原始决策产生的机制、决策内容、主客观环境等进行一步一步的分析，从起始点开始逐步考察导致决策失误的原因、问题的性质、失误程度等。第二，非零起点。决策追踪与调整面临的问题已不再是其初始状态，原始决策实施已带来很大的沉没成本，对周围环境造成实际性影响。第三，双重优化。决策追踪与调整首先需要在原始决策基础上进行优化，然后要在替代方案的选择中进行优化。第四，心理障碍。由于决策追踪与调整有可能改变原始决策，这就容易引发利益相关者的一些负面心理效应。例如，决策者和执行者可能掩盖错误，而既得利益者容易抵触调整，从而对决策的有效和持续追踪与调整带来障碍。

二、决策追踪与调整的原则

（一）科学性与全面性相结合的原则

科学性原则是一切科学研究工作的共同原则。在进行决策追踪与调整时，这一原则体现在把握决策方向的正确性、标准指标的完备性、处理方法的逻辑严密性以及分析的准确性等几个方面。同时，由于企业经营管理是配置资源、提供适合市场需要的产品和服务的工作过程，而经营活动和绩效评价本身又受多种因素影响，所以在设计评价指标体系时，还应按照全面性原则，使决策追踪与调整能够全面反映各有关要素和各有关环节的关联及彼此间互动的过程。

（二）相对性与系统性相结合的原则

绝对指标不能完全有效地反映决策实施的真实水平，有可能掩盖决策的真实情况，不能从真正意义上反映决策的效率和效益。而相对指标即比率指标，则克服了绝对指标的这些缺陷。因此，在设置决策评判标准体系和选取个体指标时，要根据各指标对实现评价目标的重要程度，同时考虑各类指标在评价指标体系中的合理构成，来达到评价指标既能突出重点，又能保持相对的均衡统一，实现系统的最优化的目标。

（三）指挥与授权相结合的原则

决策者扮演了指挥方向的角色，有利于决策追踪与调整的方向统一。但是，由于决策追踪与调整贯穿整个管理环节，并且涉及不同管理层级，因此，如果不善于授权或者授权不当，可能导致决策追踪与调整的失败。而且，每一个管理者都应研究授权的方法和技巧。为此，决策者要注意以下几点：首先，明确授权的目的和权限范围。其次，职、权、责、利相当。授权必须是有职有权，有权有责且有责有利。再次，正确选择受权者。决策者对分派的职责负有最终的责任，因此慎重选择受权者十分重要。最后，加强监督控制，建立反馈机制。决策追踪与调整，需要决策者建立动态的反馈机制，及时检查受权者的工作进展情况以及权力使用情况，出现问题及时予以解决，必要时可以更换受权者；对滥用权力的要及时予以制止，从而确保目标的实现。

（四）可比性与可操作性相结合的原则

可比性，就是指决策追踪与调整的指标应具有普遍的意义，使评价结果能够实现纵向比较和不同评价对象间的横向比较。而可操作性是指在满足决策评价目的的前提下，应结合具体绩效评价实际情况，使所设计的评价指标体系概念清晰、表达方式简单易懂、数据易于收集。只有将这二者有机结合，才能设计出客观可行的评价标准，从而引导决策追踪与调整的方向。

（五）任务与关系相结合的原则

由于追踪决策必然会引起原有决策执行过程的中断，这就会给一些人造成心理上的影响，这种心理影响又会反过来影响追踪决策的进行。这种效应的存在，要求我们在追踪决策过程中正确处理事与人的关系，即决策改变与有关人员的关系，防止因有关人员的消极心理现象而影响追踪决策的进行。为此，在坚持决策客观标准的前提下，要注意克服内部人员的不安心理状态对追踪决策的消极影响，让不同层次的内部人员了解不同程度的情况，参与追踪决策，以使他们消除心理上的不安。同时，注意决策追踪与调整制度的规范性，运用科学的沟通方式，消除心理效应的消极影响。

三、决策追踪与调整的程序及方法

（一）决策追踪与调整的程序

第一步，明确决策追踪与调整的内容。从改进和提高绩效的角度出发，明确本企业或本部门的任务是什么，产出是什么，应成为决策追踪与调整首先要考虑的目标。接着，应该对这些任务和产出的具体内容进行分解，以便易于进行诸如成本、关键任务等问题的分析，并便于量化和检查。可以采用因果分析法，针对各项产出所分解的任务提出问题，分析原因，将企业面临的问题、挑战和机遇整理成内容明确的文件进而找出问题的可能原因。

第二步，选择决策追踪与调整的方向。决定努力实现的方向，应遵循两个原则：第一，这个方向应具有超前性。例如，在追踪的内容方面，应是行业中具有最佳实践的领先企业的做法。第二，需要注意与本企业或本部门有相似的特点。这是一个逐步寻找的过程。寻找的范围首先应包括竞争对手，同时应包括所有其他有潜力的公司。它可以在同一个行业，也可以是跨行业企业中一个相近的部门。选择的唯一标准是，要具有可行性并且不要遗漏掉任何一个极有可能在管理实践上成为突破口的最佳实践。

第三步，收集资料和数据。资料和数据是开展决策追踪与调整的基础，是瞄准内容的精确化和定量化。它们的前期工作是设计一套科学合理的指标体系。这一指标体系应该能够系统地、定量地反映所要瞄准追踪的内容。由于决策的类型和目的不同，作为基准线的资料数据可以来自单个的标杆企业或部门，也可以来自行业、全国乃至全球的某些样本。

第四步，分析差距。对收集的数据进行分析比较，即可找出现状和决策标准的差距，以及在管理措施和方法上的差异。

第五步，设定努力目标。在分析差距的基础上，便可确立追踪和调整的具体目标，明确应该学习的最佳实践。同时要注意，经营规模的差异以及由于规模经济而造成的效率差异、产品特性及生产过程的差异和经营环境中存在的不利条件等。

第六步，沟通交流。就上述活动中取得的各项进展开展交流和征询意见，并将决策追踪和调整所要达到的目标前景告知员工。

第七步，改进。根据反馈的建议，修正已制定的决策新目标，改进计划方案。这个步骤与上一步的重点在于统一思想，让大家目标一致、行动一致，避免出现消极的心理效应。

第八步，制定具体的调整方案。包括决策调整的计划、安排实施的方法和技术以及阶段性的成绩评估等。

第九步，明确决策调整的职责。决策的调整也应有专门的人员负责，必要时可聘请专家进行指导。除了专职以外，决策追踪与调整的整个过程需要其他人员的积极参与，特别是与决策内容密切相关的人员。

第十步，循环进行。在第一次决策追踪与调整工作完成之后，要及时总结，并对新的情况、新的发现进行进一步的分析，提出新的决策目标，以便进行下一轮的追踪。这样就可以使部门或整个组织始终保持变化和进取的态势。

（二）决策追踪与调整的方法

1. 基于组织决策的追踪与调整方法

（1）鱼刺图。又名因果图，是一种发现问题根本原因的分析方法，如图5-5所示。鱼刺图还可以划分为问题型、原因型及对策型鱼刺图等几类，有助于为决策追踪和调整提供依据和思路。其特点是简捷实用，深入直观。它看上去有些像鱼骨，问题或缺陷（即后果）标在鱼头外。在鱼骨上长出鱼刺，上面按出现机会多寡列出产生问题的可能原因，有助于说明各个原因之间是如何相互影响的。在使用过程中，关键问题的特性总是受到一些因素的影响，需要通过头脑风暴法找出这些因素，并将它们与特性值一起，按相互关联性整理而成，层次分明、条理清楚，并标出重要因素。这种透过现象看本质的分析方法，可以广泛应用在决策流程。

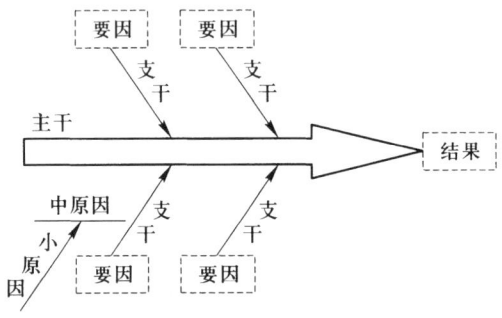

图 5-5　鱼刺图方法示意

（2）雷达图，又称蛛网图，如图 5-6 所示。例如，在财务领域，可以将一个公司的各项财务分析所得的数字或比率，就其比较重要的项目集中画在一个圆形的图表上，来表现一个公司各项财务比率的情况，使使用者能立刻了解公司各项财务指标的变动情形及其好坏趋向。雷达图主要应用于企业经营状况如收益性、生产性、流动性、安全性和成长性的评价。上述指标的分布组合在一起非常像雷达的形状，因此而得名。

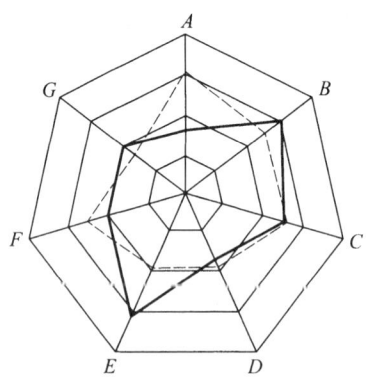

图 5-6　雷达图方法示意

（3）趋势图，也称统计图或统计图表，是以柱形图、横柱形图、曲线图、饼图、点图、面积图等统计图形来呈现某事物或某信息数据的发展趋势。它用来显示一定的时间间隔内所得到的测量结果。以测得的数据为纵轴，以时间为横轴绘成图形。趋势图的主要用处是确定各种类型问题是否存在重要的时间模式，这样就可以调查其中的原因，从而找到决策追踪与调整的方向。

2. 基于个体决策的追踪与调整方法

（1）鼠标实验室。这是一种追踪被试信息获取过程的研究系统。由信息板技术（IDB）发展而来，旨在将被试的信息获取模式外显化。IDB是将不同决策备择项在不同特质维度上的信息装入信封内，被试者要决定获取哪些信封内的信息，并根据得到的信息做出选择。随着计算机的普及，基于鼠标所处位置代表了大脑当前处理内容的假设，一种可以在计算机上通过鼠标移动研究信息获取问题的研究——鼠标实验室应运而生。鼠标实验室程序目前也在不断更新，不仅加入了更多鼠标追踪功能，研究者还可以根据其网络版在网上收集数据。

（2）眼动技术。眼动技术在心理学领域已经被广泛运用。自20世纪70年代起，就在决策领域有所运用。这个技术用来检验决策过程中被自然激发的信息获取过程。最基本的理论假设是眼脑假设，即眼睛正在获取的信息和大脑正在加工的信息是一致的。即使人们在转移注意力时眼睛的注视位置不一定发生变化，但在处理复杂信息时，注视点的变化和注意力的转移是耦合的。因此，眼动数据可以为决策追踪与调整提供稳定可靠的信息获取方面的数据。

（3）决策移窗技术。它是在以上两种技术基础上发展起来的。在信息呈现方式上，沿用了鼠标实验室技术的方法。在信息获取方式和实验过程中数据收集方面则吸取了眼动技术的优势。研究者首先在屏幕上，以遮盖方式呈现 M 个备选选项在 N 个特质维度上的信息。当被试决定获取某条信息时，只需持续注视对应的单元。当眼动仪捕捉到注视点时，系统程序将自动撤掉该单元上的遮蔽，呈现单元内信息。当被试不再注视该单元时，信息被重新遮蔽。在实验进行过程中，眼动仪持续记录被试的眼动编号，包括注视点、眼跳、注视轨迹、瞳孔大小等。每个信息单元及选项和特质标签，均可以作为兴趣区。

除了上述方法之外，认知神经科学领域的脑成像技术也开始运用于决策追踪与调整的分析当中。这个技术偏向于考察行为决策背后的认知行为机制。越来越多的研究者已经注意到过程模型在决策信息获取方面的优势，并发现它为决策追踪研究提供了新的途径，便于构建具有创新性的决策体系。

思考题

1. 如何理解计划与决策的关系？
2. 计划的类型有哪些？请用实例说明。
3. 请解析目标管理的过程。

4. 请用实例说明预算管理在现实中的应用。
5. PDCA 循环的基本主张是什么？请结合管理实例来解析 PDCA 循环过程。
6. 决策追踪与调整有什么现实意义？

▶ 自测习题及参考答案　　▶ 本篇案例

第三篇 | 组　织

第六章 组织设计

当管理者制定计划、做出相应战略决策之后,需要通过组织来执行,因此组织设计成为管理活动的一项重要内容。组织设计对管理活动具有至关重要的作用。本章在分析组织设计的任务及其影响因素的基础上,讨论组织结构的选择以及组织力量的整合。

第一节 组织设计的任务与影响因素

组织设计是对组织系统的整体设计,即按照组织目标在对管理活动进行横向和纵向分工的基础上,通过部门化形成组织框架并进行整合。

一、组织设计的任务

组织设计的任务是设计清晰的组织结构,规划各部门的职能和权限,确定组织中职能职权、参谋职权、直线职权的活动范围,最终编制职务说明书。因此,组织设计包括两方面的内容:一是静态的组织结构设计;二是动态的组织运行制度设计。

(一)组织结构设计

组织结构设计是组织设计的基础性工作,既是对组织整体目标的分解,也是对组织框架的整体安排。一个完整的组织结构设计至少包括职能设计、部门设计和层级设计三方面内容。

1. 职能设计

职能设计是对组织完成目标所需要的职能、职务的整体安排。组织为了完成目标,需要将总体目标进行层层分解,明确完成任务需要哪些活动,确定所需职位、职务的类别和数量,分析各类职务所需要的任职资格及各职位管理人员需要具备的条件、应该拥有的权限、所承担的责任等。

2. 部门设计

组织的职能设计中,会出现许多职能和职务,这些职能和职务中会出现重叠、交叉和近似的情况。组织的部门设计是指按照职能的相似性、活动的关联性、联系的紧密性将各个职位整合为部门的过程。部门设计虽然有一定的规律和通用原则,但部门划分并没有统一标准,组织可以根据组织活动的特点、组织规模、环境进行安排,并根据组织内外环境的变化进行动态调整。

3. 层级设计

层级设计是对部门之间关系的安排，这种关系既包括部门之间的纵向层级，又包括部门之间的横向联系。层级设计首先要对组织内外部资源和人员情况，对各类职务、部门加以分析，必要时进行适当调整，据此确定适当的管理幅度，并划分出纵向的管理层次，以保证整个组织结构安排得精干高效。通过层级设计，组织各部门之间纵向、横向的关系变得清晰，职能部门以及管理者的权责关系趋于明确。

（二）组织运行制度设计

组织结构设计是组织设计的基础，组织运行需要制度和人员的保障，而这些是通过运行制度设计来实现的。组织运行制度设计是指为了保证组织的高效运行而进行的制度和人员方面的安排，包括沟通系统设计、管理规范设计和激励设计。

1. 沟通系统设计

部门间层级关系确定后，组织需要建立沟通系统，以确保信息准确、有效地传递。具体内容包括：按照统一指挥的原则确定各类管理事务的决策主体、执行部门，以及相应的工作程序；建立组织内部门之间的横向沟通与协调机制；建立信息反馈机制，以便及时了解决策的执行情况，实施有效控制。

2. 管理规范设计

管理规范设计是指建立组织的规章制度，保证组织的各个层级、部门和岗位按照统一的要求和标准进行配合和行动。管理规范设计的目的在于充分发挥组织成员主观能动性的同时，对其行为进行有效约束，为组织各项活动的开展提供制度保障。规章制度包括各部门的活动目标、规则程序和工作标准，以及奖惩制度等，以制度的形式明确决策、执行的主体和工作流程，使得组织活动有章可循，保证组织内部的公平性。

3. 激励设计

激励设计是指组织为了调动组织成员尤其是管理人员的积极性而进行的制度性安排，包括激励制度和惩罚制度。激励制度既包括物质层面的薪酬、实物、期权和其他福利，也包括精神层面的表彰、晋升、荣誉称号等。完善的激励制度不仅有利于调动管理人员的积极性，而且能够在一定程度上预防管理人员不正当、不规范的行为。惩罚制度则是对组织成员未能执行管理规范或工作出现失误时的一种处理方式，如批评、处分、降薪、扣发奖金、降职乃至开除等。

二、组织设计的影响因素

影响组织结构的因素包括环境、战略、技术、规模以及组织发展阶段五种类型。

(一) 环境

管理活动是在一定的环境下进行的。作用于组织的环境因素又可以分为两大类：一般环境和任务环境。

一般环境是指对组织活动产生间接影响的政治、经济、社会和文化环境，组织设计中需要考虑这些因素的影响。例如，企业开展跨国业务时，必须考虑东道国的政治、经济、社会和文化环境，因此可以设立相应的机构或部门来研究企业经营面临的环境，处理相应的问题与冲突。

任务环境是指与组织活动直接相关的环境，包括政府、行业协会、合作方、供应商、客户、竞争对手等。组织设计中需要根据任务环境设置相应的机构或部门，但不同类型的组织同任务环境因素之间联系的紧密程度不同，因此需要区别对待。例如，从事消费品生产、流通的企业需要设置专门部门乃至呼叫中心处理售后服务、投诉等事宜，而原材料生产企业因为面对的客户数量有限，并不需要建立呼叫中心。

环境的复杂性影响组织部门和岗位设置。当外部环境的复杂性提高时，会带来超越原有职能覆盖面的新课题。传统的应变方法是设置必要的职能部门和岗位，减少外部环境对组织的冲击。如跨国公司遭遇战争、政治动荡等风险时，需要设置专门机构、安排相应人员收集信息；当潜在风险成为现实风险时，则需要由相应机构处理撤退、财产保全以及索赔等事宜，必要时还需要借助政府或外脑。

环境的不确定性影响组织结构。英国研究人员伯恩斯和斯托克发现，外部环境与组织内部结构之间具有关联性。当外部环境较为稳定时，组织为了提高运行效率，往往需要制定明确的规章制度、工作程序和权力层级，因此采用机械式层级结构，规范化、集权化程度比较高；当外部环境不稳定时，组织则需要更加关注适应性，尽可能做到信息共享、权力下放，以便能够迅速对环境的变化做出反应，可以采用有机式组织，组织的规范化、集权化程度相应下降。

(二) 战略

美国企业史学家钱德勒通过研究杜邦、通用汽车、西尔斯、标准石油等美国企业的发展史，发现这些企业无一例外地在不同发展阶段采用了不同的战略，并进行了相应的组织结构变革，由此提出一个重要命题：结构服从战略。战略的发展阶段和战略类型对于组织设计具有重要影响。

钱德勒认为，战略发展有四个不同的阶段，即数量扩大阶段、地区开拓阶段、纵向联合开拓阶段和产品多样化阶段，每个阶段都应有与之相适应的组织结构。

(1) 数量扩大阶段。许多组织开始建立时，往往只是一个单一的工厂，只有生产、销售等职能。因此，数量扩大阶段的组织结构相对简单，只需要少量职能部门就能解决问题。

（2）地区开拓阶段。随着生产规模的扩大，组织需要向其他地区拓展业务。业务范围的扩大带来了协调、标准化和专业化等问题，组织需要建立职能部门对分布在不同地区的业务进行有机整合。

（3）纵向联合开拓阶段。组织在同一行业发展的基础上，自然而然地会向其他领域扩展，如销售服装的商店可能拓展饰品、日用品、家具、电器等业务，这就要求组织建立与纵向联合开拓阶段相适应的组织结构。

（4）产品多样化阶段。随着竞争者的加入，组织面临的竞争态势发生变化，原有产品或服务的主要市场开始衰退。组织为了应对这种变化，有必要利用现有技术、设备和人员等资源开拓新的产品和服务，于是形成了产品多样化的局面。这一阶段，组织不得不重新考虑资源分配、部门划分、新老业务之间的协调等问题，组织结构也会随之变化。

钱德勒发现，成功企业的组织结构是与其战略相适应的。如果保持在单一领域、单一行业内发展，组织则偏向于采用集权的职能结构；如果企业进行多元化经营，则多采用分权的事业部结构。组织结构需要根据战略的变化及时进行调整，以提高组织的自适应性。

（三）技术

技术是把原材料等资源转化为产品或服务的机械力和智力。技术的变化不仅能够改变生产工艺和流程，而且会影响人与人之间的沟通与协作。因此，组织设计必须考虑技术因素。

伍德沃德根据生产技术的复杂程度将生产技术分为三类：单件小批量生产（unit production）技术，适用于定制服装、大型发电机组等单件或小批量产品的生产；大批量生产（mass production）技术，适用于成衣、汽车以及其他标准产品的制造，可以通过专业流水线实现规模经济；流程生产（process production）技术，适用于炼油厂、发电厂、化工厂等连续不断的生产，比前两种技术更为复杂。采用不同生产技术的组织在管理层级、管理幅度、管理人员与一般人员比例、技术人员比例、规范化程度、集权化程度、复杂化程度等方面存在以下差异。

（1）从单件小批量生产技术到流程生产技术，随着技术复杂性的提高，企业组织结构复杂程度相应提高，管理层级增多，高层管理人员的管理幅度、管理人员与一般人员比例也提高。然而，基层管理人员的管理幅度呈现非线性变化，即大批量生产技术最高，单件小批量生产技术次之，流程生产技术最低。

（2）大批量生产组织通过严格的规范化管理可以有效地提高效率，而集权化、规范化对于小批量生产、流程生产并不合适。

（3）有效管理取决于如何分析环境需求、围绕需求构建组织结构、通过管理行为实现组织目标。如缩短指令传达路径、增强沟通的管理模式最适合中小批量的生产，而不适合大批量生产。

（4）创建组织时，技术因素和人际关系因素同样重要。企业选择的组织结构形式如果能够实现二者的有机结合，组织效率是最高的。

伍德沃德关于不同生产技术的比较结果如表 6-1 所示。

表 6-1　组织结构特征与技术类型的关系

技术类型 组织结构特征	单件小批量 生产技术	大批量 生产技术	流程 生产技术
纵向管理层级	3	4	6
高层管理人员的管理幅度	4	7	10
基层管理人员的管理幅度	23	48	15
管理人员与一般人员比例	1∶23	1∶16	1∶8
技术人员比例	高	低	高
规范化程度	低	高	低
集权化程度	低	高	低
复杂化程度	低	高	低
总体结构	有机	机械	有机

（四）规 模

一般来说，小规模的组织结构简单，组织层级少，集权化程度高，复杂性低，协调比较容易，而大规模组织正好相反。因此，规模因素是影响组织设计的一个重要变量。大型组织和小型组织在组织结构上的区别主要表现在以下四个方面：

1. 规范程度不同

规范程度是指组织依靠工作程序、规章制度引导员工行为的程度。工作程序、规章制度既包括以文字形式表述的各种制度、条例，指示员工可以做什么和不可以做什么，也包括以非文字形式存在的传统、组织文化、企业伦理、行为准则等。一个组织规章、条例越多，其组织结构的规范性就越高，组织就越正规。

2. 集权程度不同

集权程度是指组织决策正式权力在组织层级中的集中或分散程度。

通常，小型组织的决策事务较少，高层管理者对组织拥有更大的控制权，因此集权化程度较高。然而，大型官僚制或科层组织中，决策往往是由那些具有控制权的管理者做出的，组织的集权化程度同样高。与小型组织不同的是，大型组织往往通过授权的形式将决策权分散给不同层级的管理者，既可以减轻高层管理者的负担，又有利于及时沟通，对环境变化做出快速反应。

3. 复杂程度不同

复杂程度是指组织内部结构的分化程度。每一个组织在专业化分工程度、组织层级、管理幅度、人员之间、部门之间存在巨大差异,组织的分工越细、层级越多、管理幅度越大,组织的复杂性就越高;组织的部门越多,地理分布越广,协调人员及其活动也就越困难。

4. 人员结构不同

英国的帕金森在观察了军队、政府和商业官僚机构的基础上,提出了著名的"帕金森定律",即工作总是在增长以占满分配给它的时间,而工作延长的原因在于"管理者总是增加下属而不是增加竞争者,并给他们安排工作"①。

一个有趣的现象是:随着组织规模扩大,管理人员的增速要高于普通员工的增速,而当组织进入衰退阶段时,管理人员的减幅却明显低于普通员工的减幅。也就是说,管理人员是最先被聘用而最后被解雇的。也有一种观点认为,随着组织规模扩大,管理人员的比例是下降的。虽然两种观点在结论上存在明显对立,但组织规模影响人员结构是一个不可否认的事实。

(五)发展阶段

同其他有机体一样,组织的发展同样有着自身的规律。1950年,美国经济学家鲍尔丁首次提出了"组织生命周期"这一概念,之后涌现出大量研究成果。20世纪七八十年代,组织生命周期研究迎来鼎盛时期,学者们一致认为:组织存在生命周期,每个发展阶段具有不同特征,同时面临着不同风险,需要调整战略以适应发展的需要,并适时调整组织结构。

一般来说,组织的发展会经历生成、成长、成熟、衰退和再生五个阶段。组织设计需要根据不同阶段的特点来进行。

1. 生成阶段

组织的生成阶段也被称作创业阶段。由于规模较小,组织往往采用比较简单、机械的组织结构,权力集中在以创始人为代表的高层管理者手中。这一阶段,组织成长的动力在于创始人或团队的创造性(creation),活动复杂性较低,对分权的需求、对管理规范性的要求也不高,但面临着领导力风险(leadership crisis)。也就是说,由于决策权集中在高层,需要管理者通晓企业的内部事务,一旦出现决策失误,组织将陷入巨大危机。

2. 成长阶段

组织在成长阶段,一般发展速度较快。这一阶段,组织成长的关键在于决策的方向(direction)。随着规模的迅速扩大,原有机械式组织结构已经不能满足组织发

---

① 参见[英]诺斯古德·帕金森:《官场病:帕金森定律》,陈休征译,生活·读书·新知三联书店1982年版。

展的需求，需要形成一种有机的组织结构，向中层、基层管理者授予更多决策权，组织的规范性提高。与此同时，容易出现沟通不畅、部门之间争权夺利的现象，组织面临各自为政风险（autonomy crisis），因此需要对组织结构进行必要调整。

3. 成熟阶段

经过快速发展之后，组织进入成熟阶段。这一阶段，组织成长的动力在于授权（delegation），组织结构呈现出规范化的特征：层级关系更加清晰；职能逐渐健全；内部沟通越来越正式化；规章制度更加完善。此时，组织需要在提高内部稳定性的同时，通过创新来扩大市场，通常采用的方法是单独成立研发部门，但在官僚制组织结构中，创新的范围受到限制，组织面临着控制风险（control crisis），即管理者需要通过授权来调动各部门的积极性，但又不能失去控制。

4. 衰退阶段

授权、规范化固然能够带来组织的成长，但同样会产生负面影响。主要表现在：机构臃肿、人浮于事；沟通路径过长导致决策迟缓；过于强调程序和规范，形式主义蔓延；明知组织运行效率低，却无法推进改革。这种现象就是"大企业病"，如果不能有效地加以应对，组织就会进入衰退阶段。这一阶段，组织成长的动力在于协调（coordination），但同时面临着"繁文缛节风险"（red tape crisis）。

5. 再生阶段

组织进入衰退阶段后，如果不能适时调整组织结构、进行大刀阔斧的改革，可能面临灭亡的命运。然而，多数情况下组织会努力地生存，寻求可持续发展，这就要求进行大胆变革：通过再集权排除阻力、推进改革；通过流程再造对原来过细的分工进行重新整合；有选择地退出部分业务，降低运行成本；通过扁平化，减少组织层级；采用矩阵制组织结构，提高沟通效率；加强与其他组织的合作，谋求共同发展等。这一阶段，组织成长的动力在于合作（collaboration），而面临的风险是人才枯竭（exhaustion of members）。

三、组织设计的原则

现代管理学创立之初，研究人员就十分关注组织设计的原则问题，如英国的厄威克提出了组织管理的八条指导原则，包括：目标原则、权责相符原则、职责原则、组织阶层原则、管理幅度原则、专业化原则、协调原则以及明确性原则。之后，不少学者都对组织设计的原则进行过归纳。

概括起来，组织设计的原则可以归纳为以下五条：

（一）目标一致原则

组织活动是围绕一定目标进行的，因此组织设计需要以组织的整体目标为引领，部门设置、沟通协调、冲突解决都要为这一目标服务，这就是目标一致原则。事实上，目标一致原则有两层含义：一是目标的一致性，即组织设计要有明确的、统一的目标，部门、成员的目标需要与组织保持一致；二是统一指挥，即组织需要有明确的指挥链（demand chain），确保信息的准确传递，明确各级管理人员的责任。

（二）分工与协作原则

分工与协作原则是指组织结构能够反映出实现目标所需的工作分解和相互协调，在专业分工的基础上实现部门间、人员间的协作与配合，保证组织活动的顺利开展，从而实现组织的整体目标。

专业分工的作用主要包括两方面：一是工作的简单化，组织成员只需要承担单一任务，不必通晓所有工作；二是有利于缩短培训时间，提高熟练程度。然而，分工同时可能带来消极影响，主要表现在三个方面：一是工作单调，如果成员长期从事单一、重复性的工作，必然会产生单调、乏味的感觉；二是可能限制内部人员流动，降低组织应对环境变化的能力；三是容易形成组织内部的冲突和对立。

为了克服分工的弊端，组织需要重视专业分工之后的协调。主要措施包括：实行系统管理，把职能性质相近或工作关系密切的部门归类，成立相应的管理子系统；通过委员会等机构实现协调；创造有利于协调的环境，提高管理人员的全局观念，增加相互间沟通等。

（三）有效管理幅度原则

管理幅度又称管理跨度或控制幅度，是指一个管理人员直接有效地指挥下属人员的数量。组织中的管理者直接管辖下属的人数应该控制在适当的范围，这样才能保证组织的有效运行。

管理幅度源自人的有限理性。管理人员由于受到个人精力、知识、经验等条件的限制，能够有效领导的直属下级人数是有限的。有效管理幅度并不存在一个固定值，因为它受到职务性质、人员素质、职能机构是否健全、沟通工具和技术等条件的影响。

当组织规模一定时，管理幅度与组织层级呈现出反比例关系。管理幅度越大，同样规模的组织所需要的组织层级越少；反过来，管理幅度越小，同样规模的组织所需要的层级也就越多。

因此，进行组织设计时，管理幅度应控制在一定的水平。既要避免管理幅度过大，保证管理人员能够对下属工作实行有效的指挥和监督，提高工作效率；也要防止管理幅度过小，造成组织层级过多，从而降低管理工作的效率，增加管理成本。

（四）权责对等原则

权责对等原则是指组织中各个层级的管理者需要拥有开展工作所需要的相应权力，同时承担相应责任。

为了实现组织的整体目标，高层管理者需要对影响组织生存与发展的重要决策事项进行集中管理，防止失去对组织的整体把控。与此同时，为了保证管理者和组织成员高质量地开展工作，组织需要赋予他们一定的权限。

组织中的职位与权力存在明确的对应关系，各岗位职务说明书要对每一个职位所需要承担的工作内容进行清晰界定。同时，意味着该职位的管理者拥有相应权力，因为权力是管理工作的基础。如果管理者没有相应权力，决策、组织、领导、控制等管理职能就无从谈起，组织也不可能实现其目标。

权责对等原则要求管理者在被授予的权限范围内行事，并承担相应的责任，避免有权无责、有责无权现象的出现。

（五）柔性经济原则

柔性经济原则是指组织设计需要保持一定的灵活性，根据内外环境的变化及时对机构和人员做出调整，通过对层级与幅度、人员结构和部门工作流程的合理安排，提高组织管理的效率。柔性经济原则对组织设计提出了两方面要求：一是稳定性与适应性相结合，在维护组织稳定的同时保持一定的弹性；二是组织结构设计要合理，避免产生内耗，造成管理成本上升。

组织设计是人员配备的重要依据，也是组织运行的基本保障。因此，组织设计要有一定的稳定性，不能朝令夕改。但是，当组织内外环境发生重要变化时，组织需要利用其内在的调节机制迅速适应变化，减少变革对组织带来的冲击和震荡。这就要求组织设计一方面维护组织的稳定运行，另一方面保持一定的灵活性。

组织的经济性要求结构设计精干、人员配备到位、工作流程合理，以保证各项工作有序开展。组织层级过多或过少、管理幅度过大或过小、部门分工交叉重叠、工作流程不顺畅都会影响组织的整体效率。具体表现形式包括：组织内部冲突不断；形式主义、官僚主义蔓延；协调机制不能发挥作用；运行成本增加等。

组织的柔性与经济性是相辅相成的。一个具有适应性的组织必然是精干的，也是符合经济原则的；一个具有经济性的组织必须保持适度的柔性，因为柔性的丧失意味着应对变革的管理成本上升。

第二节 组织结构

不同规模、不同类型的组织有着不同的组织结构，而且需要根据其发展进行动态调整。组织结构设计是组织设计的核心工作，是为战略服务的。

一、组织结构的概念

（一）组织结构的含义

组织结构是组织中正式确定的，使工作任务得以分解、组合和协调的框架体系。一方面，组织结构是组织内部的职能分工，即按照组织目标对工作任务进行分解后，确定相应的部门完成工作；另一方面，组织结构是一个纵向的层级体系，层级的多少取决于组织的规模和管理幅度。

通常，组织结构中各部门之间的相互关系可以用组织结构图表示，以直观的方式呈现组织中各职位及层级关系，明确组织的职权结构及各部门的任务，反映组织内部在职务范围、职责、权力等方面形成的关系体系。

（二）组织结构的内容

组织结构图中的职位与成员、任务之间存在明确的对应关系，因为每一个职位都有相应的职责，并且由相应的管理者或成员来承担。因此，组织结构的本质是组织内部成员的分工协作关系，包括以下三方面内容：

1. 工作任务的分解

组织目标可以分解为各种工作任务，再分派给特定人员负责完成任务或任务中的特定部分。因此，组织结构首先是工作任务的分解。

工作任务的分解包括横向分解和纵向分解两个方面。横向分解是根据不同的标准，将组织中需要的管理活动分解为不同的任务；纵向分解是根据管理幅度的限制，确定组织系统的层级关系，并根据组织层级确定管理人员的权责。

2. 任务组合

任务分解后，组织需要把相似或相关的工作加以组合，并归口特定部门进行管理。通常，组织设计中可以按照职能、产品、区域来进行部门划分。组织可以按照任务活动的相似性设立管理部门，如生产部门负责采购、生产计划、工艺设备、质量管理，营销部门负责市场调查、营销计划、促销、客户关系管理，财务部门负责财务计划、预算、财务管理、决算等，即"职能部门化"。组织也可以按照产品设立管理部门，如电器生产企业可以设立彩电事业部、冰箱事业部、小家电事业部等，即"产品部门化"。此外，组织还可以按照区域设立管理部门，把不同区域的业务和职责划分给相应的管理者，即"区域部门化"。

3. 组织协调

组织在完成了任务分解和任务组合之后，还需要建立各种协调机制来确保部门之间的沟通，以促进部门之间的合作，产生协同效应，带来组织绩效。组织协调的必要性来自两个方面：一是组织设计不可能做到尽善尽美，由于环境的不确定性，当新的任务和挑战出现时，组织需要通过协调来应对；二是组织经过一定时期的运行之后，部门内容易产生本位主义，需要通过组织协调加以解决。

组织协调的具体内容涉及职权分配、确定管理幅度、集权与分权。此外，组织还可以根据工作任务需要设立跨职能的工作小组、委员会、联席会议等形式来增进部门之间的协调。

二、机械式组织与有机式组织

英国学者伯恩斯与斯托克认为，机械式组织和有机式组织是一系列组织类型中的两个极端，而大多数组织介于二者之间。一般来说，机械式组织适用于外部环境相对稳定的情况，而有机式组织则适用于外部环境不稳定的情况。

（一）机械式组织

机械式组织是一种稳定的、僵硬的结构形式，追求的主要目标是稳定运行中的效率。

1. 机械式组织的特点

（1）基于职能的高度专门化。管理问题和任务按照专业化原则进行分解，以客观的、不受个人情感影响的方式挑选任职人员，每个人承担一个特定的、严格界定的任务。

（2）僵化的职务与权限。组织对分工以后的专业化工作进行严密的层次控制，同时制定出许多程序、规则和标准，管理人员的权力来自其职位。

（3）信息集中于高层。高层管理人员依据相关信息进行决策。

（4）垂直的命令与信息传递。组织中存在一个垂直的指挥链，上级以命令的形式向下级传递信息，缺少水平的沟通与交流。

（5）对组织的忠诚和对上级的服从。强调对组织的忠诚和对上级的服从，个性差异和情感的影响被减少到最低限度。

（6）强调固有知识。往往墨守成规，强调自身的固有知识，对于外部知识和其他组织的经验采取排斥的态度。

2. 机械式组织的适用条件

机械式组织适用于以下条件：

（1）环境相对稳定。

（2）任务明确且持久，决策可以程序化。

（3）技术相对统一而稳定。

（4）按常规活动，以效率为主要目标。

（5）企业规模较大。

（二）有机式组织

有机式组织是一种松散、灵活的具有高度适应性的结构形式。它追求的主要目标是动态适应中的创新。

1. 有机式组织的特点

（1）基于知识与经验的专门化。管理任务按照专业化原则进行分解，每个人根据其知识和经验承担相应的任务。

(2) 柔性的职务与权限。分工并不是高度标准化的，而是需要完成许多非程序化的工作。成员受过良好的训练，被授权开展多种工作。

(3) 信息的分散与共享。信息不是集中在少数高层管理人员手中，而是分散在组织的各个层级，由成员共享，便于他们发挥主观能动性。

(4) 水平的沟通与信息传递。组织结构趋向柔性，不设置永久的固定职位和职能界限严格的部门，成员之间直接的横向、斜向沟通和协调，取代了机械式组织中的纵向沟通和层级控制，成为实现目标的主要手段。

(5) 对工作和技术的忠诚。不强调对组织的忠诚和对上级的服从，成员忠实于工作和技术，依靠职业标准和团队来指导自己的行为，并不需要过多的正式规则和直接监督。

(6) 强调吸收外部智慧。不排斥外部的经验和智慧，而是采取一种兼收并蓄、博采众长的心态予以吸纳，使其为组织目标服务。

2. 有机式组织的适用条件

有机式组织更具适应性，能根据需要迅速做出调整。其适用条件为：

(1) 环境不确定性强。

(2) 任务多样且多变，无法进行程序化决策。

(3) 技术复杂多变。

(4) 有许多非常规活动，需要较强的创新能力。

(5) 组织规模较小。

需要说明的是，纯粹的机械式组织和纯粹的有机式组织并不存在，它们分别代表着两个极端，现实生活中的组织往往处在二者的中间状态。一般而言，历史悠久、规模较大的组织在一定程度上具有机械式组织的特点，管理规范有序；成立时间不长、规模较小的组织呈现出有机式组织的特征，有利于发挥"船小好掉头"的优势。刚性、柔性是相对的两个概念，"机械式""有机式"的提法并不代表前者是绝对刚性的，后者是绝对弹性的，而是指前者的刚性成分更为显著，后者的弹性成分更为突出。随着环境不确定性的增加，组织结构存在由机械式向有机式转变的趋势，但这并不意味着有机式结构一定优于机械式结构。在选择组织类型时，应依照组织的发展目标和内外条件，视具体情形而定。

机械式组织和有机式组织形式的特点对比如表6-2所示。

表6-2 机械式组织与有机式组织的比较

机械式组织	有机式组织
基于职能的高度专门化	基于知识与经验的专门化

续表

机械式组织	有机式组织
僵化的职务与权限	柔性的职务与权限
基于职位的权力	基于专业知识的权力
信息向高层集中	信息的分散与共享
垂直的指挥与信息传递	水平的沟通与信息传递
对组织的忠诚和对上级的服从	对工作和技术的忠诚
强调企业固有知识	强调吸收外部智慧

三、组织结构的形式

（一）直线制组织

1. 直线制组织结构的特点

直线制是最早出现的一种组织结构形式，多见于早期的军队和小规模生产组织中（见图6-1）。直线制组织（line organization）结构的特点是组织中所有职位都实行从上到下的垂直领导，下级部门只接受一个上级的指令，各级负责人对其下属的一切问题负责。组织不设专门的职能部门，所有管理职能基本上都由各部门主管自己执行。因此，直线制是一种最简单的组织结构形式。

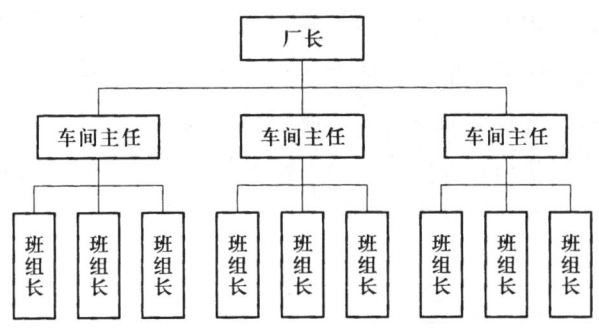

图 6-1 直线制组织结构示意图

2. 直线制组织结构的优点

（1）设置简单。只要确定管理幅度，组织就可以根据规模确定管理所需要的层级，不需要设计复杂的职能部门和参谋，因此管理成本也较低。

（2）权责关系明确。上级只分管几个部门，下属只接受一名上级的领导，每一个层级管理者的职责、权力非常清晰。

（3）有利于组织的有序运行。由于上下级之间是垂直的关系，直线制组织易于维持特定的纪律与秩序。

3. 直线制组织结构的缺点

（1）专业化水平低。由于直线制组织实行垂直领导，每一个层级的管理者需要承担部门的所有工作，所以专业化程度较低。

（2）缺乏横向沟通。直线制组织强调不同层级之间的纵向联系，缺少横向沟通的通道，因此沟通路径长，导致信息传递不够顺畅。

（3）对管理人员的要求高。由于直线制组织中的管理者需要全方位负责本部门的工作，所以要求每一名管理者都通晓部门的所有事务，势必造成人员配备的困难。一般而言，培养一名通才的周期和成本要远高于培养一名专才。

上述缺点导致直线制组织结构只适用于规模较小、生产技术比较简单的组织，初创期的组织往往偏向于选择直线制组织结构。然而，随着组织规模扩大，人员数量增加，管理工作日益复杂，直线制组织结构就不能满足组织发展的需要了。

（二）职能制组织

1. 职能制组织结构的产生

职能制组织（functional organization）是在直线制组织的基础上发展起来的。为了弥补直线制组织专业化程度低、对管理人员要求高等不足，军队组织开始设置参谋职位，职能制组织就此产生。因此，职能制组织又被称为参谋组织或幕僚组织（staff organization）。

职能制组织形式也称 U 形结构，以专业职能作为划分部门的基础，在各级管理人员之下根据业务需要设立职能机构和人员，协助其从事职能管理工作。这种结构下，管理者把相应职能的管理职责和权力交给职能机构，由职能机构在其职责范围内行使职权。直线制组织与职能制组织的区别在于：直线制组织中，对下级的管理完全由上级进行，而职能制组织则由包括参谋在内的众多管理者对下属的工作进行指挥，如图 6-2 所示。

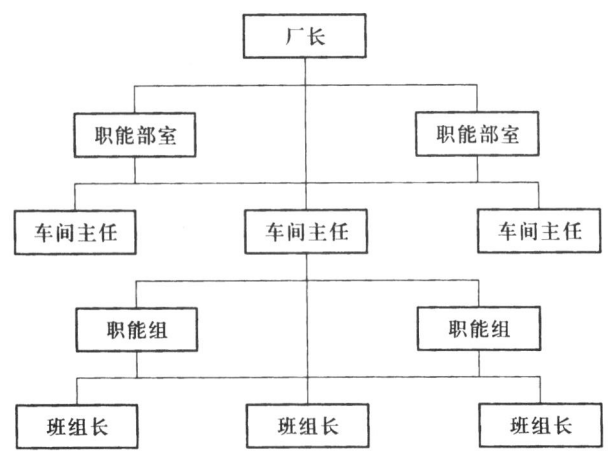

图 6-2 职能制组织结构示意图

2. 职能制组织结构的优点

（1）专业化程度高。参谋的设置有利于发挥专家的作用，能够提高管理的专业化水平，适应大生产分工协作的要求。

（2）减轻管理人员压力。职能制组织中的参谋能够从不同角度为管理者提供决策依据，使其能够专注于处理最重要的决策工作。

（3）有利于降低管理成本。职能制组织减少了设备和职能人员的重复性，有利于降低管理成本。

3. 职能制组织结构的缺点

（1）缺乏协调。各职能部门执着于自己的目标，容易滋生本位主义，对需要部门间密切配合才能完成的任务缺乏协调性，部门之间缺乏交流合作，容易引发冲突，增加高层管理者协调、统筹的难度，影响组织整体目标的顺利实现。

（2）职责不清。每一级部门需要同时接受直线部门和职能部门的指挥，导致多头领导，不利于统一指挥、统一领导，不利于分清责任。

（3）不利于通才型管理人员的培养。管理者只负责其专业领域的工作，缺乏对其他领域的了解机会，不利于通才型高级管理人员的培养。

（三）直线职能制组织

1. 直线职能制组织结构的产生

由于直线制、职能制组织结构均存在先天的缺陷，所以二者很难运用于现实的组织设计中。综合直线制和职能制两种形式的特点，取长补短而建立起来的组织结构就是直线职能制组织（line and staff organization），又称直线参谋制组织。具体做法是：以直线制结构为基础，在各层级中设置相应的职能部门，即在直线制组织统一指挥的原则下，增加了参谋机构从事专业管理，如图6-3所示。

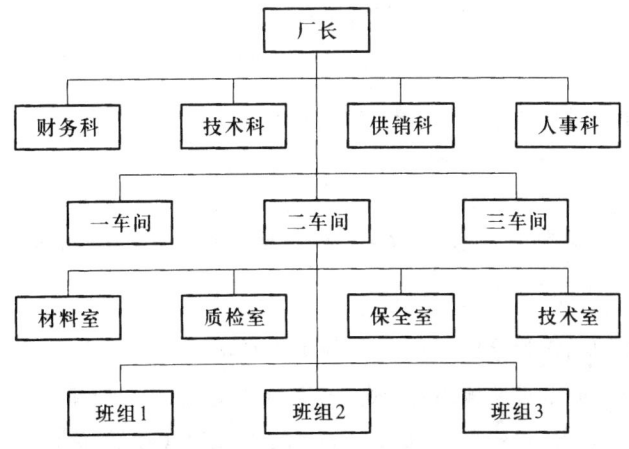

图6-3　直线职能制组织结构示意图

2. 直线职能制组织结构的优点

（1）统一指挥与专业化管理相结合。直线职能制组织既保持了直线制组织的统一指挥优势，又吸取了职能制组织专业化管理的特长。

（2）能够有效减轻管理者负担。由于职能部门的存在，该结构不再要求管理者成为直线制组织中的通才、全才，能够有效减轻管理者的负担，同时规避了职能制组织多头指挥的问题。

3. 直线职能制组织结构的缺点

（1）协调难度加大。直线部门与职能部门目标不一致，容易引发职能部门越权的现象，导致组织内部冲突增多，增加了组织内部的协调难度。

（2）损害下属的自主性。直线职能制组织的管理者数量增加，容易形成高度集权，有可能损害下属的自主性。

（3）降低对环境的适应能力。直线职能制组织结构缺乏弹性，对环境变化的反应迟钝，难以应对外部环境变化带来的挑战。

（4）降低决策效率。直线职能制组织的部门增多，沟通路径增加，易导致信息传递不顺畅，从而降低决策效率。

（5）增加管理成本。直线职能制组织的管理层级、管理人员数量明显增加，职能部门与直线部门之间的协调难度加大，势必增加管理成本。

虽然存在上述缺点，但直线职能制组织形式在世界范围内仍然为众多组织所采用。一般来说，直线职能制组织适用于规模不大、产品种类不多、内外部环境比较稳定的中小型企业。

（四）事业部制组织

1. 事业部制组织结构的产生

事业部制组织（divisional organization）也被称为 M 型组织，最早是由美国通用汽车公司总裁斯隆于 1924 年提出的，故有"斯隆模型"之称。20 世纪 20 年代，通用汽车通过并购迅速扩大了规模，但并购后各企业仍然独立经营，直接导致企业整体效率降低。1923 年，斯隆就任通用汽车总裁，对组织结构进行了大胆改组，在维持分权的同时，以单位资本收益率（ROI）作为考核指标对下属企业进行管理，大大改善了通用汽车的经营状况，事业部制组织从此受到多元化大企业的推崇。

事业部制组织结构是指组织面对不确定的环境，按照产品或类别、市场用户、地域以及流程等不同的业务单位分别成立若干个事业部，由事业部进行独立经营和分权管理的一种分权式组织结构。其主要特点是"集中决策，分散经营"。事业部制组织结构中的事业部具备三个基本要素，即独立的市场、自负盈亏、独立经营，而总部只保留人事决策、预算控制和监督等职能，通过利润等指标对事业部进行控制。事业部制组织结构如图 6-4 所示。

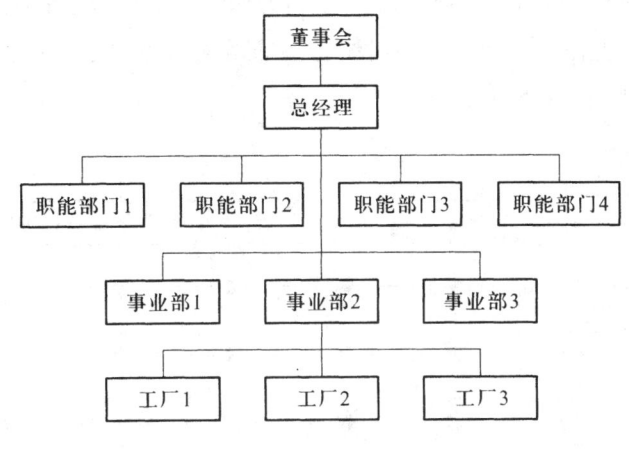

图 6-4 事业部制组织结构

2. 事业部制组织结构的优点

（1）有利于管理者专注于战略规划与决策。由于各事业部独立经营，组织的最高管理层能摆脱日常行政事务，将精力集中于组织的战略规划与决策。

（2）有利于培养通才。事业部独立进行生产经营活动，对经营结果负完全责任，有利于培养经理人员的全局意识及多方面的管理技能，能为组织培养通才型高级管理人才。

（3）提高了组织对环境的适应能力。各事业部享有独立经营的权利，有利于发挥其积极性、主动性和创造性，提高了对环境的适应能力。同时，由于多个事业部的存在，也增强了组织抵御风险的能力。

3. 事业部制组织结构的缺点

（1）机构重复设置导致管理成本上升。总部与各事业部均设有完备的职能机构，必然会造成管理人员增加，管理成本上升。

（2）容易滋生本位主义。虽然各事业部拥有独立的市场，但由于高度分权，容易导致各事业部只考虑自己的利益，给相互间的支持、协调带来困难，影响企业总体战略目标的实现。

（五）矩阵制组织结构

1. 矩阵制组织结构的产生

由于直线职能制组织结构、事业部制组织结构均存在沟通路径过长、难以协调的弊端，于是一些企业开发了矩阵制组织（matrix organization）结构。矩阵制组织结构的实质是为了加强职能制组织之间的协调、引进项目管理的形式开发的一种组织形式。

矩阵制组织结构的特点是：既有按职能划分的垂直领导系统，又有按产品或项目划分的横向领导关系,每一名下属同时接受两名上司的领导;项目组人员来自不同部门,任务完成后就解散,有关人员回原单位工作;项目小组为临时组织,负责人也是临时委任。因此,这种组织结构非常适合需要横向协作的攻关项目。矩阵制组织结构如图 6-5 所示。

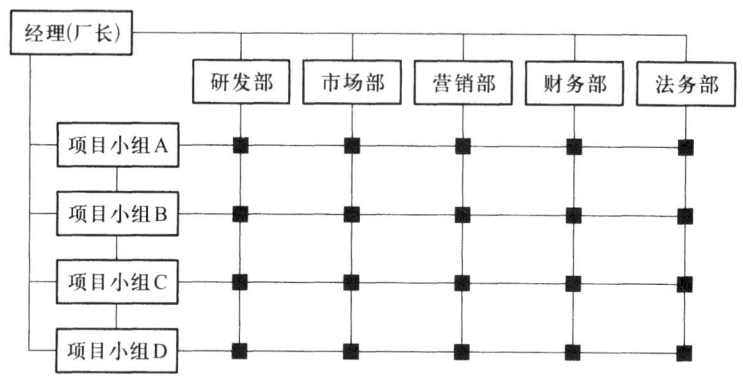

图 6-5　矩阵制组织结构

2. 矩阵制组织结构的优点

(1)机动性强。矩阵制组织以项目的形式组成,成员从不同的部门抽调,具有很好的机动性,随着项目的开发与结束进行项目组的组合和解散。

(2)目标明确、人员结构合理。矩阵制组织的目标十分明确、具体,各项目组有着特定的攻关任务,人员来自与任务相关的部门,结构合理。

(3)通过异质组合实现创新。矩阵制组织的人员从各职能部门抽调而来,有着不同的专长,成员荣誉感强,工作热情高,目标一致,不同部门的员工在一起有利于相互启发,集思广益,思维的碰撞有利于创新。

(4)沟通顺畅。矩阵制组织是对统一指挥原则的一种突破,由于成员同时拥有两名上司,且纵向与横向的联系形成了网络状的信息传递通道,组织内部的沟通更加顺畅。

3. 矩阵制组织结构的缺点

(1)稳定性差。由于矩阵制组织的成员来自不同的部门,被抽调后势必影响原部门的工作,当项目任务完成后,成员回到原有部门时的岗位安排容易出现问题,影响组织的稳定性。

(2)多头指挥。矩阵制组织的网状结构固然能够缩短沟通路径,但由于每一名成员都要接受项目组和职能部门的领导,如果上级领导不能进行充分的沟通和协调,容易出现多头指挥的局面,不仅让下属无所适从,而且会影响目标的实现。

(3)权责不对等。为了保持组织的机动性,项目组负责人同样属于临时抽调,任务完成之后回到原部门工作,其责任大于权力,在一定程度上会对负责人的积极性造成消极影响。

矩阵制组织结构适用于一些临时性的、需要多个部门密切配合的项目。企业可以通过矩阵制组织来完成涉及面广、临时性的、复杂的重大工程项目、新产品研发或管理改革任务。

四、组织结构的演变趋势

知识经济、全球化给现代组织管理提供了新的机遇，也带来了新的挑战。20世纪80年代之后，组织结构正在悄然发生变化，现有的组织结构形式已经不能满足企业发展的需要。企业在不断对组织结构进行动态调整，扁平化、柔性化、无边界化、虚拟化成为组织结构演进的大趋势。

（一）扁平化

组织结构存在两种典型的类型，即高耸型组织和扁平型组织。前者组织层级多而管理幅度小，后者则正好相反。近年来，随着信息技术的发展，新型沟通工具与管理工具的使用，有效管理幅度得到提高，组织结构呈现出扁平化的趋势。

扁平化的优点在于：减少组织层级，便于高层管理者了解各科层组织的运行情况；大幅削减管理人员，节省管理成本，有效降低协调的难度；信息传递速度加快，减少信息的过滤和失真；管理幅度加大，强调员工的自我管理，有利于调动成员的积极性，提高决策的民主化程度。与此同时，扁平化存在一些弊端：管理幅度加大无形中加重了管理人员的工作负荷；虽然不同层级间的沟通路径缩短，但相同层级的沟通会产生新的困难；对管理人员的素质要求较高；以员工的自我管理、自我控制为基础，要求下属人员自立、自律，否则容易失去控制。

可见，扁平化改革，需要根据组织的特点，与业务整合、工作流程变革、信息技术（如网络建设、沟通工具）运用、制度建设、员工培训实现有机的结合。

（二）柔性化

随着环境不确定性的增加，组织需要增加柔性以应对环境变化。柔性化是通过设置协调岗位、临时委员会或工作团队的形式加强组织内部的横向联系、增强组织机动性的一种趋势。

增强组织结构的柔性通常有两种方式：一是充分发挥非正式组织的作用；二是加强横向沟通。前者将在本章第三节加以说明。后者通常分为三种情况：如果特定直线部门之间需要频繁联系，可设置联络官（liaison）来解决问题；为了解决直线部门间的共同问题，可设置临时委员会（temporary committee）；如果从组织层面解决横向合作问题，则需要设置协调人员（integrator）。

柔性化趋势是在企业面临的经营环境日益复杂的背景下产生的。现代企业强调随时响应客户的需求，强调创新与灵活性，采用更加柔性化的组织结构、更加灵活的管理方式，有利于企业更好地适应环境变化，建立竞争优势。

（三）无边界化

传统观点认为，组织是有边界的。这种边界包括物理边界，如企业的土地、厂房、设备；人员边界，组织内部的成员；业务边界，即组织所在行业、在价值链中所处位置。然而，在全球化时代，企业需要从世界范围内调配资源；与企业相关的人员范围也从股东、管理者、员工扩大到包括顾客、供应商、竞争者、各类协会、社区、政府等在内的利益相关者；企业的业务不再封闭，与其他组织之间的联系更加紧密，企业的边界正在被打破，组织结构也呈现出无边界化的趋势。

无边界组织概念最早由韦尔奇提出。其基本内涵是：在构建组织结构时，不是按照某种预先设定的结构来限定组织的横向、纵向和外部边界，而是力求打破和取消组织边界，以保持组织的灵活性和有效运营。其中，横向边界是由专业分工和部门划分形成的，纵向边界是将员工划归不同组织层次的结果，外部边界则是指将组织与顾客、供应商及其他利益相关者分离开来的隔墙。通过运用跨层级团队和参与式决策等结构性手段，可以取消组织内部的纵向边界，使组织结构趋向扁平化；通过跨职能团队和工作流程而非职能部门组织相关的工作活动等方式，可以取消组织内部的横向边界；通过与供应商建立战略联盟以及体现价值链管理思想的顾客联系手段等方式，可以削弱或取消组织的外部边界。

无边界组织并不是一种真正意义上的组织结构，其实质是一种组织设计理念。事实上，任何组织都不可能完全取消组织内部的纵向指挥链和横向职能部门，也不可能完全消除组织与外部的边界，"无边界"只是为组织结构设计提供了一种思路，其操作要点是尽量淡化和模糊组织边界，而非绝对地消除组织边界。

（四）虚拟化

随着计算机技术发展、互联网的普及、移动终端的进化，人类已经步入数字化时代。这种技术的变化不仅影响着人们的沟通和工作方式，而且对企业的生产经营活动带来了深刻影响。虚拟化是组织结构的另一个演变趋势，而电子商务领域的企业组织是虚拟组织的最好范例。

1. 电子商务企业组织的虚拟化

电子商务企业并没有制造型企业那样硕大的厂房和分销体系，但它却通过信息和资源整合创造巨大的价值，而且能够培育众多的创业者，形成一个以网络为载体的创业生态系统。2014年，阿里巴巴在美国纽约证券交易所上市，人们只知道这是一家中国电商企业，注册地在杭州。然而，杭州并不是其传统意义上的企业总部所在地，而只是注册地。与大型跨国制造企业相比，阿里巴巴是一个不折不扣的虚拟组织。

2. 动态网络虚拟组织

虚拟组织并不局限于电子商务、互联网领域，制造型企业组织同样存在虚拟化的趋势，一些企业所采用的动态网络结构同样是虚拟化的具体尝试。小米手机的前身是一家以杀毒软件起家、后改做互联网的企业，但它通过资源整合实现了手机生产，创业以来的短短数年间，年产销量已经达到数千万台，一跃成为我国手机行业的龙头企业，是虚拟组织的代表，采用了动态网络型组织结构。

动态网络型组织结构是一种以项目为中心，通过与其他组织建立研发、生产制造、营销、售后服务等业务合同网，有效发挥核心业务专长的核心型组织形式（见图6-6）。它以市场的组合方式替代传统的纵向科层组织，实现组织内在核心优势与市场外部资源优势的动态有机结合，从而具备了敏捷性和快速应变能力。其优点在于：组织结构具备更大的灵活性，以项目为中心的合作能够更好地结合市场需求整合资源，网络中的价值链可以动态调整；结构简单，多数业务实现了外包，组织结构更加扁平，效率也更高了。动态网络虚拟组织也存在缺点：组织活动多通过与其他组织的合作来完成，因此稳定性差；组织的核心是项目，因此对商业模式的要求高，需要能够持续地为合作企业带来利益；与外部组织的合作靠利益关系来维系，难以形成组织文化，不利于组织的可持续发展；采用外包容易引发企业伦理方面的争议等。

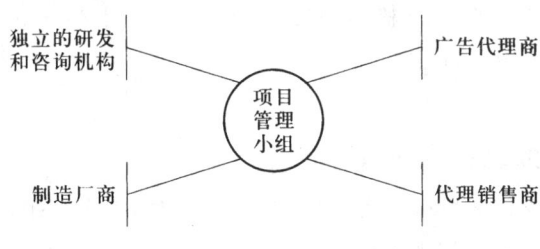

图6-6 动态网络型组织结构示意图

3. 市场链

市场链是青岛海尔集团首创的一种组织设计理念。其核心思想是将市场经济中的利益调节机制引入企业内部，在集团宏观调控下，把企业内部的上下流程、上下工序和岗位之间的业务关系由原来的单纯行政关系转变成平等的买卖关系、服务关系和契约关系，通过这些关系把订单转变成一系列内部的市场订单，形成以订单为中心、上下工序和岗位间相互咬合、自行调节运行的市场链。

市场链通过流程之间、工序之间、岗位之间的"索酬、索赔、跳闸"形成市场关系、服务关系，简称"两索一跳"，用其汉语拼音首字母标注为SST。其中，索酬（S）是指上游流程、工序、岗位如果提供了优质服务，就要索取报酬；索赔（S）是指下游流程、工序、岗位如果发现上游所提供产品数量、质量、交货时间出现问题，就要索要赔偿；跳闸（T）是指相关第三方，如再下一道工序最终检验部门发挥闸口的作用,如果各流程既不索酬也不索赔,第三方就会自动"跳闸",警示、制约并解决问题。

由此,海尔集团在实践的基础上开发出市场链理论,并用市场链的示意图替代了公司网站主页上的事业部制组织结构图。作为中国本土的组织理论创新,市场链不仅体现了一种组织设计理念,而且指导了海尔的生产经营实践,在简化组织结构、形成协同竞争格局、提高企业的快速反应能力等方面发挥了重要作用,价值链理论和实践也因此入选美国哈佛大学商学院案例库。

第三节 组织整合

组织在确定结构安排之后,还需要对组织中的不同力量进行整合。组织整合的必要性来自组织内部的各种冲突,如:如何在正式组织中发挥非正式组织的作用,消除其消极影响?组织层级内、层级之间如何进行协调?如何处理组织中同时存在的两种不同类型的管理者——直线和参谋的关系?

组织整合是按照组织目标的要求,对组织内部的各部门、机构、人员的活动进行安排,使之成为一个有机整体的过程,包括正式组织与非正式组织的整合、层级整合和直线与参谋的整合。

一、正式组织与非正式组织的整合

再完美的组织设计都不可能将组织的所有活动纳入正式组织的设计中,非正式组织的作用和影响不容忽视,因此组织设计需要考虑正式组织与非正式组织的整合。

(一)正式组织

巴纳德指出:"当今有关社会变革几乎无一例外地提到社会动荡的思想,却没有一部涉及作为其具体社会过程的正式组织的著作。这样的忽略就好比解剖学无视重要器官,生理学无视它的功能。只要认真观察社会中的人类活动,就不难理解:人们的动作、语言,以及所表达的思想、感情等在多数场合都取决于他们与正式组织的联系。"[1]

1. 正式组织的定义

巴纳德试图从组织的起源出发,探索组织的性质以及组织中管理人员的职能。巴纳德认为企业是一个协作系统。正式的协作系统(组织)具备三个要素:共同

---

[1] Chester I. Barnard, *The Functions of the Executive*, Cambridge: Harvard University Press, 1938, p. 3.

目标、协作意愿以及信息沟通。正式组织的运行过程实际上是这三个要素的形成过程和相互作用过程。

巴纳德理论中的正式组织概念实际上有两层含义，即作为理念型的正式组织和作为实际存在的协作系统。综合二者，可以将正式组织理解为：由两个或两个以上的人围绕一个共同目标并经过有意识的、处于系统关系的物的要素、人的要素和社会要素组成的有机整体。

2. 正式组织的活动

与正式组织的构成要素相对应，管理者需要承担决策、沟通、激励与领导的职能。管理者的上述职能也可以理解为正式组织的活动。

(二) 非正式组织

正式组织中，往往存在类似圈子、派系的小团体。尽管研究人员早就注意到非正式组织的存在，但真正对其进行确认并揭示其规律是在霍桑实验之后。

1. 非正式组织的发现

美国心理学家梅奥等通过对霍桑工厂继电器绕线班组 14 名工人的观察发现：班组中存在两个小团体，被排斥在外的工人存在工作过于积极或消极、爱打小报告、盛气凌人、因为语言障碍无法沟通等这样那样的问题。

2. 非正式组织的含义

后续研究进一步对非正式组织的特点及其与正式组织的关系进行了探讨。非正式组织的存在有两种情形：一种是为正式组织成立做准备的情形；另一种是伴随着正式组织的发展而产生或依附于正式组织的情形。

因此，非正式组织可以理解为：独立于正式组织目标之外，以人际关系和谐为导向，以非理性为行为逻辑，受潜在的不成文规定约束的个体组成的集合体。

3. 非正式组织与正式组织的区别

非正式组织与正式组织存在密切的相互作用。一方面，非正式组织在正式组织之间或依附于正式组织成立；另一方面，非正式组织对正式组织的活动产生影响，二者有可能相互补充，也可能引发对立、导致冲突。通过比较，不难发现非正式组织与正式组织存在以下区别：

(1) 目标不同。正式组织存在明确的目标，以目标为导向开展活动，更加重视活动为组织带来的效益；非正式组织并不存在明确稳定的共同目标，追求的是和谐的人际关系和成员的归属感、满足感。

(2) 行为逻辑不同。正式组织要求成员按照组织人格行事，通过非人格化的规章制度约束成员的行为；非正式组织则尊重参与者的个人人格，通过与组织目标无关的约定俗成的规则限制其行为，参与者的行为受情感支配。

(3) 结合紧密程度不同。正式组织有严格的管理层级和岗位职责，通过正规化的组织体系将成员联系在一起，层级分明，信息沟通受到严格的层级约束，越权是组织中的大忌；非正式组织不存在明确的结构和层级，信息传递的通道完全是开放的、发散的，当然也就不存在越权的问题。

（4）权威来源不同。正式组织中领导者的权威更多地来自职位性因素，非职位性因素只是一种补充；非正式组织中并没有稳定的领导者，权威来自参与者的非职位性因素，如资历、人品等。

（三）非正式组织与正式组织的整合

非正式组织对正式组织的影响既有积极的一面，也有消极的一面。因此，非正式组织与正式组织的整合需要发挥非正式组织的积极作用，减少其消极影响，营造有利于二者整合的组织文化环境。

1. 重视非正式组织的作用

正式组织与非正式组织的整合首先要发挥非正式组织的积极作用。可以概括为以下方面：

（1）满足组织成员的需要。正式组织的成员同时是非正式组织的参与者，由于非正式组织多为自愿组合，成员参与其中能够获得一些心理上的满足，比如能够帮助其发挥工作之外的专长、赢得尊重，形成一定的安全感、归属感，发现工作的意义等。

（2）有利于促进组织内部沟通。由于非正式组织没有层级分明的组织结构，参与者的沟通是水平交叉的，有利于提高组织内部的信息传递质量。

（3）有利于增加组织成员间的默契，增强凝聚力。非正式组织参与者的沟通往往是在没有压力的情况下进行的，长期的交流有利于他们之间形成默契，也有利于组织内部形成和谐的氛围，增强组织的凝聚力，调动成员的工作积极性。

（4）有利于组织活动的有序开展。非正式组织只有依托正式组织才能生存，因此它同样关注自身的发展，能够自觉地抵制组织成员违反组织规定、违背公序良俗的丑恶行为的出现，并以独特的方式加以惩戒，对组织的制度、文化形成有益的补充，有利于组织活动的有序开展。

2. 减少非正式组织的消极影响

非正式组织对正式组织的影响也有消极的一面。具体表现在：与正式组织目标的冲突；小道消息、流言影响组织沟通；对成员吸引力过大影响工作投入；对正式组织中领导的权威形成挑战等。因此，组织需要充分认识非正式组织可能产生的消极影响，避免其破坏作用。

（1）通过提高组织成员在决策中的参与性，避免目标冲突。组织成员对组织目标的不理解、认同程度不高往往是由决策过程不透明、缺乏参与造成的，吸纳非正式组织代表参与决策过程能够增进了解，有效避免两种组织之间的目标冲突。

（2）加强沟通与信息共享，避免小道消息蔓延。谣言止于智者，如果组织能够加强沟通，实现必要的信息共享，流言、小道消息也就不攻自破。

（3）关心成员的工作、生活状况，对非正式组织进行正确引导。如果组织成员对工作采取敷衍态度，却生龙活虎地投入非正式组织，往往是因为工作没有成就感。因此，组织需要关心成员的工作生活状况，对于其参与非正式组织活动给予充分的理解和尊重，将其主要精力引导到正式组织的工作中来。

（4）鼓励各级管理者参与非正式组织的活动，树立权威。管理者参加非正式组织活动既是了解组织成员真实想法的重要途径，也有利于树立起亲民形象，提高自身威望。

（5）营造有利于整合的组织文化和氛围。组织及制度的设计者对于非正式组织要采取一种开放、包容的态度，认识到它与正式组织的互补性，营造出有利于二者整合的组织文化和氛围，而不是将非正式组织视为洪水猛兽，一味地打压限制。当然，对于非正式发展可能带来的风险也要有清醒的认识。

二、层级整合

层级整合是指组织在纵向设计中需要确定的管理幅度、层级数量以及体现了不同集权程度的各层级之间的权责关系。层级整合包括管理幅度设计、有效集权与分权和组织设计中的授权问题。

（一）管理幅度设计

1. 管理幅度与管理层级的关系

当组织规模一定时，管理幅度与组织层级呈现出反比例关系。管理幅度越大，同样规模的组织所需要的组织层级越少；反过来，管理幅度越小，组织层级也就越多。如一个非管理人员为 4 096 人的组织，如图 6-7 所示，当管理幅度为 4 人时，需要 6 个管理层级，管理人员数量达到 1 365 人；当管理幅度为 8 人时，仅需要 4 个管理层级，管理人员数量相应缩减到 585 人。

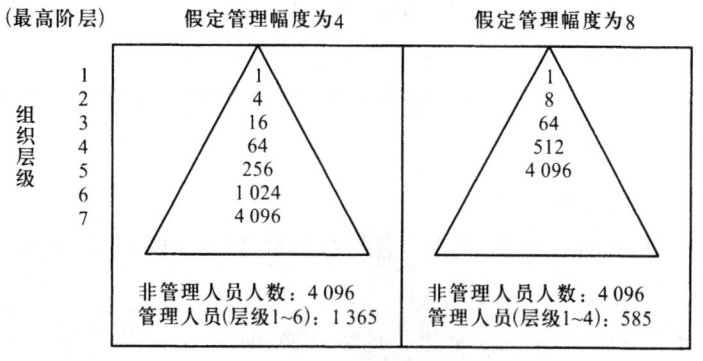

图 6-7 管理幅度与组织层级之间的关系

2. 管理幅度设计的影响因素

有效管理幅度受到诸多因素的影响,需要考虑管理者和被管理者的工作能力、工作内容和性质、工作条件与环境以及成员的差异性等方面。

(1) 工作能力。这里说的工作能力是指管理者和被管理者的综合能力,包括知识、经验、理解能力、表达能力、概括能力、应变能力等。如果管理者的工作能力强,可以就相关问题与下属进行有效沟通,管理幅度可以适当增大。反过来,如果下属的工作能力强,能够准确理解管理者的意图和指示,根据组织目标的整体要求自觉地开展工作,也有助于管理者突破管理幅度的制约。

(2) 工作内容和性质。管理工作的内容和性质会对管理幅度设计产生重要影响。具体表现在以下方面:管理者所处组织层级与管理幅度密切相关,高层级的管理幅度不宜过大,而基层组织的管理幅度可以增大;下属工作的相似性也会影响有效管理幅度,相似性越高,有效管理幅度越大,反之越小;计划的完善程度越高,越有利于下属执行,管理者需要进行解释、协调的场合就会越少,有效管理幅度也相应增大;程序化程度同样影响有效管理幅度,管理的程序化程度越高,下属职能部门能够分担的任务也就越多,有效管理幅度能够随之增大。

(3) 工作条件与环境。管理工作的辅助体系、助手配备情况、沟通工具的发达程度和信息化程度、业务活动的地理分布、政策的稳定性等工作条件和环境方面的因素也会影响有效管理幅度,需要在管理幅度设计中加以考虑。

(4) 成员的差异性。有效管理幅度还受到组织成员的文化背景、价值观、对待工作和生活的态度、忠诚度等因素的影响,上下级之间、成员之间的差异性越大,达成共识的难度就越大,能够实行有效控制的幅度也就越小。

(二) 组织设计中的集权与分权

组织中存在不同层次、不同内容的决策,因此有必要对这些决策进行协调。如果组织的决策完全由最高权力者来做,那么协调会相对容易。然而,现代组织由于规模大、决策事项复杂、决策对专业知识的要求高,不可能所有决策都由最高权力者来做,否则会影响组织效率。组织为了解决这一问题,往往采用分权的方式,即高级管理者将程序化的决策事项交由下属机构负责人来做,自己则集中精力进行非程序化决策,处理例外事务。于是,组织结构中会产生一个新的问题,即集权和分权。

1. 职权的来源与形式

从组织设计的角度分析,组织中各层级的权力来自其职位,因此又称为职权。职权有以下三种类型。

(1) 直线职权。直线职权是指管理者直接领导下属工作的权力,自组织的顶端一直延伸到底部,形成一条线形的指挥链。指挥链上的管理者拥有对下属人员工作的指挥权，下属与上级的沟通沿着指挥链自下而上地进行，否则就会越级。

（2）参谋职权。参谋职权是指组织中的参谋人员拥有的某些特定的权力，如建议、审核、对直线职权的评价等，是对直线职权的一种补充。随着组织规模扩大、管理事务增多，直线管理者需要设置一些参谋岗位来辅佐其工作，以弥补直线管理者能力、精力方面的缺陷。

（3）职能职权。直线管理者除了听取参谋的建议之外，必要时还可以将部分职权授予其他个人或职能部门，被授权方可以是管理者直接管理的下属，也可以是自己管辖之外的部门。

2. 集权与分权

集权是指决策权集中在组织高层的一种权力系统。与之相对应，分权是指决策权分散在组织各部门的权力系统。

在集权组织中，组织的最高管理者拥有更多决策权，因此具有容易协调的优势。但是，集权的消极作用也十分明显：由于掌握现场信息的下属部门管理者并不拥有决策权，需要逐一向上级请示，导致决策所需时间增加，影响决策的效率和质量。不仅如此，由于下属部门管理者不能参与决策，会影响其归属感和认同感。相反，分权组织虽然具有参与性强，有利于增强归属感、认同感的优势，但也存在由于决策权分散导致协调困难等问题。

3. 影响分权程度的因素

集权与分权并不是相互排斥、非此即彼的关系，而是程度的问题。也就是说，并不存在完全集权的组织或完全分权的组织。通常，衡量集权组织或分权组织的标准包括下属部门拥有决策事项多寡、决策事项的重要性和影响面、决策审核的多少等。下属部门拥有较多决策事项，且相关事项的重要性强、影响面大、决策审核少，则分权程度高，反之则低。

影响组织分权程度的因素包括以下五个方面：

（1）组织规模。组织规模越大，管理层级、部门数量、管理人员势必越多，沟通路径和复杂性增加，需要及时分权以分担管理人员的压力，提高决策的速度和质量。

（2）政策的统一性。如果组织内部结构相似、政策统一，则可以采取集权的方式进行层级整合；反过来，如果组织各部门之间差异较大，需要采取不同的政策以保证其发展，则需要提高分权程度。

（3）成员的自我管理能力。分权是以下级部门管理者和组织成员的自我管理为前提进行的，如果各级管理者、组织成员的自我管理能力强，就为分权提供了充分的条件。与此同时，自我管理能力越高，组织成员越需要独立开展工作，分权正好能够满足这种需求。因此，在知识经济时代，学习型组织分权程度较高。

(4) 组织的可控性。组织的层级设计既要有必要的权力集中，又要有必要的权力分散，两者不可偏颇。过度集权会影响决策速度，损害成员的积极性，而过度分权则可能导致组织失控，影响整体协调。因此，组织的可控性是影响分权程度的一个重要因素。集权应以不妨碍下属履行职责、有利于调动积极性为宜，而分权应以下级能够正常履行职责，上级对下级的管理不致失控为准。

(5) 组织的发展阶段。组织在不同发展阶段的发展动力、面临的风险不同，除了在组织结构上需要及时调整之外，分权程度也是一个重要的考量因素。通常，组织在生成、成长阶段应当适度集权；在成熟阶段、衰退阶段则需要提高分权程度，以调动各部门的积极性，提高组织对内外环境变化的适应性；当衰退不可避免、组织进入再生阶段时，需要通过强有力的领导来力挽狂澜，因此有必要提高集权程度。

（三）组织设计中的授权问题

分权设计是对组织权力系统的整体设计，在各层级、各部门的人员配置完成之后，职权的隶属关系也就确定了。然而，再优秀的管理者也不可能完成所有工作，需要整合部门力量来实现目标，授权的必要性由此产生。因此，授权是分权体系中不可缺少的一部分。

1. 授权的含义

分权和授权是两个极相似的概念，其实质都是权力的转移，但二者又有着本质的区别：分权是权力在组织系统中的分配，而授权是组织中的管理者将部门职权授予下属或参谋，由其代为履行职责的一种形式；分权的主体是组织，而授权的主体是拥有职权的管理者；分权的对象是部门或岗位，内容全面，而授权的对象是具体的人员，授权内容也局限在上级管理者的部门职权；分权具有恒久性，往往伴随着组织结构的调整而调整，授权则更加灵活，可以是长期性的，也可以是临时性的。具体而言，授权有以下含义：

(1) 工作任务安排。管理者将工作任务分派给下属，意味着下属可以按照工作目标和要求，在执行任务的过程中发挥其主观能动性。

(2) 权力转移。上级管理人员将部门职权一次性或临时性地授予参谋或下属，被授权方就拥有了相应范围内的权限。

(3) 明确责任。权力与责任是一对孪生兄弟，权力的转移也就意味着管理者将相关工作的执行责任移交给被授权者，自身则承担授权和监管的责任。因此，授权同时是一个明确责任的过程。

2. 有效授权的影响因素

授权是管理活动的重要组成部分，其有效与否不仅关系到组织目标的实现，而且影响组织成员的积极性。影响授权有效性的因素主要包括以下方面：

（1）授权内容。要想发挥组织成员的积极性、主动性和创造性，组织就需要进行充分授权，但授权内容应当适中。如果授权内容过多，可能影响上级管理者的权威；授权内容过少，不仅不利于下属积极性的发挥，而且不能减轻管理者的负担。

（2）信息的共享程度。得到授权后，接受方需要在允许的范围内做决策，需要相关信息的支撑。如果管理者仅仅将部分职权授予对方，而不提供充分的信息，下属可能无所适从。因此，信息共享程度会对授权的有效性产生重要影响。

（3）授权者的主观态度。授权者是授权过程的起点，其主观态度对能否进行有效授权具有决定性影响。这种主观态度包括权力观、授权意愿、责任心等。

（4）接受方的条件。接受方需要具备一定的条件，如与授权内容相关的知识、能力、经验和责任心等，这样才能高效率地完成任务。因此，接受方的条件会影响授权的范围与效果。

（5）隐含的奖励。有效授权的另一个影响因素是授权过程隐含的奖励，包括物质层面和精神层面的奖励。接受方在享有权力、承担责任的同时，需要物质上和精神上的褒奖。有时领导的口头表扬就能够起到激励的作用，但现实中往往被忽视。

3. 授权的原则

（1）目的性原则。作为管理活动的一部分，授权应该有明确的目的。这就需要弄清楚以下问题：授权的目的是什么？期望达到什么效果？目标明确之后，才能确定授权内容和授权对象，不能为了授权而授权。

（2）信任原则。权力的授予要以双方信任为基础，这就要求上级管理者充分信任下属。虽然授权之后沟通和反馈必不可少，但上级管理者在授权之后要尽量减少干预，保持指挥的统一性。当然，信任并不等同于放任，如果出现失控的危险，上级管理者可以及时收回授权。

（3）权责一致原则。权责一致的原则要求管理者充分授权并鼓励下属承担相应的责任，这样不仅能够提高授权的有效性，也有利于人才的培养。与此同时，上级管理者要根据任务完成情况和工作效果对下属的工作给予相应的鼓励。

三、直线与参谋的整合

组织中存在两类管理人员：直线管理人员和参谋人员。直线管理人员是指位于组织纵向层级中特定职位的管理者，拥有直线职权；参谋人员是指从专业的角度为特定层级的管理者提供咨询、建议的管理者。二者关系如果处理得当，参谋人员能够为组织的决策提供必要的支持和服务；如果处理不当，有可能引起冲突，降低决策效率，危及组织健康。因此，直线与参谋的整合是组织整合的一项重要内容。

(一) 直线与参谋的关系

直线与参谋之间既相互联系，又存在明显的区别。二者之间的关系影响组织整合的难度。

1. 直线与参谋的联系

(1) 直线与参谋都是组织的管理者，共同为组织目标服务。

(2) 参谋为直线管理者提供咨询、建议与审查等方面的专业服务。

(3) 直线与参谋都是为了克服管理人员的局限性而设置的。直线部门存在的必要性来自管理幅度的限制，参谋的设置是为了弥补直线管理人员专业知识和精力方面的局限性。

(4) 直线和参谋的角色可以转换。直线管理人员可能作为上级、下级和同级直线管理人员的参谋，而参谋人员可能在承担一定参谋职权的同时兼任一个部门的直线管理者。

2. 直线与参谋的区别

(1) 职权性质不同。直线管理者拥有直线职权，是组织指挥链不可或缺的组成部分；参谋人员拥有参谋职权，依附于某一个直线部门。

(2) 设置方式不同。直线部门是按照组织层级自上而下逐级设置的，相互之间是一种命令与服从的关系，参谋则是按照专业需求进行设置的，相互之间并不存在明显的等级。

(3) 在决策中的角色不同。直线管理者拥有与其岗位相适应的决策权，而参谋并不具有决策权，只是通过向直线管理者提供建议，从而影响决策。

(4) 考核标准和待遇不同。直线管理者的待遇取决于所在组织层级、职位和绩效，而参谋人员的待遇则由所提供的建议、服务的价值决定。

(5) 所承担的责任不同。直线管理者做出决策并对决策的结果负责，而参谋人员只是向直线管理者提出建议，并不承担决策结果的责任。

(二) 直线与参谋产生矛盾的原因

由于直线与参谋两类管理人员存在差异，有时相互间会产生矛盾，从而影响组织效率。直线与参谋产生矛盾的原因不外乎以下方面：

1. 统一指挥影响参谋作用的发挥

统一指挥是组织层级设计的重要指导原则，如果直线管理者过于强调统一指挥，势必削弱参谋的作用，影响参谋人员对组织的贡献；如果参谋人员过多地介入直线管理者的决策，有可能破坏组织统一指挥的原则，造成多头指挥。

2. 直线对参谋的轻视和抵制

同时设置直线和参谋是组织决策的需要，然而现实中可能出现直线管理者轻视参谋作用的情形，参谋作用得不到有效发挥。另一种情形是虽然直线管理者认可参谋的作用，但遭到下级直线管理者抵制，同样影响参谋发挥作用。

3. 参谋不尽责

参谋人员虽然拥有参谋职权，但由于并不拥有决策权，加上对下级直线管理抵制的担心，容易产生"建言献策但不添乱"的心理，从主观上影响其有效发挥服务、建议、辅助的作用。

4. 参谋过高估计自身作用

参谋对于决策的贡献不言而喻，其待遇也是由其建议的价值决定的，所以参谋容易高估自身作用。当建议在一定程度上得到采纳并取得效果时，参谋有可能认为自己居功至伟，甚至出现"摘桃子"的情况；反过来，如果建议没有得到采纳且出现决策失误，参谋可能出现幸灾乐祸的心理。

直线与参谋发生矛盾是一种必然现象，通过整合实现二者的通力合作就成为组织设计的一个重要课题。

（三）直线与参谋的整合方法

1. 慎重对待参谋的设置

直线与参谋之间发生冲突往往是参谋设置不当造成的，如参谋设置过多、用人不当等。设置过多往往是因为直线管理者能力的欠缺，用人不当则可能是组织过于重视参谋的专业知识、忽视其适应性造成的。因此，解决这一问题可以从以下方面着手：

（1）提升直线管理者的综合能力，适当控制参谋的规模。

（2）重视参谋对工作的适应性。

（3）重视参谋的来源。参谋可能来自组织内部，也可能来自组织外部。

2. 明确职责关系

直线、参谋的职责关系不清是导致二者冲突的另一个重要原因。通常，直线部门设计往往有明确的职务说明书，但对参谋的职责却缺乏清晰的界定。此外，直线管理者和参谋对于自身职责缺乏认识也可能引发对方的不满和猜疑，影响二者之间的协同。因此，解决这一问题需要从两方面入手。

（1）明确各自的职责关系。直线与参谋的关系可以简单概括为"直线决策、指挥、执行，参谋思考、筹划、建议"。

（2）完善直线管理者与参谋的沟通机制。直线管理者在决策前充分听取参谋的建议并对采纳情况、不采纳的理由进行及时反馈，而不是等到问题出现时才寻求参谋的支持。

3. 授予参谋必要的职能职权

为了有利于参谋发挥作用，克服直线管理者非理性因素的影响，组织可以在必要时授予参谋部分职能权力。

思考题

1. 什么是组织设计？组织层级和管理幅度是什么关系？
2. 机械式组织与有机式组织分别具有哪些特点？影响组织设计的因素有哪些？
3. 基本的组织结构形式有哪些？简要说明各自的优缺点。
4. 什么是组织整合？组织整合包括哪些内容？
5. 结合中国企业管理实际，说明组织整合的方式和途径。

▶ 自测习题及参考答案

第七章 人员配备

人员配备是现代组织进行人才建设的基础，关系到组织的长远发展。随着全球化、信息化趋势的不断增强以及国内外市场竞争的日益加剧，人员配备工作在现代组织中占有越来越重要的地位。

第一节 人员配备的任务、工作内容和原则

一、人员配备的任务

人员配备，一般是指组织中基于组织岗位要求对人员的配备，既包括组织管理岗位的人员配备，也包括非管理岗位的人员配备。在企业组织中人员配备是一项非常重要的工作，是现代组织进行人才建设的基础。组织在进行人员配备时，不仅要注意就职人员与岗位的匹配，更要注意人员自身的发展与成长，实现人的全面和自由发展，体现社会主义的本质特征。[①] 人员配备的主要任务有以下几个方面：

（一）为组织岗位物色合适的人选

组织各部门是在任务分工基础上设置的，因而不同的部门和岗位有不同的任务和不同的工作性质，要求具有不同的知识结构和水平、不同的能力结构和水平的人与之相匹配。人员配备的首要任务就是根据岗位工作需要，经过严格的考查和科学的论证，找出或培训组织所需的各类人员。

（二）促进组织结构功能的有效发挥

要使组织的岗位设计和职务安排的目标得以实现，让组织结构真正成为凝聚各方面力量、保证组织管理系统正常运行的有力手段，就必须把具备不同素质、能力和特长的人员分别安排在适当的岗位上，使人员配备尽量适应各类职务的性质要求，使各职务应承担的职责得到充分履行，这样组织设计的要求才能实现，组织结构的功能才能充分发挥出来。

（三）充分开发和挖掘组织内的人力资源

现代市场经济条件下，组织之间竞争的成败取决于人力资源的开发程度。在管理过程中，通过适当的选拔、配备和使用、培训人员，可以充分挖掘每个成员

[①] 马克思在《资本论》第1卷中指出，未来社会就是一个"以每一个个人的全面而自由的发展为基本原则的社会形式"。参见《马克思恩格斯文集》第5卷，人民出版社2009年版，第683页。

的内在潜力，实现人员与工作任务的协调匹配，做到人尽其才、才尽其用，从而使人力资源得到高度开发。

（四）促进人的全面和自由的发展

人员配备既要做到就职人员与岗位的高度匹配，以适应组织发展的要求，同时，又要注意对人的培养，使人员在组织中充分发挥自己的主观能动性时自身的素质也得到提升，最大限度地实现全面发展。

二、人员配备的工作内容

（一）确定组织人员需要量

确定组织人员需要量的主要依据是组织设计出的岗位职务类型和岗位职务数量。岗位职务类型指出了需要什么样的人，岗位职务数量则告诉我们每种类型的职务需要多少人。构成组织结构基础的职务可以分成许多类型。为一个新建的组织选配人员，一般只需要利用上述职务设计的分类数量表来确定人员数量，向社会公开招聘。如果对现有组织机构的人员配备进行重新调整，就应根据组织的重新设计，检查和对照组织内部现有的人力资源情况，找出差额，确定需要从外部选聘的人员类别与数量。

（二）为组织选配人员

为了保证担任不同职务的人员具备该岗位职务要求的知识和技能，必须对组织内外的候选人进行筛选，做出最恰当的选择。待聘人员可能来自组织内部，也可能来自组织外部。人员配备的任务就是从组织的岗位要求出发从组织内部或组织外部选聘到适合组织岗位要求的人员。

（三）根据组织要求制定和实施人员培训计划

虽然选聘来的人员是根据组织岗位要求选聘的，但要真正发挥好他们的作用还需要根据具体岗位的要求进行培训。培训的目的在于使组织成员能够掌握岗位所需要的技术，充分发挥他们的能力；对组织发展所需的管理人员还要求他们对组织忠诚，并使之看到自己在组织中的发展前途。所以，人员培训无疑是人员配备中的一项重要工作。培训既是为了适应组织技术变革、规模扩大的需要，也是为了组织成员个人的充分发展。因此，要根据组织的成员、技术、活动、环境等特点，利用科学的方法，有计划、有组织、有重点地进行培训。

三、人员配备的原则

（一）任人唯贤原则

在人员选聘方面，大公无私、实事求是地发现人才、爱护人才，本着求贤若渴的精神，重视和使用确有真才实学的人。这是组织不断发展壮大、走向成功的关键。

（二）程序化、规范化原则

人员的选聘必须遵循一定的程序和标准。科学合理地确定人员的选拔标准和聘任程序是组织聘任优秀人才的重要保证。只有严格按照规定的程序和标准办事，才能选聘到真正愿为组织发展做出贡献的人才。

（三）因事择人、因材器使原则

因事择人就是人员的选聘应以职位的空缺和实际工作的需要为出发点，以职位对人员的实际要求为标准，选拔、录用各类人员。因材器使，是指根据人的能力和素质的不同，去安排不同要求的工作。从组织中人的角度来考虑，只有根据人的特点来安排工作，才能使人的潜能得到最充分的发挥，使人的工作热情得到最大限度的激发。如果学非所用、大材小用或小材大用，不仅会严重影响组织效率，也会造成人力资源计划的失效。

（四）量才使用、用人所长的原则

量才使用就是根据每个人的能力大小安排合适的岗位。人的差异是客观存在的，一个人只有处在最能发挥其才能的岗位上，才能干得最好。用人所长，是指在用人时不能求全责备，管理者应注重发挥人的长处。在现实中，由于人的知识、能力、个性发展是不平衡的，组织中的工作任务要求又具有多样性，因此，完全意义上的"通才""全才"是不存在的，即使存在，组织也不一定非要选择用这种人才，而应该选择最适合空缺职位要求的候选人。有效的人员配备就是要能够发挥人的长处，并尽量避免其短处。

（五）动态平衡原则

处在动态环境中的组织，是不断变革和发展的。组织对其成员的要求也是在不断变化的。当然，工作中人的能力和知识也是在不断提高和丰富的。因此，人与事的配合需要进行不断的动态平衡。动态平衡，就是要使那些能力发展充分的人，去从事组织中更重要的工作。同时要使能力平平、不符合职位需要的人得到识别及合理的调整，最终实现人与职位、工作的动态平衡。

第二节 人员选聘

一、人员的来源

（一）组织内部人员

大多数组织在需要人力资源时通常先在内部选聘，即通过对组织内成员晋升、职位调动和工作轮换等形式，选聘组织发展需要的人员。内部选聘的最大优点是能提高组织选聘的效益。

(二) 组织外部人员

外部选聘是指管理者通过对组织人事资料的检索,查明和确认在职人员中确实无人能够胜任和填补职位空缺时,从社会中选聘人员。需要选聘的人员来自组织外部。具体来源有:

(1) 内部人员介绍推荐。即组织内部人员以口头方式传播选聘信息,推荐和介绍职位申请人到组织中来。此方法的优点是:引进的人员相对可靠、稳定。因为内部介绍人对职位申请者比较了解,因而能结合组织拟聘职位所需要的知识、能力进行推荐;受聘者由于与介绍人联系较密切,能从介绍人那里得到更多有关组织的信息,从而较快地适应组织环境和应聘的岗位。

(2) 上门求职者。即从主动上门求职者中寻找所需要的人员,它通常适用于选聘营业员、职员和保管员等技能和知识要求都比较低的工作人员,而对选聘管理人员或监督人员,此种方法不适合。由于组织与上门求职者彼此不了解,因而较难融洽地合作,但这种方法具有选聘成本低的优势。

(3) 劳务中介机构。即那些专门向组织提供人力资源的机构。我国劳务中介机构的形式有临时劳务中介机构、固定劳动力介绍机构、各类各级人才交流中心和专门从事提供高级管理人员的猎头公司等。这些机构有些由国家和政府设立,有些由组织、集团和集体开办,有些则纯属商业性的;这些机构对人员的提供亦有侧重,有些主要向社会提供熟练工人和技术工人,有些向社会提供管理人员、高级专家和留学回国人员,有些则专门帮助组织发掘高级行政主管。组织利用劳务中介机构获取所需人员可以实现以较低的费用快速地找到所需人员,是组织从外部选聘人员的重要途径。

(4) 教育机构。这是组织从外部获取人力资源,尤其是新生人力资源的主要来源。不同学校培养的毕业生在技术、能力和知识水平方面均有差异,因而组织可根据不同职务选择不同教育机构的毕业生。通常毕业生没有实践经验,因而往往需要岗前培训,但他们年轻,富有朝气和活力,能给组织带来新鲜人气。

外聘的优点体现在以下几个方面:一是能给组织带来新观念、新思想、新技术和新方法;二是外来者与组织成员之间无裙带关系,因而能较客观地评价组织工作,洞察存在的问题;三是组织能聘用到已经受过训练的人员,及时满足组织对人才的需要,因而在组织没有合适人才时,外聘费用通常比培训一个内部成员要便宜;四是外聘人员使用较灵活,组织可根据组织活动情况与外聘者签订短期或临时的工作合同。外聘也有其不足之处:一是有可能挫伤内部成员的工作积极性,因为外聘就意味着内部成员内聘机会的减少;二是外聘者需要较长调整时间来适应组织环境和工作;三是管理职务上的外聘者可能照搬老经验来管理新组织,而忽视了调整自身来适应该组织，忽视了经验与组织发展的有机结合。

二、人员选聘的标准

人员选聘要做到三个匹配，即人员技能与岗位职责相匹配；人员个性与岗位特点相匹配；人员价值观与组织价值观相匹配。只有人员的三个匹配度都符合组织的要求，所聘人员才有可能适应组织的工作。

（一）人员技能与岗位职责相匹配

组织岗位需要的基本技能（包括学历、专业、经验等），是做好一项工作的前提。这就需要进行工作分析，明确岗位职责，把选聘职位的工作内容、特点与对人员的技能要求等编制成职位说明书，让应聘者知道岗位的任职条件。选聘人员的技能与组织岗位相匹配，是人员选聘的基本标准。

（二）人员个性与岗位特点相匹配

人员个性是选聘中要考虑的重要因素。随着现在专业化分工越来越细，团队合作越来越重要。如果工作人员以自我为中心、合作能力不强，就不适合在团队中工作。另外也要考虑人员与团队的互补性，如果团队成员个性都很强，那么善于协调的员工就能发挥作用。因此，分析团队的特点，选聘合作性和互补性强的新成员，团队才能产生 1+1>2 的效果。

当然，团队精神在绝大多数场合应该提倡，但个性独立的人也不能随意淘汰。对组织的监管、质检等岗位来说，坚持原则的人员更有用武之地；设计策划部门，特立独行的人有可能随时迸发出创造的火花。因此，选聘前一定要清楚把新聘人员放在哪个位置，该岗位对人员个性等有哪些要求，还要考虑新聘人员的职业取向以及可能的升迁位置等，这样选聘来的人员才能"对号入座"，发挥自身的价值。

（三）人员价值观与组织价值观相匹配

价值观支配个体行为。组织成员对组织忠诚度的高低与其对组织价值观的认同度有密切关系。认同组织价值观的成员能够与组织文化更好地融合，提高组织绩效。所以，应当向应聘人员开诚布公地讲明本组织的优劣势、提倡什么和反对什么、组织文化的特点等，让应聘者权衡选择。这样组织虽然有可能失去一些优秀人员，但更能增加成员的稳定性。

三、人员选聘的途径与方法

人员选聘是组织为一定的工作岗位选拔出合格人才而进行的一系列活动，是把优秀、合格的人员引进组织，并安排在合适的岗位上工作的过程，是现代组织人力资源管理的基础性工作。能否选聘与录用到高质量的合格人员，是关系整个组织成员队伍素质高低的关键。其中，人员选聘的途径和方法将直接影响所招收人员的素质和组织的效率与效益。

（一）组织内部选聘的途径与方法

当组织中某一岗位或职位发生空缺时，首先应考虑从现有成员中调剂解决，或是在组织内按照有关标准考评提拔。这种方法的优点是可以提供激励因素和培养组织成员的忠诚度。同时，通过内部选聘，组织比较容易对其进行全面了解，所需要的培训较之外部人员少，能节约部分培训费用，省时、省力、省资金。不仅如此，被提升的组织成员熟悉工作环境，可以迅速适应新的工作岗位，实现人与事的更好结合，有利于组织和成员自身的发展。这种方法的缺点是不利于引入新思想。另外，大量从组织内部提升管理人员还会导致人际关系复杂，人际矛盾加剧，经营思想保守、墨守成规等不利后果，并由此产生不公正现象和庇护关系。通常情况下，如果组织内部管理制度有效，组织成员的工作作风良好，组织不想改变目前的状况，就可以运用内部选聘的方式。相反，如果组织内部管理效率低，风气又不好，组织想要改变目前的不良状况，就可以考虑运用外部选聘的方式。

组织内部选聘主要包括组织内部成员的提升和组织内部的职位调动两种方式及相应的选聘方法。

1. 组织内部人员的提升

提升内部成员是填补组织内部空缺的最好办法。这种做法，不仅可以将有管理才能的成员放在更合适的位置上，更重要的是对组织成员的工作积极性能产生激励作用。但是，组织内部成员的提升是否能真正起到激励组织成员努力工作的作用，还取决于组织内部提升工作做得是否完善。如果提升工作没有做好，不仅不能产生对组织成员的激励作用，反而会起反作用。有效的内部提升有赖于组织的内部技术规划和内部提升政策，有赖于通过对组织成员提供教育和培训来帮助管理者确认并开发内部成员的晋升潜力。所以，组织的人力资源管理者应掌握好组织内部成员提升的方法，克服主观片面性，真正做到任人唯贤。

要使内部提升计划取得成功，必须做好以下几项工作：

（1）考查组织成员是否具有提升的资格，确定提升候选人。确定提升候选人是做好提升工作的基础。考查一名组织成员是否具有提升资格，必须严格按照"才、职相称的原则"。内部人员考查通常包括以下四个方面：一是个人才能。考查提升候选人要注重考查其知识面、分析问题的能力及管理能力。二是个人品德。考查提升候选人是否达到德才兼备的标准。三是个人的工作表现。这是对提升候选人原担任的职位、工作进行考核和评价。考查工作表现特别要注意候选人工作的努力程度。四是个人的工作年限。考查提升候选人在原职位上的工作资历，评价其工作经验。

(2) 测试提升候选人。在组织内部选聘人员时，必须对候选人进行一些测试，以考查其管理能力，即测定其分析问题和解决问题的能力、决策能力、领导能力以及人际交往的能力等，以便确定候选人是否真正具备晋升的潜力。提升候选人在个人才能、品德、工作表现和工作年限等方面各有优点，在测试中会反映出不同的能力。为了避免片面性，必须使每一位提升候选人都具有综合可比性。

(3) 确定提升人选。在对拟提升人选进行测试的基础上，确定提升人选。尽可能做到各尽所能，人尽其用。

2. 组织内部职位的调动

组织内部职位的调动是指组织将组织成员从原来的岗位调往同一层次的空缺岗位去工作。组织内部职位的调动通常由以下原因引起。

(1) 组织结构调整的需要。由于组织环境的变化，组织需要对原先设置的部门进行调整与重新组合或设立新的部门，这种变化必然会涉及职位的调动问题。

(2) 对组织成员培养的需要。为了增强组织成员的适应能力，组织通常会采用流动培训的方式来训练他们。另外，将要提升至管理层的人选，也会被安排在各部门间轮流实习，以便对组织各部门的运作有更清晰的认识，使其更胜任领导岗位的工作。

(3) 组织成员对现任岗位不适应。某些人员通过培训入职后，其所掌握的技能仍与岗位工作要求不相适应，或是掌握的技能和知识远远超过其岗位要求，这时，管理者则应对其进行职位调动，为其选择一个合适的工作岗位，使"人在其位，位得其人"。

(4) 调动组织成员的积极性。某些人员长期在同一岗位工作，会对原工作岗位失去兴趣，为了调动其工作积极性，需要重新安排该成员到他感兴趣的工作岗位上去。

(5) 人际关系问题。如果组织成员在原工作部门产生了较严重的人际关系问题，不利于其积极性的发挥，则应对这些人员进行调动，为其创造新的工作环境。

组织内部人员的提升与调动可以为所有人员提供一个平等竞争的机会。这对于挖掘组织成员的潜力，不断激发他们的工作兴趣和积极性，增强组织凝聚力，节约人力资源，促进组织发展都有重要的意义。

3. 内部选聘方法

内部选聘主要通过职务选聘海报、口头传播、从组织的人员记录中选择、以业绩为基础的晋升表等方法进行，其中常用的是职务选聘海报。

职务选聘海报通常通过布告栏、内部报纸、广播和全体人员大会等发布选聘消息，邀请所有人员应聘新职位。所发布信息中应描述空缺职位、选聘此职位的重要性、报酬、应聘者应具备的条件等，增加职位透明度，让人们了解组织的需要；必要时可说明希望组织成员介绍和推荐适合人选应聘，并给介绍人一定的奖励。选聘结束后，组织需要向所有人员宣布应聘人及被聘理由，以保证选聘工作的公正、公平和透明。

海报选聘给组织成员提供平等的成长和发展机会，组织成员自由、自愿申请，不必事前得到其直接领导的批准；能吸引更多有资格的人员参加应聘和竞争，因而能使组织以较低成本配置人员进入最适合的位置。当然，也要防止有些人不考虑个人知识、技能，利用此选聘机会在组织内部连续"跳槽"，影响组织成员在某些职位上的稳定性。

(二) 组织外部人员招聘

1. 外部招聘的途径

(1) 职业介绍机构与人才交流市场。组织通过职业介绍机构和人才交流市场进行人员选聘的优点是：应聘者面广，中间环节少，人员选用耗时较短，并且可以避免裙带关系的形成。缺点是：在选聘过程中，应聘人员的素质高低不齐；选聘时间短，对他们的情况了解不够全面；有些职介机构鱼龙混杂。因此，运用这种选聘方式时，要选择信誉较高的机构，并尽可能多地了解应聘者的情况。

(2) 猎头公司。猎头公司是指一些专门为组织选聘高级人才或特殊人才的职业选聘机构。当组织需要雇用对其有重大影响的高级专业人员或当组织需要多样化经营、开拓新的市场或与其他组织合资经营时，就会委托猎头公司代其选择人才。猎头公司以其专业优势准确把握关键的职位所需要的工作能力、关键品质，科学评价应聘的人选，从而快捷、有效地完成选聘，而且被聘用的人员不需进一步的培训就可以马上上岗并发挥重要作用，为组织管理带来立竿见影的效果。当然，这种选聘方式所需费用较高。

(3) 校园选聘。高等院校和职业学校是组织选聘管理人员和专业技术人员的重要途径之一。学生在校期间通过系统学习，基本掌握了组织经营管理的基础知识，并初步具备了组织服务与管理的技能，具有专业知识较强、接受新事物能力快、个人素质较高等特点。不仅如此，学生在校期间也接受了一定时间的专业训练和专业实习，具有一定的实际工作经验，组织只需进行短时间的培训，就可以上岗工作，并能够很快适应工作需要。应届毕业生年轻、求知欲旺、成才快，录用他们是保证组织成员队伍稳定和提高其整体素质的有效途径。

(4) 公开选聘。公开选聘是指组织利用广播、电视、报纸、杂志、互联网和海报张贴等多种途径向社会公开宣布选聘计划，为社会人员提供一个公平竞争的机会，从而择优录取合格人员的选聘方式。通过公开选聘所吸引的应聘者参差不齐，筛选工作量大，所以不适合急于填补某一关键岗位人员的选聘需要。

2. 外部招聘的方式

（1）招聘广告。这是指利用报纸、杂志、电视和电台发布招聘信息，其中在报纸上刊登招聘广告是最常用的外部选聘方法。报纸发行量大，读者面广，可以涉及从非技术工人到技术和管理人员等不同层次的读者，因而这种选聘方法成本较低。利用杂志发布招聘广告常适用于高级人员和特殊领域的专家，如选聘高级程序设计人员时，可选择在电子杂志上发布选聘广告；相对其他广告形式来说，杂志广告在选聘特定人员时更有针对性、更有效，但杂志出版周期较长，因而在组织急需人员时不能及时发布选聘信息。电台和电视发布招聘广告数量很少，因为其支出费用较高，而且招聘效果深受各频道或节目收视率的影响，不过目前我国为了给下岗人员再就业提供更多的就业机会，许多电台和电视台开播与劳动和职业介绍有关的节目，在这类节目中往往提供劳务招聘信息。

（2）网上招聘。这是指通过计算机网络向公众发布招聘信息。组织利用局域网、国际互联网发布有关招聘信息，职务申请者可以通过网络寻找到适合自己的职业。网上招聘的主要优点是能快速及时地传递信息，传播面也极为广泛（可以波及国外）。网上招聘已越来越受到组织的重视，运用效果也越来越受到组织的认可，因而这种招聘方法有很大的发展潜力。

3. 外部招聘的程序

外部招聘的程序通常分为准备筹划、宣传报名、全面考评和择优录取四个阶段。这里详述前三个阶段。

（1）准备筹划阶段。这一阶段的主要工作是：根据组织需要确定招聘计划；根据招聘量和重要程度确定招聘组织；拟定招聘方案；确定区域、范围、标准和报名时间等；按规定向劳动管理部门报批并办理有关手续。

（2）宣传报名阶段。这一阶段主要有两项工作：一是发布招聘信息，使求职者获得组织招聘的信息，并起到一定的宣传作用。因此，组织应选择有利于树立组织良好形象、影响力大而费用在组织承受力之内的宣传媒介。二是受理报名，通过求职者填写有关求职登记表，了解求职者的基本情况，并通过目测、交谈判断其是否符合本组织招聘人员的报名资格，为接下来的全面考评奠定基础。

（3）全面考评阶段。这一阶段是人员招聘工作的关键。全面考评，就是根据组织的招聘标准，对求职者进行现实表现考评和职业适应性考查。现实表现考评主要是了解求职者过去的工作表现。职业适应性考查包括以下几个方面：一是报名时的初试；二是笔试；三是面试；四是体检。

四、人员录用

人员录用决定着组织人力资源的数量、质量和结构，是人力资源管理的前提和基础，是组织绩效和目标的重要保证。如何公平公开、科学高效地甄选、录用符合组织岗位需求的人员，以达到改善人力资源结构，保证年龄结构、知识结构、能力结构等符合组织发展的整体目标，是人员录用的主要任务。因此，采用有效的录用方式、确定科学的录用流程是人员录用的主要工作。

（一）人员录用的方式及注意事项

人员录用是依据选拔的结果做出录用决策并进行安置的活动，其中关键的内容是做好录用决策。录用决策是依照人员录用的原则，避免主观武断和不正之风的干扰，把选拔阶段多种考评和测验结果组合起来，进行综合评价，从中择优确定录用名单。需要强调的是，人员选拔环节中的所有方法都可用来选择潜在的组织成员，但决定使用哪些选拔方法，一般要综合考虑时间限制、信息与工作的相关性，以及费用等因素，对相对简单或无须特殊技能的工作采用一种方法即可，如招聘打字员，根据应聘者打字测试的成绩一般就足以做出决定。但是，对大部分岗位来说，通常需要采用多种方法，相互结合，扬长避短，提高录用决策的科学性和正确性。

一般的录用方式有以下几种：

（1）多重淘汰式。多重淘汰式中每种测试方法都是淘汰性的，应聘者必须在每种测试中都达到一定的水平，方能合格。该方法是将多种考评与测验项目依次实施，每次淘汰若干低分者。全部通过考评项目者，再按最后面试或测验的实得分数排出名次，择优确定录用名单。

（2）补偿式。补偿式中不同测试的成绩可以互为补充，最后根据应聘者在所有测试中的总成绩做出录用决策。如分别对应聘者进行笔试与面试选择，再按照规定的笔试与面试的权重比例，综合算出应聘者的总成绩，决定录用人选。值得注意的是，由于权重比例不一样，录用人选也会有差别。

（3）结合式。结合式中，有些测试是淘汰性的，有些是可以互为补充的，应聘者通过淘汰性的测试后，才能参加其他测试。

在做出最终录用决策时，应当注意以下几个问题：第一，尽量使用全面衡量的方法。组织要录用的人员必然是能够满足单位需要，符合应聘岗位素质要求的人才。因此，必须根据单位和岗位的实际需要，针对不同的能力素质要求给予不同的权重，然后录用那些得分最高的应聘者。第二，减少做出录用决策的人员。在决定录用人选时，必须坚持少而精的原则，选择那些直接负责考查应聘者工作表现的人，以及那些将与应聘者共事的人进行决策。如果参与的人过多，会增加录用决策的困难，造成争论不休或浪费时间和精力。第三，不能求全责备。人没有十全十美的，在录用决策时不要吹毛求疵，挑小毛病。录用决策人员必须分辨主要问题以及主要方面，分辨哪些能力对于完成应聘岗位工作是不可缺少的，这样才能录用到合适的人选。

（二）人员录用流程

根据实际情况，建立并形成具有组织特色的人员录用流程是进行人员录用管理的重要依据。录用流程包括四个阶段：录用准备、录用甄选、录用实施、录用评估。

1. 录用准备

根据组织人力资源规划及岗位工作分析，制定录用计划，并根据潜在录用对象的特征选择特定途径发布信息。

2. 录用甄选

通过简历筛选确定正式参加考试的应聘者，并组织考评。其中考评阶段主要确定考评内容、考评方式等。

3. 录用实施

在经过甄选工作后，录用管理工作进入决定性阶段。这一阶段的主要任务是通过对甄选评价过程中产生的信息进行综合评价与分析，确定每一位应试者的素质和能力特点，根据预先确定的人员录用标准与录用计划进行录用决策。择优录用就是把多种考评和测验结果结合起来，综合评定。严格挑选出符合组织岗位要求的人员，确定录用名单。最后办理录用手续，洽谈工资、福利待遇等问题，签订劳动合同，使组织与成员之间的劳务关系协议具有法律效应。

4. 录用评估

这是录用活动的最后阶段。该阶段主要是对录用活动作总结和评价，将有关资料整理归档。评价内容主要包括录用的成本核算、录用质量评估等。

组织招聘人员是一个双向选择的过程，既是招聘组织挑选应聘者的过程，也是应聘者挑选招聘组织的过程。这种双向选择的权利对招聘与应聘双方都应该是平等的。因此，在招聘外部人员时，组织管理者应如实向求职者介绍组织的实际情况，以招聘到真正乐于在本组织工作的人员。同时，应把招聘过程看成是树立组织形象的公关过程。招聘者的态度要和蔼、真诚，要营造出轻松和谐的气氛，给应聘者留下亲切友好的感觉。这样，无论应聘者是否被录用，都会对组织留下良好的印象。

第三节 人事考评

一、人事考评的功能与要素

考评是指对一段时间内个人的工作能力及工作绩效进行考核。传统人事管理中，主要凭直觉、印象以及简单的成绩记录来对组织成员的工作情况做出判断。

这类考评手段缺乏严格性、系统性和科学性，容易造成考评评定上的失误，从而影响整个管理过程。现代人力资源管理要求运用科学的评价系统对人员素质及工作成绩做出客观、公正的评价。

（一）人事考评的功能

1. 人事考评是实现组织绩效目标的有力工具

人事考评标准对被考评者和其他人员来说具有导向作用，形成对被考评人员的行为导向，同时同奖惩机制结合起来，直接关系到被考评者的经济利益，影响着他们的价值取向。因此，在组织目标体系的指导下，考评是一只无形的手，指导着组织成员共同努力，促进组织发展，实现提高绩效的目标。

2. 人事考评有助于形成激励机制

考评结果的差异代表着被考评人员在能力和成绩上的差异，这种差异能够形成对被考评人员及其他人员的激励，通过考评将绩效突出的成员真正突出，使这些人有一定的成就感和荣誉感；给绩效不高者造成一种压力，促使他们不断改进工作，提高绩效，从而增强了整个组织的凝聚力，有利于组织的共同发展和进步，促进组织绩效的提高。

3. 人事考评是一种反馈机制，可以促进组织成员共同协调发展

通过考评结果反馈，将组织成员的绩效状况和素质能力情况反映给包括考评主体在内的组织中全部人员。对于被考评者来说，考评结果有利于他们去寻找造成自己取得成就或不称职状况的原因；对于考评主体来说，他们掌握着具体工作岗位对任职人员的要求，在了解被考评人员现有情况的基础上，使他们能够自觉地调整自身的工作，减少内耗，形成一致行为，促进被考评人员提高绩效。因此，通过这种反馈方式可以促进组织成员共同协调发展。

（二）人事考评的要素

考评要素，通俗地讲，就是从哪些方面去考核和评价一个人。设计考核要素是考核工作中的难点。

1. 人员考核的基本要素

对人的评价应该是综合性的，所以对人的考核要全面，不能只看一面而忽略另一面。人员考核要素，从大的方面讲主要包括四个部分：职业品德、工作态度、工作能力、工作业绩。

（1）职业品德。职业品德要考核组织成员是否在思想上与组织精神、理念保持高度一致。具体内容包括：一是忠诚度。考核组织成员是否责任心、事业心强，爱岗敬业，能否认真做好本职工作，与组织同甘共苦。二是贯彻执行。考核组织成员的积极主动性，是否严格贯彻组织精神、理念及各类制度并能及时反映异常状况等。

（2）工作态度。工作态度包括责任心、服从意识、协作意识等。考核工作态度的目的是了解组织成员工作上是否具有积极性、主动性，是否能够钻研业务、勇于创新，是否能够充分发挥自己的能力，是否具有较好的组织纪律性等。具体考核如下内容：一是人际关系。即是否与同事、上下级相处融洽，并受到欢迎。二是组织纪律性。即是否能严格遵守组织制度，以身作则。三是团队合作。即是否具有良好的团队合作精神和服务意识，工作上理解、支持、配合。四是积极主动性。即工作是否积极主动，敢于承担责任，遇到工作不推诿。五是责任心。即工作是否认真负责，严于律己，不乱发议论和牢骚。六是进取心。即是否积极向上，不断自我学习，不断进取。七是下属认可度。如在下属心目中是否有较高地位，是否被下属认可。

（3）工作能力。工作能力是指组织成员的业务知识和工作能力，工作能力考核的目的是考核组织成员的基本能力、业务能力、应用能力和创新能力等。具体考核内容如下：一是管理统率。即根据下属性格、经验、学识等进行合理分工，科学部署，进而组织完成工作任务的能力。二是理解执行。即对上级的决定计划准确理解和执行的能力（中级职员）。三是专业知识（能力）。是否具有丰富的岗位相关知识？四是沟通协调。即运用文字或口头语言，使他人了解本人意图，圆满处理各类事务的能力。五是统筹策划。即准确把握问题的所在并提出切实可行方案的能力。六是计划安排。即对分内工作进行合理、科学安排的能力（一般管理人员）。七是判断决策。即准确把握问题关键，立足全局，全面迅速做出决定的能力。八是培训指导。即积极合理地培训、指导、激励下属工作，使下属能动地接受工作并完成任务的能力。九是应变创新。即思维敏捷，临危不乱，面对困难和问题能及时发现解决办法的能力。

（4）工作业绩。工作业绩是指工作目标完成度、准确度、效益和对组织的贡献，目的是考查组织成员完成工作任务的质量和数量，从事创造性劳动的成绩、工作效率及为组织所做的贡献大小。各类人员的工作业绩由专业部门负责考评。具体内容如下：一是目标达成度。即《工作计划书》指定的目标及《职务说明书》所规定的工作职责完成情况。二是工作品质。即所辖范围内的工作秩序是否良好，处理事务是否按规定完成，要求归档的文件、表单、资料是否齐全和管理有序。三是工作方法。即完成工作的方法是否科学、合理、合法、高效。四是绩效增长。即管理人员本身责任的执行情况，下属绩效的改进情况。

总之，组织设计的考核要素要基本涵盖考核对象的工作内容，从而对被考核者做出全面的了解和评定。

2. 区别不同类型的考评对象确定考核要素

对于不同岗位的组织成员，由于工作性质和工作内容的不同，所以考核要素的设定也应该分门别类，只有这样，考核才具有针对性。如机关人员与车间职工的工作性质不同，那么考核要素也应与车间职工的考核要素有所不同，对机关人员的考核应以服务态度、原则性、协调性、计划性等为重要考核要素。同样，领导者的考核要素与普通职工的考核要素也有所不同，如对车间主任的考核，除了有一般职工的考核要素外，还应有政治立场，思想品质，政策业务水平，分析、判断、决策能力，组织领导能力，沟通协调能力等管理方面的考核要素，而且这些要素是考核领导者的重要内容。

3. 依据考核要素完善人事考评指标体系

在具体的人事考核中，要依据考核要素设计完善的人事考评指标体系。人事考评通过考评指标体系来实施。考评指标的设计包括指标内容与标准的确定及量化等主要工作，指标内容的设计包括考评要素拟定、要素标志选择及标志状态标度划分三项内容。

人事考评指标设计要与实际考评内容保持一致；指标要具有可操作性，尽量将无法操作的指标用可操作的指标代替，所设计的指标应尽量具有普遍性，要适合所有考评对象，有较强的代表性，避免仅仅适用于个别考评对象，这也是人事考评简便性特征的要求；指标的内容设计上要涵盖工作的条件、过程及结果，即指标内容设计中不但要包括人员素质和能力，还要包括工作绩效的考评指标；指标内容设计要避免相互交叉，同时要确保其完整性。指标的量化，即将考评指标赋予一定的分值，使指标体系具有可考功能。

二、人事考评的方法

（一）实测法

实测法是指通过各种项目实际测量进行考评的方法。例如，对被考评者进行生产技术技能的考评，通常采用现场作业，通过对其实际测量，进行技术测定、能力考核。

（二）成绩记录法

成绩记录法是指将取得的各项成绩记录下来，以最后累积的结果进行评价的方法。这种方法主要适用于能实行日常连续记录的生产经营活动，如生产数量、进度、质量投诉等。

（三）书面考试法

书面考试法是指通过各种书面考试的形式进行考评的方法。这种方法适用于对被考评者所掌握的理论知识进行测定。

（四）直观评估法

直观评估法是指依据对被考评者平日的接触与观察，由考评者凭主观判断进行评价的方法。这种方法简便易行，但易受考评者的主观好恶影响，科学性差。

（五）情境模拟法

情境模拟法是指设计特定情境，考查被考评者现场随机处置能力的一种方法。

（六）民主测评法

民主测评法是指由组织成员集体打分评估的考核方法。

（七）因素评分法

因素评分法即分别评估各项考核因素，为各因素评分，然后汇总，确定考核结果的一种考核方法。

三、人事考评的工作程序

（一）确定考核目标

根据职位的性质和特点，有针对性地选择、确定特定的考核评估目标，并据此设计科学的考评表。这是有效开展人事考评工作的基本前提。

（二）制定考核标准

根据确定的考核目标，制定考核标准，科学设计考核方法，选择合适的考评人员，并对其进行培训。

（三）衡量岗位工作、收集岗位信息

根据考核标准和考评表，多方面获取能够反映被考核人员岗位工作状态及其结果的信息。这些信息应当真实可靠。

（四）做出综合评价

在充分了解、详细分析考核信息的基础上，采用科学的方法对被考核人员进行综合考评，得出科学有效的结论。

（五）考评结果反馈和备案

将考评结果及时反馈给考评对象。形式可以是直接面谈，也可以是书面通知。同时，人力资源部门应将考评结果及时进行备案，作为确定考核对象职业发展方向和组织人力资源工作决策的依据。

第四节 人员的培训与发展

一、人员培训的功能

有效的人员培训，是提升组织综合能力的过程，对组织的发展有重要的作用。

（一）培训能提高组织成员的综合素质

人员培训有不同的类型，既有岗位技能培训，也有文化知识培训。前者培训岗位技能，提升人员与岗位的匹配度，后者培训组织成员的人文素质和品德修养。培训还能为组织发展提供新的工作思路、知识、信息、技能，增长组织成员的才干，提升敬业精神，直接提高经营管理者能力水平和成员的技能，使之综合素质得到提升。可见，培训是最重要的人力资源开发，是比物质资本投资更重要的人力资本投资。

（二）培训有利于组织文化的建设

培训能促进组织与组织成员、管理层与非管理层的双向沟通，增强组织向心力和凝聚力，塑造优秀的组织文化。组织文化是组织的灵魂，是一种以价值观为核心对全体成员进行组织意识教育的微观文化体系。组织中的管理人员和成员认同组织文化，不仅会自觉学习、掌握科技知识和技能，而且会增强主人翁意识、质量意识、创新意识，从而培养全体成员的敬业精神、革新精神和社会责任感。培训中融入组织文化内容，有利于组织文化的建设，增强组织成员对组织的归属感和主人翁责任感，提升组织的凝聚力。

（三）培训可以提升组织能力

一个组织的发展能力主要在于其人员的能力及凝聚力。具有优秀人员和高凝聚力的组织可以克服任何困难，所向披靡，而通过培训提升组织成员的素质能力和组织的凝聚力也是创建优秀组织的基本途径。就企业组织而言，企业竞争实质上是人才的竞争。明智的企业家愈加清醒地认识到培训是企业发展不可忽视的人本投资，是提高企业造血功能的根本途径。美国的一项研究表明，企业技术创新的最佳投资比例是5：5，即人本投资和硬件投资各占50%。人本为主的软技术投资，作用于机械设备的硬技术投资后，产出的效益成倍增加。在同样的设备条件下，增加人本投资，可达到投1产8的投入产出比。发达国家在推进技术创新中，不但注意引进、更新改造机械设备等方面的硬件投入，而且更注重以提高人的素质为主要目标的软技术投入。事实证明，人才是企业的第一资源，有了一流的人才，就可以开发一流的产品，创造一流的业绩，企业就可以在市场竞争中立于不败之地。

二、人员培训的任务

（一）为组织战略的实施准备人力资源

在组织发展的不同阶段，组织的战略重点不同，不断地为组织战略的实施做好准备是人员培训的首要任务。培训工作会对组织战略的实现起到非常重要的支撑作用。

（二）传播组织知识和文化，加强知识管理和组织文化建设

人员培训不应该只停留在传统意义上的面对面授课，应该采取一切可能的形

式，有效地传播组织知识和文化，对组织优秀的经验、技能进行复制。实现知识管理，建设优秀的组织文化。

（三）帮助组织成员成长

培训要与每名组织成员的职业发展结合起来，以使组织成员的利益与组织的利益结合起来，使得组织成员真正愿意参与培训，主动参与培训，通过培训获得帮助和成长。

（四）创造良好的组织环境

培训也可以是多种形式和内容的知识兴趣性培训。这种培训可以创造良好的工作氛围和组织成员心态，从另一个侧面促进组织管理，提高工作效率。

三、人员培训的方法

（一）培训分类

1. 岗前培训

岗前培训，即组织成员在进入岗位前进行的培训。岗前培训包括新成员到职培训和调职人员岗前培训两种类型。

新成员到职培训一般由人力资源部负责。培训的主要内容为：组织简介、工作人员手册、人事管理规章；组织文化知识的培训；人员心态调整的培训；工作要求、工作程序、工作职责的说明；业务部门进行的业务技能培训。

调职人员岗前培训是针对从其他岗位调任过来的人员进行的培训。培训的方式及培训内容一般由调入部门决定。

2. 在职培训

在职培训是针对在职人员进行的培训，其目的在于提高其工作效率，以更好地协调组织的运作及发展。培训内容和方式一般均由部门决定。

3. 专题培训

组织可以根据发展需要或者部门根据岗位需要，组织部分或全部人员进行某一主题的培训工作，即专题培训。专题培训有利于组织成员了解组织发展状况和经济社会发展形势的变化，开阔其视野，提升其素质。

（二）培训的方法

1. 讲授法

讲授法是一种传统的培训方式，优点是运用方便，便于培训者控制整个过程。缺点是单向信息传递，反馈效果差。常被用于一些理念性知识的培训。

2. 视听技术法

视听技术法是通过现代视听技术（如投影仪、DVD、录像机等工具）进行培训。优点是运用视觉与听觉的感知方式，直观鲜明，但学员的反馈与实践较差，且制作和购买的成本高,内容易过时。它多用于介绍组织概况、传授技能等方面的培训,也可用于概念性知识的培训。

3. 讨论法

讨论法按照费用与操作的复杂程序又可分成研讨会与一般小组讨论两种方式。研讨会多以专题演讲为主,中途或会后允许学员与演讲者进行交流沟通。优点是信息可以多向传递,与讲授法相比反馈效果较好,但费用较高。一般小组讨论的特点是信息交流时方式为多向传递,学员的参与度高,费用较低。多用于巩固知识,训练学员分析、解决问题的能力与人际交往能力,但运用时对培训教师的要求较高。

4. 案例研讨法

案例研讨法是通过向培训对象提供相关的背景资料,让其寻找合适的解决方法。这一方式使用费用低,反馈效果好,可以有效训练学员分析、解决问题的能力。另外,培训研究表明,案例讨论的方式也可用于知识类的培训,且效果更佳。

案例研讨法的优点在于:一是可以帮助学员学习分析问题和解决问题的技巧;二是能够帮助学员确认和了解解决问题的多种可行方法。缺点是:需要的时间较长;与问题相关的资料有时可能不甚明了,影响分析的结果。

5. 角色扮演法

角色扮演法是让受训者在培训教师设计的工作情境中扮演某个角色,其他学员与培训教师在学员表演后做适当的点评。由于信息传递多向化,反馈效果好、实践性强、费用低,因而多用于人际关系能力的训练。角色扮演法的优点和缺点都很多。优点是:能激发学员解决问题的热情;可增加学习的多样性和趣味性;能够激发热烈的讨论,使学员各抒己见;能够提供在他人立场上设身处地思考问题的机会;可避免可能的危险与尝试错误的痛苦。缺点是:观众的数量受限;演出效果可能受限于学员过度羞怯或过强的自我意识。

在采用角色扮演法进行培训时要注意做好以下工作:准备好场地与设施,使演出学员与观众之间保持一段距离;演出前要明确议题所遭遇的情况;谨慎挑选演出学员与角色分配;鼓励学员以轻松的心情演出;可由不同组的学员重复演出相同的情况;可安排不同文化背景的学员演出,以了解不同文化的影响。

6. 互动小组法

互动小组法也称敏感训练法。此法主要适用于管理人员的实践训练与沟通训练。让学员通过培训活动中的亲身体验增强处理人际关系的能力。其优点是可明显提高人际关系与沟通的能力,但其效果在很大程度上依赖于培训教师的水平。

7. 网络培训法

网络培训法是利用计算机网络信息和技术进行培训的一种方式。该培训方式灵活、分散，便于被培训者根据自己的具体情况选择参加何种内容的培训，且可以按照自己的计划灵活安排培训时间。网络培训是分散式学习的新趋势，它可以节省学员集中培训的时间与费用。这种方式信息量大，新知识、新观念传递优势明显，更适合成人学习。因此，特别为实力雄厚的组织所青睐，也是培训发展的一个必然趋势。

8. 师徒传承法

师徒传承法也叫师傅带徒弟、学徒工制、个别指导法，是由一个在年龄上或经验上资深的人员，支持一位资历较浅者进行个人发展或生涯发展的方式。师傅的角色包含了教练、顾问以及支持者。身为教练，会帮助资历较浅者发展其技能；身为顾问，会提供支持并帮助他们建立自信；身为支持者，会以保护者的身份积极介入各项事务，让资历较浅者得到更重要的任务，或运用权力让他们升迁、加薪。

师徒传承法有许多优点：一是在师傅指导下开始工作，可以避免盲目摸索；二是有利于尽快融入团队；三是可以消除刚刚进入工作的紧张感；四是有利于传统优良工作作风的传递；五是可以从指导者那里获取丰富的经验。

思考题

1. 人员配备的任务是什么？
2. 试分析员工选聘的主要来源。
3. 试分析人员考评的要素。
4. 人员培训有哪些方法？

▶ 自测习题及参考答案

第八章 组织文化

任何组织的良好运行和发展，都得益于一种无形的软力量的协调和凝聚作用，这种力量就是被称为"管理之魂"的组织文化。[1] 美国著名管理学家哈罗德·孔茨曾对组织文化在组织运行中的重要影响做出了清晰阐释，指出"组织的效力也受组织文化的影响。组织文化影响着计划、组织、人事、领导和控制等各项管理职能的实施方式"[2]。关于组织文化的系统研究始于 20 世纪 70 年代末 80 年代初，进入 21 世纪以来，全球化和信息化的快速发展进一步促进了组织文化理论日臻完善，组织文化在推进组织健康发展过程中发挥着越来越重要的作用。

第一节 组织文化概述

一、组织文化的概念与分类

（一）组织文化的概念

1. 文化的含义

文化是人类实践活动的产物，并随着人类社会的演进与进步而不断丰富和发展。在西方，"文化"一词来源于拉丁语 cultura，其原意是"耕种"和"植物培育"。后来，古代欧洲人将文化的内涵从物质生产领域逐步扩展到精神领域。具有现代意义的文化概念产生于 19 世纪中叶以后。被誉为"人类学之父"的英国文化人类学家爱德华·泰勒在《原始文化》（1871）一书中指出，文化是一个复杂的总体，包括知识、信仰、艺术、道德、法律、风俗以及人类在社会里所有的一切能力与习惯。其后，美国人类学家赫斯科维茨在《文化人类学》（1955）一书中进一步提出，文化是一切人工创造的环境，除了自然原生态之外，所有由人添加上去的东西都可以称为文化。荷兰管理学者吉尔特·霍夫斯泰德则在其创建的文化维度理论中将文化比喻为人的"心理程序"，指出文化会影响人们关注什么、如何行动以及如何判断人和事物。

在中国，对文化现象及其内涵的考察和研究由来已久。文化的概念在古籍中早有显现，而最早把"文"和"化"联系起来的是《易经》，其中的"观乎天文，以察时变；观乎人文，以化成天下"，说的就是圣人在考察人类社会文明时，用

---

[1] 王俊柳、邓二林编著：《管理学教程》，清华大学出版社 2003 年版，第 183 页。
[2] [美] 哈罗德·孔茨、海因茨·韦里克：《管理学》（第十版），张晓君等编译，经济科学出版社 1998 年版，第 216 页。

诗、书、礼、乐来教化天下，以构造修身、齐家、治国、平天下的理论体系和制度，使社会变得文明而有序。① 在《辞海》中，对文化概念有广义和狭义两种阐释，广义的文化是指人类社会历史实践中所创造的物质财富和精神财富的总和，而狭义的文化则是指社会的意识形态以及与之相适应的制度和组织机构。

2. 组织文化的含义

组织是按照一定目的和形式构建起来的社会集合体。任何组织都是在其自身所处特殊环境条件下产生和发展起来的，其间各自形成了独特的历史传统、意识形态、价值取向和行为方式，这就是组织文化。可见，"文化与组织联系在一起的时候，指成员所共有的行为方式、共同的信仰及价值观"②。

从这个意义上讲，组织文化（organizational culture）指的是一个组织在长期实践活动中形成的具有本组织特征的文化现象，是组织中的全体成员共同接受和共同遵循的价值观念和行为准则。不同的组织具有自己特定的组织文化，因此，我们"可从人们在一个组织范围内的所说、所做、所想中推出它的文化"③。

3. 了解组织文化本质的途径

美国哈佛大学商学院兰杰·古拉蒂教授等认为，对组织文化的考察应从一个全面的视角，并结合形成文化的业务情境去思考，可以从以下几方面入手更好地把握组织文化的本质。④

（1）鉴别组织的价值观、行为哲学、使命和宗旨。一个组织处理与利益相关者之间关系的行为方式，常常受到该组织一系列宏观方针和思想原则的指导，据此人们可以了解这个组织的使命、宗旨和核心价值观。

（2）理解组织的边界。理解一个组织对从事、在意的事务范围的限定，能够帮助一名新成员了解什么对该组织是有价值的，以及组织对其成员抱有怎样的期望，这将使组织成员把注意力集中到对组织最重要的事情上来。

（3）理解组织的权力结构。理解组织中权力的获得、维持和丧失规则，也能帮助人们发现该组织对什么为恰当、什么为错误的潜在共识。

（4）理解组织中的工作惯例与规范。组织的价值观和规范隐藏在工作团队中，并通过对错误行为的处罚等形式在组织成员中代代相传，使之了解组织重视什么。

---

① 周三多主编：《管理学》（第五版），高等教育出版社2018年版，第194页。
② [美]哈罗德·孔茨、海因茨·韦里克：《管理学》（第十版），张晓君等编译，经济科学出版社1998年版，第217页。
③ [美]哈罗德·孔茨、海因茨·韦里克：《管理学》（第十版），张晓君等编译，经济科学出版社1998年版，第217页。
④ [美]兰杰·古拉蒂、安东尼·J. 梅奥、尼汀·诺里亚：《管理学》，杨斌等译，机械工业出版社2014年版，第185页。

严格的规范更加明确了组织中的工作优先级和工作期望,进而使组织成员对工作方式理解更深,最终提高组织工作效率。

(5)考察组织的奖惩机制。这一评估可以通过观察组织在庆祝或奖励那些核心价值、核心突破等关键事件时所采取的方式来进行。相反,观察那些被惩罚或被忽视的行为则能从另一个角度为理解组织文化提供线索。

(二)组织文化的分类

组织文化范畴内涵丰富,因此,对组织文化的分类标准也复杂多样。

1. 按组织文化的内在特征分类

美国埃默里大学的杰弗里·桑南菲尔德将组织文化划分为四种类型,为我们识别组织文化之间的差异、认识个体与文化合理匹配的重要性提供了一定的依据。

(1)学院型组织文化。学院型组织喜欢雇用年轻的大学毕业生,并为他们提供大量的专门培训,然后指导他们在特定的职能领域内从事各种专业化工作,所以说,这是为那些想全面掌握一种新工作的人而准备的地方,在这样的组织中他们能够不断成长和进步。典型的学院型组织有美国的 IBM 公司、可口可乐公司和宝洁公司等。

(2)俱乐部型组织文化。俱乐部型组织非常重视适应、忠诚和承诺。在这种组织中,资历是关键因素,年龄和经验至关重要。与学院型组织相反,俱乐部型组织致力于把管理人员培养成通才。典型的俱乐部型组织有政府机构、军队和美国的贝尔公司等。

(3)棒球队型组织文化。棒球队型组织鼓励冒险、革新和发明创造。这种组织在进行招聘时,会从各种年龄和经验层次的求职者中寻求有才能的人,其薪酬制度以组织成员的绩效水平为标准。由于这种组织会给予工作出色的组织成员以巨额奖酬和较大的自由度,所以组织成员一般都会拼命努力工作。棒球队型组织在会计、法律、投资银行、咨询、广告、软件开发、生物研究等领域运用得比较普遍。

(4)堡垒型组织文化。堡垒型组织着眼于组织生存。这类组织以前大多是学院型、俱乐部型或棒球队型的,但在困难时期衰落后,只能尽力来保证组织的生存。这类组织虽然工作安全保障不足,但对于喜欢流动性和挑战性的人则具有一定的吸引力。

2. 按组织文化对组织成员的影响力分类

美国哈佛商学院教授约翰·科特和詹姆斯·赫斯科特在 1987 年 8 月至 1991 年 1 月之间,先后进行了四个项目的研究,依据组织文化对组织成员的影响力,将组织文化分为三种类型:

(1)强力型组织文化。强力型组织文化提供了必要的组织机构和管理机制,从而避免了组织对那些常见的、窒息组织活力和改革思想的官僚们的依赖，因此，它促进了组织业绩的提升。在这样的组织中，组织成员方向明确、步调一致，有共同的价值观念和行为方式，愿意为组织工作或献身，而这种心态又使得组织成员更加努力。

（2）策略合理型组织文化。在策略合理型组织中，不存在抽象的、好的组织文化内涵，也不存在放之四海而皆准、适合所有组织的克敌制胜的组织文化。只有当组织文化适应于组织环境时，这种文化才是好的、有效的文化。不同的组织，需要不同的组织文化，只有文化适应于组织，才能发挥其最大的功能，改善组织运行状况。

（3）灵活适应型组织文化。在灵活适应型组织文化中，无论是在组织成员个人生活中还是在组织生活中都提倡信心和信赖感、不畏风险、注重行为方式等，组织成员之间相互支持，勇于发现问题、解决问题。组织成员有着高度的工作热情，愿意为组织牺牲一切。市场适应度高的组织文化具有这样的突出特点。

3. 按组织文化所涵盖的范围分类

组织作为一个系统由各子系统构成，而各个子系统又由单个的具有文化创造力的个体组成。所以，在一个组织中，除了整个组织作为一个整体外，各种正式的、有严格划分的子系统，或非正式群体，相对于组织而言也都能够作为一个小整体而存在，并拥有自己的文化。从这个角度看，组织文化又可以分化为两类：

（1）主文化（dominant culture）。主文化体现的是一种核心价值观，它为组织大多数成员所认可。我们的研究所涉及的组织文化，一般都是指组织的主文化。任何一个组织都因为拥有这种宏观层面的文化，才具有独特的个性。

（2）亚文化（subculture）。亚文化是某一社会主流文化中一个较小的组成部分。组织中的主文化虽然为大多数成员所认可和接受，但它不可能包含组织中的所有文化。存在于组织中的各种小群体，无论是正式的、有严格划分的子系统，还是非正式群体，都有其独特的亚文化。亚文化与主文化之间关系比较复杂，它可能是主文化的有益补充，也可能与主文化相悖，还有一种可能是虽然与主文化有区别，但对组织无害，在一定条件下可能替代组织的主文化。

4. 按权力的集中度分类

美国学者卡特赖特和科伯于1992年提出四种组织文化类型。这四种组织文化的区别在于权力是集中的还是分散的，政治过程以关键人物为中心还是以要完成的职能或任务为中心。

（1）权力型组织文化。又称独裁文化。这样的组织常常由一个人或一个很小的群体领导，不太看重组织中的正式结构和工作程序。随着组织规模的逐渐扩大，权力文化会越来越难以适应，固守这种文化甚至会导致组织分崩离析。

（2）作用型组织文化。又称角色型组织文化，是传统官僚型组织文化的典型形式。在这种组织内部有健全的正式规则、规章制度和工作程序，做每件事情都有固定的程序和规矩，组织由多个层级的等级制度构成，每一个层级向上级汇报，非常重视坚持原则和专职专责。这样的组织欣赏的是稳重、持久、忠诚甚至效忠的人。这种文化看起来安全、稳定，但是当外部环境发生剧烈变化需要组织变革时，它必然会受到较大冲击，因此说作用型组织文化不是一种有效的组织变革文化。

（3）使命型组织文化。又称任务文化。在这种文化中，团队的目标就是完成设定的任务。这种组织中没有领导者，唯一需要服从的就是任务或者使命本身，成员之间地位平等。也许有人会认为这是最理想的组织模型之一。其实，这种文化强调公平竞争，当不同群体争夺重要资源或特别有利的项目时，容易产生恶性的"政治紊乱"。

（4）个性型组织文化。这是一种既以人为导向、又强调平等的文化。这种文化富有创造性，孕育新观点，允许每个人按照自己的兴趣工作，同时保持相互有利的关系。在这样的组织中，组织实际上服从于个人意愿，因此也很容易为个人所左右。

5. 按文化、战略与环境的配置分类

根据文化、战略和环境的配置，组织文化可以分为四种类型。对组织而言，这四种文化都有可能成功，但最终能否成功，还要依赖于外部环境和组织战略的需要。

（1）适应型组织文化。也称企业家精神型组织文化，其特点是通过实施灵活性和适应客户需要的变革，把战略重点集中在外部环境上。这种文化鼓励那些支持组织去探寻、解释和把环境中的信息转化成新的反应性能力的准则和信念。秉持这种文化的组织，不仅能够快速地对环境做出反应，而且能够积极地创造文化，高度评价并激励改革、创造性和风险行为。

（2）愿景型组织文化。适用于那些关注外部环境中的特定顾客但不需要迅速改变的组织，其特征在于管理者建立一种共同愿景，使组织成员都朝着一个目标努力。

（3）小团体型组织文化。强调组织成员的参与和共享。秉持这种文化的组织，非常看重其在外部环境快速变化中取得优异绩效对组织成员的依赖性。

（4）官僚制型组织文化。具有内向式的关注中心和对稳定环境的一致性定位，是一种支持商业运作程式化的文化，遵循传统和随之确定的政策与实践是达到目标的一种方式。

二、组织文化的特征

组织文化是组织经过长期实践逐渐培育和积累而形成的，不同组织的产生和发展都有其自身的特殊环境，因此各自具有其特定的共享价值观、共同的精神取向和群体意识。由此可见，组织文化首先具有独特性、长期性和可塑性特征。除此之外，还有以下特征：

（一）精神性

从本质上讲，组织文化是一种抽象的意识范畴，是存在于组织内部的一种群体意识现象、意念性行为取向和精神观念。正是基于组织文化的这种精神性特征，人们常常将之看成组织的一种无形资源或无形资产。

（二）系统性

组织文化不是碎片化的，它具有很强的系统性。任何组织文化都是由共享价值观、团队精神、行为规范等一系列相互依存、相互联系的要素构成的一个系统。

（三）相对稳定性

组织文化一旦形成，就具有较强的稳定性，它不会因组织领导人的变更、发展战略的转移、组织结构的变化，以及产品与服务的调整而随时改变或频繁变化。当然，组织文化的稳定性也是相对的，也就是说组织文化并不是一成不变的。从一个较长时期来考察，组织文化也会随着社会的进步、环境的变迁以及组织历史的积累和组织变革而相应进步和发展。与时俱进的健康的组织文化，有助于组织更好地适应外部环境变化和变革，而僵化的不健康的组织文化，则可能导致组织对外部环境的不适应甚至因此而走上不良发展之路。组织主动变革现有组织文化、重塑健康的组织文化的过程，实际上也就是组织积极适应外部环境变化、转变和提升组织成员价值观念的过程。

（四）融合性

任何组织都处于一定的社会文化环境中，其文化的形成必然会受到所在国家民族文化传统和价值体系的深刻影响，因而与其他经济社会文化背景下产生的组织文化具有显著差异。例如，美国的组织文化强调能力主义、个人奋斗、竞争和效率，而日本的组织文化则强调集体主义、团队合作、家族精神、稳定与和谐。当然，现代组织都是开放的系统。在全球化背景下，任何组织文化的发展与完善，既要借鉴本国其他组织的优秀文化，也要融合世界上最新的文明成果。"正是这种融合性，使得组织文化能够更适应时代的要求，并且形成历史性与时代性相统一的组织文化。"[1]

三、组织文化的影响因素

（一）外部因素

1. 民族文化

民族文化是指世界上各民族在其长期历史发展过程中创造和积累起来的具有

---

[1] 周三多主编：《管理学》（第三版），高等教育出版社2010年版，第192页。

本民族特征的文化,其中既包括衣着、住宅、生活用品、生产工具等物质文化,也包括语言文字、文学艺术、风俗习惯等精神文化。一种民族文化既是该民族赖以生存和发展的文化根基,也是其历史发展水平的集中体现。组织作为社会系统中的一个微观子系统,其文化的形成和发展自然会受到自身所处民族文化环境的影响和制约,无论是组织的价值观、思维方式,还是组织的行为规范,无不打上深深的民族文化烙印。因此,民族文化是影响组织文化形成和发展的重要因素,也是影响组织运行和发展的重要外部环境。实践证明,越是能最大限度地在民族文化中吸取营养的组织文化,越容易得到组织成员和社会公众的认可、理解与接受。

2. 制度文化

制度文化是指人类适应自身生存和社会发展需要而主动创建的规范体系,其核心内容是国家的政治制度、法律制度和经济制度。制度文化作为有组织的社会规范系统,是人类文化的一个重要层面,它介于物质文化和精神文化之间,是二者的中介,既是物质文化的反映形式,又是精神文化的物化形态。任何一个国家的政治制度、法律制度和经济制度,都是影响组织生存和发展的重要外部环境,也是影响组织文化形成和演进的重要因素。在不同的国家政治制度、法律制度和经济制度下,组织的价值观、思维方式和行为规范会有很大差异。

3. 外来文化

对一个特定组织而言,其他国家、民族、区域、行业的文化以及其他组织的文化都是外来文化,这些外来文化对于其组织文化的形成和发展具有多重影响。在全球化背景下,世界各国、各地区的经贸关系日益密切。相应地,不同文化之间也相互交流、相互融合、相互渗透。这种变化必然会对组织的经营哲学、思维方式、行为准则产生一定的影响和冲击,也促使组织文化更具开放性。任何组织只有在巩固、完善自身已有文化的同时,更加主动地、有意识地借鉴和吸纳外来文化中的有益元素,才能够不断发展组织文化,增强组织对外部环境的适应能力。

(二) 内部因素

1. 领导者的素质

一个组织在创立和成长初期,创始人的核心价值观及行为风格自然会直接影响该组织的文化形成,而组织文化的部分特点特别是那些优秀的组织文化特点会在组织运行中不断得到传承与发展,进而贯穿于组织的整个生命周期。从这个角度分析,可以说,组织的宗旨、使命、传统习惯等都从某种程度上体现了组织领导者的价值观。基于此,人们常说组织文化实际上就是"老板文化",意指领导者的价值观念、经营哲学、行为方式及人格特征等都对组织文化的形成和发展具有显著影响。

2. 组织成员的素质

组织文化是所有组织成员达成共识并共同遵循的价值标准、基本信念、行为准则，组织成员不管处于哪个层次，都会受到组织文化的影响和约束，但同时都能反作用于组织文化。所以，组织成员的素质成为组织文化层次和水平的直接影响因素。组织文化的传播和发展，依赖于高层管理人员的综合素质、行为举止与组织文化保持相对一致，也依赖于全体成员对组织文化的精髓高度认可。

3. 组织发展的不同阶段

正常情况下，组织的生命周期都是从初创期开始，经过成长期和成熟期后逐步进入衰退期的。组织自身在整个循环过程中的不同发展阶段，因面临的环境不同，应对的挑战不同，会确立不同的战略目标。在此期间，组织也会相应地、有所侧重地致力于组织文化建设，一方面要循序渐进地积累优秀的文化传统，另一方面要适时摒弃一些不良风气和行为。具体来说，组织在初创期往往急于求成，热衷于抢市场、抓机遇，因全身心关注并积极应对组织外部环境，无暇顾及组织内部的规范管理，此时容易形成短视和追求功利的文化氛围。为此，组织领导者应及时予以纠正，树立正确的义利观，营造"以义取利，见利思义"的风气。当组织进入成长期后，其各项事业顺利发展，组织文化初步形成，这是塑造组织文化的关键时期。组织领导者要抓住时机，从长计议，塑造可以永久传承的优秀组织文化。进入成熟期后，组织文化基本形成，此时组织领导者要防范惰性习惯致使组织文化缺乏生命力，一旦发现组织文化已不适应组织发展的要求，就应当机立断，实施组织变革，通过组织文化的进化和升华，防止组织走向衰退。可见，适应组织发展需要而不断优化的组织文化，是组织健康生存和发展的重要保障。

第二节　组织文化的构成与功能

一、组织文化的构成

如同文化一样，组织文化也由物质层（表层文化）、制度层（中层文化）和精神层（核心文化）三个基本层次构成。

（一）物质层的组织文化

物质层的组织文化是组织文化的表层部分，也有人称之为"文化构件"[1]。它是一种以物质形态存在的可见的组织文化构成单位，既涵盖组织的整个物质和精

---

[1] ［美］兰杰·古拉蒂、安东尼·J. 梅奥、尼汀·诺里亚：《管理学》，杨斌等译，机械工业出版社2014年版，第186页。

神的活动过程、组织行为、工作流程、工作语言、做事风格等外在表现形式，也包括组织实体性的文化设备和设施等，如带有本组织特色的生产环境、雕塑、图书馆、俱乐部等。物质层的组织文化是精神层的组织文化和制度层的组织文化的载体。

（二）制度层的组织文化

制度层的组织文化是组织文化的中间层次，组织的物质层文化和组织的精神层文化通过制度层的组织文化融合为一个有机的整体。制度层的组织文化主要是指组织文化中对组织及其成员的行为产生规范性、约束性影响的部分，包括具有组织特色的各种规章制度、道德规范和行为准则，以及组织中分工协作的组织结构。制度层的组织文化集中体现了物质层的组织文化和精神层的组织文化对组织及其成员的要求，是潜层次的精神层组织文化（核心文化）向表层的物质层组织文化转化的中介。

（三）精神层的组织文化

精神层的组织文化是组织在其长期历史发展中形成的组织成员群体心理定式和价值取向，是组织的价值观、道德观即组织哲学的综合体现，它涵盖了所有组织成员共同信守的基本信念、管理哲学、价值标准以及敬业精神和职业道德等。精神层的组织文化是组织价值观的核心，是组织文化的灵魂，因此是维系组织生存与发展的精神支柱。

二、组织文化的功能

组织文化的功能，指的是组织文化发生作用的能力。组织文化作为一种自组织系统具有多种特定功能。

（一）导向功能

随着组织文化作为组织内的群体共同价值观不断向个人价值观的渗透和内化，组织会自动生成一套自我调控机制，它以一种适应性文化引导着组织整体和每一个组织成员的价值取向及行为取向，使之符合组织所确定的目标。这就是组织文化的导向功能。组织文化主要从两个方面发挥导向功能：一是直接引导组织成员的心理和行为；二是通过整体的价值认同来引导组织成员。良好的组织文化可以使组织成员潜移默化地接受该组织的共同价值观，在文化层面上融为一体，朝着组织确定的目标而共同努力。

（二）凝聚功能

组织文化的凝聚功能，是指它能够以各种微妙的方式沟通组织成员的思想感情，融合人们的理想、信念和情操，培养和激发其群体意识。组织文化通过培育组织成员的认同感和归属感，在组织成员之间以及组织与组织成员之间建立起相互信赖、相互依存的关系，使每一个成员都与整个组织有机地融为一体，形成相对稳固的文化氛围，凝聚成一种无形的合力与整体趋向，以此激发组织成员的积极性和主动性，为实现组织的共同目标而努力。

（三）激励和约束功能

组织文化的激励功能，即通过组织文化的塑造和内在引导，每个组织成员能够从内心深处产生为组织宁愿付出一切的奉献精神，从而最大限度地激发工作的积极性、主动性和创造性。

组织文化的约束功能，是指潜在于组织中的文化氛围、群体行为准则和道德规范等，形成一种软约束，对每一个组织成员的思想、心理和行为都具有很强的约束和规范作用。这种软约束体现了组织文化某种程度上的强制性和改造性，其功能是帮助组织指导其成员的言行，确保组织获得更好更快的发展。

（四）辐射功能

组织文化的辐射功能，是指组织文化一旦形成较固定的模式，不仅会在组织内发挥作用，对本组织成员产生影响，而且会通过各种渠道向社会辐射，对社会产生影响。良好的组织文化传播到社会，会通过传播正能量，促进社会进步和发展。同时，组织文化的广泛传播有助于组织在公众中树立良好形象，进而推动组织更好地发展。

（五）调适功能

组织文化的调适功能，是指组织文化可以帮助新加入组织的成员尽快适应组织，使自己的个人价值观更好地与组织需要相匹配。在组织变革中，组织文化也能够帮助组织成员尽快适应变革后的局面，减少因为变革而带来的压力和不适应。

三、组织文化的反功能

辩证唯物主义提倡用辩证的方法即一分为二的观点看问题。任何事物都有其两面性，组织文化也是如此。上面的分析表明，组织文化通过共有价值观等统一组织成员的思想和行为，有利于提高组织效能，这体现了组织文化的正功能。然而，组织文化也不是十全十美的，它对组织的影响并不一定完全是正能量，组织文化的反功能对组织有害无益，所以，我们也不能忽视其潜在的负效应。

（一）变革的障碍

组织文化作为一种软约束，相对于硬约束的规章制度，更加深入人心，更易于形成思维定式。基于共同价值观的行为一致性对处于稳定环境的组织而言，很有价值，但在组织环境处于动态变化的情况下，当组织的共同价值观与进一步提高组织效率的要求不相符合时，组织文化就可能成为一种束缚。此时，组织环境正在经历迅速的变革，现有文化所决定的思维定式可能使组织难以应对变幻莫测的环境，甚至阻碍组织适时进行主动变革。当问题积累到一定的程度时，这种障碍可能导致组织遭受致命打击。

（二）多样化的障碍

在开放的现代社会和全球化背景下，组织成员因种族、性别、道德观等差异而日益多样化。本来组织成员构成多样化的组织具有一个优势，即有可能在现代组织决策中有效利用成员思维和方案的多样化，更好地应对激烈的市场竞争和客户的个性化、多样化需求。然而，一个具有强势文化的组织会要求其个体多样化的组织成员的价值观与组织的价值观相一致，否则组织成员就难以适应组织，或难以为组织所接受。显然，这样的组织文化会导致组织丧失其成员构成多样化带来的优势，做出单调的决策，甚至因此贻误时机。

（三）并购的障碍

近些年来，组织并购大潮席卷全球。起初，组织的领导者在做并购决策时，更多地侧重于考虑融资的优势，或产品线的协同性。现在，他们除了考虑这两个关键因素外，更倾向于考虑组织文化的兼容性。国内外实践证明，组织并购成功与否，在很大程度上取决于两个组织之间的文化能否有效融合。融合得好，组织可能如虎添翼，获得更好的发展；融合得不好，则可能导致两败俱伤。真可谓成也文化，败也文化。

第三节　组织文化塑造

组织文化塑造，是指组织有意识地发扬其积极、优良的文化，摒弃其消极、劣性的文化的过程。这一过程也是组织文化不断优化和升华的过程。组织文化塑造的主要动机可以简单地概括为：通过确立组织宗旨和组织精神，构筑组织文化的灵魂；通过确定组织文化的导向，利用组织共同的价值取向引导组织成员的行为，使之更好地符合组织与社会的要求。有效的管理者可以从以下几个方面塑造组织文化。

一、选择价值观

组织价值观是整个组织文化的核心和灵魂，选择正确的组织价值观对组织发展具有重大战略意义，所以，选择价值观是塑造良好组织文化的首要任务。那么，怎样才能选择正确的组织价值观呢？

（一）组织价值观要体现组织的宗旨和发展战略与方向

一个组织的价值观应该体现组织发展的方向和目标。选择组织价值观的过程，实质上就是制定"一个鼓舞人心的组织文化愿景"① 的过程。因此，要立足于本组织的实际，根据组织自身的使命、宗旨、目标、环境、习惯和组织方式等，结合本组织自身的性质、规模、技术特点、人员构成等因素，选择适应组织发展需要的组织文化模式，以利于在组织与组织成员之间达成共识。

（二）组织价值观要与组织文化各要素之间相互协调

要协调好组织价值观与组织环境、组织树立的典型模范、组织内部的文化仪式以及文化网络等各组织文化要素的关系，确保各要素之间相互组合与匹配的科学性，以实现组织文化系统的整体优化。

（三）组织价值观要得到组织成员和社会的认可与接受

良好的价值观应当能够凝聚全体组织成员的理想和信念，融合其行为，进而成为鼓励组织成员努力工作的精神力量。因此，在选择组织价值观的过程中，要充分发挥组织成员的创造精神，广泛听取其意见和建议，并经过自上而下、自下而上的反复沟通，审慎地甄选出既符合组织特点又反映组织成员心态的组织价值观和组织文化模式。选择组织价值观的标准应当与本组织成员的基本素质相吻合，既不过高，也不过低，否则，难以得到全体组织成员的普遍认可和接受。另外，现代组织的价值观中还应体现可持续发展理念和强烈的社会责任感，以适应人类对经济、社会、环境相和谐的可持续发展愿景和社会对组织承担社会责任的期望与要求，这样做更易于使社会公众对组织产生良好印象。

二、强化认同

在选择并确立了组织价值观和组织文化模式后，应采取有效的方式进行强化灌输，使得到基本认可的方案真正深入人心。具体做法包括：

（一）广泛宣传

利用组织中一切可以利用的媒体如内部报纸、杂志、电视、网络、宣传栏等，广泛传播组织文化的内容和精要，创造浓厚的舆论环境氛围。

（二）培养和树立典型

模范典型是组织精神和组织文化的人格化身与形象缩影。组织通过表彰和奖励那些行为体现理想组织文化的组织成员，让他们以其特有的感召力、影响力为其他组织成员树立学习的标杆，"榜样就在身边"，组织成员会从典型模范的精神风貌、价值追求、工作态度和言行表现之中，深刻理解和体会组织文化的实质。

---

① [美]托马斯·贝特曼、斯科特·斯内尔：《管理学》（第三版），王雪莉、侯骁容译，中国人民大学出版社2014年版，第69页。

（三）加强培训和教育

组织通过开展目的明确的内部培训和教育，以及丰富多彩的活动，潜移默化地使组织成员系统接受和强化认同组织精神与组织文化。

三、提炼定格

成熟的组织价值观和组织文化模式的形成不是一蹴而就的，必须经过精心分析、全面归纳和精练定格。

（一）精心分析

组织价值观和组织文化模式经过广泛宣传、初步强化认同后，组织应当对反馈回来的意见和建议进行深入剖析和评价，详细分析和比较组织成员对组织文化实际认同的结果与原来所做的方案之间的差距，找出可吸收的有关专家和组织成员的合理意见与建议。

（二）全面归纳

在系统分析的基础上，进行综合整理、归纳、总结和反思，采用去粗取精、去伪存真、由此及彼、由表及里的方法，摒弃那些落后的、不为组织成员所认可的组织文化内容和形式，而对那些进步的、卓有成效的、组织成员普遍接受的则予以保留。

（三）精练定格

对经过科学论证和实践检验的组织精神、组织价值观、组织伦理与行为，予以条理化、完善化和格式化，并从理论上和文字上进行加工处理，用精练的语言表述出来。

四、巩固完善

（一）建立规章制度

在组织文化演变为全体成员的习惯之前，要使每一位成员从一开始就自觉地、主动地按照组织文化和组织精神的标准去行动比较困难，即使在组织文化业已成熟的组织中，个别成员背离组织宗旨的行为也时有发生。因此，为了巩固、落实已提炼定格的组织文化，有必要建立奖优罚劣的规章制度。

（二）领导者率先垂范

正所谓上行下效，领导者在塑造组织文化的过程中起着决定性的作用，领导者自身的模范行为具有一种感召力和导向性，对广大组织成员会产生强大的示范效应。所以，为了培育和巩固优秀的组织文化，领导者必须与组织发展方向保持言行一致，不仅活跃在组织中，而且要经常谈及组织的愿景，并日复一日地去践行，只有领导者以身作则、身先士卒、率先垂范，才能真正带领组织成员为建设优秀的组织文化而共同努力。

思考题

1. 什么是组织文化？组织文化具有哪些特征？
2. 怎样把握组织文化的本质？
3. 组织文化有哪些类型？
4. 组织文化是由哪些层次构成的？
5. 组织文化的形成主要受哪些因素的影响？
6. 组织文化具有哪些功能？
7. 怎样塑造组织文化？

▶ 自测习题及参考答案　　▶ 本篇案例

第四篇 领导

第九章　领导的一般理论

领导是管理工作的重要内容。孔子认为领导应该以道德规范为基础，用教育的方式让人民更好地认识世界，开展工作；老子认为最好的领导是"无为而治"；马克思主义理论强调对社会的领导绝不是对人民的统治和剥削，而是为人民服务。那么，什么是领导？什么是有效的领导行为？本章讨论关于领导的这些基本问题。

第一节　领导的内涵与特征

在讨论有效的领导行为之前，我们需要了解什么是领导，为什么领导能够发挥影响作用，以及领导的构成要素。

一、领导与管理

在中文里，领导有两个含义：一个是名词，指的是领导者，他们是从事领导活动的人；另一个是动词，即领导工作，指的是领导行为和过程。管理学中的领导理论主要研究的是后者。关于领导有很多定义，但它们都围绕着几个关键因素：人（领导者和被领导者）、影响及目标。赫塞和布兰查德认为，领导是一个在特定情境中，通过影响个体或群体的行为来努力实现目标的过程。[1]

管理也需要协调他人的工作以达到组织目标，那么如何区分领导与管理？通常认为领导和管理主要存在以下差异：

第一，两者的职能范围不同。从管理过程理论来说，领导是管理的一个部分，管理除了领导职能，还包含了决策、组织和控制。

第二，两者的权力来源不同。管理的权力来自组织结构，建立在合法的和强制性的权力基础之上；领导的权力可以来源于其所在职位，即组织结构的权力，也可以来源于其个人，如专家的权威性或个人的魅力等。

第三，两者的主要功能不同。[2] 管理是为了维持秩序，在一定程度上实现预期的计划，使事物能够高效地运转，如实现股东们要求的预算，满足客户的要求。领导则能带来变革，比如实现组织活动方向与方式的创新。

---

[1] P. Hersey and K. H. Blanchard, "So You Want to Know Your Leadership Style?" *Training and Development Journal*, 1981, 35 (6), pp. 34—54.

[2] ［美］约翰·科特：《变革的力量》，方云军、张小强译，华夏出版社 1997 年版。

管理和领导通过不同的途径发挥它们的功能。

首先是目标制定过程。管理强调微观方面，通过计划和预算过程，确定几个月到几年的短期目标，安排详细步骤和资源实现计划目标；领导注重宏观方面，着重于较长时间范围的远期目标的确立，并为其制定有一定风险性的战略。其次是人力资源配备。管理按照计划的需要构建组织，安排人员，根据职位的要求挑选、培训专业化的人才，保证组织按照正确的方式做事；领导通过愿景目标和战略影响组织成员，形成联盟，加强合作，使得整个群体朝着正确的方向前进。最后是计划执行方式。管理侧重于通过详细的监督和控制解决问题，保证计划执行；领导倾向于通过授权和激励等方式鼓舞组织成员迎接挑战，完成任务。

管理和领导的区别使得管理者和领导者特征也存在差异，如图9-1所示，管理者更加理性和善于结构化地解决问题，领导者以愿景和个人魅力激励组织成员，带动变革。将管理者和领导者的特征加以区分，并不是要指出谁更好，实际上只有愿景，却不能结构化地踏实做事将会带来混乱。而只按部就班地完成任务，没有创新和变革则会播种自满，在快速变化的环境中，甚至带来灾难。因此，需要将合适的人安排到合适的位置，以发挥其最大的作用。当然，也有人可以兼具这两种特征。[1]

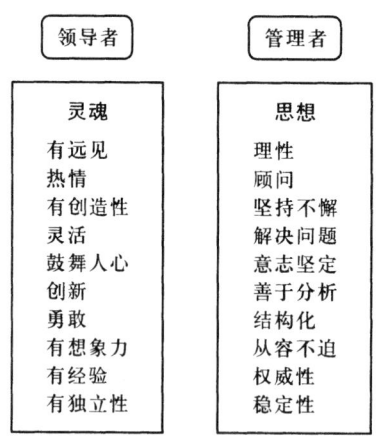

图9-1 领导者和管理者的特征

资料来源：G. Capowski, "Anatomy of a Leader: Where Are the Leaders of Tomorrow?" *Management Review*, 1994, Vol. 83, No. 3, p. 12.

二、领导权力的来源

权力是影响他人的能力和下属对权威的接受，存在于任何社会组织之中。正

---

[1] G. Capowski, "Anatomy of a Leader: Where Are the Leaders of Tomorrow?" *Management Review*, 1994, Vol. 83, No. 3, pp. 10—17.

如恩格斯所指出的:"一方面是一定的权威,不管它是怎样形成的,另一方面是一定的服从,这两者都是我们不得不接受的,而不管社会组织以及生产和产品流通赖以进行的物质条件是怎样的。"[1] 根据约翰·弗兰奇和伯特伦·瑞文的观点,权力有五种来源。[2]

第一,奖赏权力。这是一种能够对他人进行奖赏的权力,奖赏的力量随着下属认为领导可以给予奖励或去除负面影响而增强。这些奖赏包括发奖金、提升职位等正式的奖励方式,也包括转换工作环境、表扬等非正式的奖励方式。最重要的是领导给予的奖赏要与下属的需求相一致。

第二,强制权力。这是一种惩罚的权力。虽然强制权力也来自下属的预期,但与奖赏权力相反,假如下属工作无法达到要求,将会被领导处罚。组织中的处罚包括扣薪水、降职、分派不喜欢的工作,甚至解雇等。强制权力利用下属对可能遭受到的惩罚的在意和恐惧对其产生影响力,但往往会带来不满与对抗,需要谨慎使用。

第三,法定权力。这种权力是指特定职位和角色被法定的、公认的正式权力。法定权力之所以存在,是由于下属内化的价值观,下属接受领导有一种合法的权力来影响他,而且他有义务去接受这一影响。文化价值观、接受社会结构和合法化的任命是法定权力的三种基础,对组织任命的部门主管,下属必须听从其安排与指挥。

以上三种权力是与领导者的职位相关的,其在组织中的职位赋予了他们奖赏、惩罚和指挥下属的权力,因此被统称为职位权力。

第四,参照权力。这种权力源于领导者个人的特征,包括行为方式、魅力、经历、背景等,其基础是下属对领导者这些特征的认同,或是一种对认同的渴望,此时下属会期望自己的行为、感觉或信仰能够像领导者一样。当领导者对下属非常有吸引力时,下属就会渴望与领导者有关联,有了关联又会希望关系更加密切并能够保持,此时领导者就对下属有影响力。领导者个人特征对下属的吸引力越大,下属的认同感越高,参照权力就越大。

第五,专家权力。这种权力产生于领导者个人的专业知识或技能。专家权力的大小取决于领导者知识的完备程度,或下属对于领导者具备特定的知识的知觉。下属可能以自我知识以及一个绝对标准评估领导者的专业知识,领导者需要能够运用自己的特定知识和技能对下属的工作加以指导,得到其尊敬和依赖。因此,当领导者是相关领域的专家,拥有更多的经验和知识时,下属会更为信服。

参照权力和专家权力与职位无关,而与领导者个人的魅力或专业知识有关,

---

[1] 《马克思恩格斯文集》第 3 卷,人民出版社 2009 年版,第 337 页。
[2] J. R. P. French Jr. and B. Raven, "*The Bases of Social Power*", in D. Cartwright and Alvin F. Zander eds, *Group Dynamics*, Evanston, IL: Row, Peterson and Company, 1960, pp. 607—623.

因此被称为个人权力。当个人权力发挥影响时，下属不是因为希望获得奖赏、害怕惩罚或是屈从法定权威而不得不服从，而是出于发自内心的尊重与认同，产生归属感，自愿与领导者一起为组织工作，在面对风险和变革时，更能团结一心。因此，有效的领导者不仅要依靠职位权力，而且要具有一定的个人权力。

三、领导三要素

领导行为或过程包含三个要素：领导者、被领导者和情境。系统论告诉我们，组织是一个开放的系统，任何生产经营活动都会受到内、外部环境的影响，领导行为也是如此。可以将领导行为看作领导者、被领导者和他们所处环境构成的复合函数，表达公式如下：

$$领导 = f(领导者，被领导者，情境)①$$

这三个要素决定了领导行为的有效性。首先领导者是这一行为的主体，也是权威和影响力产生的主要来源，领导者通过一定的方式对下属的行为产生影响，达到组织的目标，对领导者研究主要集中于领导者的个人特质和行为特征。被领导者是这一行为的客体，但并非只是被动接受指令，他们也会对领导行为的效果产生影响，因为权威真正的确立在于被领导者的接受程度，因此被领导者的特征决定了实施何种领导行为最为有效。领导行为还应随着组织情境的变化而进行调整，这里的情境既包括任务结构、职位权力、工作特征等组织内部环境，也包括社会文化等组织外部环境。

第二节 领导与领导者

领导者是领导三要素中最早被探索和研究的内容。古今中外，无论是历史长河中的杰出领袖，还是现代社会出色的商界人物，他们都以自己独特的魅力引人注目，并在各自的领域取得成功。而这些杰出领导者的特质和行为则成为研究者们关注的焦点。

一、领导者特质理论

一般认为，托马斯·卡莱尔的"伟大人物"假设是领导者特质理论的起源。这一假设认为历史是由非凡领导的力量形成的，"世界历史就是这些伟大人物的传

---

① 徐向艺主编：《管理学》（第二版），山东人民出版社2009年版，第307页。

记"①。领导者特质理论继承了这一假设中的一个重要思想，即成功的领导基于领导者个人特质。不过领导者特质理论不认为这些特质只存在于少数的英雄人物身上，这些特质可以是先天遗传的，如身高、体重和外貌，也可以是后天获得的，即很多特质是可以通过培训来开发的，如知识、活动能力和外交风范。

对领导者特质的研究集中在 20 世纪二三十年代，人们致力于找到那些领导者拥有而非领导者不具备的特质，从而将两者区分，这里的特质指的是人们的一般性特征，包括能力、动机和行为模式等。研究者们对各种各样的特质展开研究，得出了不同的研究结果。例如，拉尔夫·斯托格迪尔1948年提出领导者八个重要特质：可靠性、社交性、主动性、坚持、自信、警觉、合作性、适应性；理查德·曼恩1959年回顾了领导个性和小群体绩效的关系，总结出五个特质：调整能力、外向性、支配性、阳刚性、保守主义。马克·赫根研究了领导有效性和个性的关系，指出四种领导特质：精力充沛、随和、责任感和情绪稳定性。② 有些特质出现在大多数的研究中，如自信、社交性等，有些特质则只在少数文献中提及，如阳刚性，还有些特质被一些研究者认为非常重要，而另一些研究者则完全忽略了它们，如支配性、主动性等。

基于领导特质的多样性和侧重点的差异，研究者们采用不同的框架和视角对其进行了归纳与总结。伯纳德·巴斯将其分为了不同的类型，主要有生理特性、个性以及社会特性。生理特性包括精力充沛、外貌、讲话的流利程度等；个性包括自信、警觉、创意和创造力等；社会特性包括社会和人际交往技巧、社会参与和外交风范等。③

蒂姆西·贾吉等学者以五大人格特质理论（外向性、情绪稳定性、经验开放性、随和性和责任感）为框架对个体特性和领导的关系进行了测量。这里的领导采取了两个标准：领导涌现和领导有效性。领导涌现指的是一个个体是否或在多大程度上被他人视为领导者，而这些人通常对该个体的表现只有有限的信息；领导有效性指的是一个领导者在影响和指导其团队行动达到目标过程中的表现。研究结果显示，虽然不同的研究设置会有些差异（如样本群体的差异），但在绝大多数情况下外向性、情绪稳定性、经验开放性和责任感都对领导有影响，而其中外向性更是在不同研究设置中都对领导有着一致的影响，这一特质代表着善于交际、自信、主动，并带来积极的影响，如能量和热情。

---

① T. Carlyle, *On Heroes, Hero-worship, and the Heroic in History*, London: Oxford University Press, 1963.
② T. A. Judge, J. E. Bono, R. Ilies and M. W. Gerhardt, "Personality and Leadership: A Qualitative and Quantitative Review", *Journal of Applied Psychology*, 2002, Vol. 87, No. 4, pp. 765—780.
③ B. M. Bass, *Bass and Stogdill's Handbook of Leadership: Theory, Research, and Managerial Applications*, New York: Free Press, 1990.

柯克帕特里克和洛克基于对领导力过程的关注，指出了成功领导的六个关键特质，在拥有这些特质的同时必须将其转化为特定行动以最终取得成功。这六个核心领导特质分别为内在驱动力、领导动机、诚实与正直、自信、认知能力，以及工作相关知识。内在驱动力指的是一系列特质和动机，它们反映了非常高的努力程度，领导者的高内在驱动力，使得他们有高成就动机、强烈的进取心、充沛的精力、对自己从事的活动坚持不懈，以及高度的主动性。领导动机指的是影响和领导他人的愿望，高领导动机的人常常喜欢去影响别人、在争论中取胜，或拥有更多的权力，同时更愿意承担责任。诚实与正直应该是所有个人的美德，但它们对领导者有特殊的意义。诚实是指不去欺骗，正直是指言行一致，它们形成了领导者和下属之间信任关系的基础。自信在决策和获得他人信任中起到重要作用。一方面，面对复杂的工作，自信帮助领导者果断采取必要行动；另一方面，领导者表现出的自信使得其更容易获得他人的信任，让下属更相信领导者决策的正确性。认知能力是指收集、整理和解释大量信息的能力，领导者需要凭借这种能力去制定合适的战略、解决问题并做出正确的决策。工作相关知识指的是有关企业、行业和技术的知识。有效的领导者通常具备丰富的工作相关知识，因为深入的组织和行业知识使他们做出明智的决策，并认识到这些决策的影响。[1]

中国古代也有着对领导和管理的论述，而多数学派谈及这一问题时，都认为成功领导的第一要素就是领导者个人的素质。例如，在儒家经典《礼记·大学》中提到"物格而后知至，知至而后意诚，意诚而后心正，心正而后身修，身修而后家齐，家齐而后国治，国治而后天下平"，也就是后人常说的"修身、齐家、治国、平天下"。可见，儒家学派认为做好领导，首先要做人，"仁、义、礼、智、信"的儒家五常是对做人最基本的品格要求。领导者要严格要求自己，以身作则，正如孔子所说"其身正，不令而行；其身不正，虽令不从"。在马列主义的著作中也提及了对领导者素养的要求，马克思、恩格斯强调无产阶级的领导者不是社会的主人而是社会的公仆[2]，虽然形式发生了改变，但是他们仍然要带领和组织人民群众从事生活和生产活动，实现建设目标，这些领导者无论在政治思想、道德品质还是文化知识上都要具备一定的素养，如列宁提到领导者"不能不是在技术方面具有丰富经验和多种科学修养的人"[3]。

但令人遗憾的是，尽管有着古老的传统，领导者特质理论的研究结果却常常令人失望，领导者个人特质和领导有效性的关系常常并不一致。正如拉尔夫·斯

---

[1] S. A. Kirkpatrick and E. A. Locke, "Leadership: Do Traits Matter?" *Academy of Management Executive*, 1991, Vol. 5, No. 2, pp. 48—60.
[2] 参见《马克思恩格斯选集》第3卷，人民出版社2012年版，第54—55页。
[3] 《列宁选集》第4卷，人民出版社2012年版，第753页。

托格迪尔所言,"一个人并不能凭借拥有一些特质的组合这一特征就成为领导者"①,因为没有一种特质组合可以广泛地与所有有效领导有关,如军队的领导者拥有的特质就与大学校长不完全相同。因此,随后有关领导的研究开始重点关注领导者的行为。

二、领导者行为理论

恩格斯说过,"我觉得刻画一个人物不仅应表现他做什么,而且应表现他怎样做"②。"怎样做"指的就是人们的行为方式。同样,有效的领导不仅在于领导者的特质,还与领导者的行动密切相关。20世纪中期,对于领导的研究集中在对于有效领导行为的探讨上。其中,最具代表性的领导者行为理论有以下几种:

(一) 独裁与民主

独裁与民主是两种完全不同的领导行为。例如,法家强调"势者,胜众之资也"③,即要统治大众,必须凭借赏罚的权力;道家认为"法令滋彰,盗贼多有"④,越多的规章和刑罚,带来越多的反抗和动乱,应该顺其自然,无为而治。那么,哪一种更行之有效呢?爱荷华大学的库尔特·勒温及其助手们对团体的领导方式进行了研究,总结出了三种领导方式:独裁型、民主型和放任型。独裁型的领导认为权力来源于职位,而人类本性懒散,因此需要采取集权管理,以命令的方式鞭策下属工作。民主型的领导认为权力来源于他所领导的群体,人们受到激励后可以自我领导,因此应该尽量采取授权管理,鼓励下属参与决策。放任型的领导认为权力来源于被领导者的信赖,人们能找到合适的方法完成工作,因此只需采取一种俱乐部式的领导方式,给下属充分的自由去做出决策。⑤ 勒温等人的研究结果显示,民主型的领导方式最为有效,不过在领导者参与并监督工作的情况下,独裁型的领导也很有效,但团队的情绪却很糟糕。在实际工作中,要么独裁、要么民主的极端领导风格并不多见,大多数是介于两者之间的。

罗伯特·坦南鲍姆和沃伦·施密特通过进一步研究提出领导行为可以是一个连续统一体,在这个连续体的范围内提供了管理者们各种可选择的领导方式(见图9-2),既可以是最右端以下属为中心的领导方式(民主型),也可以是最左端

---

① R. M. Stogdill, "Personal Factors Associated with Leadership: A Survey of the Literature", *Journal of Psychology*, 1948, 25 (1), p.35.
② 《马克思恩格斯文集》第10卷,人民出版社2009年版,第174—175页。
③ 《韩非子·八经》,陈秉才译注,中华书局2007年版,第253页。
④ 《老子》,饶尚宽译注,中华书局2006年版,第137页。
⑤ 参见杨忠等编著:《组织行为学:中国文化视角》(第三版),南京大学出版社2013年版,第300页。

以管理者为中心的领导方式（独裁型），还可以选择折中的其他方式，具体采取哪种方式取决于管理者使用权威的程度和下属自主决策时拥有的空间。至于哪一种领导方式更加有效，则需要考虑管理者、下属和环境三个方面的因素。① 前者在领导者特质理论中已经分析，后两者则是随后两节讨论的重点。

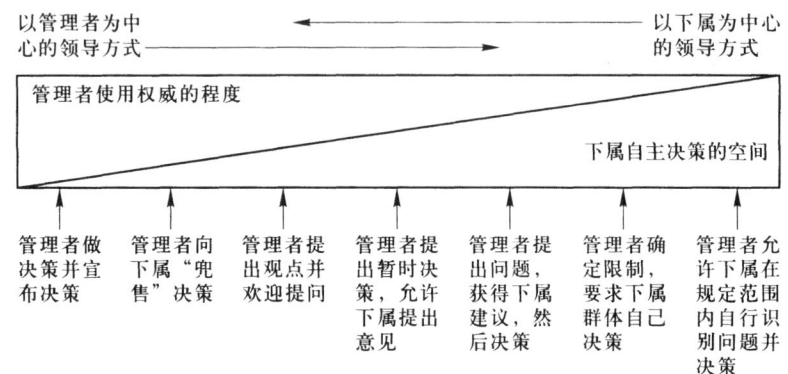

图 9-2　领导行为的连续统一体

资料来源：R. Tannenbaum and W. H. Schmidt, "How to Choose a Leadership Pattern", *Harvard Business Review*, May–June, 1973.

（二）俄亥俄州立大学的研究

俄亥俄州立大学的一项研究确立了两个重要的领导行为的维度：定规维度和关怀维度。这两个维度本质的区别是：前者以工作为中心，更关心任务的完成；后者以人为中心，更关心下属的满意度。俄亥俄州立大学的领导研究是一个跨学科的研究项目，参与的研究者涉及心理学、经济学和教育学，他们从众多因素中归纳出"定规维度"和"关怀维度"。② 定规维度是指领导者确定和构建自己和下属的角色，以实现组织的目标。高定规维度的领导者倾向于明确说明下属的工作分配和完成工作的具体方式，决定工作的最后期限，要求达到工作的绩效标准，关注任务的目标和结果。关怀维度是指领导者信任和尊重下属，期望与下属建立温暖、和谐的人际关系。高关怀维度的领导者公正而友善，关心下属，平易近人，欢迎下属对工作进行广泛的参与，关注员工的满意度。

这两个维度形成的二维矩阵包含了四种可能的领导行为组合（见图9-3）：高定规—高关怀，高定规—低关怀，低定规—低关怀，低定规—高关怀。很多研究认为，高定规—高关怀模式最有效率，因为这种模式既关心生产又关心员工，可

---

① R. Tannenbaum and W. H. Schmidt, "How to Choose a Leadership Pattern", *Harvard Business Review*, 1958, 36, pp. 95—101.

② C. A. Schriesheim and B. J. Bird, "Contributions of the Ohio State Studies to the Field of Leadership", *Journal of Management*, 1979, Vol. 5, No. 2, pp. 135—145.

以带来高绩效和高满意度。但是，也有越来越多的研究对这一结论产生怀疑。① 例如，双高模式较为复杂，它是否是最简约的预测模型？管理中是否真正需要它？不同情况下它是否真的带来最好的绩效和满意度？有研究发现只考虑定规或只考虑关怀的一维简单模式在管理中更为有效②，因此双高模式不一定总是最有效的，在一些情境中可能高定规—低关怀或低定规—高关怀的模式更好。

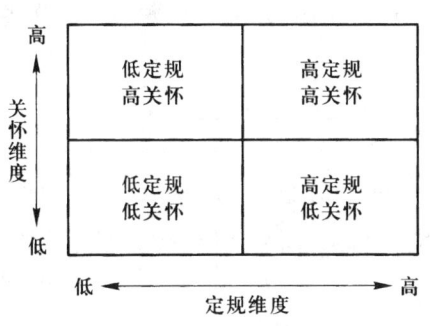

图 9-3　定规和关怀

资料来源：杨忠等编著：《组织行为学：中国文化视角》（第三版），南京大学出版社 2013 年版，第 300 页。

（三）密歇根州立大学的研究

密歇根州立大学的研究与俄亥俄州立大学的研究几乎同时开始，但采取了不同的方法，其目的是区分高产出和低产出的管理者。该研究同样将领导行为归纳为两个维度：以生产为中心和以员工为中心。以生产为中心的领导只关心工作的技术、日程的安排和任务的完成，员工是达到目标的手段。以员工为中心的领导关注下属面临问题的人性化方面，同时着力建设具有高绩效目标的有效工作群体，这种领导需要做的并不仅仅是"对其下属很好"，他们还需要建立高绩效目标并为下属创造支持性的工作环境。这项研究对不同层次和不同行业的管理者进行了测量，其结果显示以员工为中心的领导行为带来高产出，相反以生产为中心的领导行为无论在生产率还是在员工满意度方面都是低效的。③

（四）管理方格理论

管理方格理论（management grid theory）致力于探讨什么样的领导方式可以使资源更有效地转变为结果，罗伯特·布莱克和简·莫顿在 1964 年出版的《管理方

---

① P. C. Nystrom, "Managers and the Hi-Hi Leader Myth", *Academy of Management Journal*, 1978, Vol. 21, No. 2, pp. 325—331.
② L. L. Larson, J. G. Hunt, R. N. Osborn, "The Great Hi-Hi Leader Behavior Myth: A Lesson from Occam's Razor", *Academy of Management Journal*, 1976, 19 (4), pp. 628—641.
③ R. Likert, "From Production and Employee-Centeredness to Systems 1—4", *Journal of Management*, 1979, Vol. 5, No. 2, pp. 147—156.

格》一书中指出以生产为中心和以人为中心的领导方式是可以同时存在的,它们不同程度的结合产生多种领导方式。① 为此,两位研究者设计了一张方格图(见图9-4),横轴代表对生产的关心,包括结果、绩效、利润、任务的完成等,纵轴代表对人的关心,包括上级、下级、同事、客户等。这两个维度都可以看作一种程度大小的尺度,分别被分为从 1 到 9 的 9 格,1 表示关心程度很低,9 表示很高程度的关心,两者相结合,形成全图的 81 个小方格。在这些方格中最具代表性的领导方式有五种:

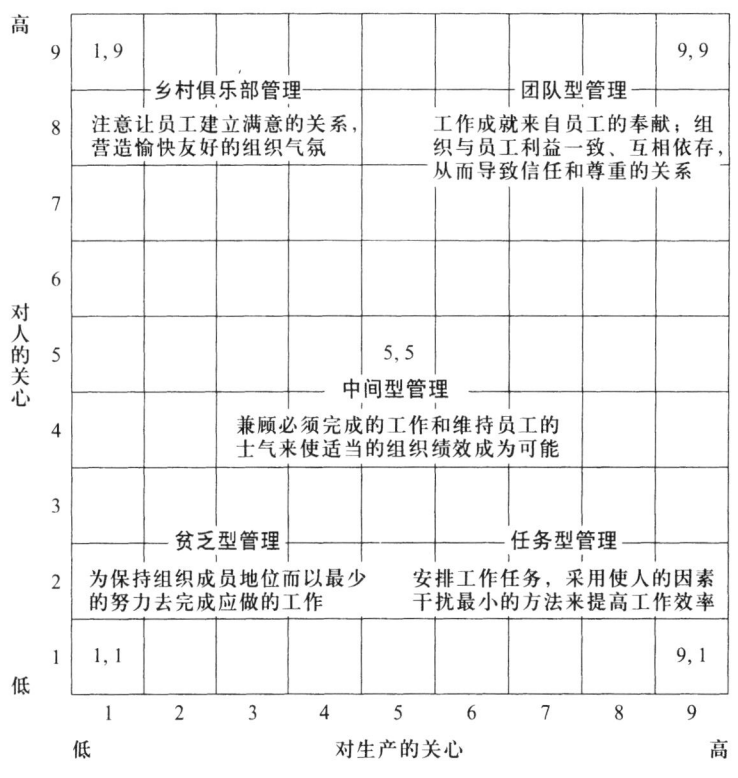

图 9-4 管理方格

资料来源:[美] R.R. 布莱克、A.A. 麦坎斯:《领导难题——方格解法:管理方格新论》,孔令济等译,中国社会科学出版社 1999 年版。

1. (1,9)方格:乡村俱乐部管理

这类领导方式对生产较少关心,对人们高度关心,努力创造一种愉快、友好、让人满意的工作氛围。

2. (9,1)方格:任务型管理

---

① [美] R.R. 布莱克、A.A. 麦坎斯:《领导难题——方格解法:管理方格新论》,孔令济等译,中国社会科学出版社 1999 年版。

这类领导方式高度关心生产，很少关心人，为达到生产目的，常常会强制人们去完成必要的任务。

3. （1，1）方格：贫乏型管理

这类领导方式对生产和人都极少关心，也并不觉得这两方面的需求之间有什么矛盾，管理者希望大家都不要互相妨碍，他们自己虽然在场却几乎不发挥领导作用。

4. （9，9）方格：团队型管理

这类领导方式把对生产的高度关心和对人的高度关心结合起来，建立成员之间健全和成熟的关系，鼓励组织成员参与决策并努力工作，以实现组织的目标。

5. （5，5）方格：中间型管理

这类领导方式对生产和对人的关心都是适度的，其基本假设认为，极端会引起矛盾，因此需要折中，用放弃某种东西的一半来换取另一种东西的一半，以寻求一种平衡。

布莱克和莫顿认为（9，9）方格的领导方式是最有效的，既能够提高员工的满意度，又能够带来高的生产效率。那么，这种高效的领导方式在实际工作中能够实现吗？如果能实现对领导者有着怎样的要求？又是什么原因使得管理者的领导方式处于其他方格之上？这些问题都促进了更多学者对"领导"的继续研究。

三、领导者团队理论

毛泽东曾说过："不善于处理自己和委员之间的关系，不去研究怎样把会议开好，就很难把这'一班人'指挥好。如果这'一班人'动作不整齐，就休想带领千百万人去作战，去建设。"[①] 从领导者到领导团队，也就是从个人转向了群体。

现代高层管理团队研究兴起的标志是唐纳德·汉布里克和菲莉丝·梅森在20世纪80年代提出的"高阶理论"[②]。该理论认为：第一，高层管理人员在进行决策和采取行动时会受到其自身所具有的经验、性格和价值观等个性化因素的影响。这是因为高层管理人员是有限理性的，其信息处理过程分为三个步骤，依次为受到个体心理特征和可观测到的经验影响的"高层取向"、由受限的洞察力、选择性认知和解释构成的"过滤过程"、最终产生的诠释现实，并以此为基础进行战略选择和高层行为，因此组织决策成为决策者个人特质的反映。第二，要更好地预测组织的绩效，则应该了解整个高层管理团队的特征，而非仅仅了解首席执行官的

---

① 《毛泽东选集》第4卷，人民出版社1991年版，第1440页。
② [美] 唐纳德·汉布里克：《高阶理论的起源、迂回与教训》，引自 [美] 肯·史密斯、迈克尔·希特主编：《管理学中的伟大思想：经典理论的开发历程》，徐飞、路琳译，北京大学出版社2010年版，第90—105页。

个体特征,如团队的平均年龄比首席执行官个人年龄更能预测组织决策的风险倾向。第三,运用人口统计学变量是大样本研究在实际操作中可行而有效的方法,但它并不能精确代表管理人员的认知和价值观,这一方面还需要进一步处理。

此后,汉布里克对高阶理论进行了发展,以提高其预测能力,其中一个重要的改进就是对团队行动一致性的研究。虽然高层管理团队的特征比首席执行官个体特征更能影响组织绩效,但如果高层管理团队是高度分散的,只是单个管理者的集合,而非一个团队,那么其整体特征对组织绩效的影响就不大。行动一致性被用来测量高层管理者们是一个凝聚的团队还仅仅是个体的简单集合,这一概念用信息交换、协作行动和联合决策三个因素来代表群体内部的互动程度,行动一致性高的高层管理团队能够共享信息、资源和决策,共同对组织的绩效产生影响。因此对高层管理团队的研究除了团队成员特征的平均值,如他们的平均年龄、文化水平等,也常常涉及一个团队作为整体的特征,如团队的异质性、权力配置和成员之间的互动等。

第三节 领导与被领导者

正如马克思和恩格斯所指出的,"把权威原则说成是绝对坏的东西,而把自治原则说成是绝对好的东西,这是荒谬的。权威与自治是相对的东西,它们的应用范围是随着社会发展阶段的不同而改变的"[1]。有效的领导不仅取决于领导者及其团队的特质和行为,还受到实施情境的影响。被领导者,即下属,正是情境中最重要的因素。这一节中我们将介绍三种与被领导者有关的理论:情境领导模型、领导—成员交换理论和领导者角色理论。

一、情境领导模型

保罗·赫塞和肯尼斯·布兰查德开发了情境领导模型(situational leadership model,SLM)。他们认为有效领导和无效领导的差异并不是领导者的行为本身,而是领导者行为和实施情境的匹配。

在情境领导模型中,领导者的行为首先被分为两个维度,任务行为和关系行为。任务行为是指在多大程度上领导者倾向于确定组织成员该做什么以及怎么做。高任务行为的特点是组织模式、沟通渠道和完成任务的具体方式被清晰定义;关系行为是指在多大程度上领导者倾向于通过开放的沟通,给予下属充分利用潜能

---

[1] 《马克思恩格斯文集》第3卷,人民出版社2009年版,第337页。

的机会。高关系行为的特点是社会情绪的支持、友谊和相互信任。

赫塞和布兰查德认为任务行为和关系行为并不是一对非此即彼的单一维度关系，而是可以同时存在的，据此他们将领导风格由两个维度扩展为四个象限（见图9-5）：

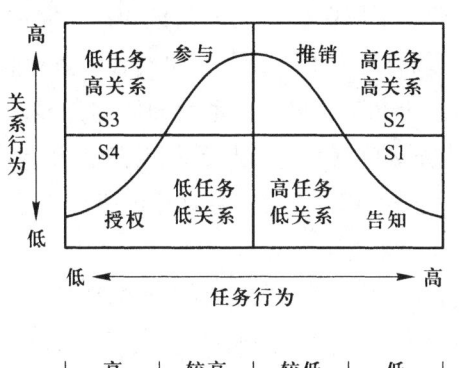

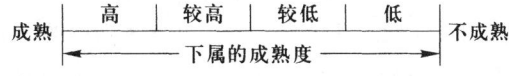

图9-5 领导的情境模型

资料来源：陈传明、周小虎编著：《管理学原理》，机械工业出版社2007年版，第205页。

告知（S1，高任务/低关系行为）：领导者下达命令，明确何时、何地、如何去做，并监督执行。

推销（S2，高任务/高关系行为）：领导者向下属解释自己的决策，并提供支持行为。

参与（S3，低任务/高关系行为）：领导者让下属参与决策，自己提供便利条件给予支持。

授权（S4，低任务/低关系行为）：下属自己独立解决问题。

情境领导模型中的"情境"关注的是下属成熟度。成熟度被定义为承担责任的愿望和能力，它与下属的心理年龄而非时间年龄相关。因此成熟度也被分为两个方面：心理成熟度和工作成熟度。前者指的是下属主动承担责任、获得成就的愿望，后者指的是下属的工作能力，包括与任务相关的受教育程度、经验技术等。这两个方面将下属成熟度划分为四种情况，由低到高分别为：

R1：成熟度低。这些下属既不愿意，也没有能力承担分配的工作任务。

R2：成熟度较低。这些下属愿意从事分配的工作任务，但不具备完成工作的能力。

R3：成熟度较高。这些下属具有从事分配的工作任务的能力，但却不愿意去做。

R4：成熟度高。这些下属既愿意也有能力去完成分配的工作任务。

情境领导模型强调有效的领导应该根据下属的成熟度去匹配相应的领导者行为，而不存在一般意义上最好或最差的领导。当下属既不愿意也没有能力承担某项任务时（R1），领导者应当提供直接而明确的指导，提高组织生产率（S1）。当下属虽然还不具备能力做出重要决策，但是有完成任务的意愿时（R2），领导者应当与其进行友好的互动，帮助下属明确自己的角色和任务完成标准，提高对他们的信任与支持（S2）。当下属有能力承担任务，却没有工作意愿时（R3），领导者应当减少直接指挥的行为，让下属提出自己解决问题的方案，以增加他们的成就感，并在需要时提供便利与支持（S3）。当下属既愿意又有能力去承担任务时（R4），领导者应当放手，只需授权并充分信任地让下属自己寻找方向，解决问题，不需要做太多工作（S4）。

赫塞和布兰查德的情境领导模型提供了一种动态的视角，领导者的行为需要与情境相匹配，而情境，这里主要是指下属的成熟度，是在不断变化之中的。因此，领导者需要不断评估下属的工作能力和工作意愿，并调整自己的任务行为和关系行为与之相适应，以取得真正有效的领导。尽管这一领导模型的预测能力还没有得到更多研究证据的支持，但由于其实用性较强，仍然受到很多管理者的欢迎。

二、领导—成员交换理论

与赫塞—布兰查德情境领导模型相同，领导—成员交换理论（leader-member exchange，LMX）也认为领导者并不是以同样的领导行为对待所有下属，而是对于不同特点的下属会采取不同的领导方式。下属的差异性在情境领导模型中指的是下属成熟度，而在这一理论中指的则是领导和下属的关系。葛伦等学者指出领导者的时间和精力是有限的，因此需要和下属建立不同的关系，以将其区别对待。

根据关系的不同，领导者将下属分为圈内人（in-group members）和圈外人（out-group members）。圈内人与领导者关系密切，得到更多的关注、信任、资源和支持，作为交换，圈内人回报以忠诚和超越角色的努力工作。因此，高的领导—成员交换关系通常带来双向的影响：更开放和诚信的沟通；高的工作满意度和绩效。相反，圈外人与领导者的关系质量较低，这样的下属只能获得较少的指导和资源，以及有限的信息，从而不利于他们的工作和职业生涯，也导致圈外人工作满意度和组织承诺较低，而领导者通常也会认为他们的工作态度和绩效低于圈内人。因此领导—成员交换理论强调发展成熟的领导者和下属的关系，这样高质量的关系能够带来很多好处，产生有效的领导过程。[1] 表9-1是领导—成员交换调查

---

[1] G. B. Graen and M. Uhl-Bien, "Relationship-based Approach to Leadership: Development of Leader-Member Exchange (LMX) Theory of Leadership Over 25 Years: Applying A Multi-level Multi-domain Perspective", *Leadership Quarterly*, 1995, Volume 6, Issue 2, pp. 219—247.

问卷的一部分，用来区分圈内人和圈外人。

表 9-1 测量领导—成员交换的条目

1. 你认为你的监管者在有关你的工作改变上有多大的弹性？
4＝监管者对改变非常热心；3＝监管者对改变不冷不热；2＝监管者认为没有太大必要进行改变；1＝监管者认为不需要改变

2. 不论你的监管者在他的岗位上有多大的正式组织的权威，你认为他在你的工作中倾向于运用他的权力帮助你解决问题的概率有多大？
4＝他肯定会；3＝他有可能；2＝可能会也可能不会；1＝不会

3. 在你需要的时候，在多大程度上你能够依靠他为你担保，而且他愿意为此承担风险？
4＝总是；3＝通常；2＝很少；1＝从不

4. 你是否经常向你的监管者提出有关你的工作的建议？
4＝总是；3＝通常；2＝很少；1＝从不

5. 你怎么描述你与你的监管者之间的工作关系？
4＝非常好；3＝比平均好；2＝平均；1＝比平均差

每一个参与者都有 5 个项目，得分结果为 5~20 分。

资料来源：[美] 詹姆斯·吉布森、约翰·伊万塞维奇、詹姆斯·多奈里、罗伯特·科诺帕里斯、杨忠编著：《组织行为学：行为、结构及过程》（第 12 版），南京大学出版社 2009 年版，第 253 页。

虽然领导—成员交换理论关注的是工作中成员之间的交换关系，如对工作的努力和有利的工作安排，但是有学者认为这种关系的建立并不仅仅基于与工作相关的因素，还受到社会因素的影响。因此领导—成员交换关系被分为了四个维度：贡献，如超出职位描述的工作表现；情感，如友谊和喜欢；忠诚，如忠实和共同承担责任；职业尊重，如对对方职业能力的尊重。对这些维度的研究有助于我们更好地理解领导者和下属在建立关系的过程中所付出的努力。[1]

这种特殊关系的建立过程一般包含三个阶段：第一阶段是角色发现。这一阶段包含了初始的测试过程，这时领导者需要去发现下属的相关技能和动机，下属也在试探领导者能够提供的资源，在较短的一段时间内，领导者和下属经过多次的相互测试，已经基本确定他们之间是只能保持在关系发展的较低阶段（圈外人），还是可以继续发展成为圈内人，如果是后者，则进入关系建立的下一个阶段。第二阶段是角色开发。在这一阶段领导者和下属通过一起工作继续尝试和调整他们之间的相互关系，双方投入自己的价值，如领导者提供资源和机会，下属展现自己的工作能力和忠诚，最终形成合理的交换关系。在角色开发阶段确定相

---

[1] J. M. Maslyn and M. Uhl-Bien, "Leader-Member Exchange and Its Dimension: Effect of Self-effort and Other's Effort on Relationship Quality", *Journal of Applied Psychology*, 2001, Vol. 86, No. 4, pp. 697—708.

互关系的特点之后，进入第三个阶段，角色实现。领导者和下属的关系在这一阶段变得更为牢固，他们通过协商细化交换关系的安排，从而能够更有效地合作，同时建立相互信任、尊重、忠诚和理解的情感联系。成熟而高质量的领导者和成员的关系就此出现。

三、领导者角色理论

亨利·明茨伯格是领导者角色理论的主要代表人物，他通过对企业高层管理者的工作日写实，抽象总结了领导者在组织中扮演的"经理角色"，指出：不同领域的管理工作具有很大的相似性，这些工作多具有挑战性，并且多样而复杂，步调紧张，工作活动简短而琐碎，常常被打断，因此管理者需要在不同的角色间进行转换，在这里，角色是指属于一定职责或地位的一套有条理的行为。

明茨伯格将经理的工作划分为三种类型，共 10 种角色。如表 9-2 中所描述，第一类是人际关系方面的角色，涉及人际交往和各种具有象征性和礼仪性的角色，包括挂名首脑、领导者和联络者。第二类是信息传递方面的角色，涉及接收和传递信息的角色，包括监听者、传播者和发言人。第三类是决策制定方面的角色，涉及做出各种重大决策的角色，包括企业家、故障排除者、资源分配者和谈判者。

表 9-2　明茨伯格的经理角色理论

角色	描述	特征活动
人际关系方面		
挂名首脑	象征性的首脑；必须担任许多法律性或社会性的程序化职务	签署法律文件，接待来访人员
领导者	负责对下属激励和鼓励；负责用人、训练和交际	针对下属的所有管理活动
联络者	维持与外界的联系以及维护对提供优惠和信息的人的自我发展的网络	给来函作复；外部董事会的工作；涉及组织以外的人的其他工作
信息传递方面		
监听者	收集并收到各种特别的信息（其中许多是即时的），以便对组织和环境有彻底的了解；成为组织内部信息和外部信息的神经中枢	对各种接收信息的邮件和联系进行处理（如阅读期刊、现场视察）

续表

角色	描述	特征活动
信息传递方面		
传播者	把从企业以外的人以及其他下属那里收到的信息传播给组织的成员；有些是有关事实的信息，有些涉及对组织有影响的各种人的不同价值观点的解释和综合	为了传播信息而把邮件传递到组织中来，涉及向下属提供信息的口头联系（如检查工作会议、即时的信息交流）
发言人	把组织的计划、政策、行动、结果等信息传递给组织以外的人；为组织所在产业部门的专家提供服务	召开董事会，处理向组织以外的人传递信息的邮件
决策制定方面		
企业家	在组织及其环境中寻求机会，制定改进性方案来从事变革；对某些方案的设计进行监督	涉及发起和设计改进性方案的战略和检查会议
故障排除者	在组织面临重大的、未曾预料的故障时，负责采取补救行动	涉及故障和危机的战略会议和检查会议
资源分配者	负责对组织的所有资源进行分配——事实上做出或批准所有的重大组织决定	时间安排；要求批准的请求；涉及预算编制和安排下属工作的任何活动
谈判者	在重大的谈判中负责代表组织	谈判（如与工会的合同谈判、与金融机构的新股发行问题谈判）

资料来源：[加拿大]亨利·明茨伯格：《经理工作的性质》，孙耀君译，团结出版社1999年版，第143—144页。

明茨伯格认为这10种角色形成一个结合起来的整体，管理者是一个投入—产出的系统，权威和地位产生人际关系方面的角色，这方面的角色导致投入（信息），而这又导致产出（信息和决策）。任何一种角色的缺失都可能使得其他角色无法完整实现。例如，一个管理者不担任联络者的角色，就不能够获得内外部的更多信息，因此就不能够良好地传递信息和利用信息做出有效的决策。

领导者的角色是10种角色中最显著的一种角色，也是管理者权力最明显的表现。这一职能渗透在所有管理活动之中，不仅是管理者激励或批评下属时在行使领导职能，他们在从事每一项活动时，如接收信息或做出决策，都会被下属从领导角色的意义上加以解释。在收集信息时，给一位下属打电话，可能被认为是一种鼓励与信任；在分配资源时，下属获得资源的多少也会被看作激励或批评。因此所有与下属有关的活动都带有领导者角色的色彩，管理者需要利用这一角色的作用把下属个人需要和组织目标相结合，把各种分散的因素结合成为一个协作的组织。

第四节 领导与情境

有效的领导不仅在于领导者本身的特质和行为，还取决于实施领导的情境。本节将介绍研究领导有效性的两种权变理论，即费德勒的权变领导理论和豪斯的路径—目标领导理论，然后探讨中国情境下的领导。

一、费德勒的权变领导理论

弗雷德·费德勒提出的关于领导效率的权变理论是第一个综合的领导权变模型。费德勒的权变模型（Fiedler contingency model）指出组织的效率取决于两个变量的相互作用：一个是领导者的风格，另一个是情境的有利性。[1]

领导者的风格分为两类：任务取向型和关系取向型。为了测量领导者属于哪一种风格，费德勒设计了最难共事者（least preferred coworker，LPC）问卷。该问卷先让回答者回想曾与其一起工作过的所有人，然后找出一个最难共事者，接着在一个双极8点量表上去描述这个最不喜欢的共事者，如友善—不友善，合作—不合作，助人—敌意，开朗—郁闷等。

费德勒认为在LPC问卷上打分较高（64分及以上）的人，是属于关系取向型领导风格，因为即使对最难共事的同事，他们也愿意用一些正面的词语去描述，在工作中倾向于与下属建立良好的关系。相反，在LPC问卷上打分较低（57分及以下）的人，则属于任务取向型领导者，他们用非常贬义和含有敌意的词语形容最难共事者，在工作中更关心任务的完成。有一部分人的打分在两者之间（58~63分），费德勒承认这类人的存在，并认为很难明确他们的人格特点。

情境的有利性指的是某一种情境能赋予领导者多大的权力和影响力。费德勒从三个维度对情境是否有利进行分析：一是领导者—成员关系；二是任务结构；三是职位权力。[2]

领导者—成员关系是指下属对领导者尊敬和信任的程度。如果领导者和成员之间的关系好，则他们拥有更多的权力和影响力。也就是说，当领导者受到下属的喜爱、尊敬和信任时，就不需要采取更多任务取向的行为；相反，如果下属不信任，并消极地看待领导者，领导者就只有采取命令的方式才能完成任务。很多

---

[1] F. E. Fiedler, *A Theory of Leadership Effectiveness*, New York: MacGraw-Hill Inc., 1967.
[2] F. E. Fiedler, "The Effects of Leadership Training and Experience: A Contingency Model Interpretation", *Administrative Science Quarterly*, 1972, 17, pp. 453—470.

研究显示，领导者—成员关系可能是三个维度中最重要的一个，可以采用社会计量评级或领导的群体氛围（group atmosphere，GA）分数来测量。当领导者—成员关系良好，则称为有利的情境，反之是不利的。

任务结构是指需要完成的具体任务或工作的特点。高度结构化的、明确的、程序化的任务或工作，比模糊的、非结构化的任务或工作，给予领导者更多的影响力。当一个任务在标准的操作手册中被按步骤清晰描述时，领导的工作就相对变得容易。例如，如何按照已有蓝图陈列一个销售展品就是高度结构化的任务，而担任一名筹备新促销活动委员会的主席则是一个结构性不强的工作。这是三个维度中第二重要的，任务的结构性强，工作情境对领导有利，反之则不利。

职位权力是指与领导职位相联系的权力。如果领导者所处职位允许他们奖励和惩罚，雇用和解雇下属，则他们就拥有更多的权力和影响力。军队的指挥官比士兵拥有更多的职位权力，同样公司的经理比其下属拥有更多的职位权力。职位权力较强对领导者是有利的情境，反之则为不利。

三个维度分别有高低之分，将它们组合在一起形成了8组不同的组织情境，如图9-6的横轴所示，从最有利的情境（领导者—成员关系好，任务结构化，领导者职位权力强）到最不利的情境（领导者—成员关系差，任务非结构化，领导者职位权力弱）。在有利的情境中领导者能够进行控制和产生影响，在不利的情境中他们的控制和影响力减弱。

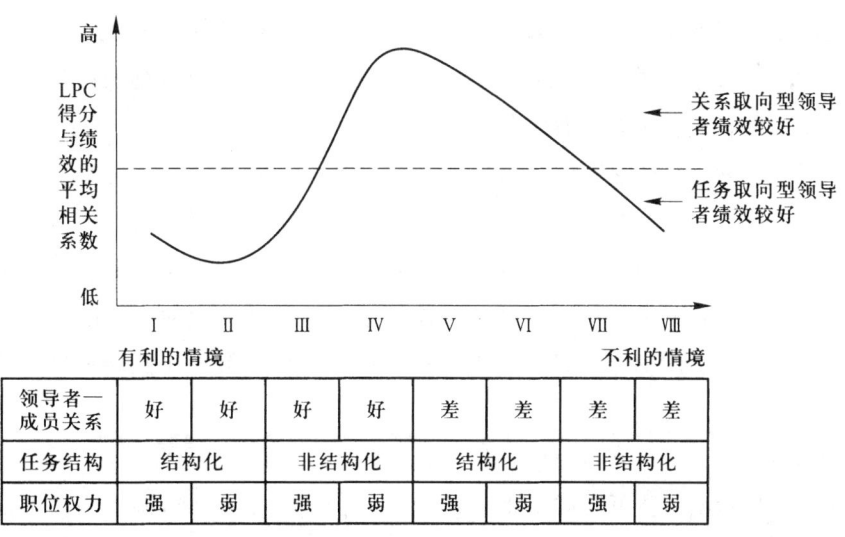

图9-6　领导者风格与情境的匹配

资料来源：F. E. Fiedler, "The Effects of Leadership Training and Experience: A Contingency Model Interpretation", *Administrative Science Quarterly*, 1972, 17, p.455.

接下来需要考虑的就是领导者风格与情境的匹配。如图9-6所示，纵轴代表的是领导者 LPC 分数和组织绩效的平均相关系数，在虚线以上表示关系取向型领导风格的绩效高于任务取向型领导风格，在虚线以下表示任务取向型领导风格的绩效高于关系取向型领导风格。可见任务取向型领导者在非常有利或相对不利的情境下表现更好。因为在非常有利的情境下，下属尊重并信任领导者，任务结构化和职位权力强这两种有利情境至少拥有其一，领导者只需发出命令就可以得到较好的执行。在最不利的情境下，领导者则必须采取任务取向的方式，定义任务结构，指导员工建立权威。关系取向型领导者则在中等有利的情境下绩效较好。这时领导者可能不太受欢迎，也可能面对的任务比较模糊，或是职位权力不高，但至少有一个情境维度是有利的。在此基础上，领导者采用关系取向型领导风格，努力改善人际关系，对下属产生影响。

最后要说明的是，费德勒认为个体的领导风格与个性有关，很难改变，因此要更好地匹配领导者的风格和情境的有利性，以提高组织绩效，只有两种方法：一种是根据情境选择合适的领导者；另一种是改变情境，如清晰定义工作任务、提高职位权力，以适应领导者的风格。

二、豪斯的路径—目标领导理论

罗伯特·豪斯开发的路径—目标领导理论（path-goal leadership model）也是备受推崇的权变理论。该理论以激励的期望理论为基础，指出领导者的工作是提供必要的帮助与指导，激励下属达到他们的目标。领导者的激励功能包括：为工作目标的实现增加下属的报酬；为下属更容易地完成工作指明路径；减少障碍和陷阱；增加下属在工作中的满意度[①]。

路径—目标领导理论有两个重要的命题：其一，领导者的行为是否被下属接受和令下属满意，取决于在多大程度上下属将其视为即时满足来源或是将来带来满足的工具；其二，领导者的行为是否有激励作用，取决于在多大程度上这种行为使得下属需求的满足依赖于有效的工作绩效，以及这种行为为下属取得有效的工作绩效提供必要的辅导、指导、支持和奖励。图 9-7 展示了路径—目标领导理论中的重要因素及其关系。

豪斯将领导者行为分为四种类型：指示型、支持型、参与型和成就导向型。

第一，指示型。让下属知道他们被期望做什么，安排和协调工作，提供具体的指导，明确政策、规则和程序。

第二，支持型。显示对下属的关心，创造一个友好的和心理上支持的工作

---

① R. J. House, "Path-Goal Theory of Leadership: Lesson, Legacy, and a Reformulated Theory", *Leadership Quarterly*, 1996, 7 (3), pp. 323—352.

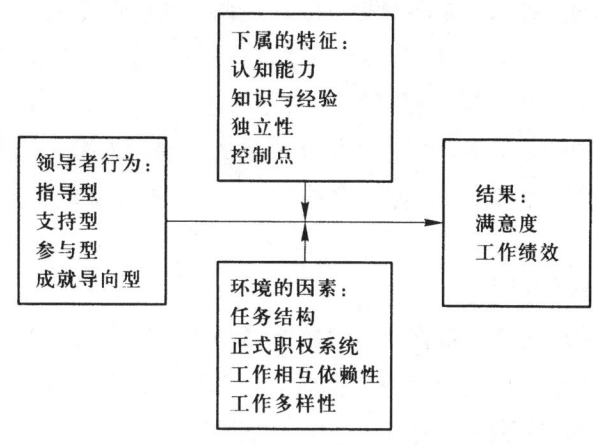

图 9-7　豪斯的路径—目标领导理论

环境。

第三，参与型。遇到问题时咨询下属的意见，决策时将下属的意见和建议考虑在内。

第四，成就导向型。设定具有挑战性的目标，寻求改进，强调卓越的绩效，并对下属能够达到高标准的绩效显示信心。

与费德勒不同，豪斯认为领导者可以根据情境的不同改变自己的领导风格，领导者在选择领导行为时主要考虑两类情境因素：下属的特征和环境的因素。下属的特征包括认知能力、知识与经验、独立性、控制点等；环境的因素包括任务结构、正式职权系统、工作相互依赖性、工作多样性等。领导者行为与下属的特征和环境的因素正确匹配，将对下属满意度和工作绩效产生正向影响。这一作用和影响的过程是复杂的。在路径—目标领导理论的基础上产生了以下命题：

（1）当下属的任务结构含糊不清时，领导者路径—目标明确的指示型行为将提高下属的满意度。

（2）当下属的任务结构明确清晰时，领导者路径—目标明确的指示型行为将会令下属不满，并被视为过度控制而遭到抵制，因此起不到激励作用。

（3）下属自认为与任务相关的能力越高时，领导者路径—目标明确的指示型行为越不受到欢迎。

（4）当参与决策的下属个人特征较强（如高度内控型、高度独立型等），而任务结构含糊不清时，参与型领导行为更令下属满意。

（5）当下属具有中度或高度的成就动机时，成就取向型领导者行为最具激励作用。

（6）当工作群体成员具有任务相关的知识和经验时，由他们之间相互协调不确定性的工作将有利于群体目标的实现。

（7）当下属的任务或工作环境是危险、单调、紧张或令人沮丧的，支持型领导者行为可以通过提高领导者—下属关系和自信心、减轻压力和焦虑、补偿工作中不愉快的方面等方法增加下属的努力和满意程度。

（8）当下属的任务是多种多样和相互依赖的，同时组织中的团队规范没有很好的发展，严密监管和路径—目标明确的指示型行为将会提高满意度和绩效。

三、文化背景与领导

当今世界，全球化已经是管理活动的必然趋势，每一个企业，无论主观上支持还是反对，都无法阻止这一趋势的发展，也无法让自己置身其外。同样，领导活动也必须面对和研究这一情境因素：社会文化背景。

文化层次论中的文化洋葱比喻指出，文化可以由外及里分为表层、中层和核心层（见图9-8）。表层文化是看得见的文化特征，如礼仪、语言、生活习惯等，给人以最直接而强烈的文化冲击。中层文化指的是一个社会的价值观和社会规范，代表了这个文化中对好与坏的判断，以及多数人在某种情形下的行为选择。核心层文化涉及一个社会最基本的假设，经过长期历史发展和文化理念体系的震荡与积累，从而形成这一社会当前的核心层假设。核心层文化驱动中间层文化，进而影响表层文化。[①]

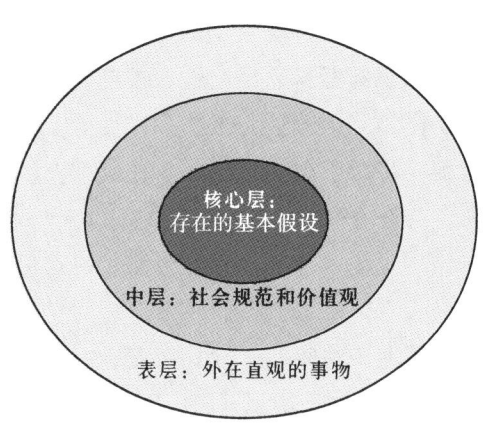

图9-8　文化洋葱比喻

资料来源：陈晓萍：《跨文化管理》（第二版），清华大学出版社2009年版，第6页。

目前管理学中对于跨文化的研究主要集中在中层和表层，关注文化背景中价值观及其表现的差异，进而对于管理活动包括领导产生何种影响。例如，霍夫斯泰德的五维度文化测量方式、克拉克洪-斯托特柏克的六项基本文化维度构架、特

---

① 陈晓萍：《跨文化管理》（第二版），清华大学出版社2009年版，第6页。

朗皮纳斯的文化架构理论等。这些研究探讨了各种文化中个体主义—集体主义、对权力的接受程度、普遍主义—特殊主义、人与自然的关系、人们之间的关系、成就—归属等价值观念和人们的行为方式。由于可操作性等原因，目前使用较广泛的是霍夫斯泰德的研究。

霍夫斯泰德将文化分为权力距离倾向、个人主义—集体主义倾向、不确定性回避倾向、阳刚—娇柔倾向和长期—短期倾向五个维度。我们以其中三个文化维度为例，探讨在不同文化背景下哪一种领导行为更为有效。

权力距离倾向用于衡量组织中低级或普通成员接受不平等的权力和奖赏的程度。在权力距离较小的文化中，领导者应当充分授权，让下属共同参与决策过程；在权力距离较大的文化中，下属比较容易接受领导者的指导和命令，领导者也希望得到下属的忠诚与服从，告知和推销型的领导行为也许更为有效。中国的传统文化有强调"三纲五常"、推崇集权的倾向，因而权力距离较大。但是，很多研究发现中国组织越来越多地运用参与式领导的管理方式，其原因之一是在中国文化背景下参与式领导行为的作用机制与西方不同，主要以心理授权为中介影响员工满意度和组织承诺，从而提高组织管理的绩效。[1]

不确定性回避倾向用于衡量一个社会中的人们对不确定情况感到威胁的程度，他们试图获得更稳定的职业、建立更加正规的规则，抵制异常的观点和行为以及接受绝对真理和上级目标来避免这种不确定的程度。不确定性回避倾向较高的文化中，人们厌恶风险、尊重权威，此时领导者行为可以偏向定规维度，对工作直接指示和明确说明，使下属感到减少了所要面对的风险，工作也更为稳定。不确定性回避倾向较低的文化中，人们愿意面对变化的环境和充满风险的挑战，此时领导者可以采用授权的方式，布置具有挑战性的任务，充分发挥下属的创造性和积极性。

阳刚倾向指社会的主要价值观念强调自信和获得金钱、物质与社会地位的程度；娇柔倾向指社会的主要价值观念重视人们之间的联系、关心他人和整个生活质量的程度。较高的阳刚倾向的文化中，领导应当在下属完成任务后给予必要的物质奖励，如金钱、职位提升等，这些行为有助于提高工作绩效。在偏娇柔倾向的文化中，领导行为应当注重关怀维度，通过对下属的关心、物质以外的激励等使得员工对组织产生归属感，提高忠诚度。此时仅仅以物质和金钱的方式进行激励，可能起到反作用。例如，在具有较高娇柔倾向的墨西哥，提高单位工时的薪酬，员工愿意工作的时间反而会减少，因为在他们看来，赚到足够的金钱就应当

---

[1] 参见陈雪峰、时勘：《参与式领导行为的作用机制：来自不同组织的实证分析》，《管理世界》2008年第3期，第126—158页。

将更多的时间用于和家人、朋友相处。

最后，需要注意的是，虽然文化背景相对来说比较稳定，因为其源于一个民族核心的基本假设和长期的历史发展，但也不能用绝对静态的眼光看待一个民族的文化。随着社会经济的发展、全球化的交流、重大事件的发生等，文化也会发生变迁。因此要在特定文化背景下实施有效的领导，不能依据固有的观念看待问题，必须对当前文化环境进行认真而细致的研究与分析。

思考题

1. 你是如何理解"领导"这一管理术语的？为什么？
2. 简述领导和管理的异同。
3. 简述领导者权力体系的来源及构成。
4. 什么是领导者和被领导者？在组织中，是否上级就是领导者，下级就是被领导者？为什么？

▶ 自测习题及参考答案

第十章 激　　励

人的行为是可以调节和激励的。激励理论讨论如何在掌握人的行为规律的基础上影响和引导人的行为选择。研究与运用激励理论，对于落实人才强国、人才兴企战略，加强人才资源建设，优化人才成长环境，均具有重大的意义。

第一节　激励基础

激励是组织诱发个体产生满足某种需要的动机进而促使个体行为与组织目标趋同的管理过程。因此，激励应从调动人的积极性的角度出发，系统解决"激励什么"和"如何激励"两个关键问题。然而，在给出这两个关键问题的答案之前，有一个无法回避的问题，那就是"为何激励"。

依据委托—代理理论，企业所有者（委托人）借由契约聘用他人（代理人）代表其履行某些职能，二者由此构成了委托—代理关系。人类的自利性、有限理性和风险回避性，以及委托双方在需求和利益目标上的差异，有可能导致代理人并不总是以委托人的利益最大化为目标而行动。为了解决委托双方的信息不对称以及随之产生的道德风险和逆向选择等问题，委托人就有必要设计出一套激励约束机制，采用奖励和惩罚并用的措施，引导代理人通过实现委托人利益最大化来达成自身利益最大化，使二者的利益目标最大限度地趋于一致，进而实现"激励的相容性"。

依据人的行为规律，从人性的假设出发，明晰激励的机理，既是探索如何调动人的积极性的必经之路，也是激励理论的基础。因此，在系统学习和灵活运用激励理论之前，首先需要了解人的行为过程及特点、人性的假设及其发展以及激励机理。

一、人的行为过程及特点

（一）行为的界定

行为是人类在环境影响下一切外在反应的统称。行为的构成要素包括：行为主体、行为客体、行为环境、行为手段和行为结果。

行为可笼统划分为动机性行为与非动机性行为两种。动机性行为是在人的理性意识支配下按照一定的规范进行并达成一定成果的活动，非动机性行为则是人在无意识状态下进行的无目的活动。

动机性行为属于激励理论研究的范畴,也是本书关注的焦点。从其内涵可以进一步推导出动机性行为的三大特征:首先,该行为是在人的理性意识支配下的活动,具有一定的目的性、方向性及预见性;其次,该行为与一定的客体相联系,作用于一定的对象,其结果与行为的动机、目的有一定的内在联系;最后,该行为会受到环境的影响,是人的内在因素和外在因素相互作用的函数。

(二) 动机性行为的过程

动机性行为的一般过程包括刺激、需要、动机、行为和目标等环节。如图10-1所示,当个体处在一定的社会环境中,受到某种内外诱因的刺激,便产生某种需要。当个体产生某种需要时,心理上就会产生不安和紧张感,于是产生内在的行为驱动力,即动机的产生。有了动机,个体便会开展满足需要的活动即行为。行为若能达成目标,个体需要便会得到满足,个体心理紧张亦会消除,然后在新的内外诱因刺激下,个体又会产生新的需要,形成新的动机,引起新的行为;行为若未能达成目标,个体原来的心理紧张度会增强,有的个体会因此消沉而产生消极行为,而意志坚定者则会继续努力追求需要的满足。

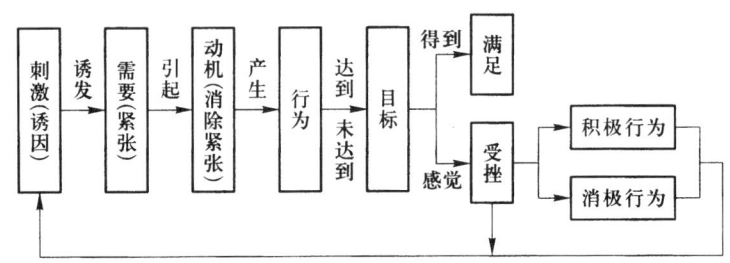

图 10-1 动机性行为的一般过程

资料来源:J. H. Donnelly, J. L. Gibson and J. M. Ivancevich, *Fundamentals of Management*, 9th ed., Homehood, IL: Richard D. Irwin, Inc., 1995.

由此可见,人的行为过程是一个"刺激—需要—动机—行为—目标—满足(受挫)"循环往复的过程。人的行为总是指向一定的目标,又总是为一定的动机所支配;动机又为需要所决定,需要又是在一定的社会环境背景下受内外刺激所产生的。依据行为过程的这一规律,组织管理者可以对劳动者未满足的需求展开刺激,强化劳动者的动机,引导劳动者的行为目标,进而促使劳动者产生组织期望的积极行为。

(三) 动机性行为的特点

虽然不同年龄、性别、种族、阶层、时代的人的动机性行为的表象千差万别、千变万化,但该类行为仍具有如下共同特点:

1. 自发性

动机性行为是由行为人的自我意识支配而自觉启动和进行的，外力可以影响甚至改变某个人的行为，但所影响和改变的只能是人的认知、态度和情感等内在心理因素，进而改变人的动机，并不能直接支配人的行为。

2. 目的性

动机性行为不是盲目发生的，而总是指向一定的目标，为了一定的目的而进行的。行为人在发生行为之前已选定目标，并据此选择行为方式、制定行动计划，区别仅在于这种目的性的表现有时直接而明显，有时间接而隐讳。

3. 持续性

动机性行为是在行为人的动机支配下实现目标的过程，如果动机和目标没有改变，行为人的行为从本质上就不会改变，在目标实现以前亦不会终止。若遇阻碍，行为人可能变换方式和手段，但其行为还是指向既定的目标。

4. 可塑性

动机性行为受主客观多种环境因素的影响，这些因素的变化足以改变行为人的需要，进而改变行为人的动机以及追求的目标。因此当环境发生变化时，行为人可以主动调节需要、动机甚至目标来改变行为的方向和方式。

5. 因果性

动机性行为发生的直接原因是行为人的动机，其发生的过程会伴随相应的结果产出。不同的行为动机会催生不同的行为结果，因此行为的结果产出与行为的初始动机之间存在必然的因果联系。

二、人性假设及其发展

"如何激励人往往取决于如何看待人"，因此对人性的合理假设是激励生效的前提。关于人性的假设有许多不同观点。其中有代表性的有：经济人假设（X理论）、社会人假设（人际关系理论）、自我实现人假设（Y理论）和复杂人假设（超Y理论）。无论是何种假设，它们都促使我们思考一个问题，即如何正确地看待人性，并据此选择适宜的激励措施。

(一) 经济人假设（X理论）

经济人假设认为，人是以追求个人利益最大化为目的并积极从事经济活动的主体，具有四个特点：第一，人必然是自利的，且不是孤立的。追逐个人利益的动机是人行为的驱动力；人不能孤立地生存，只有在经济生活中与他人进行交往，才能谋求私人的利益。第二，人总是凭借所处环境判断自身的利益，努力使用各种手段，追求自身利益的最大化。第三，人唯一目的是追求私人的利益，但最终会增加社会的公共利益。但是，这一过程需要有良好健全的法制和规则作为保证。第四，人追逐私利的手段和内容会随着社会发展而发生变化，但其自利的本性不变。

美国心理学家麦格雷戈在其《企业的人性面》① 一书中，提出了两种对立的管理理论：X 理论和 Y 理论。其中，X 理论对经济人假设做出了详细解释。基本观点如下：第一，多数人十分懒惰，他们总是想方设法逃避工作；第二，多数人没有雄心大志，不愿担负任何责任，而心甘情愿地受别人指导；第三，多数人的个人目标都是与组织目标相矛盾的，必须用强制、惩罚的方法，以迫使他们为达到组织的目标而工作；第四，多数人工作是为了满足基本的需要，只有金钱和地位才能激励他们工作；第五，人大致可以划分为两类，多数人都是符合上述前四种假设的人，只有少数人是能够自己鼓励自己，能够克制感情冲动的人，这些人应当承担管理的责任。

（二）社会人假设

20 世纪二三十年代，随着西方国家社会生产力的发展、企业之间竞争的加剧和企业劳资关系的紧张，管理者开始重新审视人性问题，社会人假设正是在这一时代背景下诞生的。社会人假设的理论基础是人际关系学说，这一学说是由霍桑实验的主持者梅奥最早提出的。梅奥通过霍桑实验发现：人是有思想、有感情、有人格的活生生的社会人，不是机器和动物。作为一个复杂的社会成员，金钱和物质虽然对其积极性的产生具有重大影响，但是起决定作用的不是物质报酬，而是其在工作中发展起来的人际关系。②

社会人假设认为，人不仅具有经济性的需求更具有社会性的需求，人的思想和行动更多受到感情而不是理性的引导，因此人与人之间的关系和组织的归属感比经济报酬更能激励人的行为。该假设的基本观点包括四个方面：第一，从根本上说，劳动者是由社会需求而引起工作的动机，并且通过与同事的关系而获得认同感；第二，工业革命与工业合理化使得工作本身失去了意义，因此劳动者只能从工作上的社会关系寻求工作的意义；第三，劳动者对同事们的社会影响力，比对管理者所给予的经济诱因控制更为重视；第四，劳动者的工作效率随着上司能满足他们社会需求的程度而改变。

（三）自我实现人假设（Y 理论）

自我实现人假设又称自动人假设，是 20 世纪 50 年代资本主义高度发展的产物。在当时高度机械化的生产背景下，劳动者的工作日益专业化，特别是传送带工艺的普遍运用，把劳动者束缚在狭窄的工作范围内。劳动者只是重复简单、单

---

① ［美］道格拉斯·麦格雷戈：《企业的人性面》，韩卉译，中国人民大学出版社 2008 年版，第 185 页。
② Elton Mayo, *The Human Problems of an Industrial Civilization*, London: Routledge & Kegan Paul Ltd., 2003.

调的动作，看不到自己的工作与整个组织任务的联系，工作的士气很低，严重影响了产量和质量的提高。正是在这种情况下，马斯洛、阿吉里斯和麦格雷戈等美国心理学家提出了自我实现人假设，其中以马斯洛的需要层次理论影响最大。[①] 马斯洛认为人类需要的最高层次是自我实现，"每个人都需要发挥自己的潜力，表现自己的才能；只有人的潜力充分发挥出来，人的才能充分表现出来，人才会感到最大的满足"。也就是说，有别于经济人假设强调的物质需求和社会人假设强调的情感需求，自我实现人假设具有发挥潜能、追求自我完美的需要。

麦格雷戈在自我实现人假设的基础上提出了 Y 理论。[②] 其基本观点包括：第一，大多数人都是勤奋的，只要环境允许，人是乐于工作的；第二，控制和惩罚不是实现组织目标的唯一方法，人在执行任务的过程中能够自我指导和自我控制；第三，在正常情况下，大多数人不仅会接受任务，而且会主动寻求责任，逃避责任、缺乏抱负以及强调安全感通常是经验的结果，而不是人的本性；第四，大多数人都具有相当程度的想象力、智谋和创造力，在不为外界因素所指使和控制的情况下，可以得到正常发挥；第五，人体之中蕴藏着极大的潜力，但在现代工业条件下，一般人只能发挥少部分潜力；第六，员工个人自我实现倾向与组织所要求的行为之间并无冲突，如果给予机会，员工会自动地把自己的目标与组织的目标相结合，通过实现组织目标而获得个人自我实现需求的满足。

（四）复杂人假设（超 Y 理论）

复杂人假设是 20 世纪 60 年代末 70 年代初由美国学者艾德佳·沙因提出的。沙因在对经济人假设、社会人假设和自我实现人假设进行分析和总结之后发现，这三种人性假设都是部分正确的，它们只能够在某些特定情境下解释人的行为，而不具有解释的普适性。究其原因在于，人的需要和潜在愿望是多种多样的，而且这些需要和潜在愿望会随着人的年龄、在社会中所扮演角色、所处境遇和人际关系的变化而不断发生变化。人既不是单纯的经济人，也不是完全的社会人，更不是纯粹的自我实现人，而是复杂人。[③]

依据复杂人假设，人性的复杂性体现在两个方面：首先，就个体的人而言，其需要和潜力会随着年龄的增长、知识的增加、地位的改变、环境的改变以及人与人之间关系的改变而发生变化；其次，就群体的人而言，人与人之间的需要是千差万别的。因此，无论是经济人假设、社会人假设，还是自我实现人假设，虽

[①] A. H. Maslow, "A Theory of Human Motivation", *Psychological Review*, 1943, 50 (4), pp. 370—396.
[②] ［美］道格拉斯·麦格雷戈：《企业的人性面》，韩卉译，中国人民大学出版社 2008 年版，第 162 页。
[③] E. H. Schein, *Organizational Psychology*, Englewood Cliffs, New Jersey: Prentice-Hall, Inc., 1965, p. 23.

然各有其合理性的一面，但并不适用于一切人。

从复杂人假设出发，美国管理心理学家莫尔斯和洛什提出了超 Y 理论。[1][2] 该理论的基本观点包括：第一，主体需要的差异性。不同的人是怀着不同的需要而参加工作的，有的人需要正规化的机构和条例，不需要决策和承担责任；有的人则需要自治，需要创造性机会，需要实现胜任感。第二，组织方式的相异性。管理应当使工作性质和人的需求相结合，和人的素质相协调，采取适当的组织形式和领导方式，以提高员工的工作效率。第三，控制程度的应变性。组织机构和管理层次的划分、员工的培训和工作的分配、工资报酬和控制程度的安排，都要从工作性质、工作目标、员工素质角度加以考虑，不能强求统一。第四，目标确立的递进性。当一个目标达到后，就可以激发人的胜任感，使之为达到新的更高目标而努力。

三、激励机理

"激励"从字面上看是激发、鼓励的意思。管理学研究中的激励是指为了特定目的而去影响人们的内在需要或动机，从而强化、引导或改变人们行为的持续过程。在管理实践中，激励工作包括：从既定的组织目标出发，通过影响员工的内在需要或动机来调动员工的工作积极性，实现组织与个人在目标、行为上的内在一致性。

激励机理旨在揭示激发个体行为积极性的一般原理，其建立在对人的行为规律和人性假设的正确认知的基础之上。换而言之，科学的激励机理必须符合人的行为规律和人性假设；反之，任何违背人的行为规律和人性假设的激励措施将无法达到调动个体积极性的目的。图 10-2 展示了激励机理的基本模式。

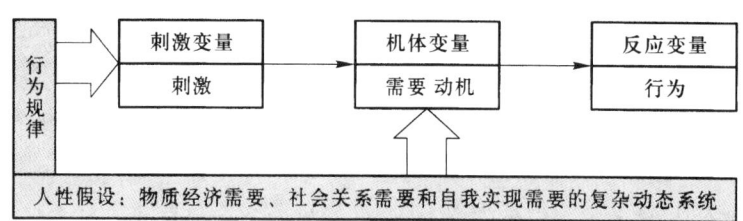

图 10-2 激励机理

依据人的行为规律，人的行为过程包含了三类基本变量，即刺激变量、机体变量和反应变量。刺激变量是指对个体反应产生影响的外界刺激，也叫诱因，如

---

[1] J. J. Morse and J. W. Lorsch, "Beyond Theory Y", *Harvard Business Review*, 1970, 48 (3), pp.61—68.

[2] J. W. Lorsch and J. J. Morse, *Organizations and Their Members: A Contingency Approach*, New York: Harper & Row, Pub., 1974.

自然环境刺激、社会环境刺激等。机体变量是对个体反应产生影响的内部决定因素，是个体本身的特征，如个体性格、动机等。反应变量是刺激变量和机体变量在个体反应上引起的变化。对应到人的一般行为规律，刺激属于刺激变量，个体的需要、动机属于机体变量，个体的行为则属于反应变量。激励过程本质上就是通过刺激变量引起机体变量（需要、动机）产生持续不断的个体兴奋，从而引起个体积极行为反应的过程。

依据人性的假设，人的需要是一个包含了物质经济需要、社会关系需要和自我实现需要的复杂动态系统。不仅不同的人的需要存在差异，而且同一人在不同的时间、不同的境遇下的需要也不尽相同。人的行为选择往往并非完全偏向一种需要，而是受制于多种需要的调和与相互妥协。因此，激励措施生效的关键就在于甄别出不同的人在不同的时间、不同的境遇下的优势需要并加以刺激。

第二节 激励理论

激励理论是关于激励的指导思想、原理和方法的概括与总结。按照研究侧重不同，激励理论通常可分为行为基础理论、过程激励理论和行为强化理论。

行为基础理论着重研究人的需要，回答了"以什么为基础（或根据），什么才能激发人的积极性"的问题，主要包括需要层次理论、双因素理论和成就需要理论。

过程激励理论着重研究行为的发生机制，回答了"如何由需要引起动机，由动机推动行为，并由行为导向目标"的问题，主要包括公平理论、期望理论和目标设置理论。

行为强化理论着重研究对行为的修正和固化，回答了"怎样使积极行为得到巩固，使消极行为得以转化"的问题，代表理论为强化理论。

一、行为基础理论

（一）需要层次理论

需要层次理论是行为科学的经典理论之一，由美国心理学家亚伯拉罕·马斯洛于 1943 年在其《人类激励理论》[1] 一文中首次提出，并于 1954 年在其专著《动机与人格》[2] 中进行了更全面的阐述。

---

[1] A. H. Maslow, "A Theory of Human Motivation", *Psychological Review*, 1943, 50 (4), pp. 370—396.

[2] 参见 [美] 亚伯拉罕·马斯洛：《动机与人格》（第三版），许金声等译，中国人民大学出版社 2007 年版，第 298 页。

需要层次理论的主要观点如下：

（1）人类需要从低到高可分为五种，分别是生理需要、安全需要、社交需要、尊重需要和自我实现需要，如图10-3所示。生理需要是人类维持自身生存与发展的需要，如吃饭、穿衣、饮水、住房等需要。安全需要是人类保护自身免受伤害的需要，如职业安全、人身安全、社会保障、劳动保护等需要。社交需要是人类在社会交往方面的需要，如友谊、爱情、亲情、隶属关系等需要。尊重需要是人类自我尊重与希望受到他人尊重的需要，如成就、名声、地位、权力和晋升等需要。自我实现需要是人类追求至高人生境界的需要，如实现个人理想和抱负、发挥个人潜能等方面的需要。

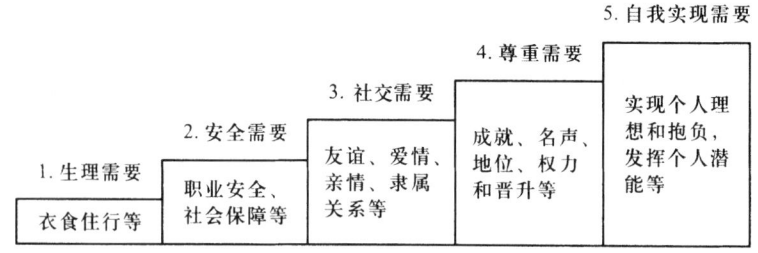

图10-3 马斯洛的五种需要层次

（2）以上五种需要可以分为高、低两个层次，其中生理需要、安全需要和社交需要都属于低层次的需要，这些需要通过外部条件就可以满足；尊重需要和自我实现需要是高层次的需要，这些需要是通过内部因素才能满足的。

（3）人的需要有一个从低层次向高层次发展的过程，当较低层次的需要基本得到满足后，更高一层次的需要就会出现。

（4）任何一种需要并不由于高一层次需要的出现而消失，各层次需要之间是相互依赖并以重叠波浪形式演进的。高层次的需要出现后，低层次的需要仍然存在，只是对行为影响的程度大大降低，如图10-4所示。

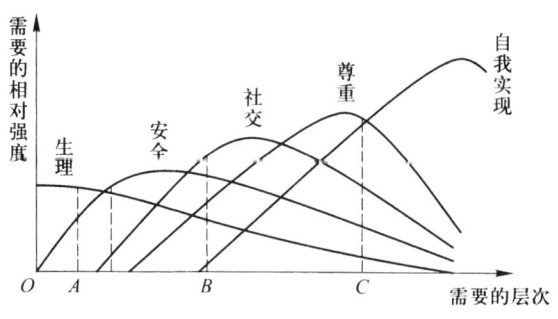

图10-4 需要层次的发展演变

（5）未满足的需要才具有激励作用，已基本得到满足的非优势需要对人不再具有激励作用。

马斯洛的需要层次理论在一定程度上反映了人类行为和心理活动的共同规律。该理论积极的一面在于：马斯洛从人的需要出发探索人的激励诱因，抓住了激励问题的关键；马斯洛指出人的需要有一个从低级向高级发展的过程，基本上符合人类需要发展的一般规律。但该理论也有其局限性，具体体现在：首先，马斯洛调查的对象主要是中产以上阶层人们的需要，将其推广缺乏普遍性；其次，马斯洛提出人的需要都是生来固有的，但实际上人的需要既有天生的，也有后天形成的；最后，马斯洛认为只有低层次需要基本满足后，高层次需要才会显现，这种需要的发展观带有明显的机械论色彩。

（二）双因素理论

20世纪50年代末，美国心理学家赫茨伯格在匹兹堡地区对9个工商机构的200多名会计师、工程师进行问卷调查，要求他们回答"什么时候你对工作特别满意""什么时候你对工作特别不满意""满意和不满意的原因是什么"等问题。根据调查的结果，赫茨伯格提出了双因素理论①，如图10-5和图10-6所示。

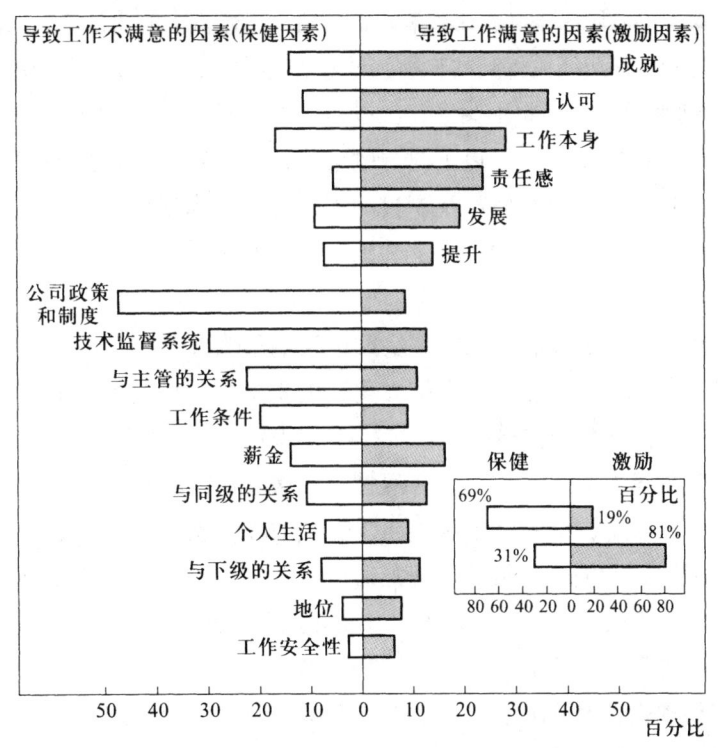

图10-5 满意因素和不满意因素的比较

资料来源：F. Herzberg, B. Mausner and B. B. Snyderman, *The Motivation to Work*, New York: John Wiley & Sons, Inc., 1959.

---

① F. Herzberg, B. Mausner and B. B. Snyderman, *The Motivation to Work*, New York: John Wiley & Sons, Inc., 1959.

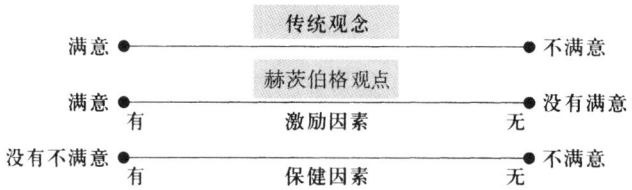

图 10-6 传统观念和赫茨伯格观点的比较

赫茨伯格在双因素理论中提出了如下主要观点：

（1）满意和不满意并非共存于单一的连续体中，而是截然分开的。因此引起人们对工作满意与不满意的因素不属于同一类别。

（2）使人们感到不满意的因素往往都是属于工作环境或外界因素方面的，被称为保健因素。典型的保健因素有企业政策、工资水平、工作环境、劳动保护、人际关系、安全等。

（3）使人们感到满意的因素往往都是属于工作本身或工作内容方面的，被称为激励因素。典型的激励因素有：工作表现的机会、工作带来的愉悦感、工作上的成就感、由于良好的工作成绩而得到的奖励、对未来发展的期望、职务上的责任感等。

（4）保健因素只能消除不满意，激励因素才是调动人们积极性的关键。当保健因素恶化到可以接受的水平以下时，就会使得人们对工作产生不满；当保健因素很好时，人们并不会因此而产生积极的工作态度。当激励因素不足时，人们并不会对工作产生不满；当激励因素上升到一定的水平时，人们会产生积极的工作态度和对工作的满意感。

双因素理论自提出以后，在管理实践中反响很大，它促使管理人员注意到工作重新设计（如工作丰富化、工作扩大化）的重要性。但与此同时，该理论曾受到许多非议：首先，赫茨伯格的调查样本只有 203 人，数量明显不够，而且对象是工程师、会计师等专业人士，缺乏普遍性；其次，赫茨伯格认为满意和工作绩效的提高有必然的联系，但实际上满意与工作绩效无直接相关性，人在不满意时也会因其他原因达到高绩效；最后，赫茨伯格将保健因素与激励因素截然分开，实际上保健因素与激励因素不是绝对的，而是相互联系并可以相互转化的。

（三）成就需要理论

成就需要理论是由美国哈佛大学教授戴维·麦克利兰创建的。1961 年，麦克利兰撰写了《有成就的社会》[①] 一书，1969 年与另一学者共同撰写了《激励经济

---

① D. C. McClelland, *The Achieving Society*, Princeton, New Jersey: Van Nostrand Company, Inc., 1961.

成就》① 一书。这两本书系统阐述了包括下述主要内容的成就需要理论。

（1）人的高层次需要有三种，分别为成就需要、权力需要和亲和需要。成就需要是争取成功、希望做得最好的需要；权力需要是影响或控制他人且不受他人控制的需要；亲和需要是建立友好亲密的人际关系的需要。

（2）高成就需求者的主要特征有：事业心强、敢于负责、敢于寻求解决问题的途径；喜欢设立具有适度挑战性的目标，不喜欢凭运气获得的成功，不喜欢接受那些在他们看来特别容易或特别困难的工作任务；密切注意自己的处境，要求不断得到反馈信息，喜欢多少能立即给予反馈的任务；重成就、轻报酬，报酬对高成就需求者来说，只是衡量进步和成就的工具。

（3）成就需要不是天生的，而更多的是受环境、教育、实践综合作用的结果。

（4）成就需要是一种更内化的需要，是导致国家、企业取得高绩效的主要动力。

成就需要理论是麦克利兰采用相对系统、客观的研究方法得出的研究成果。麦克利兰强调通过教育和培训可以造就出具有高成就需要的个体，这一观点推动了管理者积极致力于培训个体的成就需要。同时，麦克利兰提倡的"工作本身应具有挑战性""组织应该为个体发展提供机遇"等激励措施在组织管理中很有应用价值。特别值得称道的是，麦克利兰对成就需要与工作绩效的关系进行了十分有说服力的推断。但不可回避的是，成就需要理论过于强调个体高层次需要的重要性，而忽视了满足个体低层次需要的意义。

二、过程激励理论

（一）公平理论

公平理论又称社会比较理论，是由美国心理学家约翰·亚当斯于 1965 年在《社会交换中的不公平》② 一文中提出的一种激励理论。该理论主要研究报酬分配的合理性、公平性对人们工作积极性的影响。

公平理论认为：

（1）人们对报酬是否满意是一个社会比较过程，满意的程度不仅取决于绝对报酬，更取决于相对报酬。

$$相对报酬 = \frac{O}{I} = \frac{报酬（工资、奖金、津贴、晋升、表扬等）}{贡献（知识、经验、技能、资历、努力等）}$$

---

① D. C. McClelland and D. G. Winter, *Motivating Economic Achievement*, New York: Free Press, 1969.
② J. S. Adams, "Inequity in Social Exchange", *Advances In Experimental Social Psychology*, 1965, 2 (1), pp. 267—299.

（2）人们对相对报酬的比较体现在横向比较和纵向比较两个方面。横向比较是人们将自己的相对报酬与他人的相对报酬进行比较。纵向比较是人们将自己当前的相对报酬与自己过去的相对报酬进行比较。

$$横向比较：\frac{OP}{IP} \text{VS} \frac{OC}{IC}$$

式中：OP 是对自己所获报酬的感觉；

IP 是对自己所做投入的感觉；

OC 是对他人所获报酬的感觉；

IC 是对他人所做投入的感觉。

$$纵向比较：\frac{OP}{IP} \text{VS} \frac{OH}{IH}$$

式中：OP 是对自己所获报酬的感觉；

IP 是对自己所做投入的感觉；

OH 是对自己过去报酬的感觉；

IH 是对自己过去投入的感觉。

（3）相对报酬比较的结果会使人们产生公平感或不公平感。不公平感会造成人们心理紧张和不平衡感。

横向比较产生的不公平感有两种情况：第一种情况为 $OP/IP<OC/IC$。在这种情况下，当事人可能采取以下行为：通过减少投入或设法增加报酬来改变自己的相对报酬；通过让他人多付出或设法减少其所得来改变他人的相对报酬；更换比较对象，"比上不足，比下有余"，获得主观上的公平感；自我解释，自我安慰；发牢骚，泄怨气，造成人际矛盾；离开现有岗位，另谋职业。第二种情况为 $OP/IP>OC/IC$。在这种情况下，当事人可能采取以下行为：通过增加投入改变自己的相对报酬；设法让他人增加报酬改变其相对报酬。

纵向比较产生的不公平感也有两种情况：第一种情况为 $OP/IP<OH/IH$。在这种情况下，当事人会感觉到明显的不公平，其工作积极性下降，通过减少投入来改变自己的相对报酬。第二种情况为 $OP/IP>OH/IH$。在这种情况下，当事人也会有不公平的感觉，但往往不会因为自己多拿了报酬而主动增加投入。

（4）公平感是一种主观心理感受，是人们公平需要得到满足的一种直接心理体验。制约公平感的因素主要有两个方面：一是分配政策是否公平及执行过程是否公开，即客观是否公平；二是当事人的公平标准，即主观感受是否公平。不同当事人公平标准的不同决定了他们对同一种分配制度的看法是有差异的。

（5）在实际工作中，人们往往会过高地估计自己的投入和他人的收入，而过低地估计自己的收入和他人的投入,从而出现自己的相对报酬小于他人相对报酬的情况。

公平理论提出了相对报酬的概念,对组织管理有较大的启示意义。该理论使管理者认识到社会比较是人们普遍存在的心理现象,利用公平感来调动员工的积极性是一种重要的激励手段;该理论强调了管理者的管理行为必须遵循公正原则,以积极引导员工形成正确的公平感。但该理论也存在一定程度的局限性:首先,不完全信息往往使社会比较脱离客观实际;其次,主观评价易使社会比较失去客观标准;最后,"投入"和"产出"形式的多样性使得社会比较难以进行。

(二) 期望理论

期望理论又称"效价—手段—期望理论",是由美国心理学家维克托·弗鲁姆于 1964 年在《工作与激励》[①] 中提出来的一种激励理论。该理论主要研究人们需要或动机的强弱和人们对实现需要/动机的信心强弱对行为选择的影响。

期望理论的主要观点如下:

(1) 人们在预期他们的行动会给个人带来既定的成果且该成果对个人具有吸引力时,才会被激励起来去做某些事情以达到组织设置的目标。因此,人们从事任何工作行为的激励程度将取决于经其努力后取得的成果的价值与他对实现目标的可能性的估计的乘积。用公式可表示为:

$$M = V \times E$$

式中:M(motivation,激励力)是人们所感受到的激励程度;

V(value,效价)是人们对某一预期成果或目标的重视程度或偏好程度,反映了人们的需要/动机的强弱;

E(expectancy,期望值)是人们对通过特定的行为活动达到预期成果或目标的可能性的概率判断,反映了人们对实现需要/动机的信心强弱。

(2) 依据期望公式,如果将激励力、效价与期望值做简单的高低切分,那么效价与期望值的乘积有如下四种结果。只有当效价高,期望值也高时,激励力才会高。

第一种结果:M(低) = V(低) × E(低)

第二种结果:M(低) = V(低) × E(高)

第三种结果:M(低) = V(高) × E(低)

第四种结果:M(高) = V(高) × E(高)

(3) 激励的过程要处理好三方面的关系:第一,努力与绩效的关系。人们总

---

① V. H. Vroom, *Work and Motivation*, New York: John Wiley & Sons, Inc., 1964.

是希望通过一定的努力达到预期的目标。如果人们主观认为通过自身努力达成预期目标的概率较高，就会产生行为的信心；反之，就会失去工作的动力。第二，绩效与奖励的关系。人们总是希望在取得绩效后得到奖励。如果人们认为取得绩效后能获得合理的奖励，就会产生行为的热情；反之，就会丧失工作的积极性。第三，奖励与满足需要的关系。人们总是希望自己获得的奖励满足自己某方面的需要。然而由于人们在年龄、性别、资历、社会地位和经济条件等方面都存在差异，他们对各种需要得到满足的程度就不同。因此采用同一种奖励办法能满足的需要程度不同，能激发出的工作动力也就不同。

期望理论在理论界被认为是激励理论的重要发展。期望理论通过对各种权变因素的分析，论证了人们会在多种可能性中做出自身效用最大的选择，即人们的现实行为往往是其认为激励力量最大的行为选择。但遗憾的是，该理论的涵盖面太广，内涵比较笼统，且忽略了对个体行为意志的考虑，故其适用范围有一定的局限性。

（三）目标设置理论

目标设置理论是由美国心理学家爱德温·洛克于1968年提出的。该理论主要研究目标本身的特性对人们行为的激励效用。洛克认为目标本身就具有激励作用，目标能把人的需要转变为动机，使人们的行为朝着一定的方向努力，并将自己的行为结果与既定的目标相对照，及时进行调整和修正，从而实现目标。[1]

目标设置理论认为：

（1）目标对人们努力程度的影响取决于四个方面：一是目标明确性，具体的目标要优于空泛的目标；二是目标难易性，有一定难度的目标比唾手可得的目标要好；三是目标责任清晰度，责任清晰的目标比责任不明的目标好；四是目标接受度，人们接受的目标将提高其实现目标过程中的自觉性与主动性。

（2）在实现目标的过程中，工作绩效水平取决于组织支持和员工个人的能力与个性特点。因此，为了帮助员工高效地达成目标，管理者必须为员工实现目标创造条件，如做好后勤支持、进行能力培训、协调好各方面关系、解决工作中遇到的困难等。

（3）目标实现后，应让员工获得满意的内在报酬和外在报酬。内在报酬主要由工作本身带来，如对自我存在意义、自我能力的肯定等；外在报酬主要是工作完成以后外界给予的回报，如表扬、奖金、晋升等。

目标设置的综合模式如图10-7所示。

---

[1] E. A. Locke, "Toward a Theory of Task Motivation and Incentives", *Organizational Behavior and Human Performance*, 1968, 3 (2), pp. 157—189.

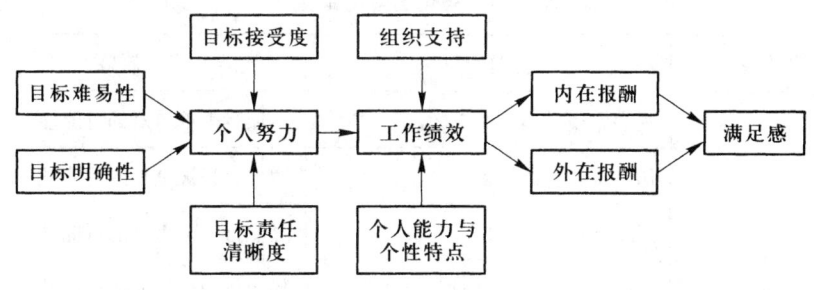

图 10-7 目标设置的综合模式

目标设置理论证明了从目标设定的视角来研究激励是有效的。基于目标设置理论的目标管理法在管理实践中也极具应用价值。但该理论还存在一些尚未解决的问题，如目标冲突对工作绩效的影响、目标设定与员工满意感的关系等。

三、行为强化理论

美国心理学家斯金纳在其《有机体的行为》[1]《科学和人的行为》[2] 等书中，提出了操作性条件反射学说。行为强化激励理论是操作性条件反射学说的核心。该理论认为，人们出于某种动机，会采取一定的行为作用于环境；当这种行为的结果对人们有利时，这种行为就会在以后重复出现；反之，当这种行为的结果对人们不利时，这种行为就会减少或消失。因此，行为的结果会对人的动机产生很大影响，从而使行为在后续得以增加、减少或消失。

（一）强化的含义

强化，在本质上讲是对某一行为的肯定或否定的结果，其在一定程度上会决定该行为在今后是否重复发生。

（二）强化的分类

（1）依据强化的目的，强化可分为四种类型：正强化、负强化、惩罚和自然消退。前两种可以增强或保持行为，后两种则会削弱或减少行为。正强化是指通过出现积极的、令人愉快的结果而使某种行为得到加强。负强化是指预先告知某种不符合要求的行为或不良绩效可能引起的后果，引导职工按要求行事，以此来回避令人不愉快的处境。惩罚是指对令人不快或不希望的行为给予处罚，以减少或削弱该行为。自然消退是指通过不提供个人所期望的结果来减少某行为的发生。具体类型如表 10-1 所示。

---

[1] B. F. Skinner, *The Behavior of Organisms: An Experimental Analysis*, New York: Appleton-Century-Crofts, Inc., 1938.

[2] B. F. Skinner, *Science And Human Behavior*, New York: Macmillan, Inc., 1953.

表 10-1 强化类型及其效果

强化类型	管理行为	效果
正强化	提供希望的结果	增加行为被重复的可能性
负强化	消除不希望的结果	增加行为被重复的可能性
惩罚	提供不希望的结果	降低行为被重复的可能性
自然消退	消除希望的结果	降低行为被重复的可能性

（2）依据强化的方式，强化可分为连续强化和间断强化。连续强化是指对每个行为都给予强化。间断强化是指并非对所有行为都进行强化，具体又有几种不同的间断强化类型，如固定比率的强化、可变比率的强化、固定时间间隔的强化、可变时间间隔的强化等。

（三）应用强化的原则

第一，要按照强化对象的不同需要采取不同的强化措施。由于人们的需要不同，对一些人有效的强化，对另一些人则不一定有效。第二，对所期望取得的工作业绩应予以明确的规定和表述。只有行为的业绩明确而具体，组织才能衡量和给付报酬。第三，对工作业绩予以及时的反馈，即通过某种形式和途径，及时将工作结果告诉行动者。

强化理论揭示了行为塑造与修正的客观规律，当前被广泛应用于组织对员工工作行为的修正和改造。但该理论过于强调对人的行为的限制和控制，而忽视了人的内在心理过程和状态。并且该理论只讨论外部因素或环境刺激对行为的影响，忽略人的因素和主观能动性对环境的反作用。

上述关于激励的各种理论突出了激励各环节的侧重。在管理实践中，孤立地看待和应用它们都是错误的做法。因此，组织管理者在依据激励理论处理激励实务时，应该结合组织的特点和员工的需求，灵活地运用上述各种激励理论。

第三节 激励方法

在激励实务中，常用的激励方法主要有三类，分别为工作激励、成果激励和综合激励。工作激励是指通过合理设计与适当分配工作任务来激发员工内在的工作热情。成果激励是指在正确评估员工工作产出的基础上给员工合理的奖励，以保证员工工作行为的良性循环。综合激励是指除工作激励、成果激励以外的其他辅助性激励方法。

一、工作激励

随着机械化大生产的发展，特别是福特创造了传送带和流水作业、生产线作业法后，员工终日从事着简单、重复、枯燥的劳动，超负荷的简单劳动加上被剥削、被压迫的地位，严重影响了员工的劳动积极性。事实上，员工在工作过程中存在多种需要和追求，如希望自己的工作有意义、有挑战性、有一定的自主权等。在这种背景下，重新审视工作本身对员工的内在激励就显得十分重要。当前有关工作激励的措施主要包括：工作扩大法、工作丰富法和岗位轮换法。

（一）工作扩大法

工作扩大法是指通过扩大岗位工作的范围、增加工作岗位的职责，消除员工因从事单调乏味工作而产生的枯燥厌倦情绪，从而提高员工的劳动效率。

工作扩大法包括横向扩大工作和纵向扩大工作两种。

1. 横向扩大工作

横向扩大工作是指员工的工作范围沿组织层级的水平方向扩大，即让员工承担同一层级的更多种类的工作。比如将属于分工很细的作业操作合并，由一人负责一道工序改为几个人共同负责几道工序。

2. 纵向扩大工作

纵向扩大工作是指将员工的工作范围沿组织层级的垂直方向扩大，即将经营管理人员的部分职能转由生产者承担。如生产工人参与计划制定，自行决定生产目标、作业程序、操作方法等。

（二）工作丰富法

工作丰富法是指通过增加岗位的技术和技能的含量，使工作内容更具挑战性和自主性，以满足员工更高层次的心理需求。

工作丰富法的内容具体主要包括以下几个方面：

1. 技术多样化

培养每个员工掌握多种技能和技术，给员工提供运用不同技术的机会。

2. 工作整体性

使员工了解本岗位所承担的任务与单位的总任务、总目标、总过程的关系。

3. 参与管理与决策

组织通过各种形式使员工有参加管理与决策的机会。

4. 赋予必要的自主权

在确保单位总目标和部门分目标实现的前提下，员工可以自行设定中短期的工作目标和任务，提高员工的责任感和使命感。

5. 注重信息的沟通与反馈

使员工能经常得到组织或上级领导对他的工作结果、工作表现的评价信息，使员工看到自己工作的意义和价值。

（三）岗位轮换法

岗位轮换法是让员工在预定时期内变换工作岗位，使其获得不同岗位的工作经验的激励方法。该方法不仅能丰富员工的工作经验，使员工明确自己的长处和弱点，找到适合自己的位置，而且可以增加员工对组织整体工作的了解，改善日后部门间的合作关系。

针对不同的员工，岗位轮换法主要包括以下几种形式：

1. 确定工作岗位的新员工轮换

新员工在就职训练结束后，根据最初的适应性考查被分配到不同部门去工作，新员工在每一岗位轮换结束时，都应对其工作表现进行考评。通过这种方式，企业对新员工的适应性有了更清楚的了解，并最终确定他们的正式工作岗位。

2. 培养多面手的老员工轮换

为了适应日益复杂的经营环境，组织要求员工具有较强的适应能力。所以，在日常情况下，组织必须有意识地安排老员工轮换做不同的工作，培养其具备多种工作技能，开发其潜在能力，以适应复杂多变的经营环境。

3. 培养经营骨干的管理人员轮换

从组织长远发展考虑，管理人员的岗位轮换是培养经营骨干的重要措施。对于高层管理人员来说，应当具有对组织工作的全面了解和对全局性问题的分析判断能力。为此，组织应使管理人员在不同部门间横向移动，增强其对部门间相互依赖关系的认识，并使其产生对组织活动更全面、系统的认知。

二、成果激励

成果激励是依据员工的工作业绩给予相应回报的激励方法。成果激励的方式是多种多样的，可以根据员工对不同需要的追求程度而定。笼统来说，常见的成果激励主要包括两类：物质激励和精神激励。

（一）物质激励

物质激励是指从满足员工的物质需要出发，对物质利益关系进行调节，从而激发员工工作积极性的激励方式。由于物质激励关系到员工的切身物质利益，对于满足员工日益增长的物质文化生活需要具有重要的激励效用，因而是当前组织中最普遍且不可或缺的激励手段。

按形式划分，物质激励主要包括工资、福利、员工持股计划等。

1. 工资

工资直接与员工的工作行为和业绩挂钩，是组织定期直接支付给员工的劳动报酬，主要由计时工资、基础工资、职务工资、计件工资、奖金、津贴和补贴，以及加班工资等部分组成。

2. 福利

福利是组织根据劳动合同以及国家相关规定，定期支付给全体员工或定期为员工缴纳的保险福利费用，如基本养老保险费和补充养老保险费、医疗保险费、失业保险费、工伤保险费、生育保险费、员工教育经费、员工住房基金以及其他费用等，额度上与工资存在一定的比例依存关系。

3. 员工持股计划

员工持股计划是一种特殊的物质激励，是指为了吸引、保留和激励公司员工，通过让员工持有股票，使员工享有剩余索取权的利益分享机制和拥有经营决策权的参与机制。在实施员工持股计划的组织中，员工不再是组织的被雇用者，而是组织的所有者，分担组织的盈亏，因此员工会自发地产生积极的工作热情。

(二) 精神激励

精神激励满足的是员工在精神方面的需求，是一种有别于物质激励的无形激励。精神激励不仅成本较低，而且常常能取得物质激励难以达到的效果，是调动员工积极性、主动性和创造性的有效方式。

按形式划分，精神激励主要包括情感激励、荣誉激励、信任激励等。

1. 情感激励

情感激励是以管理者与员工之间感情联系为手段的激励方式。管理者可以通过多种途径来增进与员工之间的情感互动，如思想沟通、排忧解难、慰问家访、交往娱乐、批评帮助、共同劳动、民主协商等。通过感情交流，不仅可以充分体现出组织的人情味，而且可以很好地满足员工渴望关怀、爱护和尊重的需要。

2. 荣誉激励

荣誉激励是以激发员工追求良好声誉为手段的激励方式。常见的措施有：公开表扬、员工评比、头衔名号、晋级提升、以员工的名字命名某项事物等。荣誉激励是一种象征性激励，是组织对优秀员工自身价值的认同与肯定，不仅可以提升员工的自信心，而且可以有效满足员工对尊重和自我实现的需要。

3. 信任激励

信任激励是建立在上级对下级理解和信任基础上的激励方式。常见的措施有：授予实权、委以重任、允许犯错等。信任激励体现了组织对员工的信赖和尊重，可以有效激发员工"士为知己者死"的工作斗志和热情。

三、综合激励

除了上述主流的工作激励和成果激励方法以外，管理实践中还有一些辅助性激励方法,如榜样激励、危机激励、培训激励和环境激励等。

(一) 榜样激励

榜样激励是指组织选择内部做法先进、成绩突出的个人或集体加以肯定和表扬,并要求其他个人或集体向其学习,从而激发全体成员积极向上的激励方法。

(二) 危机激励

危机激励是指组织通过不断地向员工灌输危机观念,让员工明白生存环境的艰难,以及由此可能对员工自身工作、生活带来的不利影响,进而激发员工自发努力工作的激励方法。

(三) 培训激励

培训激励是指组织通过为员工提供定期或不定期的培训和教育,以满足员工渴望学习、渴望成长的需要的激励方法。

(四) 环境激励

环境激励是指组织通过改善政治环境、工作环境、生活环境和人际环境,从而使员工在工作过程中心情舒畅、精神饱满的激励方法。

思考题

1. 激励有哪些特征?试作简单说明。
2. 当下主要的激励理论有哪些?
3. 不同激励方式在管理实践中有哪些优缺点?
4. 如何提高激励在管理实践中的作用?试举例说明。

▶ 自测习题及参考答案

第十一章 沟　　通

　　管理工作的方方面面都离不开沟通，都需要建立在信息有效传递的基础上。管理者每个工作日至少要花 80%的时间与他人直接沟通，也就是说，他们每个小时中有 48 分钟是在开会、打电话、在线交流或者在走动过程中进行非正式沟通；管理者的另外 20%的时间通常用于文书工作，而该工作的大部分实际上仍然是以阅读或写作的方式进行的沟通。[①] 由于个体的和组织间的差异，要保持成员间协调一致，顺利实现组织目标，就必须消除个体的和组织的信息传递的障碍，化解各种因沟通不足而引发的管理冲突。

第一节　沟通与沟通类型

　　沟通（communication）一词从字面来看就很形象——挖沟开渠使水源贯通。俗语说"流水不腐，户枢不蠹"，水不流动便是一潭死水，毫无生气。企业也是如此。组织内部良好的沟通文化不仅能够增强企业的凝聚力，而且可以大幅度提高绩效，增强企业的竞争力，因此组织应该从战略意义上重视沟通。而在从战略意义上重视沟通之前，需要对沟通的概念有一个清晰的理解。

一、沟通及其功能

（一）沟通的含义

　　沟通是信息的传递与理解的过程，是在两人或更多人之间进行的在事实、思想、意见和情感等方面的交流。再伟大的思想，如果不传递给他人或被他人理解也是毫无意义的。所以，有效的沟通不仅包括信息的传递，还包括信息的被理解。这里的理解并不一定要使对方完全接受自己的观点与价值，但一定要使对方完全明白信息发送者的观点与价值。

（二）沟通的功能

　　良好的沟通在实际工作中是必不可少的，它能够最大限度地化解工作中的各类矛盾，使管理者充分了解组织内外部与管理工作有关的各种信息或想法。具体说来，沟通在管理工作中具有以下作用：

---

① ［加拿大］亨利·明茨伯格：《经理工作的性质》，孙耀君译，团结出版社 1999 年版，第 226 页。

首先，有效沟通可以降低管理的模糊性，提高管理的效能。组织内外存在大量模糊的不确定信息，沟通可以澄清事实、交流思想、倾诉情感，从而降低信息的模糊性，为科学决策提供依据。

其次，沟通是组织的凝聚剂和润滑剂，它可以改善组织内的工作关系，充分调动下属的积极性。管理者通过沟通可以了解员工的需求，满足员工的需要；可以让员工更了解组织，增进对组织目标的认同，从而建立起相互信任的、融洽的工作关系。

最后，沟通是组织与外部环境之间建立联系的桥梁。通过沟通，组织能够与外部环境建立联系，降低交易成本，提高组织的竞争能力。

二、沟通过程

任何沟通必须具备三个基本条件：第一，沟通必须涉及两个或两个以上的主体；第二，沟通必须有一定的沟通客体，即信息情报等；第三，沟通必须有传递信息情报的载体，如文件等。沟通是一个复杂的过程。过程的具体步骤如图11-1所示：

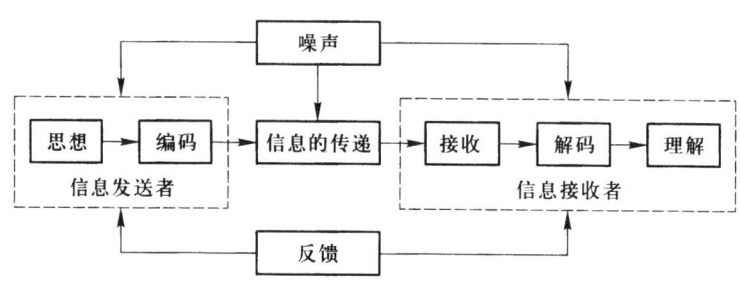

图11-1 沟通过程

（一）信息发送者

信息发送者也就是沟通的发起者，他出于某种原因产生需要与他人沟通的想法，将需要沟通的内容进行编码以传递给他所要沟通的对象。

（二）编码

编码就是将信息转换成传输的信号或符号的过程，如文字、数字、图画、声音或身体语言等。信息发送者必须将信息编码成信息接收者可以解码的信号。信息在编码的过程中将受到信息发送者的技能、态度、知识、文化背景等影响，如果编码的信号不清楚，将会影响信息接收者对信息的理解。

（三）信息的传递

通过某种渠道将信息传递给信息接收者，由于选择编码的方式不同，传递的方式也不同，可以是书面的，也可以是口头的，甚至还可以通过形体动作来表示。

（四）信息接收者

信息接收者是信息发送者传递信息的对象，他接收信息发送者传递来的信息，并将其解码，理解后形成自身的想法。

（五）解码

解码就是信息接收者将通道中加载的信息翻译成他能够理解的形式。信息接收者在解码的过程中，需要与经验、知识和文化背景相结合，以使获得的信号转换为正确的信息。如果解码错误，信息将会被误解或曲解。

（六）反馈

信息接收者将其理解的信息再返回给信息发送者，信息发送者对反馈信息加以核实和做出必要的修正。反馈构成了信息的双向沟通。

（七）噪声

噪声是指沟通过程中对信息传递和理解产生干扰的一切因素。噪声存在于沟通过程的各个环节，如难以辨认的字迹、沟通双方有较难听懂的语言、固有的成见、身体的不适、对对方的反感等都可以成为沟通过程中的噪声。

三、沟通类型与渠道

按照不同的划分方式，沟通可以分为不同的类型：按沟通的互动性可以分为单向沟通和双向沟通；按参与人数多少和沟通覆盖范围大小可以划分为人际沟通和群体沟通等。从管理学的角度来看，最主要的分类有两种：在人际沟通层面上的言语沟通与非言语沟通；在组织层面上的正式沟通与非正式沟通。

（一）言语沟通与非言语沟通

按照沟通的方式，沟通可以划分为言语沟通与非言语沟通。言语沟通是指使用正式语言符号的沟通，一般分为口头沟通和书面沟通两种；非言语沟通是指借助非正式语言符号，即口头表达及文字以外的符号系统进行的沟通。

1. 口头沟通

口头沟通是指借助口头语言进行的信息传递与交流，如演讲、讨论、电话联系等。其优点是：简便易行、灵活迅速，可以得到及时的反馈；不同的语音语调可以弥补文字所不能表达的含义，可以直接进行情感交流，增加亲切感与提高沟通的效果。其缺点是：一是口头沟通受空间的限制，往往只适用于面对面小范围的信息交流；二是口头沟通具有即时性，因此往往没有书面沟通准备得充分，可能遗漏或扭曲一些原本要交流的内容；三是大多数口头沟通没有记录，事后难以查证，这样既不利于信息的传播，也不利于信息的储存。

2. 书面沟通

书面沟通是指借助文字进行的信息传递与交流，如报告、通知、书信等。其优点是：受时间与空间的限制较小，有利于长期保存、反复研究，在传递过程中不容易被歪曲，具有一定的严肃性与规范性。其缺点：一是书面沟通耗时较长；二是不能得到及时的反馈；三是缺乏口头沟通时语音、语调、表情等元素的辅助；四是书面沟通可能让人感觉比较生硬，不如口头沟通容易让人接受。

3. 非言语沟通

上面的两种沟通都是以言语为沟通基础的，一些极有意义的沟通既非口头也非书面，而是非言语沟通。刺耳的警笛、十字路口的红绿灯都不是通过言语告知我们信息的。身体语言和语调是日常沟通中使用最广泛的非言语沟通形式。研究表明，在面对面的交谈中，信息的55%来自面部表情和身体语言，38%来自语调，只有7%真正来自词汇。[1]"重要的不是说什么而是怎么说"，恰当地使用非言语沟通形式可以提高沟通的效果。

身体语言包括手势、面部表情和其他身体动作。比如，眼睛长时间平视对方，表示尊敬或重视；双眼突然睁大，可能表示疑惑或吃惊；摊开双手、耸耸肩表示无可奈何、无能为力；轻抖腿部表示紧张不安或不耐烦；等等。

语调是指人们对某些词或词组的强调。例如，嗓门突然提高，可能是惊讶、高兴、愤怒或失望；说话结结巴巴，可能是因为紧张、胆怯或兴奋；语末出现升调，一般表示提问或反问；等等。

（二）正式沟通与非正式沟通

沟通渠道指信息在沟通时流动的通道。根据沟通渠道产生方式的不同，沟通可以分为两种：正式沟通与非正式沟通。

1. 正式沟通

正式沟通是指通过组织明文规定的渠道进行的信息传递与交流。其优点是：其沟通效果较好、约束力较强、易于保密。一般重要的信息会采用这种沟通方式。其缺点是：由于正式沟通依靠组织系统层层传递，沟通速度比较慢，而且显得较为刻板。

（1）正式沟通渠道。正式沟通渠道是通过组织正式结构或层级系统运行，由组织内部明确的规章制度所规定的渠道进行的信息传递与交流，如组织内部的文件传达、上下级之间的定期信息交换、召开会议等。正式沟通渠道包括下行沟通、上行沟通和平行沟通。

下行沟通是指信息由组织中的较高层级向较低层级流动的过程，这是传统组织内最主要的沟通渠道。一般体现于上级给下级发布的指示、命令、规章制度、

---

[1] Albert Mehrabian, *Silent Messages*, Belmont, Calif: Wadsworth, 1971; Albert Mehrabian, "Communication without Words", *Psychology Today*, 1968, pp. 53—55.

工作任务、绩效目标等。

上行沟通与下行沟通相反，是指信息由组织中较低层级向较高层级流动的过程。一般表现为下级对上级的请示汇报、提供建议等。上行沟通使管理者能够了解员工的想法与需要，了解员工的工作状况。如果缺乏上行沟通，管理者将无法获得足够的信息，从而难以做出正确的决策。

平行沟通是指信息在组织同层级之间的流动，这个同层级既包括同层级的人员也包括同层级的部门。平行沟通可以通过横向的联系来减少层级之间的辗转，节约时间，提高工作效率，而且有利于相互间的协调与配合。

(2) 正式沟通网络。沟通网络是指由若干环节的沟通路径所组成的总体结构，信息往往都是经过多个环节的传递，才最终到达信息接收者的。正式沟通网络的基本形式有五种：链式、轮式、Y式、环式、全通道式，如图11-2所示。

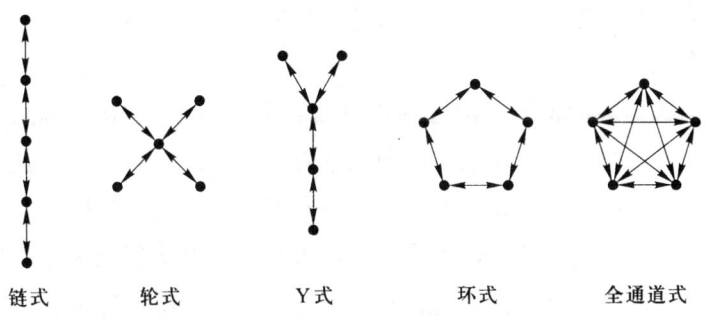

链式　　轮式　　Y式　　环式　　全通道式

图11-2　正式沟通网络

① 链式。链式是信息在沟通成员间进行单向、顺次传递，形如链条状的沟通网络形态。在这种单线串联的沟通网络中，信息经层层传递、筛选，容易失真；成员之间的联系面很窄，平均满意度较低。在现实组织中，严格按直接职权关系和指挥链系统而在各级主管人员间逐渐进行的信息传递就是链式沟通网络应用的实例。另外，链式沟通网络也常见于任务有先后顺序并且相互依赖的群体中，比如流水线。

② 轮式。在轮式沟通网络中，群体中的一个中心成员是信息流入的终点和流出的起点，其余的群体成员没有相互沟通的必要，所有成员都是通过与中心成员沟通来完成群体目标的。因此，信息沟通的速度和准确度都很高，中心成员控制力强，但其他成员满意度低。这种模式不适合于完成复杂的任务，但如果任务简单，而且成员都愿意接受领导者的权威，那么它的效果将是积极的。

③ Y式。Y式的中心性仅次于轮式，Y式沟通网络中也有一个成员位于沟通网络的中心，成为网络中因拥有信息而具有权威感和满足感的人。与轮式相比，Y式沟通网络因为增加了中间的过滤和中转环节，容易导致信息曲解或失真，因此

沟通的准确性也受到影响，组织成员的士气比较低。

④ 环式。在环式沟通网络中，成员们只可以与相邻的成员相互沟通，而与较远的成员缺乏沟通渠道。因此，中心性已经不存在，成员之间地位平等，具有较高的满意度。但由于沟通的渠道窄、环节多，信息沟通的速度和准确性都难以保证。

⑤ 全通道式。这是一个全方位开放的沟通网络系统，每个成员都可以同其他所有成员进行交流。在全通道式沟通网络中，中心化程度低，成员之间地位平等，有利于提高成员的士气和培养合作精神。但由于这种网络沟通的渠道太多，易造成混乱，沟通过程通常费时，会影响工作效率。委员会方式就是全通道式沟通网络的应用实例。

2. 非正式沟通

非正式沟通是指正式沟通渠道以外进行的信息传递和交流。在组织中，许多信息是通过非正式沟通渠道获得的。最典型的就是小道消息，它们传播着各种员工所关心的和他们有关的信息。

与正式沟通相比，非正式沟通的优点是：沟通方便，内容广泛，方式灵活，沟通速度快，可传播一些不便正式沟通的信息。而且由于在这种沟通中比较容易把真实的思想、情绪、动机表露出来，因而能提供一些正式沟通中难以获得的信息，管理者要善于利用这种沟通方式。其缺点是：这种沟通比较难控制，传递的信息往往不确定性高，容易传播流言蜚语而混淆视听。所以管理者应当对这种沟通方式予以重视，注意防止和克服其消极的一面。

非正式沟通网络主要有四种类型（见图11-3）：集束式是最普通的形式，信息拥有者将信息传递给经过选择的有限人员，其中的部分人员又将信息有选择地传递给其他人；随机式是按照偶然的方式传递信息，信息拥有者在传递信息时并无选择性；流言式是信息拥有者一个人把信息告知所有其他成员；单线式是信息按照一人传一人的方式依次传递，这种情况最为少见。

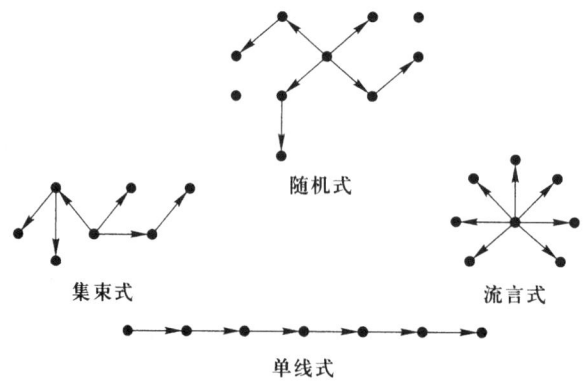

图11-3 非正式沟通网络

第二节 沟通障碍及其克服

考虑到沟通在组织中的普遍性和重要性，管理者有必要理解沟通过程的管理。几乎所有管理者都能体会到沟通过程存在种种困难，因此仅仅掌握沟通的方式往往无济于事，还需要了解沟通过程中可能存在的障碍，以全面地、科学地对沟通进行控制，使组织内部的工作能够有效开展，实现组织的最终目标。

一、有效沟通的标准

在沟通的过程中，由于各种因素的影响，经常发生信息失真和被曲解的现象，致使信息传递不能正常发挥作用。有效沟通是指组织能够克服各种因素的干扰，保证信息交流的可靠性和准确性。

首先，保证沟通的"量"。有效沟通要保证传达足够的信息量。如果信息内容缺失，即使其他方面做得再好，接收方也无法全面、完整、准确地理解。

其次，保证沟通的"质"。沟通不仅仅是信息的传递，更重要的是信息需要被准确地表述和理解，这就是指沟通的"质"。

最后，保证沟通的"时"。沟通的有效性很大程度上依赖于信息的及时性。一条过时的信息，即使是完整而准确的，其价值可能也会大打折扣。

二、影响有效沟通的因素

影响沟通过程的障碍有几种，包括人际障碍、组织障碍和文化障碍。

(一) 人际障碍

人际障碍可能来源于信息发送者，也可能来源于信息接收者，通常是由个体认知、能力、性格等方面的差异所造成的。人际障碍主要表现为以下几种：

1. 表达能力

有的沟通者表达能力欠佳，如用词不当、口齿不清、逻辑混乱、自相矛盾、模棱两可等，这些都会使信息接收者难以准确理解信息发送者的真实意图。

2. 知识和经验差异

当信息发送者将自己的观点编译成信息码时，他只是在自己的知识和经验范围内进行编码。同样，信息接收者也只是在他们自己的知识和经验基础上译解对方传送的信息含义。双方共有的知识和经验越多，沟通越顺利；共有的知识和经验越少，在信息发送者看来很简单的问题，信息接收者可能也无法理解，从而导致沟通失败。

3. 个性和关系

一个诚实的、正直的、人际关系好的人，发出的信息容易使人相信；反之，一个虚伪的、狡诈的、人际关系差的人，发出的信息即便属实，也不一定使人轻易相信。

4. 情绪

在接收信息时，信息接收者的感觉会影响他对信息的解释。不同的情绪状态会使个体对同一信息的解释截然不同。极端情绪很可能阻碍有效沟通，因为在极端情绪状态下，人们经常忽视理性和客观的思维活动而以情绪判断代替它。

5. 选择性知觉

在沟通过程中，信息接收者会根据自己的需要、动机、经验、背景及其他个性特征有选择地去看或去听信息。解码的时候，还会把自己的兴趣和期望带到所接收的信息中。符合自己观点和需要的，就容易听进去；不符合自己观点和需要的，就不大容易听进去。

6. 信息过滤

信息过滤是指信息发送者为了投信息接收者所好，故意操纵信息传递，造成信息歪曲。例如，员工常因害怕传达坏消息或想取悦上级而向上级"报喜不报忧"，这就是在过滤信息。过滤的主要决定因素是组织结构中的层级数目，组织纵向层级越多，过滤的机会也就越多。

7. 信息过载

信息不足会影响沟通的效果，但是信息过量同样也会阻碍有效沟通。现在的人们常常抱怨信息过载，电子邮件、电话、会议、专业阅读资料等带来的大量信息使人应接不暇。当加工和消化大量的信息变得不可能时，人们就会忽视、不注意或者忘记信息，这经常会导致信息流失，降低沟通的效率。

（二）组织障碍

正如人际障碍会降低沟通有效性一样，组织障碍也会降低沟通有效性。组织障碍的根源存在于组织的等级结构之中。无论组织的复杂程度如何，它们都有专门的职责和多层职权，这种专业化分工为沟通困难的产生提供了合适的土壤。组织障碍主要表现为以下几种：

1. 组织结构不合理

组织层级过多，信息在层层传递的过程中不仅容易失真，而且会浪费大量时间，影响沟通的效果与效率。另外，如果组织结构臃肿、各部门之间分工不明、机构重叠或条块分割，就会给沟通双方造成一定的心理压力，引起传递信息的歪曲，从而降低信息沟通的有效性。

2. 组织氛围不和谐

组织氛围也会对信息接收的程度产生影响。信息发自一个成员相互高度信赖和开诚布公的组织，它被接收的可能性要比来自那些气氛不正、成员相互猜忌和提防的组织大得多。另外，命令和请示是否拘泥形式的氛围也会影响沟通有效性。如果组织任何工作都必须由正式命令来完成，那么不是正式传达的信息则较难被接收。

（三）文化障碍

人类的沟通要在一定的文化背景下发生，而文化也不能离开沟通而存在，沟通与文化密切相关，文化会促进或阻碍沟通。信息发送者和信息接收者之间的文化相似性有助于成功的沟通，文化的差异会铸造人际沟通的障碍。不同文化的差异通过自我意识、语言、穿着、饮食、时间意识、价值观、信仰、思维方式等方面表现出来。

例如，一般来说，西方社会比较注重个人发展及成就，权力距离较小，因此他们的沟通方式比较直接。而东方社会比较重视团队和谐，权力距离较大，在工作时，人们不希望过分突出自己，更不愿意和同事或上级发生任何明显的冲突。

三、克服沟通障碍

为了克服人际障碍、组织障碍和文化障碍，管理者必须掌握或培养一定的沟通技巧。有些沟通技巧对于管理者发送信息特别重要，另一些则对管理者接收信息至关重要。这些技巧能帮助管理者获得决策和行动所需的信息，与其他成员达成共识。

（一）学会倾听

"自然赋予人类一张嘴、两只耳朵，就是要我们多听少说。"一般来说，在沟通过程中最常用到的能力是洗耳恭听的能力和能说会道的能力。洗耳恭听，就是在听的时候要做到用耳朵去听、用头脑去思考、用心灵去感受，它强调的是倾听的能力。能说会道，就是在沟通中要善于言辞、以理服人，它强调的是语言表达能力。人们在实践中往往重视语言表达能力的训练而忽视倾听能力的提升，结果就是说得多、听得少。其实，沟通的最大困难不是在于如何把自己的意见、观点说出来，而是在于如何听出别人的心声。相对于语言表达能力而言，倾听的能力更为关键。尽管有效沟通大约75%取决于倾听，大多数人却仅仅花30%~40%的时间倾听他人的陈述，这就造成了很多沟通错误。[1]

当别人说话时，我们在听，但我们常常并不是在倾听。很多人把倾听与听混为一谈，事实上，两者是有根本区别的。听只是一个生理过程，是一种无意识的行为，只要耳朵能够听到别人说话，就表明在听。而倾听虽然也以听到声音为前提，但更重要的是倾听不仅仅是生理意义上的听，更应该是一种积极的、主动的、

---

[1] Michael Nichols, *The Lost Art of Listening*, New York: Guilford Publishing, 1995.

有意识的思考。在倾听的过程中，不仅要接收、理解别人所说的话，而且要接收、理解别人的手势、体态和面部表情；不仅要从中得到信息，而且要抓住别人的思想和情感。

斯蒂芬·罗宾斯等人认为，积极倾听要求集中全部注意力，以便听明白全部意思，且不急于做事前判断或解释。① 他进一步指出积极倾听要做到以下步骤：第一，目光接触。与说话人进行目光接触能使你集中注意力，减少走神的可能性，而且可以鼓励讲话者。第二，展现赞许性的点头和恰当的面部表情。有效的倾听者会通过非言语信号对所听到的信息表现出兴趣。第三，避免分心的举动或表示厌倦的动作。倾听时，不要看表，不要随手翻阅文件或玩手机等，这些动作让说话人觉得你感到厌烦或不感兴趣。第四，提问。这一行为能够澄清认识、保证理解并使讲话者确信你在倾听。第五，用自己的语言复述。复述是一种测试你是否认真倾听以及你所理解的内容是否正确的有效工具。第六，避免打断讲话者。先让讲话者讲完自己的想法，你再做出反应。第七，不要说得太多。不仅要乐于表达自己的想法，更要乐于聆听他人说话。第八，顺利转换倾听者与讲话者的角色。有效的倾听者能够顺利地从讲话者转为倾听者，再由倾听者转为讲话者。

（二）重视反馈

反馈，是指信息接收者给信息发送者一个信息，告知信息已收到，以及理解信息的程度。反馈是沟通过程中的最后一个环节，往往是决定沟通目标可否实现的关键。很多沟通问题可以直接归因于误解或信息不准确。正确使用信息反馈系统，能够极大地减少沟通中出现的障碍。

反馈既可以是言语的，也可以是非言语的。例如，信息发送者可以让信息接收者用自己的话复述信息，如果听到的复述正如信息发送者的本意，则有利于确保沟通的准确性。销售主管要求所有下属填好上月的销售报告，当有人未能上交报告时，管理者就得到了反馈。

（三）克服认知差异

认知差异可能成为沟通障碍，因此为了克服认知和语言上的差异，信息发送者应该使信息清晰明了，尽可能使具有不同观点和经验的信息接收者都能够理解。只要有可能，就应该尽力了解沟通对象的背景，尽可能设身处地地从别人的角度看待问题，使用信息接收者容易理解的方式选择用词和组织信息，这样有助于提高沟通的有效性。

（四）抑制情绪化反应

情绪化反应，如愤怒、失望、戒备、爱、恐惧、嫉妒等，会使信息的传递严

---

① ［美］斯蒂芬·罗宾斯、戴维·德森佐、玛丽·库尔特：《管理学：原理与实践》（第七版），毛蕴诗主译，机械工业出版社 2010 年版，第 329 页。

重受阻或失真。处理情绪因素最简单的方法就是暂停沟通直到完全恢复平静。管理者应该尽力预期员工的情绪化反应,并做好准备加以处理。管理者也需要关注自己情绪的变化,以及这种变化如何影响他人。

第三节 冲突及其管理

组织中的冲突是普遍存在的,特别是随着组织所面临的内外部环境越来越复杂,冲突现象越来越突出。托马斯等人进行的一项调查表明,企业中的管理者大约有20%的时间在处理冲突。[1] 加拿大学者明茨伯格对管理者的活动进行的研究发现,经理人员经常面临三种不同的故障:下属之间的冲突、组织之间的冲突、资源的损失或有损失的危险。[2] 他把排除故障或处理纠纷列为经理人员的十大角色之一。冲突管理能力毫无疑问是管理者需要拥有的基本技能。

一、冲突的概念及特征

（一）冲突的概念

冲突（conflict）是一种广泛存在的社会现象,它以各种形式存在于人类社会活动的各个层面、各个领域和所有行为主体之中。冲突发生于对稀缺资源分配方式的分歧以及不同的观点、信念、行为、个性的冲撞。一般认为,冲突是相互作用的主体之间存在的不相容的行为或目标。

第一,冲突是否存在不仅是一个客观性问题,也是一个主观的知觉问题。客观存在的冲突必须经过人们去感知,如果没有人意识到冲突,那么一般就认为没有冲突存在。

第二,冲突产生的必要条件是,存在某种形式的对立或不相容以及相互作用。

第三,冲突的主体可以是组织、群体或个人,冲突的客体可以是利益、权力、资源、目标、方法、意见、价值观、感情、关系等。

第四,冲突是一个过程。冲突的发生不是一蹴而就的,而是从产生、酝酿到爆发的整个过程。美国学者罗宾斯[3]将冲突的过程分为潜在的对立或不一致、认知和个性化、行为意向、行为、结果这五个阶段。

---

[1] K. W. Thomas, W. H. Schmidt, "A Survey of Managerial Interests with Respect to Conflict", *Academy of Management Journal*, 1976, 19 (2), pp. 315—318.

[2] ［加拿大］亨利·明茨伯格:《经理工作的性质》,孙耀君译,团结出版社1999年版。

[3] S. P. Robbins, *Organizational Behavior*, 9th ed., Englewood Cliffs, New Jersey: Prentice-Hall, Inc., 2001, p. 386.

(二) 冲突的特征

1. 客观性

冲突是客观存在的、不可避免的社会现象，是组织的本质特征之一。任何组织都存在冲突，只不过冲突的来源、性质与程度存在着差异。

2. 主观知觉性

冲突是指导致某种抵触或对立的可感知的差异。差异是否真实存在无关紧要，只要人们感觉到差异的存在，冲突状态也就存在。

3. 二重性

冲突对于组织、群体或个人既具有建设性、有益性，有产生积极影响的可能，又具有破坏性、有害性，有产生消极影响的可能性。这就是冲突的二重性。冲突对于组织的利与弊如表 11-1 所示。

表 11-1 冲突对于组织的利与弊

	积极影响	消极影响
对成员心理的影响	使坚强者从幻觉中清醒，从陶醉中震惊，从不能战胜对方中看到自己弱点所在，发愤图强	带来损害，引起紧张、焦虑，使人消沉、痛苦，增加人际敌意
对人际关系的影响	"不打不成交"，使人加强对对方的注意，一旦发现对方的力量、智慧等令人敬畏的品质，就会增强相互间的吸引力，团体间的冲突促进团体成员一致对外，抑制内部冲突，增强凝聚力	导致人与人之间的排斥、对立、威胁、攻击，使组织涣散，削弱凝聚力
对工作动机的影响	使成员发现与对方之间的不平衡及竞争、优胜、取得平衡的工作动机，振奋创新精神，发挥创造力	使成员情绪消沉，心不在焉，不愿服从与之相冲突的领导的指挥，不愿与有冲突的同事配合，破坏团结愉快的气氛，减弱工作动机
对工作协调的影响	使人注意到以前没有注意到的不协调，发现对方的存在价值和需要，采取有利于各方的政策加以协调，使有利于组织的各项工作得以开展	导致人与人之间、团体与团体之间的互不配合、互相封锁、互相拆台，破坏组织的协调统一和工作效率
对组织绩效的影响	反映出认识的不正确、方案的不完善，要求全面地考虑问题，使决策更为周密	互相扯皮，互相攻击，转移对工作的注意力，政出多门，互不同意，降低决策和工作效率，互争人、财、物，造成资源积压、浪费

续表

	积极影响	消极影响
对组织生存、发展的影响	冲突本身是利益分配不平衡的表现，它迫使人们通过互相妥协让步和相互制约监督调节利益关系，使各方面在可能的条件下均得到满足，维持内部的相对平衡，使组织在新的基础上得到发展	冲突达到一定的程度后，双方互不关心对方的整体利益，有可能使组织在内乱中濒临解体

4. 程度性

美国学者布朗等在对冲突与组织绩效之间关系的研究中，发现冲突水平与组织效率之间的关系主要表现为：当冲突水平过高时，组织会陷入混乱、对抗，甚至分裂、瓦解状态，破坏绩效，危及组织正常运转乃至生存；当冲突水平过低时，组织缺乏生机和活力，会进入变革困难时期，组织发展停滞不前，难以适应环境，绩效低下；当冲突达到最佳程度时，它可以阻止迟滞，解除紧张，激发创造力，培养创新的萌芽，使组织保持旺盛的生命力。[①] 冲突水平和组织绩效的关系如图11-4和表11-2所示。

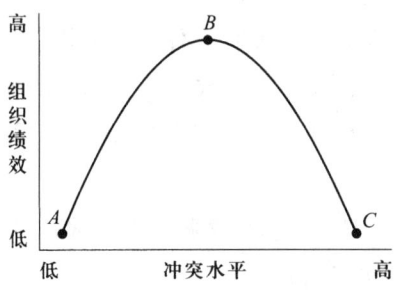

图 11-4 冲突水平与组织绩效的关系

表 11-2 冲突水平与组织绩效

情境	A	B	C
冲突水平	低	适度	高
冲突类型	破坏性冲突	建设性冲突	破坏性冲突
组织内部特征	冷漠、迟钝、对变化反应慢、缺乏新观念	生命力强、自我批评、有创造性	分裂、混乱、不合作
组织绩效	低	高	低

[①] L. D. Brown, A. E. Clarkson, "Conflict", In C. L. Cooper, C. Argyris eds., *The Concise Blackwell Encyclopedia of Management*, Oxford, England: Blackwell, 1998, pp. 105—107; Wall, Jr., J. A., "Conflict and Its Management", *Journal of Management*, 1995, 21, pp. 515—558.

二、冲突的原因与类型

（一）冲突的原因

冲突的来源大致可以分为三大类：个人差异、沟通差异和结构差异。

1. 个人差异

每个人的成长经历、家庭背景、文化水平等不同，造成个体价值观、性格特征、能力、思维方式等方面存在差异。例如，有些人认为"盗亦有道"，有些人认为"为达目的可以不择手段"。

2. 沟通差异

语义理解的困难、信息交流不充分、沟通渠道中的噪声等因素都构成了沟通障碍，并成为冲突的潜在条件。通常，很多冲突都可以被归因为沟通不足或者沟通不当。例如，沟通双方的认知方式、立场不同，导致虽然经过大量的沟通，但却如鸡同鸭讲，最后引发冲突。

3. 结构差异

结构差异指来自组织结构本身的设计不良，而造成整合困难，最后导致冲突。组织本身存在水平和垂直的差异，个人会因为部门立场、目标、资源分配等差异产生争执，这种冲突并非由于个人之间的敌意而产生，而是对事不对人。常见的导致冲突产生的结构因素包括：专业化、任务互依性、资源稀缺、目标差异、权力分配、职责模糊等。例如，在一家制衣工厂，如果裁剪布料的工作落后了，缝衣工人的工作必然被耽误，裁剪工和缝衣工之间的冲突就产生了。

（二）冲突的类型

根据不同的分类标准，冲突可分为多种类型。常见的冲突分类有以下几种：

1. 根据冲突发生的层次来划分

（1）个体内部冲突。当冲突发生在一个个体内部时，称为个体内部冲突。它一般发生于个体面临多种难以做出的选择，此时会表现得犹豫不决，茫然不知所措。个体内部冲突一般表现为三种类型：接近—接近型冲突、回避—回避型冲突、接近—回避型冲突。接近—接近型冲突是指要求个体在两个或者两个以上的方案中做出选择，每个选择都有积极结果，即个人面临着"鱼和熊掌不可兼得"的局面，如一个人又想买房又想买车，然而手头资金有限无法同时满足这两个愿望；回避—回避型冲突是指个体必须在两个或者两个以上只能产生消极结果的方案中做出选择，即所谓"两害相权取其轻"，如一个人牙疼，但又因为害怕治疗带来痛苦而不肯就医，此时牙疼和治疗带来的痛苦都是想要回避的目标，但又不能同时回避；接近—回避型冲突是指个体在选择是否去从事一件利弊难以权衡的事情时内心发生的冲突，如一个人既想要获得成功，又不愿付出努力。

（2）人际冲突。人际冲突是指发生在两个或者多个人之间的冲突。许多个体差异都会导致人际冲突，如个性、价值观、目标、态度、知觉等。

（3）群体间冲突。当冲突发生在群体、团队或者部门之间时，就称为群体间冲突。目标上的差异、对稀缺资源的竞争等原因都可能引发群体间冲突。例如，营销部的目标是销售最大化，希望提供不同大小、形状、颜色、功能的产品以满足不同顾客的需求，提高销售量；制造部的目标是成本最小化，希望大量生产少数几个品种。双方目标上的差异可能引起群体间冲突。

（4）组织间冲突。发生在两个或者多个组织之间的冲突称为组织间冲突，企业竞争就是一种组织间冲突。除了与竞争对手之间的冲突，组织还会因为与供应商、顾客、政府机构等之间的相互依存关系而发生冲突。

2. 根据冲突对组织的影响来划分

（1）建设性冲突。又称功能正常的冲突，是指对组织有积极影响的冲突。在建设性冲突中，冲突双方都关心共同目标的实现和现有问题的解决；双方愿意了解彼此的观点，并以争论问题为中心；双方信息交流不断增加。建设性冲突可以促进组织发现存在的问题，采取措施及时予以纠正；可以促进组织内部公平竞争，提高组织效率；可以激发员工创造力，防止思想僵化。

（2）破坏性冲突。又称功能失调的冲突，是指对组织有消极影响的冲突。在破坏性冲突中，冲突双方极为关注自己的观点是否取胜；双方不愿听取对方意见，而是千方百计陈述自己的理由，抢占上风，人身攻击的现象时常发生；双方互相交换意见的情况不断减少。破坏性冲突会阻碍组织达到目标，降低组织创造力、生产力、士气、工作满意度，并增加员工的焦虑，客观上提高了缺勤率和离职率等。

建设性冲突和破坏性冲突的区别如表 11-3 所示。

表 11-3　建设性冲突和破坏性冲突的区别

建设性冲突	破坏性冲突
关心目标	关心胜负
对事不对人	针对人（人身攻击）
促进沟通	阻碍沟通

3. 根据冲突产生的原因来划分

（1）目标冲突。这是指由于冲突主体内部或冲突主体之间存在不一致或不相容的结果追求所引发的冲突。

（2）认知冲突。这是指由于冲突主体内部或冲突主体之间存在不一致的看法、想法和思想而导致的冲突。

（3）情感冲突。这是指由于冲突主体内部或冲突主体之间情感上的不一致而引发的冲突。

（4）程序冲突。这是指由于冲突主体内部或冲突主体之间存在不一致或不相容的优先事件选择与过程顺序安排而产生的冲突。

三、冲突观念的变迁

人们对组织冲突的理解大概经历了三个阶段，按照出现的先后顺序大致为传统观念、人际关系观念和相互作用观念三个阶段。

第一个阶段：传统观念。

从 19 世纪末到 20 世纪 40 年代，冲突的传统观念在冲突理论中占主导地位。传统观念认为，所有冲突都是不好的、有害的，冲突是组织管理不善的信号，只能给组织带来消极影响，因而应当尽可能加以避免。

第二个阶段：人际关系观念。

从 20 世纪 40 年代末至 70 年代，冲突的人际关系观念在冲突理论中占统治地位。人际关系观念认为，冲突是所有群体和组织中自然发生的现象；既然冲突总是不可避免的，那就不如去接受它。不仅如此，这种观点还把冲突的存在合理化，认为冲突是不可随便消除的，因为它在很多时候甚至对组织绩效的提高有所帮助。

第三个阶段：相互作用观念。

冲突的相互作用观念盛行于 20 世纪 80 年代以后，是当代冲突理论中的主流学派。相互作用观念认为，一个平静、和谐、合作的群体可能变得静止、冷漠，对改革和创新无动于衷；其主张组织的领导者应试图把群体维持在最佳的冲突水平上，以便能够保持群体的活力、自我反省力和创造力。相互作用观念不仅接受冲突的存在，而且鼓励冲突的存在。

四、管理冲突

西方的现代冲突理论认为，冲突既可以给组织带来积极的影响作用，也可以给组织带来消极的影响作用，冲突水平过低和过高都会给组织带来不利影响，应当将冲突控制在一个适量的水平。因此，在冲突管理中应当注意，对于引起冲突的各种因素、冲突过程、冲突行为加以正确分析、处理和控制，努力把已出现的冲突引向建设性轨道，尽量避免破坏性冲突的发生和发展，适度地诱发建设性冲突并把冲突维持在适当的水平之内，以便达到"弃其弊而用其利"的冲突管理目标。

（一）冲突的抑制

当冲突水平过高时，管理者可以采取冲突抑制的方法。美国行为科学家托马斯提出的冲突处理的二维模式可以作为我们思考冲突抑制方法的参考。托马斯以"合作性"（一方试图满足对方关心点的程度）为横坐标，"坚持己见"（一方试图满足自己关心点的程度)为纵坐标,定义了冲突行为的二维空间,并组合成五种冲突处理策略,即竞争(坚持己见,不合作)、合作(坚持己见,合作)、回避(不坚持己见,不合作)、迁就(不坚持己见,合作)和妥协(中等程度的坚持己见,中等程度的合作),如图11-5所示。①

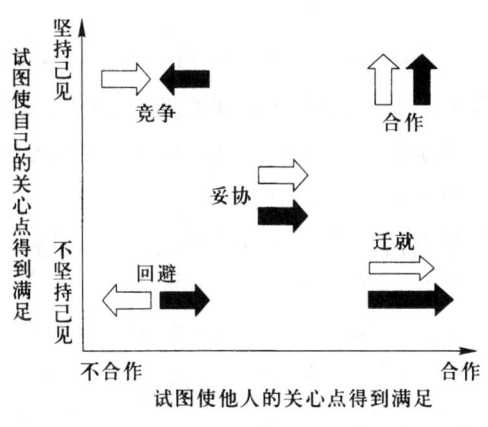

图11-5 托马斯二维模式

1. 竞争策略

竞争策略又称强制策略,即为了满足自己的利益而无视他人的利益,是一种"我赢你输"的策略。这种策略很难使对方心悦诚服,并非解决冲突的好方法。但当一方在冲突中具有占绝对优势的权力和地位,取得对方的接纳不是太紧要,或者有些重要议题存在时间压力,需要立刻解决时,竞争策略往往有其效用。

2. 合作策略

它是指尽可能满足双方利益,代表了冲突解决中的双赢局面。合作是通过彼此公开而具诚意的沟通,来了解彼此双方的差异所在,并努力找出可能的双赢方案,以使双方都获得最大的可能利益,但前提是必须先建立互信的基础。当冲突双方都有意寻求双赢的解决方案,或是该项议题十分重要而无法妥协,而时间压力又不大的情况下,合作可能是最佳的解决方法。

3. 回避策略

它是指既不合作又不坚持己见,既不满足自己利益又不满足对方利益的冲突解决策略。如果冲突本身不是太重要,或者冲突已经引发过度的情绪反应,此时回避策略可能在短期内很有效,但常常由于忽略对方的观点,易遭对方非议,因而长期使用效果不佳。

---

① K. W. Thomas, "*Conflict and Negotiation Processes in Organizations*", In M. D. Dunnette and L. M. Hough eds., *Handbook of Industrial and Organizational Psychology*, 2nd ed. Vol. 3., Palo Alto, CA: Consulting Psychologists Press, 1992, p. 668.

4. 迁就策略

迁就策略又称克制策略，即当事人为了满足他人的需求，而抑制了自己的需求。通常，迁就策略是为了从长远角度出发换取对方的合作，或者是屈服于对方的势力和意愿。

5. 妥协策略

妥协策略实质上是一种交易，又称为谈判策略。它需要冲突双方各让一步，通过一系列的谈判、让步、讨价还价来部分满足双方的要求和利益。当冲突双方势均力敌、相持不下，或是急于对某些议题取得一个暂时的解决方案，或是面对很大的时间压力时，妥协可能为最佳策略。

没有一种适合任何情况的、理想的冲突解决策略，使用哪种策略要视具体情况而定，如表 11-4 所示。

表 11-4 冲突管理：最佳方式与最佳时间[①]

策略	最适合使用的情况
竞争	当需要采取不受欢迎的措施迅速解决重大问题，或他人的支持对你解决问题不十分重要时
合作	当时间压力很小，各方均非常希望双赢的局面出现，或问题特别重要、不可妥协时
回避	当冲突较小，情绪过激难以平静，或武断的行动所带来的潜在破坏会超过冲突解决后所获得的利益时
迁就	当争论的问题对你不是很重要或者你希望为以后的工作建立信任时
妥协	当冲突双方势均力敌，希望对复杂的问题取得暂时的解决办法，或者时间紧迫需采取权宜之计时

（二）冲突的激发

冲突管理的另一个方面是，当组织冲突不足时，管理者需要考虑激发必要的、适度的建设性冲突。表面上看，冲突会引起组织的不和谐，因此很多人都不能接受激发冲突的观念。但是，如前所述，冲突对组织既有消极的影响，又有积极的影响，适度的冲突可以激发创意，保持组织的活力。

关于如何管理冲突，过去对冲突抑制的研究较多，较少注意到冲突的激发。下面将介绍管理者常用的几种冲突激发手段。

激发建设性冲突首要的一步是将冲突合法化。管理者应当将鼓励冲突的信息传递给员工，并且采取支持性行动，以使冲突在组织中有其合法地位。例如，应

[①] [美] 斯蒂芬·罗宾斯、戴维·德森佐、玛丽·库尔特：《管理学：原理与实践》（第七版），毛蕴诗主译，机械工业出版社 2010 年版，第 329 页。

该给那些敢于向现状挑战、提出不同意见或创新想法的员工以实际回报，如公开表扬、加薪、晋升等。

另外一种冲突激发手段就是适度引入外部的新鲜血液，刺激组织内部的竞争氛围。组织内部晋升制度能够激发组织成员的归属感和奋发向上的晋升斗志，但对于一些组织而言，这种"近亲繁殖"的方式可能导致组织内部处于一种停滞状态。而外来者具有不同的态度、背景、价值观，虽然可能引发新旧成员间的意见冲突，但也常带来新的观点与创意，有利于组织内部的活力激发。

此外，管理者也可以通过组织结构的安排来激发冲突。企业传统的组织结构，尤其是直线职能结构特别容易诱发破坏性冲突，这对于企业目标的实现非常不利。因此，企业应该进行组织变革，变金字塔式的传统控制组织为扁平化的网状组织。企业进行变革的总体趋势是扩大管理幅度、减少管理层次、广泛引入工作团队，实现组织结构的扁平化、网络化、虚拟化。新型组织结构讲求平等、重视沟通，能够有效提高组织的建设性冲突水平，进而提升企业绩效。

思考题

1. 怎么理解沟通及其功能？试结合生活实例对沟通过程进行分析说明。
2. 怎样理解沟通在管理工作中的作用？思考不同的沟通方式适用于何种工作情境。
3. 沟通中的障碍有哪些？噪声是如何影响沟通效率的？
4. 冲突对组织有哪些影响？请结合有效沟通的方式思考如何在冲突中高效地沟通。

▶ 自测习题及参考答案   ▶ 本篇案例

第五篇 控制

第十二章 控制的类型与过程

在管理实践中,人们都深切地体会到,没有控制就很难保证每个计划的顺利执行,而如果各个计划都不能顺利执行,组织的目标就无法实现,因此控制工作在管理活动中起着非常重要的作用。在组织中,尽管各级管理人员控制的范围不同,但他们都承担着完成计划的责任,所以控制工作是所有管理人员的职责,而绝不仅仅是组织中高层管理者的责任。本章主要探讨控制的内涵、控制的类型和过程等问题。

第一节 控制的内涵与原则

一、控制的内涵

控制(controlling)是指对组织内部的管理活动及其效果进行衡量和矫正,以确保组织的目标以及为此而拟定的计划得以实现。例如,某组织要保持一定的利润水平,其单位制造成本必须不超过10元,为此需要有一个控制系统向管理部门提供现行成本信息。一旦成本超过10元,则马上采取相应措施,如提高劳动生产率,更换供货商以降低原材料采购价格,严格质量管理以降低废品率等,从而使成本恢复到标准之内。此外,这里所要求的利润水平是组织的目标,而对制造成本的管理则是控制手段。

我们可以从以下几个方面理解控制的内涵:

(1)控制具有目的性。管理中的控制工作表现形式多种多样,但都是为了保证组织中的各项活动按计划和标准进行,以有效达成组织的特定目标。

(2)控制具有整体性。控制的整体性表现在三个方面:其一,管理控制工作要以系统理论为指导,将整个组织的活动作为一个整体来看待,使各方面的控制工作能协调进行,以取得整体的优化效益。其二,管理控制工作应覆盖组织活动的各个方面,组织中的各层次、各部门、各单位,以及生产经营的各个阶段,都要实施管理控制。其三,管理控制工作应成为组织全体成员的职责,而非仅仅是管理人员的职责。

(3)控制是通过监督和纠偏来实现的。通过组织中的控制系统,可以对组织活动及其效果进行监控,以预警或发现组织偏差的出现,分析偏差产生的原因,并采取相应的行动进行纠偏,从而保证组织目标的实现。

(4)控制是一个过程。管理控制工作不是一次行为,而是一个过程。它通过检查、监督并确定组织活动的进展情况，对实际工作与计划之间所出现的偏差加以纠正，从而确保组织目标及计划得以顺利实现。

二、控制的系统

控制的系统由控制主体、控制客体、控制目标以及控制的手段与工具体系四大部分构成。

（一）控制主体

一般来讲，企业由四种经济主体组成，即股东、经营者、管理者和普通员工。这四种经济主体都有各自的目标。所以，企业的控制主体可以划分为高、中、低三个层次。

1. 以股东为主体的高层控制主体

对公司制企业而言，这部分高层控制主体包括股东会、监事会、董事会、经理人和党委、工会组织，是对经营者及整个企业的业务经营活动所进行的控制。

2. 以经营者和管理者为主体的中层控制主体

中层控制主体是指各职能管理层的控制主体，实施的控制范围涵盖了管理者和整个企业的业务经营活动，以及普通员工及责任中心的业务经营活动。职能管理层的控制责任来源于总经理的授权，其具体责任形式表现为接受经理人员的控制政策、接受内部审计的监督，负责建立健全所辖范围的具体控制。

3. 以普通员工为主体的低层控制主体

这一层次的控制主体是指岗位层次的控制主体，实施的范围涵盖了自身岗位范围内的业务经营活动。控制需求来源于完成岗位责任。

（二）控制客体

控制客体就是评价的对象范围。企业进行控制的目的就是控制风险，而控制风险的基础是评价风险。评价风险时要考虑两部分的控制客体：一是具体控制对象，包括财产、交易和信息，它们决定着风险的高低；二是影响控制有效性的因素，包括控制系统和人，其决定控制风险的高低。

具体控制对象就是控制的最终指向物，包括财产、交易和信息三大类。

1. 财产

作为控制客体的财产是指组织享有的、能够带来经济利益的资源。财产既包括具有经济价值和实物形态的物品，也包括精神（知识）财富。对财产进行控制是为了保护财产的安全与完整。

2. 交易

对作为控制客体的交易进行控制，是为了保证交易符合国家法律法规、股东意愿和企业制度，间接目的则是保护企业财产的安全与完整。

3. 信息

作为控制客体的信息来源于组织信息系统（会计信息、统计信息和业务信息），是控制主体了解组织状况的基础、实施内部控制手段的重要依据，对信息进行控制的目的是确保信息的真实与完整。

（三）控制目标

有效控制系统多倾向于具有一些共同的特性，尽管这些特性在不同情况下的重要性并不相同。一般来讲，有效控制要达到以下目标：

1. 确保组织目标的有效实现

任何组织都有其特定的目标，要有效实现组织的目标，就必须及时对那些构成组织的资源（财产、人力、知识、信息等）进行合理的组织、整合与利用，这就意味着这些资源要处于控制之下或在一定的控制之中运营。如果一个组织未能实现其目标，那么该组织在从事自身活动时，一定是忽视了资源的整合作用，忽视了经济性和效率性的重要性。一家医院有优秀的医生、能干的工作人员和先进的设备，但如果这些条件没有充分用于医疗，这家医院就是没有效率的。例如，病人因为医院不良的饮食而不能痊愈，这家医院就没有实现其目标。因为控制系统的目标就是直接促进组织目标的实现。所以，所有组织活动和控制行为必须以促进实现组织的最高目标为依据。

2. 经济且有效地利用组织资源

所有组织都是在一个资源有限的环境中运作的，因而一个组织实现其目标的能力取决于其能否充分地利用现有的资源，制定和设计内部控制必须根据能否保证以最低廉的成本取得高质量的资源（经济性）和防止不必要的多余工作和浪费（效率）。例如，一个组织能够经济地取得人力资源，但可能因缺乏必要的训练和不合适的生产计划而使得工作效率很低。管理者必须建立政策和程序来提高运作的经济性和效率，并建立运作标准来对行动进行监督。

3. 确保信息的质量

除了建立组织的目标并沟通政策、计划和方法外，管理者还需利用相关的、可靠的和及时的信息来控制组织的行为。事实上，控制和信息是密不可分的，决策导向的信息受制于内部控制，没有完备的内部控制便不能保证信息的质量。也就是说，管理者需要利用信息来监督和控制组织行为，同时，决策信息系统特别是会计信息系统依赖于内部控制系统来提供相关的、可靠的和及时的信息。否则，管理者的决策就有可能给组织造成无法弥补的损失。

（四）控制的手段与工具体系

这一部分主要包括控制的机构、控制的工具、控制的运作制度三个方面的内容。控制的机构由组织中不同的控制层次和各个不同性质的专业控制部门组成；

控制的工具主要是凭以获取信息的计算机和网络等;控制的运作制度是指控制的任务与职责、控制的程序与规则等。

三、控制的原则

组织重视控制工作,是因为任何组织如果缺少有效控制就会产生错乱,甚至偏离正确的轨道。要想构造一个适宜有效的控制系统,进行有效的控制工作应遵循以下原则:

(一) 有效标准原则

制定的控制标准必须与组织的理念与目标相一致,对员工的工作行为具有指引和导向作用,并便于对各项工作及其成果进行检查和评价。有效的控制标准应该满足简明性、适用性、一致性、可行性、可操作性、相对稳定性和前瞻性的要求,这些要求在第三节控制的过程中会有详细的介绍。

(二) 控制关键点原则

一般而言,管理者在控制过程中所面临的内外环境是复杂多变的,影响组织绩效的因素也是多种多样的,"眉毛胡子一把抓"既不现实也是不经济的。这就需要管理者善于把握问题的关键,将注意力集中于计划执行中的一些主要影响因素上。事实上,控制住了关键点,也就控制住了全局。现实中,选择关键点除了要有丰富的经验、敏锐的洞察力和决策能力外,还可以借助有关的方法。例如,要想在有着众多作业的大型项目中控制整个工期的时间进度,就可以借助计划评审技术来确定关键路线和关键作业,而控制关键作业的进度就可以控制整个工期。美国的北极星导弹研制工程和杜邦化工厂的建造就是由于运用了计划评审技术而使工期大大缩短的。

(三) 控制趋势原则

由于管理控制中往往存在时间滞后的问题,所以面向未来的控制趋势就至关重要。对控制全局的管理者来说,重要的通常不是现状本身,而是现状所预示的趋势。但由于趋势往往为现象所掩盖,不易察觉,控制变化的趋势比仅仅改变现状要困难得多。当趋势可以明显地描绘成一条曲线,或是可以描述为某种数学模型时,控制起来就为时已晚了。控制趋势的关键在于从现状中揭示趋势,特别是在趋势显露苗头时就明察秋毫。例如,在美国汽车市场上,日本汽车公司就是在美国几大汽车厂商的眼皮底下慢慢蚕食了其市场份额的,等到对方意识到问题的严重性时,日本汽车已经在市场上占有了一席之地,不容易被打败了。

(四) 直接控制原则

直接控制是相对于间接控制而言的。间接控制是指根据计划和标准考核工作的实际结果,分析出现偏差的原因,并追究责任者的个人责任以使其改进未来工作的一种控制方法，多见于上级管理者对下级人员工作过程的控制。显然，间接控制的缺点是在出现了偏差、造成损失之后才采取措施，代价较大，因此，直接控制就变得尤为重要。直接控制着眼于培养更好的主管人员，使他们能熟练地应用管理的概念、技术和原理，能以系统的观点来进行和改善他们的管理工作。通常，管理者及其下属的素质越高，对所担负的职务越能胜任，也就越能事先察觉偏差，及时采取预防措施，于是就越不需要进行间接控制，进而会减少偏差的发生以及降低进行间接控制的费用。

（五）例外原则

管理者越是集中精力对例外情况进行控制，控制的效果就会越好。该原则认为，管理者不可能控制所有活动，而应把控制的主要精力集中于一些重要的例外偏差上，以取得更高的控制效能和效率。需要指出的是，仅仅注意例外情况是不够的，对它们也要区别对待。有些例外情况，如利润的下降、产品废品率的上升、顾客投诉的增加等必须引起重视。实际中，例外原则必须与控制关键点原则相结合，集中精力于关键点的例外情况控制。

第二节 控制的类型

按照不同的分类标准，管理控制可以分为多种类型。按控制进程可以分为前馈控制、现场控制和反馈控制；按控制职能可以分为战略控制、财务控制、文化控制和营销控制；按控制内容可以分为制度控制、风险防范控制、预算控制、激励控制和绩效考评控制。

一、控制进程分类

按照控制的进程不同，可分为前馈控制、现场控制和反馈控制三种类型，如图 12-1 所示。

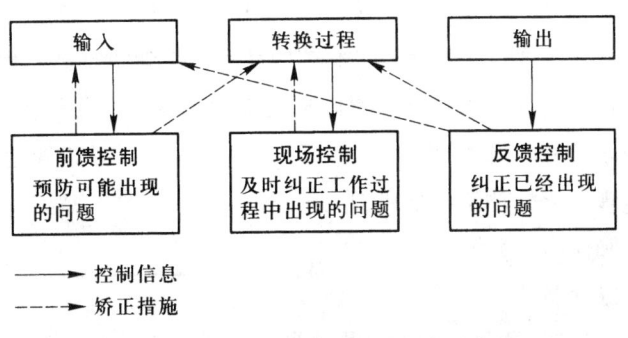

图 12-1 前馈、现场和反馈控制示意图

(一) 前馈控制

前馈控制 (feedforward control) 又称事前控制或预先控制，是指组织在工作活动正式开始前对工作中可能产生的偏差进行预测和估计并采取防范措施，将可能的偏差消除于产生之前。前馈控制是一种面向未来的控制，强调防患于未然。例如，组织通常制定一系列规章制度让员工遵守，通过这种事前对基本行为的规范来保证相应工作的顺利进行。再如，企业为了生产出高质量的产品而对进厂原材料进行检验，对员工进行上岗前培训等，这些都属于前馈控制。

前馈控制的相对优点表现在：首先，前馈控制是在工作开始之前进行的，可以防患于未然，以避免事后控制对已铸成的差错无能为力的弊端；其次，前馈控制是在工作开始之前针对某项计划行动所依赖的条件进行控制，不针对具体人员，因而不易造成面对面的冲突，易于被员工接受并付诸实施。但是，前馈控制需要及时和准确的信息，并要求管理人员能充分了解前馈控制因素与计划工作的影响关系，同时必须注意各种干扰因素（例如，一些意外的或无法预计的因素）。从现实看，要做到这些是十分困难的。因此，组织还必须依靠其他方式的控制。

(二) 现场控制

现场控制 (concurrent control) 也称为同步控制或同期控制，是指在某项工作或活动正在进行过程中所实施的控制。现场控制是一种面对面的领导，目的是及时处理例外情况、矫正工作中发生的偏差。现场控制主要有监督和指导两项职能。监督是按照预定的标准检查正在进行的工作，以保证目标的实现；指导是管理者亲临现场，针对工作中出现的问题，根据自己的经验指导下属改进工作，或与下属共同商讨矫正偏差的措施，以使他们顺利地完成所规定的任务。

现场控制一般在工作现场进行，容易发现问题并及时予以处理，从而避免更大差错的出现。现场控制所具有的指导职能，有助于提高工作人员的工作能力和自我控制能力。但是，现场控制也有很多弊端。首先，这种控制方式容易受到管理者的时间、精力和业务水平的制约，而且管理者的工作作风和领导方式对控制效果有很大影响。管理者不能时时事事都进行现场控制，只能偶尔或在关键项目上使用这种控制方式。其次，现场控制的应用范围较窄。一般来说，对便于计量的工作较易进行现场控制，而对一些难以计量的工作就很难进行现场控制。最后，现场控制容易在控制者与被控制者之间形成对立情绪，挫伤被控制者的工作积极性。目前，随着计算机和网络技术的发展，实时信息可以在异地之间迅速传播，这样就在一定程度上突破了控制的现场限制，从而扩大了该类控制的适用范围，例如远程手术和网络结算等。

(三) 反馈控制

反馈控制 (feedback control) 又称为事后控制，是指在工作结束或行为发生之后进行的控制。反馈控制把注意力主要集中于工作或行为的结果上，通过对已形成的结果进行测量、比较和分析，发现偏差情况，据此采取相应措施，防止在今后的活动中再度发生。例如，企业发现不合格产品后追究当事人的责任且制定防范再次出现质量事故的新规章，发现产品销路不畅而相应做出减产、转产或加强促销的决定，以及学校对违纪学生进行处罚等，这些都属于反馈控制。

反馈控制的主要弊端是：在矫正措施实施之前，偏差或损失已经产生，只能亡羊补牢。但反馈控制可以在如下几个方面发挥作用：一是在周期性重复活动中，可以避免下一次活动发生类似的问题；二是可以消除偏差对后续活动过程的影响，如产品在出厂前进行最终的质量检验，剔除不合格品，可避免这些产品流入市场后对品牌信誉和顾客使用所造成的不利影响；三是人们可以总结经验教训，了解工作失误的原因，为下一轮工作的正确开展提供依据；四是反馈控制可以提供员工奖惩的依据。因此，在实际工作中，反馈控制仍然得到了相当广泛的应用。

前馈控制、现场控制和反馈控制三种类型的特征及优缺点如表 12-1 所示。

表 12-1 前馈控制、现场控制和反馈控制的特征及优缺点

项目	前馈控制	现场控制	反馈控制
特征	在工作开始之前对工作中可能产生的偏差进行预测和估计，并采取防范措施，将工作中的偏差消除于产生之前	在工作正在进行的过程中进行的控制，主要有监督和指导两项职能	在工作结束之后进行的控制，注意力集中于工作结果上，对今后的活动进行纠正
优点	防患于未然；不针对个人，易于接受	指导功能，有助于提高工作人员的工作和自我控制能力	避免下周期发生类似的问题；消除偏差对后续活动的影响
缺点	要求及时和准确的信息；管理人员充分了解前馈控制因素与计划工作的影响关系；往往难以做到	受管理者时间、精力、业务水平限制；应用范围较窄；容易形成对立	偏差、损失已经产生；有时滞问题

二、控制职能分类

对于企业组织来说，根据管理控制的职能不同，控制主要分为战略控制、财务控制以及营销控制三种类型。

（一）战略控制

战略方案付诸实施后，如何保证战略的顺利落实就成为决定战略成败的关键。在实际工作中，外部环境和内部条件发生变化，或者战略本身存在缺陷需要在实施过程中进行修正、补充和完善，都会导致战略实施偏离预期目标。因此，战略

控制（strategy control）为企业提供了一种管理机制，通过监控整个实施过程，把不确定性因素的影响限定在一个可以接受的范围内，使企业朝着预定的战略目标前进。

战略控制是指企业战略管理者和一些参与战略实施的管理者，依据战略既定目标和行动方案，对战略的实施状况进行全面评价、发现偏差并进行纠正的活动。对企业战略实施进行系统化的检查、评价和控制成为企业的一项重要工作。

（二）财务控制

每个企业最初的、基本的目标就是获取利润。为了追求这个目标，管理者们需要财务控制。

传统的财务控制衡量标准有比率分析和预算分析。一些最流行的公司使用的财务比率主要有：流动性比率，衡量了组织偿还流动负债的能力；杠杆比率，检查了组织为资产提供资金的负债的运用和它能否满足负债利息的偿还；活动性比率，衡量了公司运用它的资产的效率程度；收益率，衡量了公司应用资产来产生利润的效率和效果程度。为了监控组织利用资产、负债、存货等的效率和获利程度，经理们将这些比率作为外在的控制工具。

预算分析为管理者提供了一个比较与衡量支出的定量标准，管理者据此能够指出标准和实际收入、支出间的偏差。它主要包括投资预算、现金预算、收益预算和资产负债预算等。

除了传统的财务工具，管理者还使用经济附加值和市场附加值等工具。经济附加值是一个用以衡量公司全体和各部门绩效的工具，通过把税后经营利润减去总的资本年成本计算经济附加值；市场附加值用以衡量股市对一家公司过去或预期的资本投资项目的价值。

（三）营销控制

营销控制是企业用于跟踪营销活动过程的每一个环节，确保能够按照计划目标运行而实施的一套完整的工作程序。营销控制主要包括年度计划控制、盈利控制、效率控制和战略控制。

年度计划控制是指在本年度内采取调整和纠正措施，检查市场营销活动的结果是否达到了年度计划中所制定的销售、利润以及其他目标。盈利控制是指分析企业各产品在各地区，运用各种营销渠道的实际获利能力，从而指导企业扩大、缩小或者取消某些产品和营销活动。效率控制是指分析企业特定产品、销售市场盈利不高的原因，是否存在更有效的方法提高广告、人员推销、促销和分销等工作的效率。战略控制则是更高层次的市场营销控制，企业应该定期对进入市场的总体方式进行重新分析，评价企业的战略、计划是否有效地抓住了市场机会，是否同市场营销环境相适应。

三、控制内容分类

根据组织的具体控制内容，控制可以分为制度控制、风险防范控制、预算控制、激励控制、绩效考评控制五种类型。

（一）制度控制

制度规范是组织管理过程中借以约束全体组织成员行为，确定办事方法，规定工作程序的各种规章、条例、守则、标准等的总称。制度控制是以制度规范为基本手段协调企业组织集体协作行为的内部控制机制。一般包括制度的制定、执行和考核。

（二）风险防范控制

企业在现代市场经济环境下，会不可避免地遇到各种风险，风险防范控制应成为企业内部管理控制的重要组成部分。企业的风险防范控制一般应包括风险的预警与辨识、风险的评估以及风险的预防。

（三）预算控制

预算控制的突出特点是通过量化标准使管理者及员工明确自身目标，实现企业总体目标与个人目标紧密衔接。预算控制突出过程控制，可在预算执行过程中及时发现问题、纠正偏差，保证目标任务的完成。

（四）激励控制

激励控制是指企业通过激励的方式控制管理者及员工的行为，使管理者及员工的行为与企业目标相协调。激励控制强调的是通过激励调动管理者及员工的积极性和创造性。激励控制包括激励方式的选择、激励中的约束和业绩评价等事项。

（五）绩效考评控制

绩效考评控制是指企业通过考核评价的形式规范企业各级管理者及员工的经济目标和经济行为。它强调的是控制目标而不是控制过程，只要各级管理目标实现，则企业战略目标就可以实现。绩效考评控制包括考评指标和考评程序的制定、考评方法的选择、考评结果的分析和纠正偏差与奖励措施等关键环节。

第三节　控制的过程

在管理控制中，虽然控制的对象各不相同，控制工作的要求也不一样，控制的类型和方法多种多样，但控制工作的过程却是基本一致的。一般而言，控制过程可以分为三个步骤：确定标准、衡量绩效以及分析与纠偏，如图 12-2 所示。

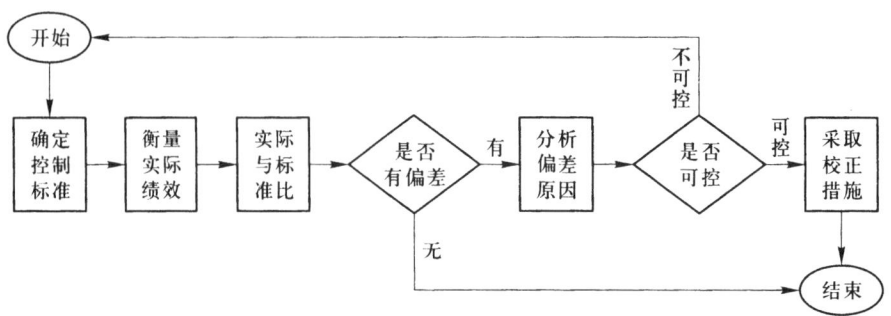

图 12-2　控制的基本过程

一、确定标准

要对组织的各项活动或工作进行有效控制，就必须首先明确相应的控制标准。没有标准，就无法对工作活动及其效果进行检查和评价，无法了解工作的进展状况或存在的问题，当然就无法采取相应的纠偏措施。而标准不明晰或不客观，则会导致组织内部的纷争、员工满意度的下降或挫折感增强等问题。因此，确定控制标准是进行控制工作的起点。

标准（standard），就是评定成效的尺度，是用来衡量组织中的各项工作或行为符合组织要求的程度的标尺。通过将实际工作情况与标准相比较，管理者无须亲历工作的全过程就可以了解工作的进展情况。管理工作中的控制标准实际上是一系列目标，它可以用来对实际工作进行相应的度量，是通过计划职能而产生的。但由于计划的详细程度和复杂程度不一，它所给出的内容不一定直接满足控制工作的要求，同时控制工作需要的不是计划中的全部指标和标准，而是其中的关键点，所以管理者应该以计划为基础，通过研究、归纳和整理，确定控制工作所需要的标准。

（一）选择控制对象

进行管理控制首先遇到的问题是"控制什么"，这是在决定控制标准之前需要妥善解决的问题。对组织工作和活动进行控制的目的是实现组织目标，取得相应成果，因此，组织活动的成果应该优先作为管理控制工作的重点对象。基于此，管理者需要明确分析组织活动想要实现的目标，并提出详细规定了组织中各层次、各部门人员应取得何种工作成果的完整目标体系。按照该目标体系的要求，管理者就可以对有关成果的完成情况进行考核和控制。从理想的角度看，为了实现组织的预期活动成果，管理者应该对影响组织实现目标成果的全部因素进行控制。但这种全面控制往往是不现实的，也是缺乏经济性的。于是，基于组织中有限资源的经济合理使用以及管理人员的工作精力和能力等现实情况，管理控制中通常的做法是：选择那些对实现组织目标成果有重大影响的因素进行重点控制。这样，为了确保管理控制取得预期的成效，管理者在选择控制对象时就必须对影响实现组织目标成果的各种要素进行科学的分析研究，然后从中选择出重点的因素作为控制对象。一般地，影响实现组织目标成果的主要因素有：

1. 环境特点及其发展趋势

组织在特定时期的管理活动是根据决策者对经营环境的认识和预测来计划和安排的。如果预期的市场环境变化没有出现，或者企业外部环境发生了某种无法预料和无力抗拒的变化，那么，原来计划的活动就可能无法继续进行，从而难以为组织带来预期的结果。因此，应该把计划制定中所依据的对经营环境的认识与把握的各种因素作为控制对象，列出"正常"与"非正常"环境的具体测量指标或标准。

2. 资源投入

组织成果是通过对一定资源的加工转换而得到的。没有或缺乏这些资源，组织的经营活动就会成为无源之水、无本之木。投入的资源如何，会影响组织活动能否按期限、数量、质量和品种的要求完成经营任务指标。同时，获取资源的成本费用会影响经营活动的经济效果指标。因此，必须对资源投入进行控制，使之在各方面都符合预期经营成果的要求。

3. 活动过程

输入生产经营中的各种资源不可能不经过任何加工处理就自动转换成产品。组织的经营成果是组织活动过程转化的结果，是通过全体员工在不同时间和空间上利用一定的技术和设备对不同资源进行不同内容的加工劳动而最终得到的。组织员工的工作质量和数量是决定经营成果的重要因素，因此，必须使组织员工的活动符合计划和预期结果的要求。为此，必须建立员工的工作规范，明确各部门、各单位和各员工在各个时期的阶段成果指标，以便于对他们的活动进行切实有效的控制。

在管理实践中，对于哪些因素应该成为控制的重点，需要根据具体的情况来加以选择。在工作方法或程序与预期工作成果之间有比较明确或固定关系的常规性活动中，工作过程本身就是主要的控制对象。在工作成果较难衡量而工作过程也难以标准化、程序化的高层管理和创新性活动中，工作者的素质和技能则是主要的控制对象。

（二）选择关键控制点

主要的控制对象确定下来后，还必须选定具体控制的关键点，制定控制标准。如前所述，组织不可能也没必要对所有工作活动进行控制，只能在影响组织成果的众多因素中选择若干关键环节作为重点控制对象。例如，在啤酒酿造企业中，啤酒质量是控制的一个重点对象。尽管影响啤酒质量的因素很多，但只要抓住了水的质量、酿造温度和酿造时间，就能保证啤酒的质量。基于此，组织就要对这些关键控制点制定出明确的控制标准。俗话说，"牵牛要牵牛鼻子"，只要控制住了关键点，实际上也就控制了全局。

对关键控制点的选择，一般应统筹考虑这样几个方面的因素：

1. 影响整个工作运行过程的重要操作与事项

因为事关组织工作能否顺利进行与组织目标能否实现，所以管理者应该对这些领域予以重点关注。

2. 能在重大损失出现之前显示出差异的事项

这意味着，并不是所有重要问题都作为控制的关键点。通常情况下，管理者应该选择那些易于检测出偏差的环节进行控制，这样才有可能对问题做出及时、灵敏的反应。

3. 若干能反映组织主要绩效水平的时间与空间分布均衡的控制点

要保证组织目标能按时实现，就必须保证组织工作的关键活动在规定的时间内达到规定的进度。当然，关键控制点数量的选择也应该足以使管理者对组织总体状况形成一个比较全面的把握。

良好的控制来源于关键控制点的正确选择，因而这种选择或决策的能力也就成为判断管理者控制工作水平的一个重要标准。

（三）确定控制标准

组织在选择了关键控制点后，就可以依据关键控制点确定明确的控制标准。控制标准确定中最简单的情况是，可以把计划过程中形成的可考核目标直接作为控制标准。但如前所述，现实中更多的情况往往是需要通过一些科学的方法将某一计划目标分解为一系列具体可操作的控制标准。

1. 控制标准的确定方法

控制的对象不同，所使用的控制标准就不一样，确定标准的方法也会不一样。组织在确定控制标准时，应该根据所需衡量的绩效成果及其影响因素的领域和性质，结合所选用标准的特点和性质，科学选择合适的确定方法或其组合。一般而言，组织使用的确定标准的方法有如下三种：

（1）统计计算法。即根据企业的历史资料或者对比同类企业的水平，运用统计学方法来确定企业经营各方面工作的标准。这种用统计计算法制定的标准便称为统计标准。制定该类标准所使用的数据可以来自本企业的历史数据，也可以来自其他企业的统计数据。

（2）经验估计法。即根据管理人员的知识经验和主观判断来确定标准。这种使用经验估计法建立的标准称为经验标准。现实中，并不是所有工作的质量和成果都能用统计数据来表示，也不是所有企业活动都保存着历史统计数据。对于新近从事的工作或者缺乏统计资料的工作，企业可以通过有经验的管理人员或对该工作熟悉的人员凭借经验、判断和评估来为之建立标准。

（3）工程方法。即通过对工作情况进行客观的分析，并以准确的技术参数和实测的数据为基础而制定工作标准。使用工程方法建立的标准，称为工程标准。严格地说，工程标准也是一种用统计方法制定的控制标准，只不过它不是利用历史统计数据制定的，而是根据客观分析和实测数据来制定的。例如，机器的产出标准是其设计者计算出来的在正常情况下被使用时的最大产出量等。

2. 控制标准的类型

控制标准的类型很多，通常可分为定量标准和定性标准两大类。定量标准便于度量和比较，是控制标准的主要表现形式。它可以分为实物标准（如产品产量、废品数量等）、价值标准（如成本、利润、销售收入等）和时间标准（如工时定额、工期、交货期等）。定性标准主要是指有关服务质量、组织形象等方面的，一般难以定量化。但在使用时仍需要尽量将定性标准客观化，以便于度量和判断。例如，对于面向顾客的服务质量，可以用有无书面投诉或顾客满意度为标准进行要求和检查。在组织中，通常使用的控制标准有如下几种：

（1）时间标准，是指完成一定的工作所需花费的时间限度。

（2）生产率标准，是指在规定时间内完成的工作量。

（3）消耗标准，是指完成一定的工作所需的有关消耗。

（4）质量标准，是指工作应达到的要求，或是产品或服务应达到的品质标准。

（5）品质标准，是指对员工规定的行为准则要求。

对不同的组织、不同的计划、不同的控制环节，控制标准也有所不同。例如，以"质量优良、服务周到、清洁卫生、价格合理"为宗旨的世界著名的麦当劳快餐公司，为确保其经营宗旨得到贯彻，制定了可度量的如下工作标准：95%以上的顾客进餐馆后3分钟内，服务员必须迎上去接待；事先准备好的汉堡包必须在5分钟内热好供应顾客；服务员必须在就餐人员离开后5分钟内把餐桌打扫干净；等等。

3. 控制标准的基本要求

制定的控制标准必须与组织的理念和目标相一致，对员工的工作行为具有指引和导向作用，并便于对各项工作及其成果进行检查和评价。具体而言，科学的控制标准应该满足如下基本要求：

（1）简明性。即对标准的量值、单位和可允许的偏差范围要有明确说明，对标准的表述要通俗易懂，便于理解和把握。

（2）适用性。建立的标准要有利于组织目标的实现，要对每一项工作的衡量都明确规定具体的时间幅度和具体的衡量内容与要求，以便能准确地反映组织活动的状态。

（3）一致性。建立的标准应尽可能地体现协调一致、公平合理的原则。管理控制工作覆盖组织活动的各个方面，制定出来的各项控制标准应该彼此协调，不可相互冲突。同时，控制标准应在规定范围内保持公平性。

（4）可行性。控制标准的建立必须考虑到工作人员的实际情况，即标准不能过高也不能过低，要使绝大多数员工经过努力后可以达到。

（5）可操作性。即标准要便于对实际工作绩效的衡量、比较、考核和评价；要使控制便于对各部门的工作进行衡量，当出现偏差时，能找到相应的责任单位。

（6）相对稳定性。即所建立的标准既要在一个时期内保持不变，又要具有一定的弹性，能对环境的变化有一定的适应性，特殊情况能够例外处理。

（7）前瞻性。即建立的标准既要符合现时的需要，又要与未来的发展相结合。

二、衡量绩效

制定控制标准是为了衡量实际业绩，取得控制对象的相关信息，把实际工作情况和标准进行比较，据此对实际工作做出评估。如果没有精确的衡量，就不可能实现有效的控制。为此，在衡量实际工作成果的过程中，管理者应该对由谁来衡量、衡量什么、如何衡量以及间隔多久进行衡量等方面做出合理安排。

（一）衡量的主体

衡量实际工作成效的人是工作者本人，还是同一层级的其他人员，抑或是上级主管人员或职能部门的人员？衡量实际业绩的主体不一样，控制工作的类型也就形成差别，也会对控制效果和控制方式产生影响。例如，目标管理之所以被称为一种自我控制方法，就是因为工作的执行者同时成了工作成果的衡量者和控制者。相比之下，由上级主管或职能人员进行的衡量和控制则是一种强加的、非自主的控制。

（二）衡量的项目

衡量什么是衡量工作中最重要的方面。事实上，这个问题在衡量工作之前已经得到了解决。因为管理者在确定衡量标准时，随着标准的制定，计量对象、计算方法以及统计口径等内容也就相应地确定下来了。简言之，需要衡量的是实际工作中与已制定的标准相对应的要素。需要注意的是，由于不同的衡量项目还存在一个衡量的难易问题，所以要注意保证衡量内容的全面性和客观性，防止衡量中的畏难倾向。例如，愿意并侧重于衡量那些易衡量的项目，而忽视那些不易衡量、较不明显但实际相当重要的项目。

（三）衡量的方法

管理者可通过亲自观察、利用报表和报告、抽样调查等几种方法来获得实际工作绩效方面的资料和信息。应当看到，组织中常存在一些无法直接衡量的工作，它们质量的好坏有时可通过某些现象做出推断。比如,从员工的合理化建议增多或许可推断企业的民主化管理有所加强,员工工作热情下降现象增多或许可推断出管理工作存有不当之处等。在衡量实际工作成绩过程中必须将多种方法结合使用,以确保所获取信息的质量。

(四)衡量的频度

衡量实绩的次数或频率,通俗地说就是间隔多长时间衡量一次实绩。是每时、每日、每周,还是每月、每季度或者每年?是定期衡量,还是不定期衡量?对不同的衡量项目,衡量的频度可能不一样。有效控制要求确定适宜的衡量频度。对控制对象或要素的衡量频度过高,不仅会增加控制的费用,而且会引起有关人员的不满,影响他们的工作态度,从而对组织目标的实现产生负面影响;衡量和检查的次数过少,则有可能造成许多重大的偏差不能被及时发现,不能及时采取纠正措施,从而影响组织目标和计划的完成。

三、分析与纠偏

对实际工作加以衡量后,下一步就应该将衡量结果与标准进行对比。实际绩效可能高于、低于或等于目标要求,只有将实际绩效与标准相比较,才能确定两者之间有无偏差(见图12-3)。如果没有偏差,还要分析控制标准是否有足够的先进性。在认定标准水平合适的情况下,可以将其作为成功经验予以分析总结并用于指导今后的或其他方面的工作。如果有偏差,则首先要分析偏差是否在允许的范围之内。如果偏差在允许的范围之内,则工作可以继续,但也要分析偏差产生的原因,以改善工作,避免偏差的扩大。如果偏差较大并超出了允许范围,就应深入分析偏差产生的原因,并采取矫正措施。

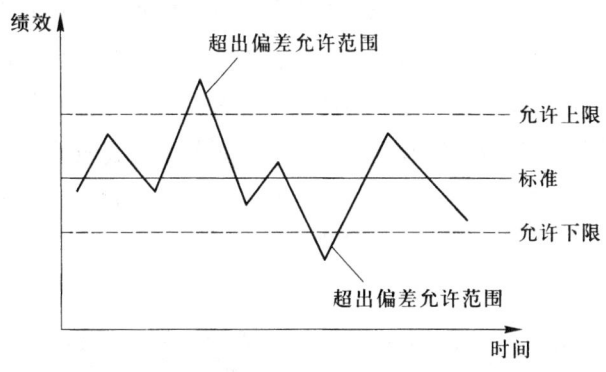

图 12-3 偏差的范围

(一)分析偏差

偏差就是工作的实际绩效与标准值之间的差异,实际绩效超过了设定标准的为正偏差，实际绩效低于设定标准的则为负偏差。现实中，工作活动出现偏差有时在所难免，而且并非所有偏差都会影响组织的最终业绩。例如，有些偏差是由偶然、暂时、局部性的因素引起的，且偏差较小，就可能不会对组织的最终业绩造成影响。因此，组织首先需要对偏差的性质进行分析和确认，以抓住问题的实质和重点。例如，确定可以接受的偏差范围（见图12-3），对于超出允许范围的偏差，给予重点关注与分析。另外，组织还要对造成偏差的原因进行深入分析，切忌"头痛医头，脚痛医脚"，以找出偏差的真正原因，为对症下药制定纠偏措施提供保证。一般而言，造成偏差的原因多种多样，较为复杂，但基本可以分为如下三类：一是计划指标或工作标准制定得不科学，脱离实际，本身存在偏差；二是组织外部环境中发生了没有预料到的变化，导致实际业绩偏离预期，出现偏差；三是组织内部因素的变化，如工作方法不当、组织不力、领导无方等，导致业绩偏离预期。

（二）实施纠偏

从管理的角度而言，在发现组织活动出现偏差后，只有采取了必要的纠偏行动，控制才是有效的。因此，在深入分析并找出偏差产生的原因后，组织就应该有针对性地采取措施，对偏差进行处理和矫正。根据前述的导致偏差的原因，组织的纠偏措施可以从如下方面进行：

1. 修订标准

有时候，偏差较大可能是因为标准不甚合理。例如，原有的计划和标准是基于错误的假设和预测之上，不切实际。也可能是因为组织内外环境因素发生了较大变化，致使原有的计划和标准与现实状况间产生了较大差异。此时，就需要对原有的计划和标准加以适当调整，以使组织计划和预期标准符合实际。例如，当消费者的需求偏好发生转移时，企业原定的提高产品质量、降低生产成本等计划就与现实出现不符，此时就需要对原有计划进行修订（如研发新产品或调整产品结构），以适应消费者需求的变化。但需要注意的是，对计划和标准的调整并不是任意的，而是要有利于组织总目标的实现。只有当事实表明计划和标准确实不合理，或环境的变化使得原有计划和标准的基础不复存在时，对计划和标准的修改才是合适的。

2. 改善工作

如果经过分析发现，计划和标准没有问题，偏差的出现是因为工作本身造成的，管理者就应该采取措施来纠正行动，以改善工作绩效。纠偏行动可能涉及管理的各个方面，如管理策略、组织结构、领导方式、员工培训、人员调整等。例如，如果偏差是因为员工能力不足或积极性不高造成的，那么就需要对员工进行教育培训、岗位调整或改进管理者的领导方式、提高领导艺术来进行矫正。

显然，如果对偏差产生的原因判断不准确，纠偏措施就是无的放矢，不可能奏效。只有对问题做了彻底的分析后，管理人员才能采取适当的纠偏行动。然而，管理者在采取纠偏行动之前，还要决定是采取应急纠偏措施还是彻底纠偏措施。

应急纠偏措施（immediate corrective action）是指能够立即将出现问题的工作矫正到正确轨道上的措施。而彻底纠偏措施（basic corrective action）则是指能够从根本上解决问题的措施。组织中出现的某些问题，可能属于迅速、直接影响组织正常活动的急性问题，多数应立即采取行动，实施应急纠偏措施。例如，某一特殊规格的部件一周后要交货，否则其他部门会受其影响而出现停工待料。一旦该部件的加工出现了问题，首要的工作不是考虑追究什么人的责任问题，而是必须按计划如期完成任务。此时，管理者可采取一系列行动来纠偏，如要求工人加班加点、增添工人和设备、派专人负责指导完成以及请求工人努力抓紧、进行短期突击等，以保证工作任务的按时完成。在组织中，解决急性问题多是为了维持现状，但根本的问题可能得不到发现和解决，还可能引致其他问题的产生。因此，管理者应该勇于打破现状，解决慢性问题，采取彻底纠偏措施。此时，首先要弄清工作中的偏差是如何产生的，为什么会产生，即深入分析偏差产生的原因，然后针对产生偏差的原因采取纠偏行动。当然，这可能受到时间、资金和其他条件的限制。现实中，许多管理者往往以没有时间为借口或不愿变革而不采取彻底纠偏措施，仅仅满足于不断的救火式应急纠偏行动。事实证明，作为一个有效的管理者，对偏差进行认真的分析，并花一些时间以永久性地纠正这些偏差是非常有益的。

思考题

1. 企业进行管理控制的目的有哪些？
2. 根据控制的集权程度，控制可以分为哪几种？试比较其特点。
3. 简述控制的基本过程及相应的注意事项。
4. 科学的控制标准应该满足哪些基本要求？

▶ 自测习题及参考答案

第十三章 控制的方法与技术

在一个组织的管理体系中，控制的方法与技术属于"术"的层面，发挥着使"道"落地的作用，直接决定着控制的理念和系统付诸实施的效果。控制的方法包括战略层次的三种控制方法和质量控制方法，控制的技术主要讨论管理控制的信息技术。

第一节 层级控制、市场控制与团体控制

从战略层次的角度，组织的控制方法可以划分为三类：层级控制、市场控制与团体控制。① 这三种控制方法的具体做法不同，适用范围不同，发挥的作用也不同。

一、层级控制

层级控制（bureaucratic mechanism）亦译为"官僚控制""科层控制"，是指利用正式的章程、规则、政策、标准、科层权力、书面文件和其他科层机制来规范组织内部门和成员的行为并评估绩效。一个小微企业在创业初期，一般不需要很多规范和层级控制。但随着规模的扩大，正式的规范就会越来越多。尤其是在政府、军队、银行等讲求程序和正规化的组织中，这些正式的规范是组织内各部门和所有成员职务行为的主要依据，是组织运行和风险管理的重要保障，因此说层级控制是多数中型和大型组织最基本的控制方式。常见的层级控制方法有预算控制、审计控制和财务控制。

（一）预算控制

预算是指用数字编制未来某一时期的计划，也就是以财务数字（如收支预算）或非财务数字（如直接工时、生产数量）来表明预期的结果。企业在未来的几乎所有活动都可以利用预算进行控制，特别是用财务数字形式表示的预算，它预估了企业在未来时期的经营收入或现金流量，同时为各部门或各项活动规定了在资

---

① 国外有学者认为，考虑到交易不确定性和环境风险程度高的因素，应当在层级、市场、团体三类控制方法之外，探索组织之间以信任为基础的控制模式，从交易成本、契约、社会关系等角度构建更高层次的管理控制系统。罗纳德·科斯、奥利弗·威廉姆森、奥利弗·哈特和本格特·霍姆斯特罗姆因对契约理论（包括激励理论、不完全契约理论和新制度交易成本理论）的贡献而分获1991年、2009年和2016年诺贝尔经济学奖。

金、劳动、材料、能源等方面的支出不能超过的额度，因此，对企业的经营活动具有较好的控制作用。

预算控制就是根据预算规定的收入与支出标准来检查和监督各个部门的生产经营活动，以保证各种活动或各个部门在充分达成既定目标、实现利润的过程中对经营资源进行有效利用，从而使成本费用支出受到严格有效的约束。作为一种控制手段，预算控制是通过编制和执行预算来进行的。例如，编制预算就是控制工作的第一步——拟定标准，而且由于这个标准是数量化的，本身就具有可考核性，因而可以用来评定工作成效，找出偏差（控制工作的第二步），然后采取纠正措施，消除偏差（控制工作的第三步）。

预算控制其实是将企业的战略计划落到实处，因而指明了组织活动的方向，能够有效地协调组织内各方面、各环节的业务活动；用数量形式的预算标准来对照组织活动的实际效果，有利于绩效评估工作，使绩效管理更加客观可靠。

预算控制也有一些局限性。一方面，预算只能帮助企业控制那些可以计量的特别是可以用货币单位计量的业务活动，但对那些不能计量的企业文化、企业形象、企业活力等的改善却难以控制，而这些因素却可能对企业的成功具有关键作用。另一方面，编制预算时通常参照上期的预算项目和标准，可能出现对本期活动的实际需要估计不足，容易造成资源不足或浪费。再者，组织的外部环境是不断变化的，这些变化会影响组织获取资源的成本支出或销售收入的实现，这些变化可能在编制时很难预测，从而使预算变得不合时宜。

（二）审计控制

审计控制是指对反映组织资金运动过程及其结果的会计记录及财务报表进行审核、鉴定，以判断其真实性和公允性，从而起到控制的作用。审计是一项较独立的经济监控活动。根据审查主体不同，审计可分为外部审计和内部审计。

外部审计是由组织外部的机构（如会计师事务所）选派审计人员对组织财务报表及其反映的财务状况进行独立的检查和评估。为了检查财务报表及其反映的资产与负债的账面情况与组织真实情况是否相符，外部审计人员需要抽查组织的基本财务记录，以验证其真实性和准确性，并分析这些记录是否符合公认的会计准则和记账程序。

外部审计实际上是对组织内部虚假、欺骗行为的一个重要而系统的检查，有利于揭发组织中存在的舞弊、虚假等违法、浪费或不经济行为，因此具有制约虚假、鼓励诚实的作用。另外，由于审计是由组织外部的机构实施的，审计人员与组织管理当局不存在依附关系，也不会受到管理当局的影响，所以外部审计还可以保证审计的独立性和公允性。

内部审计是由组织内部的机构或由财务部门的专职人员独立进行的，其目的是为组织内部控制提供一种手段,以检查和评价各项控制的有效性。内部审计不仅要像外部审计那样核实财务报表的真实性和准确性,还要分析组织的财务结构是否合理;不仅要评估财务资源的利用效率,而且要检查和分析组织控制系统的有效性;不仅要检查目前的经营状况,还要提供改进这种状况的建议。因此,内部审计是对其他控制形式的总控制。

内部审计能够督促包括会计资料在内的各种管理信息真实、正确、合理、合法,推动各项内部控制制度的健全适用和有效实施,从而维护组织财产的安全,促成管理目标的实现。

外部审计和内部审计都有其局限性。外部审计对于组织控制过程的作用主要是间接的,由于外部的审计人员不了解组织的内部结构、生产流程的经营特点等,在具体业务的审计过程中可能遇到一些困难。内部审计则可能需要耗费很多,对审计人员的要求也比较高。

(三) 财务控制

财务控制是指对企业的资金投入及收益过程和结果进行衡量与校正,以确保企业目标以及为达到此目标所制定的财务计划得以实现。具体的方法是将企业资产负债表和收益表等报表资料上的相关项目进行比较,形成一系列比率,这些比率体现相关度量数据间的内在关系,通过相互对照分析既能反映企业财务存在的问题,也能反映企业的财务状况和经营成果,是一项非常有益和重要的控制方法。常用的比率可以分为三类:偿债能力比率、盈利能力比率和营运能力比率。

1. 偿债能力比率

偿债能力是指组织应付应偿债务的能力。组织必须具备足够的应付能力,但又不可留有过多的闲置资金,以免造成资金的浪费。常用的偿债能力比率有流动比率、速动比率、资产负债比率和付息能力比率等。这里介绍前三种。

流动比率是企业的流动资产与流动负债之比,它用以衡量企业流动资产在短期债务到期以前,可以变为现金用于偿还流动负债的能力,即短期偿债能力。

速动比率也被称为酸性测试比率,是企业速动资产与流动负债的比率。速动资产是指流动资产减去存货等流动性较差的资产后的差额。速动比率用以反映企业流动资产中可以立即用于偿付流动负债的能力。

资产负债比率是指企业负债总额与资产总额的比率,即在企业全部资产中负债总额占多大比重。它反映了企业利用债权人提供资金进行经营活动的能力,也可以衡量债权人借出资金的安全程度。

2. 盈利能力比率

盈利能力比率是一个组织的获利性指标,它反映了组织的盈利能力和经营业绩。企业具有较强的盈利能力,对于实现投资者的投资获利目的、保障债权人本金的偿还和利息的支付、衡量经营者的经营业绩都是非常重要的，因此，盈利能力比率是重要而常用的控制指标。常用的盈利能力比率有总资产收益率、销售利润率。

总资产收益率是指企业在某个经营时期的利润总额与该期占用的全部资产的比率，它反映了企业是否从全部投入资金的利用中获得了足够的利润，是衡量企业资金利用效果的一个重要指标。

销售利润率是销售净利润与销售总额之间的比率，它能反映企业从一定时期的产品销售中是否获得了足够的利润。

3. 营运能力比率

营运能力比率是反映组织对其现有经济资源利用效率的指标，它是衡量企业整体经营能力高低的一种方法。营运能力的高低，对企业的偿债能力和盈利能力都有重要影响。常用的营运能力比率有存货周转率、应收账款周转率、市场占有率等。

存货周转率是销售成本与平均存货的比率，它是衡量和评价企业销售能力和管理存货效率的指标。存货周转率反映了企业存货在一定时期内的使用状况和利用程度，即存货的利用效率如何。

应收账款周转率是企业赊销收入净额与平均应收账款余额的比率，它是衡量企业收回应收账款效率的指标。应收账款周转率反映了企业应收账款的流动速度，与企业采取的信用政策有关。

市场占有率，又称市场份额，是企业的主要产品在该种产品的市场销售总额中所占的比重，它反映了企业在变动着的市场中所占有的市场份额。

层级控制程度高的组织拥有清晰的工作描述、大量的规章制度以及涵盖运营管理各方面工作内容的作业程序，这对于组织建立运营秩序，对于组织积累知识和能力，都有重要作用。但是，在层级控制程度高的组织中，员工拥有较少的自主权，容易形成纵向的业务流程，对于客户的需求重视不足。正是基于这样的认识，20 世纪 90 年代以来，相继出现了学习型组织、业务流程再造、商业生态系统等理论，旨在增加员工直接处理客户需求的自主权，激发员工的灵活性和创造性，结果是降低了组织层级控制的程度。随着移动互联网时代的到来，各种网络化组织、平台化组织、生态型组织对传统的层级控制提出了更大的挑战。

二、市场控制

市场控制（market mechanism）是指组织借助经济的力量，通过价格机制来规范组织内部门（单位）和员工的行为。市场控制与内部市场密切相关，就是通过构建组织内部的市场关系，激发员工原始的动力，减少计划管理的主观性和人为色彩，有效地发挥部门（单位）和员工自组织的作用，实现组织总体的目标。

内部市场的形式有很多，比如内部成品市场、内部中间品市场、内部技术情报市场、内部资本市场、内部劳务市场等。今天在企业内部，尤其是在跨国公司内部，内部市场已经广泛存在。当今世界贸易总额的40%以上是公司内部的交易。

（一）市场控制的动因

市场控制的动因是企业内部组织管理成本过高。随着组织规模的扩大，层级控制的程度往往越来越高，信息传递和处理的效率趋于降低，庞大的管理体系使企业付出高额的组织费用，企业内各部门缺乏发展的动力。要使企业具有活力，精干高效，最好的办法就是引入市场机制，提高内部各部门（单位）的独立性，用市场机制自行衡量和控制它们的经济行为。海尔集团从1999年开始实施的"以市场链为纽带的业务流程再造"就是为此进行的较深层次的探索，近几年为推动企业向互联网转型而实施的"人单合一双赢模式"也是建立在市场链基础之上的。

（二）市场控制的原则

将内部市场付诸实施的原则主要有：第一，把组织建设成为由大量内部企业组成的机构。这些内部企业对经营管理拥有很大的自主控制权，都要以其经济绩效进行核算和考核，因此它们又被当作利润中心。第二，组织的高层管理者不再通过直接的命令来管理组织，而是把市场机制引入组织内部。企业管理层通过制定总体战略、财务政策、激励方案等来管理整个组织。第三，在内部市场中鼓励集体的合作精神。内部市场不能是一个放任自流的市场，而应是一个"企业家社团"，通过鼓励和促进各内部企业之间的合资和联合，创造一种合作的文化，共享组织的资源。

（三）市场控制的层次

企业内部的市场控制有三个层次，分别是公司层、部门层和个人层。

首先，在公司层次上，市场控制通常用于规范独立的事业（业务）部门，每个事业（业务）部门都是利润中心，企业高层管理人员一般使用盈亏指标对事业（业务）部门进行绩效评估。

其次，部门层次的市场控制表现为公司内部交易。转移定价就是企业运用市场机制调整内部交易的一种方法。转移价格，就是企业内部不同事业（业务）部门之间进行交易时确定的内部价格。当外部市场竞争引起市场价格下降时，企业内部的转移价格应该不高于外部市场价格。这样，转移价格的市场控制就增加了各事业（业务）部门成本控制的压力，推动各事业（业务）部门通过从企业外部获取资源（即外包）来降低成本，同时激发内部挖潜的活力。比如，培训和开发既可以由企业内部的人力资源部门来做，也可以由外部的咨询机构来做。近些年来，转移定价是跨国公司在全球范围内配置资源、避免高税收、应对东道国政府以获取高额利润的一种重要手段。

最后，个人层次上的市场控制常常表现为激励制度和工资制度。激励和工资是劳动力报酬的市场价格，通常是员工潜在价值的最好量度，以市场为基础的控制可以刺激员工不断提高自己的技能，使有较高经济价值的人更快地晋升到较高的职位。市场控制符合当今人力资源管理的趋势，即不是简单地提高员工福利，而是更加重视提高员工的可就业能力。CEO 的股票期权在本质上就是一种市场控制的方法，如今 CEO 一半以上的薪酬要依靠长期的突出业绩。阿里巴巴的合伙人制度、深圳万科集团的事业合伙人制度都是个人层次上的市场控制，都取得了颇具影响力的效果。

三、团体控制

团体控制（clan control）是指将个体融入团体之中，使个人的价值观与组织的价值观和目标相统一，通过团体的共同行为范式来实现组织成员的自我约束和自我控制。团体控制主要依靠组织文化手段来控制员工的行为，需要组织具有共同的价值观和员工之间的相互信任。

（一）团体控制的动因

虽然层级控制和市场控制都具有强大的控制效果，但是，不论控制的对象、控制的环境还是管理的性质都在不断发生变化，因而需要团体控制来弥补层级控制和市场控制留下的空白。

首先，组织的成员和工作的性质一直在发生变化。尤其是进入知识经济时代以来，组织中智力劳动所占比重越来越大，员工已不是传统的体力工作者，由注重熟练工作变成了注重知识工作，由重视个人工作绩效转而重视团队工作绩效。在很多企业里，原来强调专业化的工作，现在强调项目性的工作；原来注重单一技能的高效率，现在注重多种技能的综合性；原来注重上司的权力，现在强调顾客的权利；原来依靠上级管理人员的协调，现在更注重同事之间的相互调整。员工的层次结构从根本上变化了，企业已经变成了专家的联盟。当真正的专家处于组织的最底层时，层级控制就变得不现实了。正是基于这样的背景，有的企业提出要颠覆传统的金字塔式结构，构建倒三角式的网络化组织。

其次，控制的环境在发生变化。企业的市场环境不再相对稳定，消费越来越个性化和多样化；企业的技术环境不再相对稳定，跳跃性技术不断涌现，尤其是互联网技术正在给所有行业带来深刻的甚至是颠覆性的变革，几乎所有行业都要构建和实施柔性的作业系统；企业的社会环境不再相对稳定，移动互联网技术正在把全球变成一个全天候实时沟通的巨型网络，文化融合正在极速深化，员工的职务行为与生活行为的边界越来越模糊。在这样的环境下，基于层级控制的直接监督的效果肯定是有限的。

最后,雇佣关系发生了变化。以前员工最关心的是薪酬、安全、工作时间和其他类似的问题,现在更多员工关心的是更合适的工作、参与决策、提供解决问题的方案、被赋予挑战性的工作、创业,他们都想充分发挥自己的潜能。这就要求组织的管理控制从层级控制转变为员工主导的学习型控制,对员工授权赋能,给予员工充分的决策权力,相信他们能够从组织整体的利益出发。同时,管理者应在相互尊重的基础上,建立平等互助的工作关系以及共同的价值观念和行为准则,通过组织的文化来约束和控制员工的行为,以实现组织的共同目标。

(二)团体控制的实施

组织文化是团体控制的基础。实践表明,文化强弱与组织绩效是一种比较复杂的关系。强文化对员工行为有着较强的影响,可以使员工在行为上循规蹈矩、同心协力。但是,强文化也会形成官僚主义,从而使组织失去创造的活力,方向错误的强文化甚至能快速地把组织推向衰败的深渊。相反,在弱文化的组织中,不同的员工拥有不同的价值观,目标不明确,行为不统一。在严重的弱文化之下,组织的控制失灵,内部秩序混乱,矛盾增多,同样危及组织生存。

有效的团体控制需要构建创新的组织文化。根据有关研究,创新的组织文化具有多个特征:挑战和参与、自由、信任和开放、创意时间、乐趣和幽默、冲突的解决、辩论、冒险。

有效的团体控制还需要创建响应顾客需求的文化。为此,组织应当取消僵化的规章制度和程序,清晰地阐述对顾客的承诺,遴选具有恰当性格和态度的员工,为员工持续提供产品知识、沟通技能等培训,赋予员工尽可能多的决策权,使员工能够在第一时间为顾客提供满意的服务。

有效的团体控制还需要创建良好的职场精神。职场精神是组织文化的一部分,员工通过在集体环境中从事有意义的工作来获得对企业愿景和使命的感知。拥有良好职场精神的组织具备五个特征:强烈的使命感、对个人发展的关注、信任和开放、向员工授权、对员工意见的包容。

第二节 质量控制方法

在当今社会,一种产品或服务能否得到顾客的认可和赞美,固然与企业的广告、包装和营销有着密切的关系,然而,产品或服务本身的质量总是其中最根本的因素。市场竞争越激烈,产品质量以及决定产品质量的工作质量对于企业获得竞争优势的基础作用就越明显。因此,不管是营利活动还是非营利活动,都存在一个质量问题；管理者必须高度重视质量问题，建立健全质量控制机制，确保质量的持续改善与提升。

一、工作质量与过程控制

质量分为产品质量和工作质量，产品质量代表着企业经营的结果，工作质量意味着企业对经营成果产出过程的控制。一个组织只有做好过程控制，不断提高工作质量，才能从根本上做好质量管理，确保产品的质量。

（一）产品质量与工作质量

什么是产品质量？这是一个见仁见智的问题。概括起来说，具有代表性的观点有两种：一种是"符合性质量"，把产品质量定义为产品符合规定要求的程度，符合标准的就是合格质量；另一种是"适用性质量"，把质量定义为产品在使用过程中成功地满足用户要求的程度，更多地站在用户的立场上去思考问题。

近年来，人们对于产品质量的认识逐渐统一到了国际标准化组织（ISO）的定义上，即质量是"一组（实体）固有特性满足要求的程度"。其中，事关质量的"实体"包括产品、服务、过程、体系、组织及其组合。"特性"是指可区分的特征，它可以是固有的，也可以是赋予的。固有特性是指某事物中本来就有的，反映其满足需求的能力，如螺栓的直径、车辆的运输能力等；赋予特性是指产品完成后因不同需要而附加的特性，如产品的价格、供货时间、包装的美观度等。而"要求"是指明示的、通常隐含的或必须履行的需求或期望。其中，"明示的要求"是指标准、规范、合同等文件中规定的要求；通常"隐含的要求"是指组织、顾客、利益相关者的惯例或一般做法，所考虑的需求或期望是不言而喻的；"必须履行的需求或期望"是指法律、法规要求的或有强制性标准要求的，如《食品安全法》等。

工作质量涉及企业各个部门、各个层次、各个岗位工作的有效性，它取决于企业员工的素质，包括员工的质量意识、责任心、业务水平等。高层管理者的工作质量起主导作用，中层和基层管理者的工作质量起保证和落实作用。对于工作质量，企业可以通过建立健全工作程序和作业标准，使其有章可循，易于考核。与产品质量不同，工作质量一般难以定量，通常通过产品质量的高低、不合格品率的多少来间接反映和定量。

产品质量与工作质量是既不相同又密切联系的两个概念。产品质量取决于工作质量，产品质量是企业各部门、各环节工作质量的综合反映，工作质量是保证产品质量的前提条件。因此，实施质量管理，既要不断提高产品质量，又要不断提高工作质量，通过保证和提高工作质量来保证产品质量。

（二）质量管理的发展

质量管理是指确定质量方针、目标和职责，并通过质量体系中的质量策划、质量控制、质量保证和质量改进来实现管理职能的全部活动。在过去100年的时间里，质量管理的发展大致经历了四个阶段：

第一，质量检验管理阶段（20世纪20—30年代）。许多美国企业根据泰勒的科学管理原理，设立独立于生产的质量检验部门，标志着质量管理步入了第一个成熟的阶段，即"质量检验管理阶段"。这一阶段的重点是，通过事后把关确保不合格品不流入下道工序或送到用户手中。

第二，统计质量控制阶段（20世纪40—50年代）。在这一阶段，专业质量控制工程师和技术人员利用数理统计原理，预防产生废品并检验产品的质量。这标志着事后检验的观念转变为预防质量事故发生并事先加以预防的观念，质量管理工作前进了一大步。

第三，全面质量管理阶段（20世纪60—70年代）。随着火箭、宇宙飞船、人造卫星等大型、复杂、精密产品的出现，人们对产品的安全性、可靠性和经济性的要求越来越高，要求人们运用系统工程的理论和方法，把质量问题作为一个有机整体加以综合研究，实施全员、全过程、全企业的管理。

第四，质量管理国际化阶段（20世纪80年代至今）。随着国际贸易的发展，产品的生产和销售已经打破了国界，但是不同民族、不同国家对质量的观点不同，往往会形成国际贸易的障碍，因而需要在质量上达成共同的语言和标准。国际标准化组织于1979年设立质量管理和质量保证技术委员会，负责制定质量管理的国际标准。1987年3月，在总结先进国家管理经验并加以规范的基础上形成的ISO9000—9004质量管理和质量保证系列标准正式发布，很快得到了世界各国的关注和实施。

（三）过程控制优化

过程控制不仅是对产品提供全过程的管理，而且包括各方面业务过程的协调。许多企业之所以陷入困境，不是因为产品质量本身的问题，甚至不是因为工作质量的问题，而是因为响应客户需求的业务流程被阻碍、被分解了。

良好的过程控制要求从根本上构建横向的业务流程体系，把以职能管理为中心的过程控制转变为以流程管理为中心的过程控制，以顾客为导向，调整组织结构，落实每一个业务流程的责任部门和参与部门，从而提高响应客户需求、挖掘客户需求的速度。小米手机以专注、极致、口碑、快为特点的"互联网思维"就是良好过程控制的典型案例。

过程控制优化的基本方法是根据价值原则不断对业务流程体系进行系统化改造，包括清除、简化、整合和自动化。需要清除的是：过量生产、等待时间、不当运输、不当加工、不当库存、缺陷失误、重复检验、协调；需要简化的是：表格、程序、沟通、技术、问题区域、工作流、流程；需要整合的是：岗位、团队、顾客、供应商；需要实现自动化的是：脏活、难活、险活、乏味工作、数据采集、数据传送、数据分析。通过系统化改造，形成客户化、规范化、文档化和动态化的业务流程体系。

从根本上进行过程控制优化的方法被称为业务流程再造，就是从顾客的需要出发，重新整合企业资源，形成跨越职能部门边界、直达客户的横向的业务流程体系，达到更好、更省、更快的目的。2013年，广州市政府按照党的十八大关于"建设职能科学、结构优化、廉洁高效、人民满意的服务型政府"的要求，以大幅度减少审批事项、大幅度缩短审批时限为目标，针对建设工程项目审批过程中存在的问题，通过采取"整合流程、一门受理、并联审批、信息共享、限时办结"等改革方式，从根本上优化了建设工程项目的审批流程，将审批事项从原来的93项减到33项，审批环节由93个减为5个，审批时间由699个工作日压缩到了37个工作日，在节约资金、降低成本、增加收益方面产生了良好的效果，有力地改善了投资环境。

二、全面质量管理方法

根据国际标准化组织（ISO 8402：1994）的界定，全面质量管理（total quality management，TQM）是指"一个组织以质量为中心，以全员参与为基础，目的在于通过让顾客满意和本组织所有者、员工、供方、合作伙伴或社会等相关者受益而达到长期成功的一种管理途径"。全面质量管理强调组织中各层次的员工积极参与质量管理，长期致力于质量的全面、持续改善，质量控制活动包括从市场调研、产品规划、产品开发及制造、检测、销售到售后服务等全过程。

（一）全面质量管理的基本要求

全面质量管理的基本要求是"三全一多"，即全过程的质量管理、全员的质量管理、全组织的质量管理和多方法的质量管理。

全过程的质量管理强调，最终用户对产品质量的评价是以产品适用程度、使用时间的持久性以及使用的稳定性为依据的，因此，企业要以用户满意为基准，规划质量目标、制定质量标准，不断提高产品的适用度。而任何产品或服务的质量，都有一个产生、形成和实现的过程，这个过程由多个相互联系、相互影响的环节所组成。为保证和提高质量，必须把影响质量的所有环节和因素都控制起来，形成一个综合性的质量管理体系，以实现质量的持续改善。

全员的质量管理意味着，质量控制要扩展到组织的所有人员。产品或服务质量是企业各层次、各部门、各环节工作质量的综合反映，因此，质量管理要全员参与，人人有责。为此，组织就要做好全员的质量教育和培训工作，树立"质量第一，人人有责"的意识。同时，要制定各层级、各部门和各员工的质量责任制，形成一个高效、协调、严密的质量管理工作系统。

全组织的质量管理要求从组织的纵、横两方面来保证质量的不断提升。纵向的质量管理意味着，质量目标的实现需要组织上层、中层、基层的通力协作，尤其是高层管理者的全力以赴，将起到决定性作用；横向的质量管理要求，企业必须将研制、维持和改进质量的所有活动构成一个有效整体，以保证和提高产品或服务的质量。

多方法的质量管理，是指应用一切可以运用的方法，而不仅仅是数理统计方法。随着现代科技的发展，质量管理工作已形成了多样化的方法体系，如 PDCA 循环、分层法、因果分析法、价值工程法等；数理统计方法包括直方图、控制图、散布图、优选法等；新工具有系统图法、关联图法、KJ 法、矩阵图法、PDPC 法等。质量管理过程中，要综合运用各种方法和技术手段，真正做到程序科学、方法灵活、成效显著。

(二) 全面质量管理的实施原则

基于多年来质量管理的理论研究与实践经验，国际标准化组织在 ISO 9000 标准中提出了质量管理的八项原则。这八项原则高度概括了全面质量管理的基本思想，也是质量管理体系建设的理论依据。

1. 以顾客为关注焦点

顾客是决定组织生存与发展的重要因素，服务顾客并满足其需要应该成为组织存在的前提和决策的基础。为了赢得顾客，组织必须深入了解和掌握顾客当前的和未来的需求，进而满足顾客要求并争取超越顾客期望。

2. 领导作用

"领导者确立组织统一的宗旨及方向，他们应当创造并保持使员工能充分参与实现组织目标的内部环境。"领导者要明晰组织的使命、愿景和核心价值观，创造全面参与的氛围，带领员工实现组织目标。

3. 全员参与

员工是组织的根本，只有激发全体员工充分参与的积极性和责任感，才能使其发挥才干给组织带来收益。在全员参与的过程中，团队合作是一种重要的方式，尤其是跨部门的团队合作。

4. 过程方法

在质量管理中，任何使用资源、实施管理，将输入转化为输出的活动都称为过程。因此，在开展质量管理活动时，必须着眼于过程，将活动和相关的资源作为过程进行管理。通过识别、分析、控制和改进过程，将能够影响质量的所有活动和环节都控制住，才可以更有效地得到期望结果。

5. 管理的系统方法

开展质量管理要用系统的思想和方法，针对制定的质量目标，识别、理解并管理好一个由相互联系的过程所组成的体系，才有助于提高组织的有效性和效率。

6. 持续改进

全面质量管理要"始于识别顾客的需要，终于满足顾客的需要"，而顾客的需要在不断提高，因此，企业必须持续地对产品、过程和体系进行改进，以赢得顾客的满意和竞争的优势。

7. 基于事实的决策方法

正确、有效的决策是成功的基础，而有效决策是建立在数据和信息分析基础上的。因此，企业必须广泛收集信息，用科学的方法处理和分析数据与信息，以确保数据和信息的充分、精确、可靠，做到以事实为依据，用数据说话。

8. 与供方互利的关系

在目前的市场竞争中，企业与供方或合作伙伴之间已形成了共生共荣的生态系统，互利的长期合作可增强彼此创造价值的能力。

（三）全面质量管理的基本方法

全面质量管理的基本方法是 PDCA 循环，又叫戴明循环，简称戴明环，包括计划（plan）、执行（do）、检查（check）、处理（action）四个阶段，本书第五章第二节亦有论述。

在全面质量管理中，通常把 PDCA 循环四阶段进一步细化为八个步骤：分析和评价现状，以识别改进的区域；确定改进的目标；寻找可能的解决办法，以实现这些目标；评价这些解决办法并做出选择；实施选定的解决办法；测量、验证、分析和评价实施的效果，以确定这些目标已经实现；正式采纳更改；必要时对结果进行评审，以确定进一步改进的机会。

PDCA 循环可以反复使用，大环套小环，小环保大环，相互衔接，相互促进，不断推进质量改进过程。可见，熟练掌握和灵活运用 PDCA 循环方法，对于提高质量管理体系运行的效果和效率十分重要。

三、六西格玛管理方法

六西格玛管理是由摩托罗拉公司于 20 世纪 80 年代提出的一种卓有成效的质量控制方法。20 世纪 90 年代中期，该方法被通用电气公司采用并加以改造、完善，从一种全面质量管理方法演变成为一个高度有效的企业流程设计、改善和优化的技术，进而扩展应用于设计、新产品开发等方面，并取得卓越成效，由此引起了世界各大公司的高度关注，并纷纷引入、实施。目前，六西格玛管理已逐步发展成为以顾客为主体来确定企业战略目标和产品开发设计的标尺，成为追求持续进步的一种管理哲学。

（一）六西格玛管理的内涵与价值

六西格玛管理（six sigma，6σ）是一种建立在统计标准基础上、被设计用来减少瑕疵率以帮助降低成本、节省时间和提高顾客满意度的质量控制方法。其中，σ是希腊字母，在统计学中表示标准差，用以度量某一变量的取值相对于目标值的离散程度。σ值越小，反映参数的数据越集中，离散程度越小，就表示在质量管理过程中产生缺陷的可能性越小。在正态分布的情形下，如果将产品质量控制在1σ水平，表示产品的合格率仅为68.27%；控制在2σ水平，则合格率为95.45%；控制在3σ水平，合格率将达到99.73%；当控制在6σ水平时，不合格率就会大大降低，即使考虑到现实中过程均值有1.5倍的漂移，每100万件产品不合格数量也不会超过3.4件，接近于零瑕疵。

六西格玛管理的宗旨是消除无增值活动，缩短生产周期，提高客户的满意度。其指导思想是重视从组织整体的角度，站在顾客的立场上考虑问题，采用科学的方法，在组织经营的所有领域追求无缺陷的质量，最大限度地减少组织的经营成本，提高竞争力。六西格玛管理将组织的注意力同时集中在顾客和组织两个方面，有利于降低成本和产品缺陷率，有利于缩短生产周期，有利于提高市场占有率和投资回报率，有利于提高顾客满意度。

（二）六西格玛管理的原则

六西格玛管理的基本内涵是提高顾客满意度和降低组织的资源成本，强调从整个组织经营的角度关注并改善质量，追求零缺陷，最终达到提升组织竞争力的目的。这就需要组织将六西格玛管理内化为一种管理哲学，并遵循相应的原则。

1. 高度关注顾客需求

六西格玛管理强调以顾客为中心，持续关注顾客需求，并以此为基础进行绩效评估。它的出发点是研究顾客最需要的是什么，确认哪些是顾客的基本需求，哪些是可变需求，哪些是潜在需求。然后，针对顾客的这些需求设定企业目标，衡量绩效。由此，企业就可以将优势资源放在顾客最关心、对组织影响最大的方面。

2. 依据数据和事实管理

六西格玛管理高度重视数据，强调用数据说话，基于数据进行决策。在六西格玛管理中，所有生产表现、执行能力等，都可以量化为具体的数据，用数字来说明一切，进而寻求相应的改善对策。

3. 重视流程的改善

六西格玛管理将工作的重点放在产品缺陷产生的根本原因上，认为质量是靠流程的优化，而不是通过对最终产品的严格检验来实现的。因此，企业应该把资源放在认识、改善和控制原因上,而不是放在质量检查、售后服务等活动上。这样,识别并排除那些不能给顾客带来价值的成本浪费,消除无附加值活动,优化业务流程,才能使组织取得显著的经济效益。

4. 开展主动改进型管理

六西格玛管理强调,企业要进行预防性的积极管理,在事件发生之前,预测问题、数据、状况等的变化方向和趋势,采取前瞻性、预防性的控制、纠偏措施,保证企业朝着预期的目标发展。例如,设定并跟踪有挑战性的目标;建立清晰的优先顺序;对采取预防措施和事后解决问题的人都给予同等程度的奖赏;常质疑"为什么要这样做",从而确保企业始终处于一种不断改进的过程中。

5. 无边界合作

六西格玛管理倡导打破一切人为的屏障,改进公司内部各部门之间、公司与供应商之间、公司与顾客之间的合作关系。以公司的整体利益为导向,强化协作的紧密性和目标的一致性,最终实现品质改进的永无止境。

6. 追求完美但容忍失败

六西格玛管理的实质就是在提供完美、高水平的产品和服务的同时,努力降低质量成本。为此,企业就要进行探索,要不断采取一些措施对生产、服务系统进行改进,甚至进行全新设计。在此过程中,强调追求完美,但也能接受或处理偶发的挫败,从错误中学习,最终实现持续的改进。

(三) 六西格玛管理的组织体系

组织实施六西格玛活动的一个关键问题是,创建一个致力于流程改进的专家团队,并确定团队内的各种角色及其责任,形成六西格玛组织体系。六西格玛组织通常由高层领导、倡导者、黑带大师、黑带、绿带、业务负责人等成员构成,他们各负其责,共同实现预期目标,如图 13-1 所示。

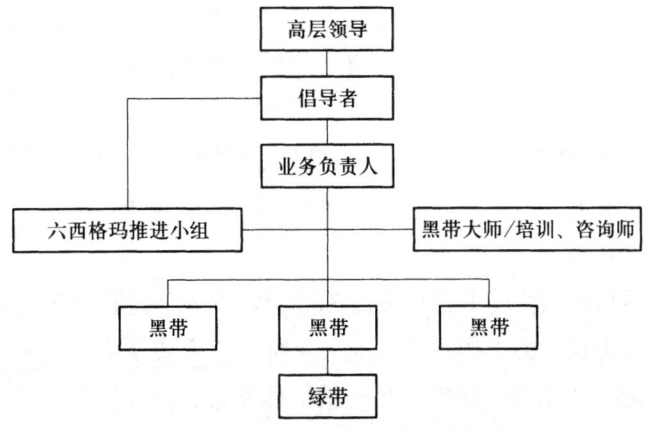

图 13-1 六西格玛管理的组织结构

1. 高层领导

高层领导是成功推行六西格玛管理的关键因素。成功的六西格玛管理有一个共同的特点，就是高层领导者的全力支持。领导者必须深入了解、高度认同六西格玛管理对于企业的利益，以及实施项目所要达到的目标，热情支持并积极参与，在企业内倡导一种旨在不断改进的变革氛围。

2. 倡导者

倡导者发起和支持六西格玛黑带项目，是六西格玛管理的关键角色。倡导者通常是组织推行六西格玛领导小组的成员，或者是中层以上的管理人员，其工作通常是从战略视角对六西格玛管理进行全面的战略部署、项目策划及目标确定、资源分配与过程监控，最终对六西格玛活动整体负责。

3. 黑带大师（资深黑带）

黑带大师是六西格玛管理的高参兼专家，是运用六西格玛管理工具的高手。其主要职责为：担任培训师，培训黑带，确保他们掌握适用的工具和方法；为黑带和绿带的六西格玛项目提供指导；协调和指导跨职能的六西格玛项目；协助管理层选择和管理六西格玛项目。

4. 黑带

黑带是六西格玛管理中最重要的角色，他们专职从事六西格玛改进项目，是成功完成六西格玛项目的技术骨干，是六西格玛组织的核心力量。黑带的主要职责为：领导六西格玛项目团队，实施并完成六西格玛项目；向团队成员提供适用的工具与方法培训；识别过程改进机会并选择有效的工具和技术实施改进；向团队传达六西格玛管理理念，建立对六西格玛管理的共识；向管理层报告六西格玛项目的进展；将通过项目实施获得的知识传递给组织和其他黑带；为绿带提供项目指导。

5. 绿带

绿带是黑带项目团队的成员，或较小项目的团队负责人，他们接受六西格玛技术培训的项目与黑带类似，但内容层次略低。绿带接受培训后，其作用是把六西格玛的新概念和工具带到组织的日常工作中去。其主要职责为：建立绿带项目团队，并与非团队的同事进行沟通；促进团队观念转变，保持高昂的士气；执行改进计划以降低成本；与黑带讨论项目的执行情况及今后的项目。

6. 业务负责人

成功的六西格玛项目还需要相关业务部门负责人（过程管理者）的支持与配合，否则很难取得预期的丰硕成果。业务负责人不需要独立完成项目。他们的主要职责是：协助选择黑带、绿带，并提供资源支持；关注黑带、绿带的项目实施过程，协调所管辖范围内的黑带、绿带项目，确保与业务方向的一致性；确保过程改进能够落实，保持改进成果。

此外，组织通常还需要为六西格玛项目配置财务代表，负责从项目潜在收益评估、解决方案成本收益分析到项目成果收益测算的全过程财务评审。

（四）六西格玛业务改进的方法

绝大多数企业在实施六西格玛管理时，都是采用边培训边实施的方式。这种方式在摩托罗拉公司被称为"行动学习"（action learning），在另外一些公司被称为"在干中学"（learning by doing）。六西格玛业务改进最常用的方法是 DMAIC。

1. 界定

界定（define）即确定项目的边界。主要内容包括：确定改进的机会、绘制 SIPOC[①] 图、确定顾客的需求和关键质量特性、绘制详细流程、项目团队建设等。项目界定对于六西格玛项目成功与否至关重要。

2. 测量

测量（measure）的主要内容有：明确测量的对象、方法和指标，定义测量过程，确定过程输出指标和关键质量特性之间的关系、过程输出指标和输入指标及过程指标之间的关系，进行测量系统分析。测量的目的在于保证项目工作能够采用正确的方法，测量正确的指标，测量结果的变异尽可能小，保证后续分析阶段使用的数据准确可靠。

3. 分析

分析（analyse）即综合采用各种统计方法和管理技术，进行数据的统计分析、比较试验、缺陷分析、变异来源分析、关键因素分析、多变异分析、相关分析和回归分析、失效模式与效应分析、作业增值性分析等，找出影响业绩指标的关键的和潜在的原因。

4. 改进

改进（improve）主要是基于分析阶段找到的原因，大胆地提出解决问题的方案。无疑，一些非传统的创造性思维方法在本阶段是非常有用的。改进方案要进行多轮评价和筛选，直到达成满意的共识。另外，为了保证方案实施的成功，有必要进行一些局部运行试验，对改进方案进行验证。

5. 控制

控制（control）是将主要变量的偏差控制在许可范围内。对流程进行一定的改进之后，接下来的问题就是坚持改进的方向，避免回到旧的习惯和流程中去。在控制过程中，没有工作描述和过程程序，就谈不上控制，业务流程每个环节的每

---

① SIPOC 是供应商（supplier）、输入（input）、流程（process）、输出（output）和顾客（customer）的缩写，是戴明提出的组织系统模型，用于分析流程管理和改进。

个人都必须有工作描述。因此，六西格玛项目的成功依赖于那些坚持如一的人，依赖于卓越的控制系统。

第三节　管理控制的信息技术

信息是与劳动力、土地、资本、企业家一样重要的生产要素，信息流与商流、物流、资金流都是组织发展机制的重要组成部分。随着全球化、信息化和网络化的不断发展，个人生活和组织运营领域已经发生了翻天覆地的变化，而且正在发生更大的变化。运用信息技术进行管理控制的重要性与日俱增，可行性越来越高。

一、信息技术及其在控制中的作用

信息技术是当今世界发展最快的技术领域，信息技术的快速发展还极大地推动了其他产业和领域的快速发展，信息技术在管理控制中的作用也越来越大。

（一）信息与信息技术

信息不同于数据，数据是用于记录客观事物的性质、形态和数量特征的抽象符号，如文字、数字、图形、曲线等。而信息是经过加工处理后对组织管理的决策和目标实现有参考价值的数据，如报表、账册和图纸等。信息是组织指挥和控制经营活动的依据，驾驭信息的能力在很大程度上决定着组织经营活动的效果。

信息技术（information technology）是对信息进行采集、传输、存储、加工、表达和应用的各种技术的总称，主要包括计算机技术、通信技术和传感技术，涉及不同的硬件（如计算机、打印机等）、软件（如操作系统、文字或数据处理软件等）、网络（局域网、互联网、物联网等）、通信（电信、数据库管理等）、传感（传感器、信息处理等）等诸多领域。云计算和大数据是信息技术领域新的高度和形态，能够让信息更快、更准地收集、传递、处理并执行，是科学技术的最新呈现形式。

信息技术的应用就是信息化。具体说，信息化是指企业、政府等各类组织通过广泛地应用信息技术，更有效地开发和利用信息资源，以提高管理能力、综合素质和绩效水平的过程。这个过程涉及组织结构、人员素质、管理方式、组织文化等多方面广泛而深刻的变化，因而是组织管理重要的组成部分。无论是对于企业还是对于非营利机构来说，信息化都是管理控制的重要内容和手段。

经过多年的发展，信息技术在企业价值链各个环节的管理和控制都获得了广泛的应用。主要表现在：第一，供应链管理信息化（SCM）；第二，生产过程信息化，如计算机辅助设计（CAD）、计算机辅助制造（CAM）、物料需求计划

(MRP)、制造资源计划（MRPⅡ）、集散控制系统（DCS）等；第三，营销与服务信息化，如客户关系管理（CRM）等；第四，管理过程信息化，如电子数据处理系统（TPS）、管理信息系统（MIS）、企业资源计划（ERP）、办公自动化系统（OA）、决策支持系统（DSS）、经理信息系统（EIS）等。

当前，政府信息化的主要内容有：第一，政府间的电子政务（G2G），是各级各地政府、不同政府部门之间的电子政务，包括电子法规政策系统、电子公文系统、电子司法档案系统、电子财政管理系统、电子办公系统、电子培训系统、业绩评价系统。第二，政府对企业的电子政务（G2B），是指政府通过电子网络系统精简管理业务流程，提高办事效率，方便快捷地为企业提供各种信息服务，包括电子采购与招标、电子税务、电子证照办理、信息咨询服务、中小企业电子服务。第三，政府对公民的电子政务（G2C），是指政府通过电子网络系统为公民提供的各种服务，包括教育培训服务、就业服务、电子医疗服务、社会保险网络服务、公民信息服务、交通管理服务、公民电子税务。

（二）信息技术在管理控制中的作用

随着信息技术的迅速发展和广泛应用，管理控制的内容和手段得到了极大丰富，控制效率和效果也得到极大改善，信息技术已成为现代管理控制的一个重要组成部分。

首先，信息技术提升了管理信息的处理速度与质量。近年来，计算机技术和互联网的快速发展，使得传统的信息收集和处理手段得到极大改善，尤其是远程数据的采集、瞬时传递和处理方面，已基本消除了传统的地域限制问题，使管理者能够实时了解全球范围内事关组织发展的各种变化，并及时采取相应的应对措施。同时，借助于管理信息系统，组织可以便捷地收集、存储、处理、提取和传递各种管理信息，甚至利用专门的处理程序进行信息处理和加工，得出合乎逻辑的结论，供管理控制使用。

其次，信息技术丰富了管理控制的方法手段。信息技术的发展，各种软硬件的不断涌现，使信息技术在管理控制中的使用越来越广泛。企业的物料需求计划、生产资源计划、项目成本核算、库存控制与采购、工程设计、仿真和大数据管理与处理等方面，都可以借助信息技术来更好地实现其控制目的。同时，信息技术拓宽了组织的传统控制领域，将供应商、经销商和顾客等也纳入了组织管理和控制的范围，从而更有利于为组织目标的实现而服务。

最后，信息技术改善了管理控制的效果。借助互联网、无线通信和移动商务等技术，管理者可以方便地实现对组织工作的实时和异地监控，及时发现问题、查询原因并采取矫正措施。这样既可以提高管理控制的时效性，又可以降低管理控制的成本，使组织及时应对内外环境的变化，合理调整经营目标和经营计划，赢得更广阔的市场和更好的经济效益。

二、现代控制的信息技术方法

现代信息技术的飞速发展，极大地促进了组织管理的信息化和管理控制的现代化。实践中用于管理控制的信息技术方法多种多样，应用领域遍布管理控制的各个层面，此处从用于组织管理层次及其发展历程角度，简要介绍几种常见的类型。

（一）电子数据处理系统

电子数据处理系统（EDPS）亦称交易处理系统（TPS），主要用于运营层的管理控制，用来处理日常的、循环的业务事件，处理的通常是一些具体的电子数据。例如，记录收入和支出账目以及工资发放总额等。

电子数据处理系统的特点是，能迅速而有效地处理大量数据，进行严格的数据整理与编辑，保证输入、处理和输出的完整性和准确性，逻辑关系简单，并能支持多用户使用。它充分利用了计算机对数据进行快速运算和大量存储的能力，可以减少业务人员的重复性劳动。组织中各部门都可以运用该系统构建自己的独立系统或子系统，如订货系统、库存系统、销售系统、薪酬系统等。

（二）管理信息系统

管理信息系统（MIS）是一个旨在支持管理人员履行其职能，以及时、有效的方式来收集、分析和传递组织内外部信息的系统。它是由大容量数据库支持，并以数据处理为基础的计算机应用系统。管理信息系统基于系统观点，把分散的信息组成一个比较完整的信息系统，极大地提高了信息处理效率，可以为组织中各层次、各部门服务。

管理信息系统通常由四个部分组成：第一，EDPS 部分，主要实现数据收集、输入，数据库的管理、运算、查询、报表输出等；第二，分析部分，主要实现数据的深加工，如运用各种管理模型和定量化分析手段对组织的经营情况进行分析；第三，决策部分，以解决结构化的管理决策问题为主，为高层管理者提供一个最佳决策方案；第四，数据库部分，主要用于数据文件的存储、组织、备份等，是管理信息系统的核心部分。

管理信息系统是典型的人机结合的辅助管理系统，管理和决策的主体是人，系统是辅助性的工具。数据信息是系统运作的驱动力，只有保证完整的数据资料采集，系统才能有效地运作。

（三）决策支持系统

决策支持系统（DSS）是以管理科学（如运筹学、控制论等）和行为科学等为基础，以计算机技术、仿真技术和信息技术为手段，针对半结构化的决策问题，支持决策活动的、具有智能作用的人机系统。该系统能为决策者提供决策所需的数据、信息和背景材料，帮助明确决策目标、识别问题，建立模型，提供各种备选方案，并对各种方案进行评价，通过人机交互功能进行分析、比较和判断，为正确决策提供必要的支持。例如，决策者利用该系统可以在几天之内，而不是几个月之后，就可以了解贴现率上升是如何影响公司销售的。

从概念结构看，决策支持系统由会话系统、控制系统、运行及操作系统、数据库系统、模型库系统、规则库系统和用户组成。其运行过程为：用户通过会话系统输入要解决的决策问题，会话系统把输入的问题传递给问题处理系统；然后，问题处理系统开始收集数据信息，并根据知识库中已有的知识来判断和识别问题；识别后，会话系统会与用户进行交互对话，直到问题得到明确；之后，系统会搜寻问题解决的模型，通过计算推理得出方案可行性的分析结果，并将决策信息提供给用户。

决策支持系统的特点是：系统的用户就是决策者，可以用固定的模型和方法来解决半结构化的决策问题。该系统强调支持的概念，目的是帮助决策者做出更加科学的决策。但需要人机的交互作用，一个问题的决策需要经过反复的、大量的人机对话，因此，决策者的因素如个人偏好、经验、价值观、判断能力等，会对决策的最终结果产生重要影响。

近年来，信息控制系统又有新的发展，比如为高层管理者服务的经理信息系统（EIS）、经理支持系统（ESS）、战略信息系统（SIS），以及将组织与供应商、客户和其他合作伙伴进行关联的集成系统。这些技术在提升组织的运作效率和竞争力等方面，都发挥了很重要的作用。

三、基于信息技术的柔性作业系统

市场需求的多样性和环境变化的不确定性，对组织管理控制的柔性化提出了全新要求。而信息技术的发展，为有效连接供应商、经销商和顾客，从而实现组织运营的柔性化提供了坚实的技术支持。

（一）柔性作业系统的内涵与特点

柔性，就是可变通性和易适应性。柔性作业是指生产系统能对市场需求变化以较低的成本和较高的效率做出快速的适应。柔性作业系统（flexible manufacturing system）就是为应对市场需求的多样性和环境变化的不确定性，在信息技术发展的基础上，由若干数控设备、物料运贮装置和计算机控制系统组成的，能根据制造任务和生产品种变化而迅速进行调整的自动化制造系统。

柔性作业系统是市场竞争的产物。20世纪60年代，随着市场竞争的加剧和居民生活水平的提升，消费需求发生了很大变化，顾客追求新颖、多样且具有个性化的产品成为时尚。传统的大规模生产模式已难以适应这样的变化和要求，多品种、中小批量生产的方式成为必然的发展方向。而科学技术的发展，尤其是信息技术的发展，为这一生产方式的变革提供了可能，柔性作业系统应运而生。几十年来，先后出现了许多种柔性作业系统，主要有精益生产（LP）、制造资源计划（MRPⅡ）、敏捷制造（AM）、供应链管理（SCM）、企业资源计划（ERP）等。尽管名称不同、功能不一，但它们都具有以下特点：

第一，以顾客需求为导向。传统的大规模生产方式是以成本降低为导向的，先生产后销售，难以满足迅速变化的市场需求和顾客的差异化要求。而柔性作业系统则以顾客的个性化需求为出发点，以低成本、高效率地满足顾客的差异化需求为目标，来实现组织生产经营模式的全新转变。

第二，以信息技术为基础。柔性作业系统要求组织能对顾客的个性化需求做出快速反应。这种情况下，组织必须能够适时获取顾客订单信息，并能将相应的个性化的定制产品信息及时传递到不同的制造单元，从而高效地完成产品的制造和配送，以满足顾客的需求。一个企业要高效率地实现所有这些环节，必须以先进的信息技术为基础。

第三，以敏捷反应为标志。在传统的大规模生产方式中，组织与顾客是一对多的关系，组织以标准化的大量产品应对顾客基本一致（优质低价）的产品需求。但在柔性作业系统中，组织与顾客是一对一的关系，组织面临的是顾客千变万化的个性化需求。此时，组织必须通过柔性和快速反应能力，实现产品优质、低价和品种多样化的目标，以满足顾客的差异化需求。

（二）柔性作业系统的运作

所有柔性作业系统都包含计算机控制系统、物料运送和管理系统、加工系统三个基本组成部分。此外还会根据具体的运作要求，配置不同的辅助工作站，如清洗工作站、监控工作站等。

计算机控制系统实现对柔性作业系统的控制和监督管理工作。通常由一台中央计算机（主机）和各个设备的控制装置组成分级控制网络，并采用三级递阶控制系统来实现控制工作。第一级控制包括对各种加工作业的控制和监测，亦称设备级控制器；第二级控制包括对整个系统运转的管理以及第一级生产数据的收集，亦称工作站控制器；第三级控制称为 FMS 控制器，是柔性作业系统全部活动的总体控制系统，全面管理、协调和控制单元内的制造活动，并承上启下，完成与上级控制器的信息连接。

物料运送和管理系统承担传递工作，实现对原材料出入库的搬运、装卸等工作。该系统能够实现原材料在机器之间、加工单元之间、自动仓库与加工单元之间以及托板存放站与机器之间的输送和搬运。

加工系统承担产品及零部件的加工工作。一般配备有数控加工中心和数控切削中心等，实现对顾客多样化需求产品的加工制造。

柔性作业系统基本的运作流程是：首先，由企业建立与顾客之间的信息交换体系。顾客的产品需求信息可以通过信息终端反映到订单登录数据库，在相应管理软件的处理下生成订单；当顾客在优化的基础上同意订单时，订单信息就会即刻通过信息系统被送到生产工厂，进入订单数据库。其次，订单数据库接收信息并将其转变为不同的数据包，传送到在线装配指令监控器或工作站；加工站自动加工相应的零部件并通过物流系统组装产品，自动检测后输送到仓库，完成产品的制造过程。最后，企业根据顾客的要求，将个性化的产品配送到顾客手中。

（三）柔性作业系统的发展趋势

柔性作业系统的概念是 20 世纪 60 年代提出并开始尝试的，80 年代末进入大量应用阶段，目前已臻于成熟，并不断完善。从发展趋势看，未来的柔性作业系统将在如下几个方面有进一步的发展：

1. 配置小型化

随着信息技术的发展，柔性作业系统的规模将日趋缩小，朝着更易管理的单元方向发展。这将使企业的使用门槛和使用成本大幅降低，从而使更多企业具备柔性生产的能力，更好地响应和满足顾客需求。

2. 系统结构模块化

传统的柔性作业系统一次性投资大，很多中小企业难以承担构建成本，而系统结构的模块化可以有效应对这一难题。通过模块化设计，中小企业可以根据自身的需要和负担能力，分期投资建设，渐进式发展。既可以获取良好的收益，也可以积累使用经验，为进一步的建设奠定基础。

3. 管理控制软件产品化

传统的柔性作业系统大都针对用户的独特需求，进行独特的设计和开发。未来柔性作业系统的核心控制软件的开发设计将逐步实现通用化，在此基础上根据用户的不同需求进行适当的调整和优化，就可以交付应用。

4. 控制系统设计集成化

企业作为一个整体，需要从系统的观点来思考与运作，采用现代信息技术，加速信息的采集、传递和加工处理过程，提高运营效率和效果。基于这种需求，柔性作业系统正朝着计算机集成制造系统（computer integrated manufacturing system，CIMS）的方向发展，即通过计算机软件和硬件，综合运用现代管理技术、制造技术、信息技术、自动化技术、系统工程技术，将企业运营过程中的人、技术、管理三要素以及信息流、资金流、物流全都进行有机集成并优化运行，成为一个覆盖面更广、满足顾客能力更强的复杂系统。

思考题

1. 预算控制、审计控制和财务控制有何区别?各有何优点和缺点?
2. 简述全面质量管理的内涵与实施原则。
3. 简述六西格玛管理的内涵与原则。
4. 试描述几种常见的信息控制技术,并说明信息系统建立的主要步骤及应用原则。

▶ 自测习题及参考答案

第十四章 风险控制与危机管理

由于内外环境的变化，组织在运营过程中会面临各种风险，如果处理不当，就可能使组织陷入困境，甚至会引发重大突发事件，导致危机的发生。因此，树立风险意识，完善风险管理和危机管理机制，有效地应对各种风险和突发的危机事件，以确保组织目标的实现，就成为组织管理工作的一项重要内容。

第一节 风险识别与分析

在人们的生活与社会经济活动中，经常需要应对各种类型的风险。因此，准确地识别并分析风险，就成为有效实施风险管理的基础。

一、风险及其分类

风险始终伴随和影响着人类的生活。虽然科技进步大大提高了人类认识风险、预防风险的能力，但是人类面临的风险反而增加了。风险种类从自然风险占主导，逐渐演变成了人为的不确定性占主导；很多风险超越国家及其地理疆界，产生全球性的影响或威胁；甚至人类的很多决策和行动本身就成了风险的来源。因此，充分认识当今社会的风险本性，了解风险社会的运作逻辑，努力提高风险防控意识和能力，对于人类社会的健康发展具有至关重要的意义。

尽管风险及其危害早已引起人们的广泛关注和研究，但对于什么是风险，学术界的观点并不一致，目前并没有一个公认的定义。

国际标准化组织在2009年发布的 ISO 31000：2009 风险管理系列标准中，将风险界定为"不确定性对目标的影响"，并指出这种影响是对预期正向或负向的偏离。该定义体现了风险的两面性：正向的影响意味着机会和收益，负向的影响则意味着威胁和损失。

美国反虚假财务报告委员会下属的发起人委员会（以下简称 COSO）在 2004 年发布的《企业风险管理——整合框架》中，对风险和机会进行了区分，认为"风险是一个事项将会发生并给目标实现带来负面影响的可能性"。该定义强调了风险的负面影响及不确定性。

目前，尽管界定的视角不同，但大部分学者都将风险限定在给组织带来损失的不确定性方面。总体而言，主要有两类观点：风险客观说和风险主观说。持风险客观说的学者认为，风险是客观存在的损失的不确定性，是可以预测的。在对风险事故进行观察统计的基础上，可以利用统计学等工具对风险的不确定性进行描述和度量。而持风险主观说的学者在承认风险是损失的不确定性的同时，认为这种不确定性是个人对客观风险的评估，它同个人的知识、经验、精神和心理状态等因素有关，不同的人面对相同的风险会做出不同的判断。

在此，借鉴大多数风险管理研究的观点来界定风险。风险（risk）是指发生对组织不利事件的不确定性，包括事件发生的可能性及后果的大小。我们可以从不同的视角对风险进行区分和研究。

(一) 静态风险与动态风险

按社会经济环境是否发生变化，风险可分为静态风险与动态风险。

静态风险（static risk），是指在经济环境没有变化时发生损失的可能性，通常是由自然客观因素或者人们的错误或失当行为造成的。例如，自然界的洪灾、旱灾、火灾、地震等，以及人为的盗窃、欺诈、呆坏账、破产等带来的损失。静态风险事故给社会带来的是实实在在的损失，但它具有一定的规律性，可以预测。

动态风险（dynamic risk），是由组织外部环境变化而带来的损失可能性，通常由宏观经济、产业组织、生产方式、生产技术以及消费者等因素的变化所引起。例如，消费者偏好的改变、市场结构调整、利率变动等因素的变化可能给一些组织带来经济损失。从长期看，动态风险事故对于社会而言并不一定都是损失，可能有利于资源配置的调整。相对而言，动态风险因缺乏规律而难以预测。

(二) 纯粹风险与投机风险

按是否有获利机会，风险可分为纯粹风险和投机风险。

纯粹风险（pure risk），是指那些只有损失可能而无获利机会的风险。纯粹风险事故发生后，对特定组织或个人一定会造成损失，如疾病、火灾、失窃以及交通事故等。纯粹风险事故及其损失一般可以通过大量的统计资料进行科学预测。

投机风险（speculative risk），是指那些既有损失可能也有获利机会的风险。例如，购买股票和外汇后所面临的资本市场风险。企业投资新产品研发，可能因成功而获利丰厚，也可能因失败而亏损严重。投机风险在很大程度上受宏观环境、市场变化和道德因素等不可控因素的影响。

(三) 基本风险与特定风险

按风险所涉及的范围，风险可分为基本风险与特定风险。

基本风险（fundamental risk），也称为重大风险，是指特定的社会个体所不能预防或控制的风险。基本风险通常是由经济失调、政治变动、重大自然灾害等原因引起的,其后果会影响相当多的人,甚至整个社会。例如,战争、通货膨胀、地震、洪涝灾害等所导致的损失。基本风险的影响范围广泛,但个体无法控制引发基本风险的因素,所以这类风险的处理通常由社会承担。

特定风险（particular risk）,是指与特定的社会个体有因果关系的风险。例如,火灾、爆炸、盗窃等,所涉及的损失主要与特定个体有关,就属于特定风险。特定风险的影响范围有限,可以采取某些措施来预防或控制,如使用保险等方式,因此,对付特定风险的责任主要在个体。

当然,还可以按照其他一些标准对风险进行分类。例如,按照风险是否会带来经济损失,分为经济风险和非经济风险；按照风险是否可以分散,分为可分散风险和不可分散风险；按照潜在的损失形态,分为财产风险、人身风险、责任风险和信用风险；按照损失形成的原因,分为自然风险、社会风险、经济风险和政治风险,等等。

二、风险管理的目标

风险可能引致的损失不确定性,使得正确识别并应对风险成为组织管理工作的一个重要组成部分。

风险管理（risk management）,是指组织通过对风险的识别、衡量和处理,力求以最小的经济代价为组织目标的实现提供安全保障的管理活动。因此,风险管理是一个过程,是降低和控制风险的一系列活动,它涉及管理目标的确定、风险的识别和评估、风险管理方法的选择、风险管理的实施及风险管理效果的评价与改进等内容,是组织中各个层级人员的职责,而非仅仅针对管理人员。

风险管理是一项目标导向性的组织工作。没有目标,风险管理工作的方向就难以确定,风险管理工作就无法开展,而风险管理的结果也难以评价。尽管风险管理的目标可能涉及多个层面,但其根本目标是明确的,就是力求以最小的成本支出来保障组织目标的实现。其中,成本是指组织基于成本效益比较的原则,在进行风险管理过程中投入的各种经济资源,如人力、物力、财力等,以及其机会成本。

具体而言,风险管理目标可以区分为两个方面:

（一）损失前目标

在风险事故尚未发生时,风险管理的目的是尽可能地消除、降低或转移风险事故的发生,确保组织的正常运营。具体而言,风险管理的损失前目标包括:第一,经济目标。组织应该以经济合理的方式预防潜在的损失,防止出现为规避风险而不计代价的费用支出，或吝啬必要的预防费用而漠视风险存在等现象。对组织的安全计划、风险管理工具、防损技术和各种保险等进行相应的经济分析，以确保管理成本的经济合理。第二，合法性目标。组织的运营与发展必须以合乎法律规范为基础，为确保经营活动的合法性，组织必须认真审视与自身的经营活动相关的法律法规，并严格遵循。第三，社会责任目标。组织还必须关注利益相关者的利益，认真履行相应的社会责任，这既有益于社会，也有利于组织自身。

（二）损失后目标

有时，风险事故难以避免。风险事故一旦发生，组织就应努力降低风险事故的影响，采取必要措施，尽快恢复到正常运营状态。具体而言，风险管理的损失后目标有：第一，生存目标。组织应充分考虑损失事件对运营和生存的影响程度，尽快采取相应措施，确保在合理的时间内能够部分或全部恢复组织的经营运作。第二，持续经营目标。这是指组织不能因为损失事件的发生而使经营运作活动中断，以免丧失原有的市场份额。特别是公用事业单位，要确保在损害发生之后尽量不间断所提供的服务，以最大限度地降低给人们生产生活带来的影响。第三，收益稳定目标。组织应尽量稳定运营，消除风险事故的不利影响，以实现收益的连续和稳定，保证组织恢复到损害前的状态并能稳定成长。第四，社会责任目标。风险事故除了给组织带来损害外，还会波及利益相关者。组织应尽量减轻损失事件对利益相关者的不利影响，承担相应的社会责任，树立良好的社会形象。

三、风险识别的过程

组织运营过程中所面临的风险是错综复杂的，正确地识别风险是风险管理过程中最基础的环节。如果不能准确地识别风险，就无法客观、准确地评估风险，也就无法预防或控制风险。

风险识别（risk identification）是指管理者运用相关的知识和方法，全面、系统和连续地发现和描述组织所面临的各种风险、风险原因以及潜在的后果。风险识别是一个连续的过程。组织内外的环境总是在不断变化之中，风险的质和量也在变化，还可能出现前所未有的风险。因此，组织必须持续地识别各种风险，而不能时续时断或一蹴而就。

风险识别是风险管理过程中的一个环节，其本身也有一系列工作需要顺次开展，如确定风险识别的内容和范围、选择合适的风险识别工具、进行全方位的风险识别等。

（一）确定风险识别的内容和范围

风险识别工作是风险管理的关键环节，由于组织对于风险的认知和承受能力不同、投入风险管理的资源各异，所以对风险识别的侧重点也会不同。一般而言，风险识别的主要内容包括组织内外存在的风险因素、可能出现的风险事故、风险事故的可能影响范围、风险发生的直接或间接后果，以及风险发生后的可能连锁反应或叠加效应等。

风险识别工作一般由组织中风险管理部门的人员主导，风险识别的范围涉及组织的各层次、各部门和各项业务工作，甚至还会涉及影响组织目标实现的外部因素。正是由于风险识别的范围宽泛、内容庞杂，所以除了专业的风险管理人员外，还应实行风险管理人员主导下的全员参与，以全面、细致而有效地识别出各种潜在风险。

（二）选择合适的风险识别工具

风险识别的主要任务是定性地判断特定的风险是否存在，如果存在，其属性、可能的后果、影响范围等如何，所以常用一些定性的风险分析方法。而不同的识别方法之间，其分析角度、分析路线和分析的侧重点等方面并不相同。因此，在风险识别过程中，应根据识别对象的风险特点、风险环境、现有的风险管理资源等因素的不同，以及组织目标与组织资源能力的差异，选择合适的识别方法，以使识别工作更具精准性。

（三）进行全方位的风险识别

开展风险识别工作，就是识别出可能影响组织目标实现的内外部风险因素及其驱动因素，要重点关注如下几个方面：

1. 风险因素

发现引发风险事故的风险因素，才能有的放矢地改变风险因素的存在条件，并防止风险因素的增加或聚集。一般而言，引发风险事故的风险因素（hazard）有物质风险因素（如可能引致房屋火灾的建筑类型、建筑材料等）、道德风险因素（如为获取保险赔偿而故意造成损失或夸大损失额）、心理风险因素（如对投保的财物疏于关照）和法律风险因素（如法律条文的变化引致的损失频率和损失程度增加）。

一般而言，按照风险事故发生后果的严重程度，风险因素可以划分为四类：第一类是事故后果可以忽略，可以不采取控制措施的风险因素；第二类是事故后果比较轻，暂时还不能造成人员伤害和财产损失，应该考虑采取控制措施的风险因素；第三类是事故后果严重，会造成人员伤亡和系统损坏，需要立即采取措施加以控制的风险因素；第四类是可以造成灾难性后果的风险事故，必须立即采取措施予以排除的风险因素。

2. 风险事故

风险事故（peril）是造成损失的原因，如火灾或盗窃会造成财产损失。通常，不同的风险因素可能产生相同的风险事故,从而造成企业或个人财物上的损失。例如,火灾事故可能产生于物质环境(如闪电),也可能产生于社会环境(如纵火、骚乱),但是无论由什么风险因素引发的风险事故,都会产生危害、造成损失。因此,风险识别的重要步骤是能够预见到风险事故,将可能产生事故的风险因素消灭在萌芽状态。

四、风险识别的方法

风险识别的方法有很多,应用领域和侧重点各不相同。组织可以根据关注问题的不同,选用不同的识别方法和工具,以更好地识别出风险。一般而言,常用的风险识别方法有如下几种:

(一) 现场调查法

现场调查法是了解组织运营实际状况、获取第一手资料的有效方法。一般由风险经理到现场实地观察各部门的运作,检查组织的各种设施及进行的各项操作,深入了解组织活动和行为方式,以便于从中发现潜在风险。

在进行现场调查前,风险经理要做好充足的准备工作,以便于在调查时能够有的放矢。首先,做好调查的时间安排。选择合适的实施调查时间,并确定调查所需要的时间。其次,明确要调查的项目。风险经理需要对调查工作做一个详细计划,明晰需要调查的项目、重点内容和采用的风险识别方法。为防止有遗漏或忽视的内容,可以参考先前的记录事先绘制好调查项目表或调查记录表,以便于调查过程中进行记录、填写。最后,明确各部门的风险负责人,以便于调查工作的顺利展开。

在现场调查的过程中,风险经理要注意和一线工作人员进行交流和沟通,发挥灵活性和创造性,对潜在风险要保持敏锐意识,从而最大限度地发挥现场调查的作用。

现场调查以后,风险经理要及时行动,将调查结果进行汇总整理,对潜在风险进行识别分析,并采取相应的措施。

现场调查法的优点是风险经理可以借此获得第一手资料,也有利于风险经理与各部门管理人员及基层人员建立和维持良好的关系。缺点则是,现场调查法需要花费大量的时间,成本较高。同时,定期的现场调查可能使其他人忽视风险识别或者疲于应付调查工作。

(二) 审核表调查法

审核表调查法是现场调查法的一种替代,是由相关责任人或风险经理填写一种事先设计好的调查表,进而根据表格内容来识别分析。调查表一般由风险经理会同专家根据组织实际而设计制作,也可以直接采用由专业人员设计好的标准表格和问卷。这些调查表通常会系统地列出一个组织可能面临的风险，使用者对照调查表中的问题逐一回答，就可以构建出组织的风险框架。

根据调查的内容不同，调查表可以较为单一简洁，也可以较为系统全面。通常，一个标准调查表会有几页甚至是上百页，大部分标准调查表根据不同方法分成几个部分，并按照损失价值的大小来划分。审核表调查法的优点是：具有广泛的适用性，并能根据需要随时调整、修订表格中的调查内容；能获取大量的信息且成本较低。缺点是：表格的制作有较高的专业要求并要具备丰富的实践经验；由于填写人员的素质等原因，填写不准确、不客观等；一些通用的调查表难以揭示出某个组织的特殊性。

（三）组织结构图示法

组织结构图示法适用于各类企业的风险识别，是一种以案头工作方式为基础的风险识别方法。组织结构图可以显示组织中部门设置情况、工作关系、权力配置以及人员间的关系，可以用来发现一些存在于组织部门中的风险因素，进而考察风险可能发生的领域和范围。

组织结构图示法是指通过绘制并分析组织结构图，来识别风险可能发生的领域与范围。通过该方法，可对如下方面的内容有更深入的了解：第一，企业活动的性质和规模。例如，一个企业集团是由哪些子（分）公司组成，是否有国外子公司，它们各经营什么性质的业务等。第二，企业内部各部门之间的内在联系、权力配置情况和相互依赖程度，分析是否有业务与权力交叉。第三，企业内部可以区分的独立核算单位，这是对风险做出财务处理决策时所必须考虑的。第四，企业存在的、可能使风险状况恶化的弱点，以及潜在风险的可能发生范围。

（四）流程图法

流程图法是将组织活动按照内在的逻辑联系绘成流程图，针对流程中的各个环节，特别是关键环节和薄弱环节，进行风险因素、风险事故及可能的损失后果等方面的识别和分析。

流程图的划分标准很多，流程图的类型也较多。例如，产品开发流程、原材料采购流程、产品生产流程、市场营销流程和财务管理流程等。流程图反映了组织经营活动的类型和顺序，可以揭示出运营中的关键之处和瓶颈点。利用流程图来识别风险，要根据识别目的和要求绘制出流程图，再进行详细分析。首先，要对图中的每一个环节逐一调查，找出潜在的风险，并分析风险事故发生的可能性及造成的损失后果。其次，要分析各个环节之间的关系，以找出关键环节和薄弱环节，并对这些环节可能存在的风险及其损失后果进行相应的分析和识别。

流程图法的优点是，能把一个问题分成若干个可以进行管理的问题，从而有利于风险识别。另外，流程图较为简洁、清晰，基本上能够揭示出整个生产运营过程，有利于识别各环节中的风险。但流程图法也存在一些缺点，如需要消耗大量时间。从了解生产过程，到绘制流程图，还要对流程图进行解析并识别潜在风险，整个过程耗时较多。另外，流程图法只强调事故的结果，无法对事故发生的可能性进行评估。

（五）财务报表分析法

财务报表分析法是运用财务报表数据对组织的财务状况和经营成果及未来前景进行评价，从而分析和识别组织所面临的潜在风险的方法。财务报表分析之所以能揭示出组织风险，是因为组织的经营活动最终会涉及货币或者财产，而风险事故的发生会对财务产生负面影响，这样，仔细研究相应的财务报表，就可以发现组织面临的各种风险。

财务报表分析通常用到的报表是资产负债表、损益表和现金流量表。而识别风险的方法主要有趋势分析法、比率分析法和因素分析法三种。

趋势分析法是指根据企业连续数期的财务报表中的相关数据进行比较和分析，以揭示企业财务状况和经营成果的变化趋势。趋势分析可以采用多期比较分析、结构百分比分析和定基百分比分析等形式，通过与以往指标的对比，就能确定企业本期的经营效益和管理水平，并可以分析企业是否存在经营风险。

比率分析法是指以同一会计期间的相关数据的相互比较，求出相关数据之间的比例，以分析财务报表所列项目与项目之间的相互关系。运用比率分析可以对企业财务状况的各个方面做出评价，并可以识别出潜在风险。

因素分析法是依据分析指标和影响因素的关系，从数量上确定各因素对指标的影响程度。通常有差额分析法、指标分析法、连环替代法和定基替代法。利用该种方法，可以确定风险因素对风险事故的影响。

财务报表分析法的优点是风险识别所需资料较易获取，且具有可靠性和客观性的特点。另外，运用财务报表分析法，研究的结果主要是按照会计科目的形式编制出来的，易于识别隐藏的潜在风险，可以防患于未然。但财务报表分析法的缺点是专业性强，缺乏财务管理的专业知识，无法识别组织潜在的风险。另外，当财务报表不真实时，就难以准确识别组织面临的潜在风险。

当然，风险识别的方法还有很多，如事故树分析法、情景分析法、危险与可操作性研究等，但每一种方法都有其适用性和优缺点。风险管理人员在选择使用这些工具时，应该有清醒的认识。

第一，任何一种方法都不可能揭示出经济单位面临的全部风险，更不可能揭示导致风险事故的所有因素。因此，必须根据经济单位的性质、规模以及各种方法的用途将多种方法结合使用。

第二，经费的限制和不断地增加工作会导致成本上升、收益下降，风险管理人员必须根据实际条件选择效果最优的方法或方法组合。

第三，风险识别是一个持续不断的过程，仅凭一两次调查分析不能解决问题，许多复杂的和潜在的风险要经过多次识别才能获得较准确的答案。

第二节 风险评估与控制

在识别并确认组织面临的风险以后，风险管理人员就要对风险进行衡量和评价，以便于拟定风险管理方案，进而采取相应的风险应对措施，将可能的风险损失降至最低，或控制在组织可以接受的范围内。

一、风险评估的标准

风险评估（risk assessment），是指组织在分析既有风险损失资料的基础上，运用概率论和数理统计等方法对特定风险事故发生的损失概率和损失程度做出评价，以为风险管理决策提供依据。风险评估主要是对潜在的风险进行量化分析，是面向未来的预测，其结果将影响组织的风险管理决策。因此，评估过程必须坚持相应的标准。

（一）系统性原则

风险造成的损失和带来的影响可能是多方面的，因此，在风险评估时，必须从整体出发，进行全面、系统的考察和评价。既要评估风险的所有可能性，又要评估风险可能带来的所有影响；既要评估各个风险因素，也要评估这些因素间的相互联系和相互作用；既要评估风险主体，也要评估内外部环境因素。

（二）科学性原则

风险评估要秉持严谨、周密的科学态度，进行客观、准确的评估。第一，评估采用的模型和方法要科学严谨，严格遵循数理统计的要求来操作。第二，尽量保持评估方法的一致性。对于同一类风险，尽量采用统一的评估方法，还要保证不同时期评估方法的连续性和一致性，以便于评估结果的对比分析。第三，评估所用的数据和资料来源要可靠，采用完整、系统、连续的统计数据和调查结果。

（三）动态性原则

风险评估中，要考虑到环境变化对风险的影响。根据环境发展变化，预测风险的可能变化趋势，并做出相应的分析评价，以尽可能客观地反映出风险情况。

（四）可操作性原则

风险评估方法多种多样，不同的方法对数据资料的要求不同，得到的评估结果也可能不同。这种情况下，风险管理人员要尽量选择简洁、科学且容易获取数据资料的评估方法，尽量避免高深、复杂而又难以获取相关数据资料的评估方法，以提升评估的可操作性。

二、风险评估的方法

风险评估的方法很多，应用的情境和条件要求各不相同，主要分为定性分析技术、定量分析技术及其结合。一般而言，定量分析的结果精准度高，易于理解和判断，更利于决策使用。但在不要求量化分析，或者量化评估所需要的数据资料无法获取或获取的成本不具经济性时，就应采用定性分析技术。管理者要根据实际需求，结合风险评估的目标、决策者的需要、可用的信息和数据、风险范围及结果的严重程度、法律法规要求等方面灵活选择分析方法。此处简要介绍几种常见的风险评估方法。

（一）损失概率和损失程度的估测

风险的衡量和评价主要从两个方面进行：一是风险发生的可能性，即损失概率；二是风险发生后，风险事故可能造成的损失有多大，即损失程度。

1. 损失概率的估测

一般而言，在估测损失概率时需要考虑三项因素：一是风险单位数；二是损失形态；三是损失事件（或原因）。这三项因素的不同组合，会使风险损失概率的大小也不同。在实际的估测中，通常使用的方法为二项分布、泊松分布、正态分布等统计工具。此处，以估测给定时间内损失事故发生次数的方式说明损失概率的估测方法。

假设 n 个风险单位均遭到同一风险事故的威胁，每一个风险单位在给定时间内是否发生此风险事故是一个随机事件，并且风险单位对该风险的结果只有两种：发生与不发生。如果记 n 个风险单位在给定时间内发生所述风险事故的次数为 X，且满足条件：（1）每个风险单位发生同样风险事故的概率都相同，设为 p，不发生该事故的概率为 $q=1-p$；（2）任一风险单位发生风险事故都是独立的，不会影响其他风险单位发生同样的风险事故；（3）同一个风险单位在给定时间内发生两次以上事故的可能性极小，可认为其概率为零。这样，X 就是一个服从二项分布的随机变量，且分布律为：

$$P\{X=k\}=C_n^k p^k q^{n-k} \quad (k=0,1,2,\cdots,n)$$

于是，根据分布律，就能计算出给定时间内有多少个风险单位及其发生事故的概率。

由于 n 个风险单位在下一时间段中可能遭受风险事故的次数是一个随机变量，所以难以确定究竟会发生多少次风险事故。但风险管理人员只要了解 n 个风险单位在下一时间段中发生事故的平均次数及其偏离程度就可以了。此时，X 的数学期望 $E(X)=np$ 就表示事故发生次数的平均值，而标准差 $\sigma=\sqrt{npq}$ 则用以描述实际情况与期望的偏离程度。

2. 损失程度的估测

风险的损失程度是指风险事故一旦发生，可能造成的最大损失值。在衡量风险的损失程度时，需要考虑多方面的因素，如风险单位的内部机构、用途、消防设施等。另外，还要考虑损失形态、损失频率、损失的时间和损失金额等因素。例如，对同一原因导致的多形态的损失，不仅要考虑风险事故所导致的直接损失，而且要考虑风险事故引起的相关间接损失。很多情况下，间接损失可能比直接损失更严重，如因机器故障导致的停产损失和可能的违约责任与客户流失等损失，就比机器损坏的损失大得多。同样，风险事故发生的时间越长，损失频率越高，则损失程度就会越高。另外，风险事故发生后，损失的货币金额越大，损失程度就越高。

现实中，为估测风险事故的损失金额，通常利用一些概率分布来进行。概率分布有离散型和连续型两大类，分为一个变量的一元分布和多元变量的联合分布。风险管理中常用的概率分布有正态分布、对数正态分布和帕累托分布等，风险经理可以根据损失的概率分布特征，获得对风险的评估。例如，对于一些损失频率分布类似正态分布的密度函数图形，即只有一个峰，且关于峰是近似对称的，可用正态分布来拟合，并通过正态分布来估测损失额落在某区间上的概率，以及损失额超过某一数值时的概率。

（二）情景分析

情景分析（scenario）是指通过假设、预测、模拟等手段生成可能发生的未来情景，并分析各种情景下可能对组织目标实现产生影响情况的一种分析方法。情景分析可以采用正式或非正式的、定性或定量的手段进行，主要适用于可变因素较多的项目的风险分析。它是根据事件发展的趋势，在假定某些关键影响因素可能发生的基础上，构造出多种可能的未来情景，提出多种未来的可能结果，并根据可能的损失情况而采取适当措施，以防患于未然。情景分析目前在国内外得到了广泛应用，并产生了很多具体的方法，如历史情景再现法、目标展开法、因素分解法、随机模拟法等。情景分析的示例如表 14-1 所示。

表 14-1　贯穿多个业务单元的关于增加股东价值（SVA）的各种情景分析

单元	业务单元主要潜在业务情景对股东价值增加值的影响（百万美元）	
	潜在的业务情景	SVA 的增加（减少）
1	风险评级降低 20%	（150）
	消费者贷款减少 10%	（120）
	竞争增加——一个新的市场进入者	（100）
	银团中的收入减少 15%	（80）
	失去一个高层客户	（50）
	……	……
2	增加的竞争——一个新的市场进入者	（50）
	因为客户服务，收入减少 10%	（30）
	失去一个高层客户	（20）
	不成功的新产品推出	（20）
	一个新的未决的大诉讼（但不是非常大的）	（20）
	……	……
3	竞争增加——一个新的市场进入者	（40）
	失去高层客户	（30）
	资产基数减少 10%	（20）
	……	……

资料来源：COSO 制定发布：《企业风险管理：应用技术》，张宜霞译，东北财经大学出版社 2006 年版，第 58 页。

（三）敏感性分析

敏感性分析（sensitivity analysis）是指通过分析和测算系统的主要因素发生变化时引起系统评价指标变化的幅度，以及各种因素变化对实现预期目标的影响程度，从而确认系统对各种风险的承受能力的一种方法。在组织运行过程中，存在各种不确定性因素，这些因素对组织运行的影响程度是不同的。有些因素的微小变化就会引起组织指标的较大变化，甚至是变化超过了临界点，从而影响原来的风险管理决策，这些因素被称为敏感性因素。而有些因素即使发生较大的变化，也只能引起评价指标的很小变化，甚至不变，这些因素被称为不敏感性因素。敏感性分析的目的就是在诸多的不确定性因素中，确定敏感性因素和不敏感性因素，并分析敏感性因素对组织活动的影响程度，从而使风险管理人员掌握组织的风险水平，明确进一步风险管理的途径和技术方法。

（四）风险地图

风险地图（risk maps）是指将一个或多个风险的可能性及影响用图形来表示，从而为风险管理决策提供参考的一种方法。风险地图可以采用热图或流程图等形式定量或定性估计风险的可能性及影响。在风险描述时，要突出哪些风险是更重要的，哪些风险是不重要的，从而使图示形象直观，便于使用。风险评估的热图如表 14-2 所示，该表中的风险也可以用一个矩阵风险地图来描述，如图 14-1 所示。图中，横轴表示可能性，纵轴表示影响。

表 14-2　风险评估热图

	主题	风险描述	可能性	影响
A	报酬	员工对报酬不满意导致更高的离职率	可能的	中
B	认可	员工感觉不被认可，导致对工作的关注度降低以及更高的错误率	不太可能的	较小
C	离职	员工被过度使用以及工作严重超时，因而离开以寻求在提供更好工作和生活平衡的其他公司工作	很可能的	中
D	人口统计状况	员工人口组成的变化导致离职率提高	几乎确定的	中
E	就业市场	招聘公司增加了对公司员工的需求量	不太可能的	中
F	绩效评价	员工不满意绩效评价的方法和程序，导致士气低落、员工关注非重要目标、员工流失	可能的	中
G	沟通	员工和管理层之间沟通的低效率导致员工听到的是混合信息以及追求可替代的工作	可能的	中
H	工作场所安全性	不安全的工作场所导致员工受伤以及受伤员工和其他担心安全问题的人辞职	不太可能的	重大
I	职业发展	员工感觉他们的职业发展受到限制，导致更高的离职率	可能的	中
J	工作多样性	员工不满意工作变化，导致机械执行、更高的错误率以及追求公司外更有趣的工作机会	可能的	中

注：表中显示了一个公司评估维持高质量的劳动力目标所面临的风险。可能性用给定期间的离职百分比来评价，影响用运行低效率的成本和替换、重新培训以及开发雇员的成本来评价。用颜色代表风险水平，深灰色表示高风险，白色表示中等风险，浅灰色表示低风险。

三、控制风险的策略

组织在进行了风险的识别和评估之后，就需要研究如何有效应对这些风险，将风险控制在可以容忍的范围内。依据风险处置方式的不同,组织控制风险的方法有如下几种:风险避免、风险分担、损失减低管理和风险保留,如图 14-1 所示。

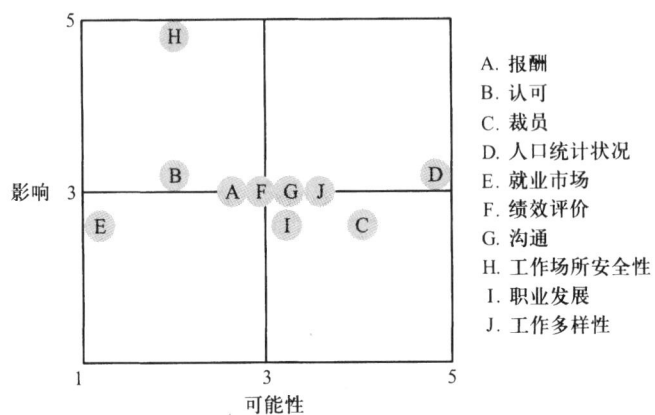

图 14-1 可能性和影响平均值的风险地图

资料来源:COSO 制定发布:《企业风险管理:应用技术》,张宜霞译,东北财经大学出版社 2006 年版,第 63—64 页。

(一) 风险避免

风险避免(risk avoidance),也称风险规避,是指在风险发生的可能性较大且影响程度较高的情况下,组织采取的中止、放弃或调整等风险处理方式以避免风险损失的一种方法。例如,为防止某种产品可能伤害到顾客而导致顾客的索赔,企业决定放弃该种产品的生产,就是风险避免的方式。

风险避免其实是一种消极的选择,可能导致组织在某些领域无所作为,或丧失某些获利机会。但有些情况下,风险避免可能是风险管理的唯一或最优选择。通常,组织可以分不同情况而采取如下风险避免的方式:

1. 完全拒绝承担风险

当组织对风险进行评估后发现,风险事故发生的可能性很大且损失程度很高,或者认为自身不愿承担该风险时,就可以直接拒绝承担该种风险。例如,为防止危险品对居民造成危害,位于居民区的企业不制造危险物品;为防止对湿地环境的破坏,高速公路绕过某湿地区域等。

2. 试探承担部分风险

当组织对风险进行评估后发现,一步到位开展某项经营活动的风险太大且组织难以承担时,就可以采取分步实施、回避掉一部分风险的方式来开展该项活动。例如,企业经过分析发现,某项新产品应该有需求,但大规模生产有风险,此时就可以采取少量生产,以了解市场和消费者的反应,再决定是否扩大生产规模。

3. 中途放弃承担风险

组织在进行某项经营活动时，由于内外环境的变化等原因，使得风险增加或者组织承担风险的能力降低，此时就可以采取中止该项活动的方式来避免风险。例如，汽车经销商在经销某种型号汽车的过程中发现，该车的刹车制动系统存在问题，为避免消费者的责任索赔，决定停止经销该种车型。

现实中，风险避免是组织处理风险的一种有效且较普遍的方法。组织通过中断风险源，来避免可能产生的潜在损失或不确定性。然而，有些风险可能根本无法避免（如地震、经济危机、能源危机等），或者在避免了一种风险的同时产生了新的风险（如为避免空难而改乘火车，同样会有交通风险）。因此，风险避免通常适用于如下情形：损失频率和损失程度都较大的风险；损失频率虽然不大，但损失后果较严重且无法得到补偿的风险；采取风险应对措施的成本超过了该项活动的预期收益。

（二）风险分担

风险分担（risk sharing）是指组织将自身可能遭受的风险或损失，有意识地通过正当、合法的手段，部分或全部转移给其他经济单位的风险处理方式。例如，企业通过购买交通意外险的方式，将出差员工的交通风险转移给保险公司。

根据风险的分担方式，风险分担可以分为财务型风险分担和非财务型风险分担两类。前者有保险、贸易信贷、套期合约、期货、期权等方式，后者有外包、租赁、委托管理和出售等方式。组织可以根据自身情况灵活选用一种或数种组合方式，以谋求风险管理的收益最大化。

1. 财务型风险分担

保险（insurance）是最常用的一种风险分担方式。利用保险进行风险分担就是通过保险合约，以投保的方式将组织面临的潜在风险转移给保险公司。保险实质上是众多风险承受单位通过建立保险基金结合在一起，以共同应付风险事故的发生。企业通过参加保险、缴纳保险费将风险转移给保险公司。而保险公司则将面临风险的众多企业结合起来以建立保险基金，利用基金来补偿发生风险事故的企业。显然，这是少数投保企业将遭受的损失转移给所有投保企业来分担，从而降低平均损失度的一种方式。

通过保险转移风险较简单且易操作，因此得到了广泛应用。企业一方面可以减少预留风险储备资金，另一方面可以获得保险公司和保险中介所提供的有关风险防范及处置方面的建议和咨询，从而增强驾驭风险、防范风险的能力。

2. 非财务型风险分担

非财务型风险分担是指企业将可能引起损失的风险通过一系列的合约转移给非保险业的经济单位的方式。可供组织采用的非财务型风险分担方式有很多，此处简要介绍如下几种：

（1）外包。外包是指企业将价值链中所不擅长的、非核心环节的业务及其控制权交由外部专业厂商去完成的一种经营活动。业务外包其实是企业整合、利用外部资源，以达到降低成本、提高生产效率和资金运用效率，进而增强自身核心竞争力的一种方式。由于技术、环境、市场需求的瞬息万变，企业投身于非核心竞争优势的项目存在巨大风险，通过外包，有助于企业将某些风险转移出去。

（2）租赁。租赁是指通过签订合约，一方把自己的房屋、场地、运输工具、设备或生活用品等连同部分风险一起，出租给另一方，并收取租赁费用。例如，企业将机器设备出租，将设备技术落后的风险转移给承租企业。当然，组织也可以利用租赁来减轻自身可能承担的风险。例如，企业可以通过租用写字楼的方式，将大楼火灾及其他损失转移给出租人。

（3）委托管理。即通过签订委托合同，委托企业将其财产交由受托企业委托代管，同时支付一定的费用。一般情况下，根据委托合同中的条款，在因疏忽或过失致使委托物发生损失时，受托企业应对委托企业负有赔偿责任。这样，委托企业就将委托物的潜在损失转嫁给受托企业。当然，受托企业在某些条件下也可以根据合同条款将委托的损失转嫁给委托企业。

（4）出售。即组织将可能具有潜在风险的财产等通过出售的方式来实现风险转移。利用出售的方式，企业可以剥离陷入困境的经营业务，快速回笼资金，整合资源，以强化自身的核心竞争力，增强竞争优势。例如，IBM公司对其个人计算机业务的剥离。

非财务型风险分担方式是对财务型风险分担方式的重要补充。由于多种原因，保险不可能覆盖具有风险的所有范围和领域，而且有些风险靠财务型风险分担方式难以实现转移目的。此时，利用非财务型风险分担方式就非常有必要。这种方式类型多且较为灵活，可以被各种类型的组织选择使用。通过分担，可以将风险转给那些能够更好地实施风险控制与管理的组织，而风险也能被更好地处理。因此，从总体上来说，非财务型分担是较有益的一种风险处理方式。当然，由于受法律、合同条文的限制，以及对合同语言理解上的差异，有些组织风险可能不能有效转移，或在转移过程中使组织蒙受损失。另外，由于不存在大量的风险单位的集合来平均分摊风险损失，就使得接受风险分担的一方企业所面临的风险损失可能较大并且不稳定。

（三）损失减低管理

损失减低管理（loss reduction）是指组织有意识地接受经营管理中存在的风险，并以谨慎的态度，通过对风险的分散以及风险损失的控制，从而化大风险为小风险，变大损失为小损失的风险处理方式。例如，企业通过多元化投资的方式来分散单一业务经营可能面临的风险。

根据所采用的管理方式不同，损失减低管理有如下几种方式：

1. 风险分散

风险分散是指组织将面临的风险单位进行分割，划分为若干个较小而价值低的独立单位，并分散于不同的空间，以降低组织可能遭受的风险损失程度。换言之，就是"不要把鸡蛋放在一个篮子里"，以减少单次损失的发生所造成的损失幅度。例如，某企业的全部存货不是存放在一个仓库里，而是分散存放在相距较远的几个仓库里，这样，就可以减少一个仓库发生火灾的损失。需要注意的是，这种方法在分离了风险单位的同时，增加了需要控制的个别风险单位数量，任一独立的风险单位发生事故都会给企业造成损失。而且，分散风险单位需要资金支持，过分的分散行为可能使企业资源紧张，造成难以形成或维持核心竞争力与竞争优势的问题。

2. 复制风险单位

复制风险单位是指组织备份一份维持正常的经营活动所需的资源，在原有资源因各种原因不能正常使用时，备份风险单位可以代替原有资产发挥作用。需要注意的是，复制风险单位并没有使原有风险变小，但可以在风险事故发生时减少一次事故的损失程度。例如，备份计算机文件并将备份文件隔离存放，有助于起到减少损失的作用。备份机器设备或者零部件，可以在机器设备出现故障时迅速启用备份机器或更换损坏的零部件，从而保障生产的正常运作。同样，利用复制风险单位的方式可以减轻预期的事故损失，但也需要耗费组织资源、增加开支，从而给企业带来一定的负担。

（四）风险保留

风险保留（risk retention）是指面临风险的组织自己承担风险事故造成的损失，并做好相应的资金安排。该种风险处理方式的实质是，当风险事故发生并造成损失后，组织通过内部资金的融通来弥补所遭受的损失。

按照对风险管理的计划性和主动性，风险保留可以分为主动的、有意识的、有计划的风险保留和被动的、无意识的、无计划的风险保留。组织在识别了风险的存在并对其损失后果获得较准确的评价和权衡各种管理措施的利弊之后，有意识地决定不转移有关的潜在损失风险而由自己承担时，就是主动的、有意识的、有计划的风险保留。而被动的、无意识的、无计划的风险保留有如下两种表现：第一，组织没能意识到风险存在而导致的风险损失的保留；第二，虽然意识到风险的存在，但低估了风险的程度，因怀有侥幸心理而导致的风险保留。

按照保留风险的程度，风险保留可以分为全部风险保留和部分风险保留。全部风险保留是组织全部承担风险损失程度小的风险，并拥有充分的财力应对损失的发生。而部分风险保留是指根据组织的实际情况，决定部分担负可能面临的风险。

组织在采取风险保留后，需要确定相应的资金安排。此时，应重点考虑资金的来源、对损失的补偿程度、损失发生后补偿资金来源的变现性等因素。通常，组织可采取的筹资方式有现有收入、意外损失准备金、专项基金、外部借入资金等。当然，除了筹集资金提高自身的抗风险能力以外，组织还可以通过套期保值和专业自保公司的方式实施风险管理。

总之，组织应根据自身的业务特点来合理确定风险偏好和风险承受度，并采取相应的风险控制对策。在这个过程中，既要防止和纠正忽视风险，片面追求收益而不讲条件、范围，认为风险越大、收益越高的观念和做法，又要防止单纯为规避风险而放弃发展机遇的方式。

第三节 危机管理

在组织运营过程中，内部的管理不力或外部环境的突然变化，都可能使组织陷入困境，导致危机发生，直接威胁到组织的生存与发展。因此，强化危机意识，进行有效的危机管理，对于组织的可持续发展至关重要。

一、危机及其特征

危机（crisis）是指突发的、严重影响组织的生存与发展的一种状态。危机与风险并不相同：第一，风险是损失的不确定性，损失概率有高有低，损失程度有大有小；危机是可能带来严重破坏后果的突发事件。第二，风险是危机的诱因，危机是风险积聚后的显性表现。当风险积聚到一定的程度而爆发后，其呈现的形态才是危机。第三，并非所有风险都会引致危机，只有风险释放的危害积累到一定的规模，带来的破坏后果较为严重时，才出现危机。

一般而言，危机具有如下特征：

第一，突发性。危机的发生通常比较突然、出乎人们的意料，使组织原有的运行状态被突然打破，管理者往往来不及做出反应或者准备不足，进而陷入混乱之中，甚至束手无策。

第二，危害性。危机的发生通常较为突然，容易给管理者带来惊恐和混乱，导致决策失误等问题。因此，危机会给组织的正常运行带来破坏，导致直接或间接、有形或无形的损失，如机器设备、厂房设施等损坏，组织形象受损等。

第三，紧迫性。危机的发生不仅突然，而且发展非常迅速，可能在短时间内带来巨大的损失，或产生一系列连锁反应。另外，现代先进的通信技术和快速的信息传播，可能使组织形象迅速受到破坏，并引发公众的担忧和恐慌。因此，处理危机的时间非常紧迫，管理者必须迅速控制事态发展，及时做出决策并采取相应的应对措施，以缓解、防止事态升级或损失扩大。

第四，信息资源不充分。危机的发生通常较为突然，管理者对危机情境缺乏认识，也没有足够的时间收集信息。同时，混乱和惊恐的心理会造成信息的失真，使得管理者获取的信息较为复杂，这对需要快速决策的管理者来说，显然是不够的。

二、危机预警

危机的发生虽然较为突然和出人意料，但并不是毫无征兆，大多数危机都有一个从量变到质变的累积过程。如果能够及时识别出危机形成的因素条件、危机可能的发生概率和损害程度、危机的影响范围等方面，管理者就可以采取防御或预控措施，以降低危机发生的概率，或者将危机发生后的危害降低到最小。这就是危机预警工作。

（一）危机预警系统的建立

组织面临的危机来自各个方面，如组织外部的政治冲突、经济危机等，组织内部的战略失误、资金链断裂等，都会威胁到组织的生存与发展。因此，建立在认真细致、系统全面的资料收集基础上的危机预警工作必不可少。危机预警就是组织在进行持续的资料收集基础上，根据收集的相关资料和数据预测危机的可能发生情况并进行危机等级判定，以在危机发生前发出相应的警报，使组织相关部门及人员提前了解相关信息，并采取相应的预防与应对措施，以避免危机的发生或降低危机的损害，保证组织的有序运作和组织目标的顺利实现。危机预警工作通常由组织中的特定部门负责实施，并由其负责建立完善、可靠的危机预警系统。

危机预警系统一般由四个子系统构成，即信息收集子系统、信息加工子系统、信息决策子系统和警报子系统。其中，信息收集子系统的任务是对危机诱因和危机征兆等信息进行识别、观察和跟踪，及时收集相关信息，并确保所收集信息的全面性、准确性和及时性。信息加工子系统具体完成所收集信息的整理、识别、分类和转化等工作，评估可能发生的危机类型及其危害程度。信息决策子系统则根据信息加工子系统的结果，决定是否发出危机警报以及确定危机警报的级别，并向警报子系统下达命令。这就需要建立危机警报及其各个级别的临界点，即何种危机信息、达到何种水平才可以发出危机警报，发出何种级别的危机警报。而警报子系统的功能就是向危机管理领导小组成员和危机潜在的受害者发出明确无误的警报，提请关注，使他们能够及时、准确地采取相应的应对措施。

（二）危机应对的准备工作

危机应对的准备工作是为危机的突然发生做好事先的准备工作，包括危机管理小组的设立、危机预案的制定、危机预案的演习、危机管理意识的培训、各种物资的储备，以及为了减少危机损失而事先采取的一系列措施。

危机管理小组主要负责危机发生后的应对工作，如危机事件的控制、处理工作，以及人员、物资等的抢救工作，是由来自不同部门人员所组成的跨部门团队。危机管理小组应具有简洁、明晰的组织结构，简短、有效的沟通渠道，扁平、高效的管理方式，能够减少信息扭曲和时滞，可以集中决策、有效授权，在危机处理过程中能有效实施媒体管理，维护组织形象。

危机预案是危机管理的行动指南，提供组织可能面临的各种突发危机的应对策略。因此，危机预案要以前期的危机调查和评估结果为依据，涵盖各种情形下的危机事件，预案要尽量做到详尽、系统且有针对性，同时要具有前瞻性、可操作性和灵活性。危机预案要明晰危机发生后组织应对的总体思路和基本程序，明确各部门应该严格遵循的报告流程，确定危机管理目标的优先序列，规定危机应对策略的选择标准和资源调配的原则。同时，要对预案进行定期的检查，并根据环境的变化进行完善和修订。

为了提升组织员工应对危机的管理技能，组织需要开展具有针对性和侧重点的危机教育、培训和演练。危机预案的演练可以强化员工居安思危的意识，强化各部门及其员工间的应急联动能力。通过演练，组织相关部门和员工能够了解并熟悉危机预案的内容，具备冷静而又有条不紊地应对危机的知识和能力，尤其要掌握那些在日常工作中可能忽视的或者非常规的知识和技能。当然，危机管理的培训工作侧重于危机意识的培养和危机应对技术能力的培训，以确保组织和员工能临危不乱，实现预案的设定目标。

三、危机反应与恢复管理

危机爆发后，组织必须及时反应，立刻启动应急预案，在尽可能短的时间内遏制危机蔓延，防止损失扩大或事态升级。而危机事件得到有效控制或平息后，组织就应致力于恢复与重建工作，制定出有针对性的危机恢复计划，以尽快恢复到正常的工作与生活状态。

（一）危机反应

危机发生后，组织能否进行有效管理，使其转危为安，甚至捕捉其中的机会，促进组织发展，成为考验组织的危机管理能力的重要内容。通常情况下，有效的危机反应包括如下内容：

1. 建立危机处理小组

危机发生后，根据危机的类型和危机级别，按照预先制定的危机预案，迅速成立危机处理小组。危机处理小组是危机管理的最高权力机构和协调机关，作为统一指挥中心，有权调动组织资源应对危机，并代表组织做出各种承诺和说明。危机处理小组一般由组织高层管理人员、相关职能部门和内外部专业人员组成，小组成员之间的职责分工、相应权限和沟通渠道由危机预案事先规定。并且危机处理小组负责制定和审核危机处理的方案和工作流程，监督有关方案的正确实施。

2. 启动应急预案或制定新的方案

根据危机实情，启动相应的危机预案，按照事先的流程展开处理。如果危机的实际情况与危机预案有较大差距，则由危机处理小组负责尽快制定新的危机解决方案。在危机解决方案的实施过程中，要确保各部门及员工分工明确、责任清晰、落实有力、配合有序，人、财、物能够及时配置到位。一方面，危机处理的重点要突出，主次要分明，避免眉毛胡子一把抓。另一方面，要尽量保证组织生产、生活的正常秩序，努力稳定员工和社会公众的心理、情绪，消除不必要的惊恐或担忧，从而为危机处理创造一个良好的氛围。

3. 隔离危机

危机发生后，要尽量避免或减少危机的连锁反应，采取果断措施隔离危险源，阻止危机的蔓延。隔离措施包括危害隔离和人员隔离。危害隔离是对危机采取物理隔离的方法，将危机所造成的损失尽可能地控制在一定的范围内。如森林发生火灾后，立即采取措施切割火场，防止火灾蔓延。人员隔离有两种情形：一是将可能成为风险源的人员与其他人员进行隔离，例如，将传染病感染者与普通人员隔离，以及将与感染者有过接触的人进行隔离观察等。二是将危机处理人员与一般员工分开，保证危机处理的同时，组织能正常运营，以免危机进一步冲击组织的生产经营，导致组织失去市场份额等。

4. 获取更多信息

危机的处理需要充分、准确的信息，避免反应错误，浪费宝贵的资源和时间。但危机发生后，人们由于惊恐或慌乱，往往会出现对信息的夸大或歪曲。此时，危机处理人员就要正确地识别和判断各种信息，以对危机做出准确判断和应对。

(二) 危机恢复

当危机事件得到有效控制或平息后，组织需要迅速挽回危机所造成的损失，通过一系列的措施来完善组织管理，尽快恢复到正常的工作状态与工作秩序。同时，组织要总结经验教训，学会抓住危机带来的机遇，以使组织获得更好的发展。

1. 建立危机恢复小组

危机过后，组织需要将工作重点立即转入危机恢复中，以修复在物质生产、组织形象和员工心理等方面所受到的损害，这就需要成立危机恢复小组来负责相应的领导指挥工作。危机恢复小组与危机处理小组不同，危机恢复小组的目的是使组织尽快从危机事件的影响中恢复过来，而危机处理小组的任务主要是控制和平息危机，减少危机带来的危害和损失。通常，危机恢复小组需要尽快系统而准确地收集、掌握危机损害情况的详细信息，结合组织内外环境情况，制定出详细的危机恢复计划，并领导开展危机恢复工作。

2. 获取危机处理信息

危机恢复小组要尽量收集、获取危机的详尽资料，并对组织的受损情况展开客观、公正的评价，如设备设施受损状况、人员伤害情况、组织形象受损情况、市场份额的损失情况以及利益相关者受影响情况等，从而为危机恢复决策提供科学的依据。

3. 制定并实施危机恢复计划

危机恢复小组负责制定组织的危机恢复计划，并负责指导和监控恢复工作的开展。危机恢复计划要详尽说明计划的依据、计划目标、计划执行部门及其负责人、计划预算、计划实施时间要求等内容，并明确恢复的重点和先后次序。恢复计划制定颁布后，组织内各部门要严格按照计划要求开展恢复工作，保证落实到位。在此过程中，恢复计划难免与组织的原有计划和管理产生冲突，危机恢复小组需要在各部门间进行积极协调，消除这些矛盾和冲突。当然，也要根据组织恢复情况，随时对计划进行完善、调整。

4. 危机评估与发展

在危机恢复工作的最后阶段，组织应对危机事件和危机管理工作进行评估，总结经验教训，并努力抓住危机中出现的机会，使组织获得新的发展。危机评估要对危机的成因、危害、预防与预警情况、处理措施与执行情况、危机后的反馈与重建工作等方面展开调查与分析，并做出客观、正确的评价和总结，为今后的危机管理提供经验教训。在危机评估的基础上，组织也要尽量发掘危机中的机会，化危为机，提升自身的发展水平和发展能力。

思考题

1. 简述风险的内涵与基本分类。
2. 试分析说明风险管理的基本目标。
3. 试举例说明风险分析和风险评估的不同方法。

4. 简要说明风险控制的不同策略。

5. 简要分析危机预警、危机反应与恢复管理的基本内容。

▶ 自测习题及参考答案　　▶ 本篇案例

第六篇 创新

第十五章 创新原理

进入21世纪以来，组织外部环境动态性特征越来越显著。不管是技术变化速度还是社会沟通与交往复杂程度，都对管理活动提出了新的挑战。特别是移动网络、大数据、物联网、社交网络和云计算等信息技术的发展，使得组织环境、组织成员和技术都发生了颠覆性变化。在这种动态的复杂环境中，管理活动只停留于维持阶段是不够的，它必须主动适应环境变化的要求，不断对组织活动进行调整和创新。管理的创新职能就是对这一活动的概括和总结，旨在发现其内在规律，帮助组织实现自觉的和有效的创新行为。

第一节 组织管理的创新职能

一、管理创新的内涵

创新（innovation）从广义上来讲是指产生新的思想和行为的活动。德鲁克认为，任何改变现存物质财富、创造潜力的方式都可以称为创新；创新是新思想的运行，是付诸行动的一切新的想法。熊彼特从经济学视角较早提出了管理创新的思想，他在《经济发展理论》中提出，管理创新就是建立一种新的生产组合过程，即把一种从未有过的关于生产要素和生产条件的"新组合"引入生产体系（熊彼特称之为新的生产函数）。它包括五种基本形式：一是引入一种新产品或者某产品的一种新的特性；二是引入一种新的生产方式，这里的生产方式并不是技术层面的，而是商业层面的；三是开辟新市场，即这个市场组织以前不曾进入过；四是获得原材料或半成品的一种新的供应来源；五是建立任何一种新的组织形式。

从管理学的一般角度来看，我们认为，管理创新活动是相对于维持活动的另一类管理活动，它是在探究人类创新活动规律的基础上，对管理活动改变的过程，是一种产生新的管理思想和新的管理行为的过程。作为管理工作的一种状态，管理创新就是改变管理理念和创新职能管理手段，其目的不仅在于提升组织创新能力，而且在于提高组织管理效率，创造社会财富，实现组织新的目标。

事实上，管理创新概念具有丰富的内涵。我们需要准确理解以下几个问题：

第一，管理活动由维持活动与创新活动构成。管理工作可以概述为两个环节：一是设计组织系统的目标、结构和运行规则，启动并监视系统的运行，使之按预定的规则操作；二是分析系统运行中的变化，进行局部或全局的调整，使系统与内外环境保持动态的一致。这样管理活动就可以划分成维持活动与创新活动两种类型。维持活动是对组织系统目标、结构和运行规则的设计、启动和监视；创新活动则是面对组织系统与环境不协调情况，对组织系统调整与改变的过程。我们应当看到，一方面，创新活动有别于维持活动，管理创新活动是面对新的环境变化而产生新的思想和新的行为。另一方面，创新活动是通过设计、启动和监视等维持活动来落实的。组织系统的任何管理工作无不包含在维持或创新中。

第二，不管组织管理系统设计、启动和监视，还是组织管理调整与变化，它们都是一定管理思想和行动的结果。也就是说，管理创新不仅包括对管理职能活动的变革与创新，更包括这些职能活动背后的思维创新。事实上，管理思维创新往往是管理职能创新活动的基础，任何管理职能变革与创新活动都受到其管理思维的影响。同样，管理职能变革与创新活动也往往反过来推动着管理理念和思维的变革与创新。因此，借用创新理论中的流与源概念，我们可以看到管理创新有两种存在方式：一是在既有管理思维下的职能创新，它们虽然对组织管理系统进行了调整和变革，但它们并没有改变管理职能工作背后的逻辑。此类管理创新被称为流创新。二是对于管理理念和思维本身的根本性改革与创新，它是从根本上改变管理职能工作的逻辑，建构新的管理行为惯例。此类管理创新被称为源创新。[①] 管理总是在进行流创新与源创新。

第三，管理创新中的"管理"，既是名词，也是动词。作为名词的管理创新是指管理工作的创新活动，而作为动词的管理创新是指对于人类创新活动的积极管理过程。为了更清晰地区分两层含义以避免误解，我们将这种过程称为创新管理。为什么管理创新工作包含了对创新活动的积极管理过程呢？事实上，组织活动划分成具体操作活动与管理活动，人类实践具体操作活动与管理活动都有其各自的内在规定性，它们的创新活动也存在各自不同的内涵和外延，由此构成了两类创新，即具体操作创新和管理创新。多数情况下，社会财富创造和组织目标主要是通过具体操作活动来实现的，具体操作活动是实现组织目标的直接环节，管理活动往往是通过指导、改变和完善操作活动及其效率，间接地来完成组织目标实现的任务。因此，管理创新从其开始就规定了其主要目标包括如何通过管理手段来提升创新活动效率。

二、管理工作的维持与创新关系

作为管理的基本内容，维持与创新对系统的存在都是非常重要的。

---

① 流创新与源创新的概念是谢德荪在《源创新：转型期的中国创新之道》（五洲传播出版社2012年版）中提出的。从经济活动视角，谢德荪认为可以将创新划分为流创新和源创新两类。流创新是指以自身资源和力量满足现在市场的需求来增加价值，这包括新产品、新生产流程及降低成本等。源创新是指推动新理念价值，引导相关成员加入，整合大家的资源与能力来满足人的欲望，借此开拓新市场。

维持是保证系统活动顺利进行的基本手段，也是组织中最常见的工作。根据物理学的熵增原理，原来基于合理分工、职责明确而严密衔接起来的有序的系统结构，会随着系统在运转过程中各部分之间的摩擦而逐渐地从有序走向无序，最终导致有序平衡结构的解体。管理的维持职能便是严格地按预定的规划来监视和修正系统的运行，尽力避免各子系统之间的摩擦，或减少摩擦而产生的结构内耗，以保持系统的有序性。没有维持，社会经济系统的目标就难以实现，计划就无法落实，各成员的工作就有可能偏离计划的要求，系统的各个要素就可能相互脱离，各自为政，各行其是，从而整个系统就会呈现出一种混乱的状况。

但是，仅有维持是不够的。任何社会系统都是一个由众多要素构成的，与外部不断发生物质、信息、能量交换的动态、开放的非平衡系统。从某种意义上来说，系统的社会存在是以社会的接受为前提的，而社会之所以允许某个系统存在，又是因为该系统提供了社会需要的某种贡献；一旦系统不能跟上社会的变化，其产品或服务不再被社会需要，或内部的资源转换功能退化，系统向社会的索取超过对社会的贡献，则系统会逐步地为社会所抛弃，趋向消亡。系统若不根据内外变化的要求，适时进行局部或全局的调整，则可能为变化的环境所淘汰，或为改变了的内部要素所不容。这种为适应系统内外变化而进行的局部和全局的调整，便是管理的创新职能。系统不断改变或调整取得和组合资源的方式、方向和结果，以新的方式做出新的贡献，这正是创新的主要内涵和作用。

综上所述，作为管理的两个基本环节，维持与创新对系统的生存发展都是非常重要的，它们是相互联系、不可或缺的。创新是维持基础上的发展，而维持则是创新的逻辑延续；维持是实现创新的成果，而创新则为更高层次的维持提供了依托和框架。任何管理工作都应围绕着系统运转的维持和创新而展开。只有创新没有维持，系统时时刻刻会呈现无所不变的无序的混乱状态，而只有维持没有创新，系统则缺乏活力，犹如一潭死水，适应不了任何外界变化，最终会被环境淘汰。卓越的管理是实现维持与创新最优组合的管理。

创新管理与维持管理在逻辑上表现为相互连接、互为延续的链条。组织的管理总是从创新到维持、再到创新和再到维持循环反复的过程。美国管理学者戴维·赫斯特运用案例研究的方法揭示了组织管理的维持和创新生态循环过程，这种过程如同森林的产生、成长、毁灭和再生的循环过程。与此类似，阿伯纳西和厄特拜克在产品生命周期理论基础上描述创新类型的分布。在产品的幼年期，组织需要重大产品创新；进入产品成长期，重大的工艺创新占据主导地位；在成熟期主要是维持活动；在衰退期则呼唤着重大的产品创新。

有效管理是实现维持与创新最优组合的管理。维持与创新逻辑上的相互连接、互为延续的关系并不意味着两者在空间和时间上的分离。事实上，组织管理活动是维持和创新的相互融合。有效管理就是要根据组织的结构维度和关联维度来确定维持和创新的组合。过度维持会导致组织的僵化和保守，抑制人能力的发展；过度维持会忽视市场的竞争和技术的变化，导致组织反应能力的下降，使得组织失去发展的机会；过度维持往往只是注重短期利益，忽视组织的长期发展战略。同时，过度创新会消耗大量的物力、财力资源，这部分的投入并不能从创新收益中得到补偿；过度创新会导致组织规章制度权威性的减弱，结构体系的紊乱，专业化程度的削弱；严重的过度创新还会导致组织凝聚力的下降，乃至组织的瓦解。

维持管理与创新管理在目标和方向上的不同表现为在基本职能上的差异。维持管理致力于维持秩序，而创新管理则是力图突破现状，率领企业抛弃一切不适宜的传统的做法。总体上来说，维持管理与创新管理在风格上表现出较大的差异性。在组织中，一个管理者往往难以承担起两方面的角色任务。

三、管理创新工作的内在规定性

管理创新工作之所以能够成为管理活动的一个独立职能，不仅在于相对创新活动的维持管理只是管理活动的一个环节，离开了创新环节，管理工作就是不完整的，甚至是无效的，而且管理创新和其他管理职能一样，有其内在逻辑性，是人类理性活动的一个部分，这种活动既可以被认知，也能够被实践。管理创新职能与决策、组织、领导、控制职能之间并非并列独立的，而是相对于维持工作而言的独立存在。

（一）创新是一个管理过程

长期以来，人们对于管理的创新职能存在一些误解。例如有些人会将创新看成偶然性活动，是非正常的千奇百怪的事情；创新源于个别去吃螃蟹的人；等等。事实上，就个体的某次创新活动而言，它可能出自勇于探索的成员，创新的成果也会超出常人的想象，会具有偶然性因素的作用。但是，创新管理工作并不等于个别的创新活动，而是大量的创新活动表现出的共性的逻辑与原则。

社会实践一再表明创新管理工作离不开管理工作的基本职能，创新工作经历了内外因素分析、创新计划和决策、组织和实施创新活动等几个环节。内外因素分析就是要分析公司所面对的内外环境因素、分析组织的创新需求、明确组织可创新的问题、认知创新活动的利弊得失。创新的计划和决策的任务是确定公司新的愿景和战略，制定创新的计划，如创新的内容、创新的深度和力度、创新的切入点、创新的时间进度和预期达到的目标；创新的组织和实施阶段包括组建创新团队，培训创新的骨干，进行组织重构和重新分配资源，进行创新进程的控制和评估创新的成果，并将获得的成果加以推广和应用。于是，组织进入了新的管理阶段，其目标是保持和巩固创新的结果，使得创新活动带动组织绩效的全面提升。

创新工作就是在如此逻辑下持续进行，循环往复，永无止境。

(二) 管理创新的内在精神

当然，作为独立存在的管理职能，管理创新工作具有超越基本管理职能决策、组织、领导和控制的内容，或者说它赋予基本管理职能以新的展开方向。作为创新的一种基本特征，管理创新具有企业家精神（entrepreneurship，或称为创业精神）。这种精神以发展机会为导向，敢于承担风险和不确定性，敢于提前行动，他们将变革视为有益的常态活动。德鲁克在《创新与企业家精神》中指出，企业家精神旨在做到标新立异，而非按部就班或者仅仅对做过的事情做得更好，企业家勇于改革现状，他们从事工作就是创造性破坏。[①] 企业家精神（创业精神）中的企业家不是特指从事经济活动的企业家，而是通指具有此类精神的一切社会行动者。21世纪以来，人们越来越多地注意到经济活动以外的创新活动意义，社会创新就是指以公共财富创造而非私人财富创造为目的进行的创新活动。

第二节　管理创新的类型与基本内容

人们对于管理创新的研究处于不断演进之中，从不同角度可以对管理创新进行不同考察，从而形成对管理创新的多方面认知。其中最具有影响力的是如下三个面向：一是从形式角度考察不同管理创新的特点；二是从过程角度考察不同管理职能的创新内涵；三是从要素的角度讨论管理基础的创新。

一、不同方式的管理创新

对于不同的创新方式，我们可以从创新程度、变革方式和组织化程度来理会。

第一，从创新程度分类，管理创新可以分成渐进式创新与破坏性创新。渐进式创新是对现有的管理理念和管理方法进行局部性改进，而产生的一种新的管理活动。与之不同，破坏性创新则是对于现有管理理论、手段和方法的根本性突破。管理活动是对于人的活动的协调和优化，对于人的本性假设往往是管理理念中一项重要的内容，管理者根据其有效管理理念和环境状况，选择适度的管理方法，实现组织内部目标设置、资源分配、人员的激励和控制。因此，在环境没有发生根本性变化的情况下，管理者从已有管理理念出发，对管理制度和管理方法进行适度调整是可以充分保证管理活动的有效性的，这种创新管理就是一种渐进式的。

[①] [美] 彼得·德鲁克：《创新与企业家精神》，蔡文燕译，机械工业出版社2007年版，第31页。

相反，社会经济不断地发展，社会成员和社会成员间关系都发生了巨大变化，因此，它就要求管理者从管理理念出发，根据不同人性假设，采用不同技术手段来创新管理活动，这种创新就是破坏性创新。

第二，按照创新的变革方式分类，管理创新可分为局部创新、整体创新、要素创新和结构创新。局部创新是指在系统性质和目标不变的前提下，系统活动的某些内容、某些要素的性质或其相互组合的方式，系统的社会贡献的形式或方式等发生变动。整体创新则往往改变系统的目标和使命，涉及系统的目标和运行方式，影响系统的社会贡献的性质。事实上，管理活动主要包括管理理念和管理方法，要素创新是指对于构成整个管理活动的基本要素进行的创新。例如，管理网络化就是利用网络技术对于信息处理方式的变革，是一种要素层面的创新。也有不少管理创新是在管理投入要素的核心概念不变的情况下，对于要素组合方式进行创新。这种创新被称为结构创新。

第三，从创新的组织化程度上看，管理创新可分为自发创新与有组织的创新。任何社会经济组织都是在一定的环境中运转的开放系统，环境的任何变化都会对系统的存在和存在方式产生一定的影响，系统内部与外部直接联系的各子系统接收到环境变化的信号以后，必然会在其工作内容、工作方式、工作目标等方面进行积极或消极的调整，以应对变化或适应变化的要求。同时，社会经济组织内部的各个组成部分是相互联系、相互依存的。系统的相关性决定了与外部有联系的子系统根据环境变化的要求自发地做了调整后，必然会对那些与外部没有直接联系的子系统产生影响，从而要求后者也做相应调整。系统内部各部分的自发调整可能产生两种结果：一种是各子系统的调整均是正确的，从整体上说是相互协调的，从而给系统带来的总效应是积极的，可使系统各部分的关系实现更高层次的平衡——除非极其偶然，这种情况一般不会出现；另一种是各子系统的调整有的是正确的，而另一些则是错误的——这是通常可能出现的情况，因此，从整体上来说，调整后各部分的关系不一定协调，给组织带来的总效应既可能为正，也可能为负（这取决于调整正确与失误的比例），也就是说，系统各部分自发创新的结果是不确定的。与自发创新相对应的，是有组织的创新。有组织的创新包含两层意思：一是系统的管理人员根据创新的客观要求和创新活动本身的客观规律制度化地检查外部环境状况和内部工作，寻求和利用创新机会，计划和组织创新活动。二是在这同时，系统的管理人员要积极地引导和利用各要素的自发创新，使之相互协调并与系统有计划的创新活动相配合，使整个系统内的创新活动有计划、有组织地展开。只有有组织的创新，才能给系统带来预期的、积极的、比较确定的结果。鉴于创新的重要性和自发创新结果的不确定性，有效的管理要求有组织地进行创新。为此，必须研究创新的规律，分析创新的内容，揭示创新过程的影响因素。

当然，有组织的创新也有可能失败，因为创新本身意味着打破旧的秩序，打破原来的平衡，因此，具有一定的风险，更何况组织所处社会环境是一个错综复杂的系统，这个系统的任何一次突发性变化都有可能打破组织内部创新的程序。但是，有计划、有目的、有组织的创新，取得成功的机会无疑要远远大于自发创新。

二、不同职能领域的管理创新

（一）战略创新

战略创新是旨在发现和变革组织目标，探寻新的行动路径的管理决策活动。加里·哈默尔提出"在不断变化的世界上，战略改革是创造财富的关键。战略创新能够调整现存行业模式……既为客户创造价值，又能打乱竞争者的脚步。战略创新是新来者面对巨大资源短缺也能成功的唯一途径"[1]。在经济管理中，企业战略创新首先表现为企业各个时期的具体经营目标，需要适时地根据市场环境和消费需求的特点及变化趋势加以调整和变革，每一次调整和变革都是一种创新。我国企业从计划经济转向市场经济的过程，企业战略创新不仅表现出战略决策的流创新，还表现出战略决策思维的源创新。因为企业战略决策的依据从"按照国家计划安排组织活动"，转向"通过满足市场需要来获取利润"。这种战略决策的源创新就是一场战略革命。

企业战略创新的永恒目标就是进行战略革命，打破旧的行业规则，确立新的行业规则。加里·哈默尔认为所有行业中都存在三类企业：规则制定者、规则遵循者和规则破坏者，而那些破坏者像戴尔、西南航空公司等企业决意颠覆整个行业，是行业革命者。对于企业来说，"要不就将未来拱手让给那些具有革命精神的挑战者，要不就对自己的公司战略的方式来一场革命"。因此，哈默尔提出必须树立一个新的战略观："战略就是革命，其他的一切都只不过是战术。"

企业战略创新同时包括实现战略革命的管理手段的变革。伴随着目标变化，企业管理常常需要开辟新的市场，发现新的顾客需要，引入新的产品、新的技术和新的商业模式，在《战略就是革命》中，哈默尔提出了10条可以帮助公司焕发革命精神的原则。

（二）组织创新

实现组织战略创新，必须对旧的组织管理进行创新，形成一整套新的组织管

---

[1] 加里·哈默尔：《战略创新和追求价值》，转引自［美］迈克尔·库苏曼诺、康斯坦丁诺斯·马凯斯编著：《下一波经济的战略思考》，杨荣译，华夏出版社2003年版，第135页。

理方式。一般说来，组织创新包括变革组织结构、创新组织人才配备和构建创新型组织三个方面。组织创新主要有制度创新、结构创新和文化创新。企业制度主要包括产权制度、经营制度和管理制度三个方面的内容。企业制度创新的方向是不断调整和优化企业所有者、经营者、劳动者三者之间的关系，使各个方面的权力和利益得到充分的体现，使组织的各种成员的作用得到充分的发挥。组织结构的创新是组织横向结构与纵向结构两个层面各种创新与变革的总和，它重点在于调整组织工作分配，重新划分内部权力和责任关系以及沟通系统。文化创新是从生存环境的变化入手，对组织文化进行变革，清除旧的习俗与理念，将组织文化与组织创新活动相匹配，适应外部环境的变化，获取竞争优势。

从创新管理视角来看，组织创新也是要使得组织转化成为创新型组织，从而保障更有效的创新成果的产出。[1] 所谓的创新型组织是指那些具有较强创新氛围和创新能力，并且将创新精神组织化和制度化，形成了一整套稳定创新惯例的组织。伴随经济全球化的发展，组织发展速度日趋加快，竞争日益激烈，不仅企业追求实现创新型组织，而且像教育组织、政府部门等非营利性组织也追求对传统组织进行创造性改革，以改善服务质量，提高组织效率。

（三）领导创新

领导创新是领导工作的创新和对创新工作有效领导内容的总和。领导工作是通过借助引领、沟通、指导和激励等手段对员工行为施加影响的过程，它是领导者、被领导者和组织环境有机组合的结果。有关领导创新研究目前围绕三个方面展开：

1. 培养和挖掘领导者的创新素质

人的创新素质不仅仅是一种智力特征，更是一种人格特征，是一种精神状态，是一种综合素质。它突出表现为善于发现问题、敢于提出问题、主动求新求变、积极探究的心理取向。

2. 创新领导方式

领导理论对于创新型领导进行了充分研究，特别是有关变革型领导理论。以巴斯为代表的学者对变革型领导结构、影响效果和影响机制，以及影响变革型领导的因素都进行了详细研究。[2] 一般认为变革型领导具有四个维度，一是领袖魅力。提供远见和使命感，逐步灌输荣誉感，赢得尊重与信任。二是感召力。传达高期望，使用各种方式强调努力，以简单明了的方式表达重要意图。三是智力刺

---

[1] 有关组织创新的内容，详见本书第十六章。

[2] B. J. Avolio and B. M. Bass, "Individual Consideration Viewed at Multiple Levels of Analysis: A Multi-level Framework for Examining the Diffusion of Transformational Leadership", *The Leadership Quarterly*, 1995, 6 (2), pp. 199—218.

激。鼓励智力、理性活动和周到细致的问题解决活动。四是个别化关怀。关注每一个人，针对每个人的不同情况给予培训、指导和建议。

3. 构建激励创新的氛围

有效的创新激励包括鼓励创意和给创意充分的时间，赋予工作很大的自由与自主性，对于挑战性目标承诺，工作团队的支持和公平合理奖励、晋升的激励制度。[1]

三、不同要素水平的管理创新

（一）管理思维创新

任何管理行为都受制于管理思维。管理者的管理思维固然有着鲜明的个人色彩，但也是特定历史和社会的产物，与那个时期的管理认知水平相一致。作为社会共同体成员的管理者，他们的管理认知会表现出共同管理思维的特征，构成了特定历史阶段、特定社会领域的管理范式。所谓管理范式就是在管理学研究和实践中能够被人们广泛接受、具有典型意义的理论架构或模式，是一种支配、引导人们如何思、如何行的世界观和信念，是一种将组织及其管理活动中看似互不相干的事件以一种有意义的方式加以统整的工具。[2]

管理范式是属于"元管理学"性质，是有关管理活动的一般法则和方法论。它既为我们从事职能管理提供分析基础，同时作为一种思维惯例，它也表现出难以改变的惰性特征。从中国管理实践来看，企业管理思维从苏联范式到欧美范式，再到今天中国本土范式探索，管理学的思维惯性使管理学方法论转向表现出相当的时间跨度。管理思维创新就是突破管理思维惯例，在管理实践中，一般现存企业是在已有管理知识范式和管理技术的基础上寻求管理变革或改进管理的。而创业企业往往会带来导致知识跳跃式发展的新范式。[3] 因为现存组织存在的逻辑基础就是服务于已有管理思维，对其变革和创新是一场自我毁灭的过程。

发展管理者的创新思维对于促进管理思维创新是大有益处的。所谓创新思维就是产生新思想的思维活动。创新思维是以怀疑乃至否定为前提，没有怀疑就不会有对传统思维模式和传统指导思想或理论体系的反思与批判；创新思维是收敛性思维与发散思维的有机统一，发散思维具有开放性特点，它有助于对某一问题，

---

[1] T. M. Amabile, *Creativity in Context: Update to the Social Psychology of Creativity*, Boulder, CO.: Westview Press, 1996.
[2] 参见罗珉：《管理学范式理论述评》，《外国经济与管理》2006年第28卷第6期，第1—10页。
[3] 参见罗珉：《管理学范式理论述评》，《外国经济与管理》2006年第28卷第6期，第1—10页。

从不同的角度进行观察和思考，从而有助于寻找解决问题的多种方法。因此，管理者需要保持好奇心和求知欲，坚守独立批判性，善于利用发散思维，发展直觉思维能力。

（二）管理环境创新

环境是组织生存的土壤，同时制约着组织发展。环境创新不是仅要求组织为适应外界变化而调整内部结构或活动，而是指组织通过积极的创新活动去改造环境，去引导环境朝着有利于组织发展的方向变化。例如，通过企业的公关活动，影响社区、政府政策的制定；通过企业的技术创新，影响社会技术进步的方向；等等。就企业来说，环境创新的主要内容是市场创新和人才环境。

市场创新主要是指通过企业的活动去引导消费，创造需求。新产品的开发往往被认为是企业创造市场需求的主要途径。其实，市场创新的更多内容是通过企业的营销活动来进行的，即在产品的材料、结构、性能不变的前提下，或通过市场的地理转移，或通过揭示产品新的物理使用价值，来寻找新用户，再或通过广告宣传等促销工作，来赋予产品一定的心理使用价值，影响人们对某种消费行为的社会评价，从而诱发和强化消费者的购买动机，增加产品的销售量。

人才环境是组织生存的基本环境，习近平在 2014 年就指出"创新驱动实质上是人才驱动"[①]。人才环境创新不仅包括根据组织发展和技术进步的要求不断地从外部取得合格的新的人力资源，而且更应注重内部现有人力的继续教育，用新技术、新知识去培训、改造和发展他们，使之适应技术进步的要求。任何生产手段都需要依靠人来操作和利用，组织在采用新设备、使用新材料和新技术时，不断提高人的素质，改变人才环境都成了匹配于管理水平的要求。人才不仅是组织发展的基本要素，也是组织创新最基本的动力。

（三）管理技术与方法创新

管理技术与方法是对用来实现管理目的而运用的手段、方式、途径和程序等的总称。管理技术与方法创新是反映组织管理实力的一个重要标志，为了在激烈的市场竞争中处于主动地位，组织应当顺应和引导管理技术发展的方向，不断地创新管理方法与管理技术。马克思曾经说过："各种经济时代的区别，不在于生产什么，而在于怎样生产，用什么劳动资料生产。"[②] 管理物资设备的技术状况是企业生产力水平具有决定性意义的标志。因此，不断进行管理物资设备的创新，对于改善组织管理质量、提升管理效率、创新组织活力都有着十分重要的意义。

---

① 中共中央文献研究室编：《习近平关于社会主义经济建设论述摘编》，中央文献出版社 2017 年版，第 137 页。
② 《马克思恩格斯文集》第 5 卷，人民出版社 2009 年版，第 210 页。

现代信息技术在管理中的广泛运用，对于管理信息的获取、传递、再生和利用，都产生了管理的信息生产力。以大数据技术为例，大数据变革了企业决策，将传统的从出现问题、逻辑分析、找出因果关系、提出解决方案的逆向思维的决策流程，转变成了收集数据、量化分析、找出相互关系、提出优化方案的正向思维的决策流程。大数据挑战管理直觉，管理首先要做的是量化分析，在大数据时代"不会量化就无法管理"的理念已成共识。在当今中国企业管理实践中，管理信息化就是以信息化带动工业化，实现企业管理现代化的过程。管理技术与方法创新的过程，就是要将现代信息技术与现代管理理念相融合，转变组织生产方式、经营方式，改变业务流程和组织方式。

第三节　创新过程及其管理

管理创新工作任务之一就是将组织所有创新活动置于组织的积极管理过程中，从创新活动规律出发，利用管理手段实现组织创新能力和创新效果的提升。从企业管理对象来看，组织中创新活动主要有运营创新、技术创新、产品与服务创新、人员开发与管理创新等。其中，运营创新可能是企业管理创新中最底层的，因为运营管理活动是企业在竞争中生存的最基础条件。技术创新是最引人注目的领域之一，是增加市场竞争力的最重要力量，像柔性制造、准时化生产、并行工程、网络分销等技术创新还会带来新的工业革命。

有效管理创新工作是在发掘企业创新动力的基础上，进行科学的创新决策，实施创新组织和领导，评价企业创新效果，从而针对经营中存在的问题，发现新的创新动力的循环过程。

一、创新动力来源

创新源于企业内部和外部的一系列不同的机会。这些机会可能是企业刻意寻求的，也可能是企业无意中发现但发现后立即有意识地加以利用的。美国学者德鲁克把诱发企业创新的这些不同因素归纳成七种不同的创新来源：

（一）意外的成功或失败

企业经营中经常会产生一些出乎意料的结果：企业苦苦追求基础业务的发展，并为此投入了大量的人力和物力，但结果却是这种业务令人遗憾地不断萎缩。与之相反，另一些业务企业虽未给予足够的关注，却悄无声息地迅速发展。不论是意外的成功，还是意外的失败，都有可能是向企业昭示着某种机会，企业必须对之加以仔细地分析和论证。意外的成功虽然为企业创新提供了大量的机会，但这些机会却不仅可能被企业领导人视而不见，在他们的眼皮底下悄悄地溜走，而且有时甚至被视为异端而遭排斥。未曾料到的失败是企业不能不面对的，企业需要反思这种失败里必然隐含的某些变化，甚至从中思考企业可能存在的某种机会。

（二）企业内外的不协调

当企业对外部经营环境或内部经营条件的假设与现实相冲突，或当企业经营的实际状况与理想状况不相一致时，便出现了不协调的状况。企业内外不协调现象主要有宏观或行业经济景气状况与企业经营绩效的不符，它是可以经常观察到的一种现象。也就是宏观环境处于景气状态，而企业业绩则出现了大幅度下滑；企业经营假设与现实有较大冲突等这种不协调既可能是已经发生的某种变化的结果，也可能是某种将要发生的变化的征兆。因此，企业必须仔细观察不协调的存在，分析出现不协调的原因，并以此为契机组织技术创新。

（三）过程改进的需要

过程改进的需要与企业内部的工作（内部的生产经营过程）有关。由这种需要引发的创新是对现已存在的过程（特别是工艺过程）进行改善，把原有的某个薄弱环节去掉，代之以利用新知识、新技术重新设计的新工艺、新方法，以提高效率、保证质量、降低成本。由于这种创新的需要通常存在已久，所以一旦采用，人们常会有一种理该如此或早该如此的感觉，因而可能迅速为组织所接受，并很快成为一种通行的标准。过程的改进既可能是科学技术发展的逻辑结果，也可能是推动和促进科技发展的原动力。

（四）产业和市场的改变

处在行业之内的企业通常对行业发生的变化不甚敏感，面对同一市场和行业结构的变化，企业可能做出不同的创新和选择，而多种选择都可能有其存在意义和价值创造空间。关键不是停留于对市场和产业变化的思辨之中，而是要通过迅速的创新行动，在行动中不断试错和迭代。

（五）人口结构的变化

人口因素对企业经营的影响是多方位的。作为企业经营中一种必不可少的资源，人口结构的变化直接决定着劳动力市场的供给，从而影响企业的生产成本；作为企业产品的最终用户，人口的数量及构成决定了市场的结构及规模。作为企业产品最终用户的人口，其有关因素对企业经营的影响进而对创新的要求是难以判断和预测的。分析人口数量对企业创新机会的影响，不仅要考察人口的总量指标，而且要分析各种人口构成的统计资料。总量指标虽然可在一定程度上反映人口变化的趋势，但这种数据亦可能把企业的分析引入歧途。

（六）人们观念的改变

对事物的认知和观念决定着消费者的消费态度，消费态度决定着消费者的消费行为，消费行为决定一种具体产品在市场上的受欢迎程度。需要指出的是，人们观念的转变与企业进入时机间并非是简单的线性关系。过迟不行，过早也不行。如果消费者的观念尚未转变或刚刚开始转变，企业在敏锐地观察到这种机会后即迅速采取行动，这样固然可以领先竞争者许多，但这种消费观念的转变并未真正造成市场的启动，企业经营也仍然处于困难时期，甚至等不到黎明的到来，企业就已经倒闭。

（七）新知识的产生

一种新知识的出现，将为企业创新提供异常丰富的机会。但与其他类型的创新相比，知识性创新具有最漫长的前置期，从新知识的产生到应用技术的出现，最后到产品的市场化，这个过程通常需要很长的时间。另外，知识性创新是多因素共同作用的结果。虽然在这类创新中，企业依靠一种或少数几种关键的技术以及相关的知识，但在所有其他必备知识尚未出现之前，创新也是不可能实现的。

二、创新管理决策

任何企业在进行创新过程管理中，都需要进行一系列的创新管理决策。它们涉及创新基础、创新对象、创新水平、创新方式以及创新实现的时机等多个方面。以下介绍前四个方面。

（一）创新基础的选择

创新基础的选择需要用以解决在何种层次上组织创新的问题，或者说创新主体是谁，相应的资金定位问题等。它们包括：一项创新活动是在集团公司、事业部还是运营单元层面上开展？创新活动是基础性创新、应用性创新还是工艺性创新？这种决策涉及了创新活动所波及的组织范围和资金需求。随着全球化的加剧，企业的一些创新活动从一开始就可能需要在全球范围展开。世界跨国公司中海外研发的比重已经高达50%以上，反映了管理创新在现代经营中的突出地位。

（二）创新对象的选择

从技术创新角度来看，创新对象选择主要涉及材料、产品、工艺、手段等不同方面。产品创新使得产品在结构或性能上有所改进或全部创新，不仅能给消费者带来一种全新的享受，而且可能降低产品的生产成本或者减少产品在使用过程中的费用，所以给企业带来的不仅是特色的形成，而且可能是成本的优势。工艺创新则既可能为产品质量的形成提供更加可靠的保证，从而加强企业的特色优势，亦可能促进生产成本的降低，从而使企业产品在市场上更具价格竞争力。

（三）创新水平的选择

创新水平解决的主要是在组织企业创新活动时，是采取一个领先于竞争对手的先发优势战略，还是实行后发优势战略。先发优势战略是在行动上先人一步，目的是在市场竞争中高人一筹、先人一步行动，率先行动。后发优势战略就是指企业主动规避技术竞赛风险，选择恰当时机进入，获取技术竞赛上领先地位的行为。

在企业创新水平选择上还要考虑"顺轨创新""选轨创新"和"转轨创新"问题。顺轨创新是指沿着某一特定创新轨道发展方向进行创新活动，这种创新具有行为连续、市场范围稳定、转换成本低等特点。选轨创新是指在两个或两个以上的创新方向上进行选择的过程创新。选轨创新可以给企业带来新的市场机会，为新创企业或公司二次创业带来机会。转轨创新是指从已有的创新轨道转向新出现的创新轨道，转轨创新具有破坏现有能力、高转换成本和创新行为不连续等风险，它往往是企业创新转型的标志。

（四）创新方式的选择

不论企业创新的水平和对象如何，企业在创新活动的组织中都可以有两种不同的选择：利用自己的力量独家进行开发，或者与外部的生产、科研机构联合起来共同开发。在技术创新中，企业独立开发不仅要求拥有数量众多、实力雄厚的技术人员，而且要求企业能够调动足够数量的资金。独立开发若能获得成功，企业将可在一定时期内垄断性地利用新技术来组织生产，形成某种其他企业难以模仿的竞争优势，从而获得高额的垄断性利润。相反，如果开发不能获得预期的结果，企业也将独自咽下失败的苦果。联合开发，企业可以与合作伙伴集中更多的资源条件进行更具有基础性的创新研究，并共同承担由此而引起的各种风险。开发如果失败，企业将与协作伙伴一道来分担各种损失。当然，开发成功，企业也不能独自利用研究成果组织产品或工艺的创新，协作伙伴也有权分享共同的成果，有权从这种成果的利用中分享一份市场创新的利益。

三、实施创新领导

管理学家约翰·科特提出创新领导包括八个环节：树立紧迫感，建立强有力领导联盟；构建愿景规划；沟通创新愿景；广泛的授权运动；夺取短期胜利；巩固已有成果，深化创新；将创新成果制度化。

（1）树立紧迫感是创新工作的一项关键责任。领导创新与变革管理需要仔细审视现实中的竞争压力，认清危机和机遇。市场竞争环境的压力既为组织的变革与创新提供了动力，也为变革与创新指明了方向。

（2）建立强有力的领导联盟是创新工作必须有的组织保障。组织一个强有力的领导创新的群体，赋予它们领导创新的足够权力，鼓励领导群体的成员协同作战。组织的创新与变革工作常常由于缺乏强有力的领导联盟而失败。

（3）构建愿景规划能够引导创新的方向。组织的愿景既是创新工作的出发点，也是创新的归宿。一个清晰可信的、令人鼓舞的愿景确定了组织存在的理由和目标；它说明组织的经营哲学和经营理念，对组织的活动起指导作用；它能够统一员工的信念，争取利益相关者的信赖和支持。组织的愿景是由组织成员的个人愿景汇集而成的，是组织成员的共同愿景。

（4）沟通创新愿景就是利用各种可用的媒介工具，与其他人沟通新的愿景规划和战略，通过领导联盟的示范传授新的行为。

（5）广泛的授权运动是实现组织创新愿景的基础。授权以实施愿景规划就是要扫清创新途中的障碍；改革阻碍组织实现创新的体制和机构；鼓励甘冒风险与非传统的观点、活动与行为。

（6）夺取短期胜利就是不只是等待愿景的完全实现，而是计划取得一些小的胜利，让每个人都能看到进步。夺取短期胜利就是要制定逐步改进绩效的规划；实施规划，改进绩效；表彰和奖励参与绩效改进并获得成效的员工。尽可能做到将短期胜利的积极影响扩展到整个组织。

（7）巩固已有成果，深化创新就是利用对前一阶段成果的良好信任，改革与愿景规划不相适应的体制、结构、政策；培养、任用、晋升能执行愿景规划的员工；选用新项目、新观点和创新推动者再次激活整个创新过程。

（8）将创新成果制度化就是将创新的活动融入组织文化之中，展示创新的积极成果，表明新的行为方式和改进结果之间的联系，不断地寻找新的变革力量和领导者，不断吸引创新先导者共同对变革与创新负起责任。

四、创新活动的评估与审计

创新活动的评估与审计是以创新的测量为基准，按照评估基本原则的要求，通过运用多种评估审计的方法，确定评估的关键环节和关键问题，找出目前状况和期望状况之间的差距，进而对创新过程和创新业绩提出改进的方案，为企业持续创新活动提供保障。

从主要内容来看，创新评估可以分为技术评估型、过程评估型、系统评估型、绩效评估型。20世纪80年代高标定位理论以行业领先企业为基础，运用标杆管理手段，通过资料收集和比较分析，采用跟踪学习等一系列规范程序，改进业绩，赶上和超越竞争对手。就企业创新绩效评估而言，OECD主持的

《技术创新调查手册》中，明确地将创新界定为工业技术创新。它包括新产品和新工艺以及产品和工艺显著的技术变化。运用高标定位的思想，研究发现企业创新业绩是创新战略、资源保障和创新过程三者交叉影响的结果。技术创新评审图如图 15-1 所示。

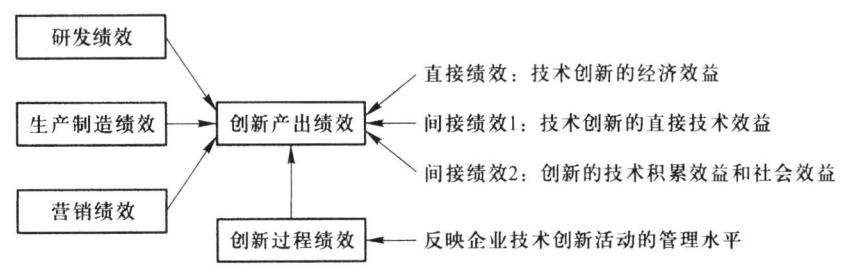

图 15-1　技术创新评审图

以技术创新过程评价为基础，陈劲等提出了技术创新审计模型。该模型认为技术创新过程是技术创新核心过程、周边系统和技术能力积累三个模块共同作用的结果。技术创新核心过程是由技术获取、产品开发、工艺创新组成的。技术获取的审计主要包括有效外部联结、合理的技术获取战略、技术获得实施三个维度；产品开发过程的审计指标，包括创新来源、产品创新计划、产品创新过程；工艺创新包括生产战略、工艺创新、创新工艺实施、工艺持续创新四个方面。周边系统包括技术战略、组织环境、资源供给以及有效外部联结。技术能力积累是通过技术知识积累和组织学习两个维度来反映的。[①]

近年来，创新评估逐渐呈现多维性，从开始以投入与产出来衡量创新绩效，到以实现过程、能力、内外系统等来衡量创新绩效。在这个过程中，逐渐引入了国家创新系统、核心竞争力、竞争优势、区域经济、知识经济等理论，并形成了多个理论的交叉应用，成为不断发展的模型和评价指标体系的基础。

思考题

1. 管理创新的内涵是什么？
2. 管理维持工作与创新工作间关系如何？
3. 为什么说管理创新是一个独立的管理职能？
4. 什么是战略创新？什么是组织创新？什么是领导创新？

---

① 陈劲、陈钰芬：《企业技术创新绩效评价指标体系研究》，《科学学与科学技术管理》2006 年第 27 卷第 3 期，第 86—91 页。

5. 有效管理创新工作的主要内容有哪些?
6. 如何做好创新决策?如何做好创新活动的评估与审计?

▶ 自测习题及参考答案

第十六章 组织创新

组织创新是管理创新工作的关键性内容,它不仅将创新工作置于组织化的有机运行之下,更是为创新工作可持续发展提供了基础保障。做好组织创新工作就要消除组织创新与变革的障碍,对组织结构进行变革和创新,有效配置创新人才,构建可持续创新的学习型组织。

第一节 组织变革与创新

变革与创新是一对孪生兄弟。变革就是创新,不管对什么组织而言,其组织变革行为都是对新的发展方向和发展手段的探索,是为了创造出新的产品、新的技术、新的制度和新的组织结构。创新的过程也是变革过程,组织无不以变革为开始,即使是新创组织也是创业者一种自我变革的过程。组织创新的过程首要的是发现其变革的障碍,明确变革路径,获取变革的合法性。

一、组织变革模式和路径

(一) 理性组织变革的模式

勒温最早提出了理性组织变革的三个阶段模式[1],即激发人们变革通常所需的三个阶段:解冻、转变、冻结。

(1) 解冻就是指在组织内部广泛宣传变革与创新的必要性,让每个人和每个团体都能够真正地感受到变革与创新的必要性,接受变革与创新的挑战。这个阶段的一个核心问题就是如何削减变革阻力,如何获取组织变革的合法性。事实上,教育和沟通,获取物质支持,利用各种政治手段对于削减变革阻力都有其适用范围。

(2) 转变就是实施变革与创新的过程。它是指通过寻找机会、提出构想、迅速行动、坚持不懈等变革与创新的环节,提出变革与创新的观念和将其付之于行动的过程。在转变过程,要使得组织成员认同变革与创新促进者的价值观、态度和行为,并将之内在化为自我的价值观和行为。组织和领导变革与创新是创新职能的重要部分。这个阶段有两个核心工作:一是如何设计组织变革的干预措施;二是领导和管理组织变革,完成过渡状态的转型。

---

[1] K. Lewin, *Field Theory in Social Science*, New York: Harper & Row, Pub., 1951.

(3) 冻结是指通过加强和支持手段，使得变革与创新活动锁定成为组织的新范式和新规范。这个阶段的核心工作是如何评估变革的成果，将变革制度化。事实上，组织变革也存在两面性，当组织变革给人以兴奋和快乐时，它也可能使人痛苦和不安，处理不当也会造成员工情绪低落，责任感降低。因此，管理者需要明确实施组织创新活动可能的收益和成本。下列问题是管理者从事变革与创新时必须加以思考的：组织为什么要实施某项变革与创新活动；变革与创新的成功实施可能给组织带来的变化；这种转变可能给组织带来何种额外的损失。

（二）组织变革的四条路径

组织变革方式可以从过程和结果两个维度来衡量。从其结果强度可以分成转型和调整。组织转型是一种不能按照原有组织范式或组织惯例解决的变革，它是一种根本性的变革。组织需要在战略、结构、体系、过程和文化全方位进行改变。虽然组织调整也可能波及组织结构重组等重大变革，但不会波及组织根本信念和基本假设。组织会在保留其核心优质资源的基础上继续发展。组织变革从其过程的方式也可分成渐进式和突变式。由此，组织变革可以划分为四条基本路径：演化、适应、改造和革命①，如图16-1所示。

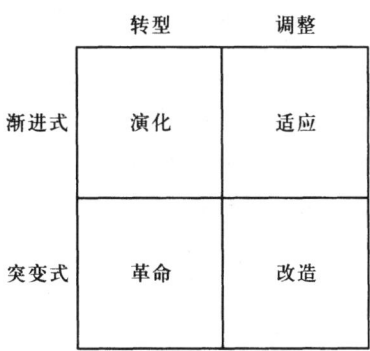

图16-1 组织变革的四条路径

1. 演化

它是一种转型式变革，它是通过不同的变革阶段和相互联系的变革行动逐步进行的，其中每一次变革都是建立在上一次变革基础上的。演化是有计划的主动转型过程，管理者根据未来预测，主动实施变革行为。多年来，海尔 CEO 张瑞敏认为企业必须主动颠覆封闭的局面，而不是为封闭的局面所颠覆，管理上没有最终的答案，只有永恒的追问。海尔从注重运营的"日清模式"发展到"人单合一双赢"的大规模定制，而后成为"创客制造者"。现在的海尔没有层级，只有三种

---

① J. Balogun and G. Johnson, "Organizational Restructuring and Middle Manager Sensemaking", *Academy of Management Journal*, 2004, 47 (4): pp. 523—549.

人——平台主、小微主、创客，都围着用户转。9年来，海尔完成了经营理念的根本性演化。

2. 适应

它是一种非典型变革。它分阶段缓慢进行，它往往不会造成根本性的转型革命，多数是在现有理念下业务不断调整的过程，在这个过程中组织也常常是被动适应性的，只是到了形势突然严峻起来的时候，适应模式才可能会发展成为改造模式。

3. 改造

它将调整组织运作方式，比适应更加显著和快速。它往往波及许多变革计划，如大规模经营转向等。飞利浦CEO克雷斯特利上任不到一年就将移动电话和录影机业务外包，关闭了大量工厂，将制造厂从268个减少到160个，出售了低增长的业务，削减了企业的一般管理费用。有时改革也会进行组织惯例的调整，此时它与革命的变革难以区分。[1]

4. 革命

在短时间内，组织在很多领域都开始了齐头并进的变革，此时组织有可能就进行了革命性变革。这种变革与环境的突然变化有很大关系，就如同近年来电子商务在中国的发展一样，线上业务快速增长，使得传统业务面临着沉重打击，企业商业模式、业务领域都要进行变革。其实，中国电子商务革命时代已经到来了。苏宁、阿里、京东在"双十一"的大战就是它们主动出击的结果，因为既然环境已经变化，唯有快速和根本性变化才能使得苏宁找回传统渠道优势。2013年苏宁提出云商模式，旨在全力打造连锁店面和电子商务两大开放平台，实现线上、线下虚实结合。苏宁的云商系统里，包括实体产品、内容产品、服务产品三大类。在平台建设上，线下有苏宁旗舰店、苏宁超级店、苏宁生活广场、苏宁广场；线上有PC计算机终端、移动客户端、移动PAD客户端、智能电视及自动终端。苏宁家电从传统家电渠道商，根本转向了O2O模式。2015年随着公司"互联网+"零售商业模式转型的持续深入，企业发展进入快车道。

二、组织变革的障碍

尽管组织变革与创新工作往往是环境变化驱动的，但仍然会遇到组织内外的各种障碍，组织中对于变革与创新的抵触力来自复杂的系统因素：组织文化、既定的发展战略、组织结构、技术水平、领导风格、成员因素都可能使得变革与创

---

[1] [美]朱莉娅·巴洛根、韦罗妮卡·霍普·黑利：《战略变革探索》（第二版），赵荣凯译，中国人民大学出版社2007年版，第21页。

新受到阻碍。人的因素是变革与创新抵触力中最活跃的因素。

（一）认知与心理因素

对组织变革的影响因素，以往的理论研究强调的是认知的理性限制，不管组织员工还是管理者其既有的认知图式和心理契约都会产生认知惰性和评价差异。

1. 缺乏了解

不少组织进行变革与创新的方式上存在问题，缺乏与组织成员进行事前的有效沟通，变革与创新领导小组闭门造车。组织成员需要知道如何进行变革，如果出现信息真空，就难免谣言四起，让人们焦躁不安。即使变革与创新的方案能使每个人受益，人们也可能因为缺乏了解而误解它，进而反对它。

2. 评价差异

组织成员间私有信息的差异会导致人们对变革与创新活动有着不同的评价和看法，信息不对称使得组织员工并不像管理者那样看待企业制定的新的战略目标；组织成员怀念"过去的好时光"会导致变革与创新目标认知的差异。这种不同的评价结果产生的抵制力不一定是消极的，因为持有不同意见的双方都可能是正确的。

3. 认知惰性

人们习惯于原来的工作方式，并不希望打破现状，这使得人们不自觉地产生对于变革与创新的抵制情绪。

（二）资源路径依赖因素

近年来不少研究注意到影响组织变革的认知与行为，其实与背后的资源路径依赖性有关，如核心能力、企业家行为和组织文化等都具有路径依赖性特征。[①]

1. 核心能力刚性

不论企业具体的核心能力如何，其载体无非包括企业的人力资本和作为非人力资本的企业无形资产和企业有形资产。企业非人力资本的刚性特征是非常明显的。作为有形资产的机器设备总是有一定专用性的，企业投资形成的、物化为一定机器设备的生产能力，总是和特定产品的生产制造联系在一起的，经营或市场服务方向的创新可能意味着这些有形资产的完全放弃；表现为品牌、商誉的无形资产总是和一定的产品或至少是特定领域的产品相联系的。核心能力的刚性愈强，组织创新的路径依赖特征愈明显。

2. 企业家行为选择的路径依赖性

企业行为选择是企业家行为选择的直接结果。但影响企业经营的，从来都不

[①] 陈传明：《企业战略调整的路径依赖特征及其超越》，《管理世界》2002年第6期，第94—101页。

是客观的环境或资源，而是人们所认识到的和所以为的环境和资源。企业家正是根据他们对环境特征及其变化的认识，根据他们对企业拥有的经营资源的质和量的认识来制定和比较不同决策方案的。

3. 企业文化的组织记忆特征

企业文化基本上反映了企业组织的记忆。文化是一个历史的概念，是在企业经营的过程中经过岁月流逝逐渐积累而成的。在历史上形成的企业文化，是在企业经营过程中被实践证明的一种成功的行为方式，以及这种行为方式所体现的行为准则和价值观念。作为组织记忆的企业文化，制约着企业员工的思维方式，并通过对员工思维方式的影响，限制着企业员工以及企业的行为选择，从而制约着企业组织创新与变革。

（三）社会与政治影响因素

一般说来，组织变革都与众多社会因素相联系，个人利益（包括经济的和权力的）、道德的压力以及团体心理压力等都影响着组织变革。

1. 个人利益

变革与创新意味着原有的组织结构被打破，工作流程将被重新设计，利益将被重新分配。人们害怕失去原有的利益，担心丢掉工作、薪水减少或者丧失现在的权力和地位。

2. 道德的压力[1]

组织变革常常伴随着对传统道德观念的突破，因此道德的压力也阻碍组织变革。对于组织变革者来说，如何为变革与创新活动提供道德的指导，容忍或者宽容成员的"不道德"的尺度？组织成员和其他社会力量也担心组织变革者借助改革和创新之名，采取经营的无赖行为。

3. 团队心理压力

有些团队不能承受变革的心理压力。如果一个团队凝聚力强，来自同事的压力就能让其成员反对哪怕是合理的变革与创新。因为变革可能否定过去的成绩，失去同事的网络，打乱原有的工作节奏，所以大家不愿打破现状而去尝试新路。

此外，变革与创新的时机和其出现的突然性也会造成抵触的情绪。不少组织的创新阻力就是来自缺乏对变革时机的合理把握；缺乏赋予人们足够的心理准备时间。

三、组织变革过程管理

组织变革从解冻、转变到冻结的过程是，组织状态从当前状态、过渡状态到

---

[1] Michael Morris, Donald Kuratko and Jeffrey Covin, *Corporate Entrepreneurship & Innovation*, 3rd ed., Mason, Ohio: South Western, Cengage Learning, 2010.

未来状态转化的过程,组织转化过程实现是依赖对过渡过程的有效管理。在这个过程中,组织不仅要消除变革的各种障碍和阻力,还要确定组织新的愿景,设计转化过程,得到政治支持,获取持久的变革动力。

(一)激发组织变革的意愿

1. 感受变革的需求

组织变革启动的首要因素是组织利益相关者深刻感受到了组织变革的需求。他们对组织现状表现出不满,激发了尝试新组织方式的意愿,包括新的规章制度、新的技术手段、新的工作流程等。因此,组织管理者需要展现出令人震惊的组织压力,必须让这些压力的传递范围超越组织的可感知范围,从而促使组织成员对现状进行否定。虽然组织变革还没有实际展开,但组织成员都开始讨论组织遇到的难题,开始尝试对组织变革的合理化解释,认知到现状与未来状态之间的巨大差距,从而为组织变革做好思想准备。

2. 消除组织变革障碍

激发组织变革的意愿,还需要消除组织成员对组织变革的担忧,产生正面的可置信预期。消除变革抵触情绪的方法,主要包括教育和沟通、参与和投入、提供便利和支持、协商以期一致、引导和说服、硬性实施,如表 16-1 所示。

表 16-1 应对变革抵触情绪的基本方法及其应用条件、优缺点

方法	一般的应用条件	优点	缺点
教育和沟通	信息缺乏或资料及分析不精确	人们一旦被说服,就往往会帮助实施变革	如果涉及的人很多,就会很费时间
参与和投入	变革的发起者所需的资料不完整或者其他人的反对力量强大	参加到变革计划中的人会热衷于它的实施,他们所掌握的相关信息也将被包括到计划之中	如果参与者设计了一项不合适的变革方案,就很浪费时间
提供便利和支持	人们是因调整问题而反对	这是处理调整问题的最好方法	可能耗费时间和金钱,并有可能白费
协商以期一致	有些人或有些团体将在变革中遭受明显的损失,而且这些团体的反对力量强大	有时这是一条避免强烈抵触的简便途径	如果它提醒了其他人都要通过协商才顺从的话,组织将要付出相当高的代价
引导和说服	当其他技巧都无效或太昂贵时	这是一种相对迅速、节约时间的解决方式	为未来埋下隐患,因为人们可能认识到自己被操纵了

续表

方法	一般的应用条件	优点	缺点
硬性实施	时间紧急而且变革的发起人有相当的权力	迅速并能解决任何反抗	如果发起者激怒了某些人,就很危险

资料来源:J. P. Kotter and L. A. Schlesinger, Choosing Strategies for Change, *Harvard Business Review*, July-August, 2008, pp. 130—139.

(二) 创造组织共同愿景与意义给赋[①]

在组织变革过程中,组织愿景为组织变革描绘了一个可见的未来,它为变革设计、执行及评估提供了一个价值导向;通过为组织成员明确共同目标,为变革的合法性进行解释和辩护,找到组织成员为变革努力的依据,增强人们对组织变革的承诺。然而,在组织变革中创建共同愿景并不是一件容易的事情,因为组织变革一定程度上冲击了组织价值观念,特别是转型变革中,人们深受变革压力而感到震惊的过程,也是对组织惯例质疑的过程。所谓"大难临头各自飞"可能是人们面临困境时常有的一种现象,在认知领域产生了意义的缺失。

因此,变革领导者必须在时间和资金面临短缺的状态下,克服困难,利用训练、辅导等手段为那些奋力挣扎的成员提供支持,变革工作重心是在人员发展、交流、辅导上,而非技术培训上,对其变革行为进行聆听、鼓励、支持、指导、讨论、反馈、形成共鸣,帮助他们明确新的目标和新的角色。其实,创造共同愿景的过程,往往是对核心价值观念进行测试的过程,是对组织和岗位工作意义的构建和给赋过程,意义给赋(sensegiving)关注"特定的群体如何去影响其他人对于事件的理解"。变革领导因此而成为构建意义和诠释意义的修辞过程,其工作重点在于何时或如何在各个层次上影响其他人对于特定组织现实的意义生成(sensemaking)。[②] 在这个过程中,组织成员找到了有价值可见的变革成果,组织未来可以预期。

(三) 获取持久变革的动力

1. 创新活动的人才配置

组织变革一旦启动就需要持续的动力,只有获取持久变革的动力才能将变革制度化,使得组织完成从过渡状态到未来状态的转变。这个过程中需要为变革者提供资源,建立一个推动变革的组织系统,发展组织成员新的技能,强化新的行为,扩大变革的社会影响等。毫无疑问,在此过程中变革人力资源管理变得十分

[①] [美] 托马斯·卡明斯、克里斯托弗·沃里:《组织发展与变革》(第七版),李剑锋等译,清华大学出版社2003年版,第17页。

[②] S. Maitlis, "The Social Processes of Organizational Sensemaking", *Academy of Management Journal*, 2005, 48 (1), pp. 21—49.

重要。组织需要引进和开发创新人才,包括创造人才(创客),也需要对创新人才进行职能管理,如招聘与培训管理、绩效管理、薪酬管理、职业生涯发展规划等。组织变革中的人力资源配置就是要使人力资源成为组织变革的核心推动力。

2. 创新人才的特质和角色

以往的创新人才研究主要集中在其特质上,一般认为创新人才具有如下特质:成就动机、内在控制力、冒险精神、敏锐洞察力、创造性思维、坚忍意志、丰富知识、自信、乐观等。组织中存在四类创新者:一是个人成就者,他们是那些大胆、视野开阔、敢于冒险的人;二是超级营销者,他们是通过社交网络和为人处世能力而擅长推销的社会活动家;三是真正管理者,他们是具有权力倾向、有计划、敢作敢为的领导者;四是思想创造专家,或者技术发明家等,他们具有明显的技术背景,拥有创造能力,但他们往往缺乏组织能力。组织创新者呈现出不同的形式和风格,扮演不同的关键角色:发起者、拥护者、助推者、观望者和反对者。组织变革领导者必须明确定义内部拥护者的本质和角色,建立一整套与之相适应的奖罚制度。

3. 创客时代的动力

互联网时代组织创新动力已经超越了组织边界,进入了创客时代。[①] 创客是指不以营利为目标,热衷于创意、设计、制造活动,努力把各种创意转变为现实的个人或群体。安德森认为人人皆可为创客,生来如此。如果你喜欢烹饪,你就是厨房创客;如果你喜欢种植,你就是花园创客。为什么我们时代成了创客时代,人人皆可成为创客呢?根本原因是互联网使得创新活动大众化了,3D打印、开源硬件,特别是创客空间发展,都可以使得我们小众的产品满足小众群体的需求。所谓创客空间是指具有加工车间、工作室功能的开放实验室,是创客们共享资源和知识、产品发明和实现的场所。创客空间将创意、发明、创新、创业转化为一个有机的过程,将成为创业的集散地和创新社区的中枢。应当说,创客时代的到来使得组织创新拥有了一个无限广阔的动力来源。

第二节　组织结构创新

组织结构不仅是劳动分工与协调的需要,也是指运用组织方法调整相关行动者的行为,对其行为进行引导和整合。制度结构、层级结构和文化结构是组织结

---

① [美]克里斯·安德森:《创客:新工业革命》,萧潇译,中信出版社2012年版,第254页。

构最主要的三种形式。①

一、制度结构创新

组织制度结构并不是指内部运营的规章制度，规章制度只是用来规范员工个体行为的。作为规范组织各类参与者间权力与利益关系规范的总和，组织制度结构是不同参与者之间的协调机制，是一种权力分配和利益分配机制，它规定了不同参与者应当承担的义务和应享有的权利。

(一) 工业社会的企业制度结构特征及其原因

在工业社会中"企业是资本家的企业"被看成天经地义的事情。不少经典理论对"资本雇佣劳动"给出解释。最流行的学说要算奈特的风险偏好说，在《风险、不确定性和利润》中，奈特提出资本家或雇主是风险中性者，而工人或雇工则是风险厌恶者。厌恶风险的工人自愿领取低于期望收入的固定工资；他们将市场不确定性风险转嫁给了风险偏好中性的资本家。而资本家因承担了市场不确定性成为剩余索取者，这个剩余收入就是从工人那里转移来的所有"风险佣金"。

事实上，决定企业制度安排的根本性力量是各种投入要素的相对稀缺程度。在迄今为止的工业社会，相对于其他要素来说，资本是最重要也是最稀缺的。工业生产过程主要是资本与劳动结合的过程，正是由于要素的稀缺性和重要性，资本成了启动这个过程的动力源。资本的所有者通过提供一定数量的资本形成一定的生产能力，集中一定的物质条件，雇用一定数量的劳动者加工和组合利用这些资源以形成一定的产品。由此，资本的所有者在过程开始之初就拥有着选择过程运行的方向、组织过程的推进、处理过程的结果的各种权力。在这种背景的企业中，知识特别是管理知识虽也已开始占据一席之地，但主要是作为资本的附属而存在的。

(二) 后工业社会的企业制度结构创新

人们在企业中的活动可以分为两类：一类是有关操作的知识，即人们作用于物的劳动、主要需要与操作有关的知识；另一类是有关协调的知识，它们是作用于其他人的劳动、主要需要与协调有关的知识。虽然后工业社会或知识社会是在工业社会甚至是在前工业社会中就已开始孕育的，是从工业社会中脱胎而来的，但是与工业社会相比，知识社会条件下人们所倚重的知识类型，以及相关知识的相对重要程度是不同的。

工业社会是以操作知识的发展为基础的，工业社会的发展又不断促进着操作

---

① 陈传明：《知识经济条件下企业组织的结构化改造》，《南京大学学报》(哲学·人文科学·社会科学版) 2000 年第 37 卷第 1 期，第 38-46 页。

知识的进步。细致的劳动分工在促进劳动生产率提高的同时，使得每一个分工劳动者的操作技能和相关专业知识更加狭窄、更加专门化，从而使得工业生产中的每一个人的劳动高度相互依赖。这种相互依赖性使得对不同人在企业中分工劳动的协调变得至关重要。在生产过程相对简单，从而要求工人所具有的操作技能也相对简单的情况下，只需对这些操作技能有一定了解便可完成协调的任务。所以在工业社会初期，协调工作是由资本所有者承担的。

工业社会愈发展，分工劳动愈细致，劳动者的知识愈专门化，与协调不同劳动者的分工劳动有关的知识就愈加重要。这种重要性不仅是相对于其他知识（比如操作知识）而言的，而且是相对于其他生产要素而言的。随着工业社会的发展和工业生产过程的复杂化，资本所有者难以拥有这样的知识，只能委托拥有相关知识的经营管理人员去协调。后者在协调实践中，地位不断得到加强。今天组织企业活动的协调知识是由企业经营管理人员所拥有的。管理人员的职能就是运用协调知识去组织和管理企业成员的分工劳动。管理人员通过其协调劳动不仅决定着自己所拥有的协调知识的运用效率，而且决定着作为其协调对象的企业生产者的知识利用效果。所以，"经理是对知识的应用和知识的绩效负责的人"[①]。

因此，在工业社会蜕变而来的知识社会或后工业社会中，知识正变为最重要的资源，企业内部的权利关系正朝向知识拥有者的方向变化，企业的制度结构正从"资本的逻辑"转向我们所称的"知识逻辑"[②]。权力派生于知识（特别是协调知识）的供应，利益（经营成果的分配）由知识的拥有者所控制正逐渐成为后工业社会或知识社会的基本特征。

二、层级结构创新

层级结构是对个体成员在组织活动中的关系和行为的规范。青木昌彦就把组织内部不同任务单元信息加工活动的分配（认知劳动的分工）称为组织层级结构[③]。实现组织层级结构化包括建立命令等级链，确定内部汇报和负责关系，划分不同岗位职责，确定组织个体成员的基本行为等。明茨伯格认为一个有效的层级结构化要达到六种机制的建立：相互调适、直接监督、工作程序标准化、成果标准化或产出标准化、技术（技能）以及知识标准化和规范标准化[④]。

（一）工业社会的企业层级结构及其特征

工业社会的发展首先表现为生产规模的不断扩大。随着活动规模的扩大和内

---

① [美] 达尔·尼夫：《知识经济》，樊春良、冷民等译，珠海出版社1998年版，第57页。
② 陈传明：《比较企业制度》，人民出版社1995年版，第178页。
③ 参见[日]青木昌彦：《比较制度分析》，周黎安译，上海远东出版社2001年版，第284页。
④ [加拿大] 亨利·明茨伯格：《明茨伯格论管理》，闾佳译，机械工业出版社2007年版，第80页。

容的渐趋复杂，在同一时空聚集了数万甚至数十万工人从事大规模生产的条件下，要使这些人的活动有序地进行，必须在对这些人的劳动进行合理分工的基础上进行指挥和协调。在政府组织中被运用的层级结构便是在这样的背景下被逐渐移植到工业社会中来的。作为工业企业的主要组织形式，层级结构曾表现出如下主要特征：直线指挥，分层授权；分工细致，权责明确；标准统一，关系正式。

第一，直线指挥，分层授权。在工业社会的层级结构中，由于时间与精力的原因，管理者有效管理幅度是有限的，因此必须把本应属于自己的部分工作及其相关的权力委托给一些部属去完成和行使。部属由于同样的原因必须将工作与权力再分解、再委托。这样，企业组织便成了一个等级结构的金字塔。金字塔中的每一个层次都根据直线上级的要求，组织完成相应的工作任务，并行使相关的权力，同时将接受的任务分解给下一个层次去完成，并利用受托行使的权力去命令下属的工作。

第二，分工细致，权责明确。层级结构的工业企业实行细致的劳动分工。分工原则不仅体现在与产品制造过程相关的生产劳动中，而且体现在与生产过程协调有关的管理劳动中。分工劳动使得生产者与管理者的知识和技能不断完善，相关劳动的熟练程度不断提高，从而促进了组织劳动生产率的提高。分工劳动不仅严格规定了组织成员应该履行的职责，而且明确了相应职务的工作人员为履行职责而可以行使的权力。

第三，标准统一，关系正式。在工业经济背景下，企业在生产过程组织合理化的同时，使作业方法标准化。在生产过程的不同环节和岗位上，生产者按照标准的方法来完成作业。这种标准化也逐渐被移植到管理劳动的组织中。不论是谁，在处理同类的管理业务时，都按照一套标准的程序和方法来操作。标准统一还表现为企业政策的一致性。企业的"组织框架图"和"说明书"确定了每个成员应该扮演的角色，每个角色扮演者都应该以理智而非以感情的方式来完成其职责。

（二）后工业社会与企业层级结构的改造

层级结构的这些特征曾经促进了工业企业的成功：直线指挥，分层授权保证了企业行动的迅速；分工细致，权责明确促进了效率的提高；标准统一，关系正式则保证了企业活动的有序性。但是，层级结构发挥作用是以稳定的市场环境为背景的：消费者的诸多需求基本是无差异的；消费需求以及影响企业经营的其他环境因素基本上是稳定的，或虽有变化，但变化具有连续性的特征，从而基本上是可以预测的。

在后工业时代的今天，产业背景已经发生根本性变化：消费日趋个性化和多样性，特别是消费者参与创新过程；影响企业经营的技术环境和政策环境变得异常复杂，而且愈来愈不稳定。这些使企业正在失去标准化生产和一致性政策的基础,也要求企业生产组织更具弹性,活动内容与方式的适应性调整则要求相关的权力从管理中枢向下分散。

弹性的、分权化的企业要求不断进行知识创新。新的层次组织安排也要有利于企业成员的学习。在后工业时代,网络化组织(包括社群网络组织)正是由于满足了上述特性,也成为组织层级结构创新的方向。第一,它在构成上是平等的联盟而非严格的等级排列。[1] 这些工作单位相互依赖,在关键技术和如何解决难题上相互帮助,它们的地位与核心机构平等。企业民主正成为组织结构创新的重要特点。[2]第二,成员在网络组织中的角色是动态变化的。网络中的工作单元之间的关系则是围绕特定项目而设计的。随着环境和项目进展情况的变化,网络结构表现出动态调整的特性。第三,成员在网络结构中的权力地位不是取决于其职位,而是来自他们拥有的不同知识。因此,网络结构是适应型的、学习型的组织结构。

事实上,后工业化时代变化可能是对现存的层级组织进行网络化的改造:用网络结构来补充层级结构,而不是将后者完全取代,即网络化的层级组织。

1. 集权和分权的统一

知识经济条件下的企业固然需要保持分散、差异和分权,以具有主动和迅速反应的创造能力,但同时需要严格的集中管理,以保持战略的统一、行动的迅速,以及相互依存的各工作单元间相互关系的协调。因此,网络化的层级组织应该是既集权又分权的。说它是集权的,是因为管理中枢在战略方向选择以及不同工作单元自主性劳动的范围与边界确定等问题上有着无法替代的作用;说它是分权的,是因为工作单元内的一线人员有权在企业战略参数的范围内自主地处理可能出现的紧急情况。

2. 稳定与变化的统一

在知识经济条件下,面对逐渐成熟的消费者的不断变化的个性化需求,企业如不能及时做出适应性调整,则可能被市场淘汰,而变化过于频繁则可能引起组织的混乱。网络化的层级结构在组织整体保持相对稳定的同时,使各个工作单元能迅速调整:层级结构乃至组织框架以及决定这个框架的经营领域是相对稳定的,而框架中的各个工作单元的工作内容和方法则经常进行适应性调整。

3. 一元性与多元性的统一

这主要表现在三个方面:层级组织既保存了统一指挥的管理中枢,又允许相互依存的各工作单元相当自主地运行;既通过统一的基本政策规范着整体企业的

---

[1] 参见[美]保罗·S.麦耶斯:《知识管理与组织设计》,蒋惠工等译,珠海出版社1998年版,第102页。
[2] 参见[美]加里·哈默、比尔·布林:《管理大未来》,陈劲译,中信出版社2008年版,第28页。

战略经营，又允许各工作单元的活动标准与原则有一定的差异；既确定了明确的组织宗旨和使命，倡导着主导的价值观念，又允许甚至鼓励异质价值观念和行为准则的存在。

三、文化结构创新

文化结构通过组织文化来规范参与者间的非正式关系。作为组织成员"广泛接受的价值观念以及由这种价值观念所决定的行为准则和行为方式"，组织文化通过行为导向、行为激励以及行为协调三个方面，影响着其行为选择，使他们在不同时空的行为准则必然会趋向相互协调一致。

（一）工业社会中企业文化的功能与特点

企业文化会引导企业成员自觉地做出符合企业价值观的行为选择；特定的价值观会激励员工在特定的环境中表现出符合企业需要的行为；受同一价值观的影响，企业员工在不同时空的行为准则必然会趋向相互协调一致。具有这些功能的企业文化在工业社会中表现出如下特征：

1. 企业文化是作为企业经营的一种副产品而出现的

成功的企业文化都不是企业刻意追求的结果，而是企业经营者甚至是几代经营者在企业实践中通过自己的领导风格与行为方式对企业员工的行为产生了潜移默化的影响，从而促成了一种价值观念和行为准则被企业员工广泛认同的结果。

2. 企业文化基本上反映了企业组织的记忆

文化是一个历史的概念，是在企业经营的过程中，经过岁月流逝逐渐积累而成的。在历史上形成的企业文化反映着企业经营过程中被实践证明是成功的行为方式，以及这种行为方式所体现的行为准则和价值观念。所以用企业文化来引导员工的行为，实际上是用过去的经验来指导员工今天的行动。

3. 企业文化是作为一种辅助手段而发挥作用的

在工业社会中，企业主要通过制度结构规范不同参与者类群间的权利关系，通过统一指挥、分层授权的层级结构来规范和制约员工在企业经营中的正式关系，通过设计赏罚分明的奖惩机制来制约和诱导员工的行为。而企业文化则是作为一种补充，主要在制度结构和层级结构不能触及的地方发挥作用。

4. 企业文化是一元的

在历史上形成的企业文化倡导一种被共同认可的价值观以及由这种价值观所决定的行为准则。具有异种价值观的员工是难以融入企业文化氛围的，其行为也通常难以为企业的其他员工所接受。工业社会的企业文化，根据定义是排斥异种价值观和行为准则的。企业文化的这种一元性与工业社会中层级组织的等级指挥、标准作业、规则一致的特点，以及影响这些特点的早期工业社会的消费需求的无差异性是相互呼应的。

(二)后工业化时代的企业文化创新

伴随后工业化时代到来,知识经济改变了工业社会企业文化的基础,从而使企业文化出现以下四个方面的调整:

第一,企业文化将成为企业管理重要的甚至是主要的手段。不同于层级结构严格的等级制度,在网络化层级结构中,各工作单元也是决策中心。网络中心主导者是通过信息的提供去影响、引导和协调这些单元的决策以及决策的组织实施的。利用价值观和行为准则去影响各工作单元在不同时空的行为方向、内容及方式的选择就变得至关重要了。文化将成为保证和促进网络化层级结构条件下企业组织活动一体化的黏合剂。

第二,企业文化将是人们自觉创造的结果。在网络化层级结构中,特别是社群网络中,管理者重要的工作内容就是通过基本政策的制定,借助各种沟通渠道,去倡导某种适合企业特点的文化,大张旗鼓地宣传这种文化,总结和介绍这种文化影响下成功工作单元的事例,以促进这种文化所包含的价值观和行为准则被各工作单元迅速普遍地接受,并使之成为影响他们行为选择的基本规范。

第三,作为人们自觉行为结果的企业文化主要不是记忆型的,而是学习型的。传统工业社会的企业文化体现的主要是企业的"组织记忆"。这种记忆记录了企业过去成功的经验。假使环境参数不发生重要变化,人们依据昨天的经验和惯例还可以应对未来的变化。然而,知识经济条件下的企业需要行为准则和行为方式的不断创新。这种创新要求企业文化必须是学习型的。知识的迅速习得与经验的迅速交流将促进网络化层级组织不断创新并推广新的行为准则和行为方式。

第四,企业文化将在强调主导价值观与行为准则的同时,允许异质价值观和行为准则的存在。学习型企业文化必然是多元的。实际上,如果没有对不断出现的异质价值观的容忍,就不可能有企业文化的创新。同时,网络化层级组织的文化多元化与各工作单元并行中心的特点以及企业需要满足的个性化消费需求的特点是相一致的。个性化需求的满足也使得企业不能像传统方式下那样以单一的规则和一致性的标准去约束自主工作单元的行为。文化的多元化必然会促进企业文化的不断创新,从而必然会不断促进知识经济条件下的企业不断走向繁荣。

第三节　创新与学习型组织

组织创新活动是与组织学习紧密联系的。组织创新活动包括操作创新与管理创新，它们都是人类行动的学习的过程，是有关行动学习的知识。组织只有通过学习，才能获取变化的知识，形成创新思维，产生创新行动。因此，组织学习是组织创新的核心内容之一，它揭示了组织创新的动力机制。组织创新过程应当从准确把握组织知识的本质出发，遵循知识创新过程，不断提升学习能力，克服组织学习中断，从而实现组织职能创新和组织思维创新的双飞跃。

一、作为知识体系的组织

(一) 知识与知识种类

按照韦伯斯特词典的定义，知识是通过实践、研究、联系或调查获得的关于事物的事实和状态的认识，是对科学、艺术或技术的理解，是人类获得的关于真理和原理的认识的总和。

波兰尼将知识划分为显性知识和隐性知识两种。显性知识可以用正式系统的语言来表述，可以用数据、科学公式、说明书和手册等形式来共享，它容易被处理、传递和储存。它是有着过去的"彼时彼地"的知识，是一种与环境无关的知识。而隐性知识却是高度个人化的，难以公式化，它牢牢地与行为、规程、日常活动、信念、价值和情感联系在一起。隐性知识是在一个特定环境"此时此地"中产生的，它在个人间的传播是模拟的过程。隐性知识可以分成"技巧—技艺"和"心智模式—信念"两个维度。

(二) 企业知识理论

为什么可以将组织看成知识的体系，或者说企业本质就是知识和知识创造呢？这种观点可能较早来源于企业知识理论（knowledge-based theory）。波兰尼、潘罗斯、哈耶克等学者对组织知识理论做出了重要贡献。第一，从潘罗斯的企业资源异质性假设出发，组织知识理论认为，企业间差异归根到底是因为它们拥有不同的知识资源，它们对市场知识的差异就能使它们看到不同顾客的需求，对运营知识的差异就能使它们发现不同组织的生产路径。因此，可以认为知识是企业最有价值的资源。第二，由于知识具有路径依赖性，那些独特组织往往是别的企业难以模仿的。格兰特、普拉哈拉德和哈默尔认为企业知识是核心能力的本质，其中企业的隐性知识具有特殊地位。企业依赖于某些独特的知识去经营，获取超出竞争环境的能力。第三，格兰特和利比斯盖提出与市场相比较，企业更加具有制度能力去有效地进行知识的创造和扩张，更加有利于保护知识使用和免受模仿等权利，企业的本质就是知识的创造和利用。企业的发展就是知识扩散、传播和创造的过程。企业学习、创造知识是企业维持持续活力的基础。企业一方面要对存量技术知识进行充分利用，对不同时期的新旧知识进行保持和维护；另一方面要善于学习不断吸纳外部知识，寻求外部知识源常常成为事关成败的关键。

(三) 作为组织细胞的知识

纳尔逊和温特将那些独特的组织知识称为组织惯例,将它们看成企业的细胞[①],它们是在经营过程中"自然选择"发挥作用的稳定的可遗传物质。惯例对于组织内部生产性和技术性的知识储存(组织记忆)的功能是无法被还原为其单个成员的有效记忆的。它们具有以下三个特性:第一,惯例是组织记忆的知识。组织内部形成的有效经验和技能是通过惯例被记忆下来的,又是通过不断运用惯例而传播下去的。第二,惯例是组织成员一致的知识。惯例是在组织成员博弈过程中形成均衡状态,组织成员在惯例上达成一致,他们满足于在组织的惯例下发挥自己的作用。第三,惯例是组织延续的知识。惯例是带有刚性的(惰性),它们有自己的生命力。惯例作为组织的一种秩序和有效的行为方式,组织有一种维持下去的愿望。组织是一个开放系统,惯例也只有不断被加入新的要素,才能持续下来。

迈尔斯认为惯例就是这样一种机制:通过这种机制,组织管理的诀窍或知识被积累下来,并被用于协调组织成员的行为,引导新的成员学习,将扩张的知识应用于创造新的资源和经济价值。[②] 组织的创新惯例就是组织有关创新规律的认知,它对组织创新活动有着启发和引导作用,它是组织创新艺术。因此,组织创新惯例是组织进行管理创新、应对环境变化的重要资源。这种资源也常常被学术界称为组织动态能力。

二、知识创新的模式与过程

(一) 知识创新的模式

野中郁次郎提出"人类知识通过隐性知识和显性知识的社会交互作用进行创新和扩张"。知识创新创造过程可以分成社会化、外在化、组合化和内在化四种模式。组织知识创造的过程是一个连续的、自我升级的螺旋式运动过程,知识的创造需要触发事件引发的条件,野中郁次郎称为"巴",如图 16-2 所示。

(1) 社会化——从隐性知识到隐性知识。社会化是一个分享经验、创造隐性知识的过程,它的学习过程无须语言,而是通过观察、模仿和练习完成的。获得隐性知识的关键是体验,没有一定的体验,一个人很难将想法投影到另一

---

① 纳尔逊和温特认为,"惯例的知识是理解行为的核心。将企业模型化就意味着,将惯例及其如何随着时间来改变的问题加以模型化"(1982:128)。

② [美] 雷蒙德·迈尔斯等:《有利于行动:关于各种可选择组织形式价值的综合理论》,转引自 [美] 加里·哈默等编著:《战略柔性:变革中的管理》,朱戎等译,机械工业出版社2000年版,第107页。

个人的思维过程中去。社会化的"发起巴"是一个能够产生关爱、信任和信念的场所。

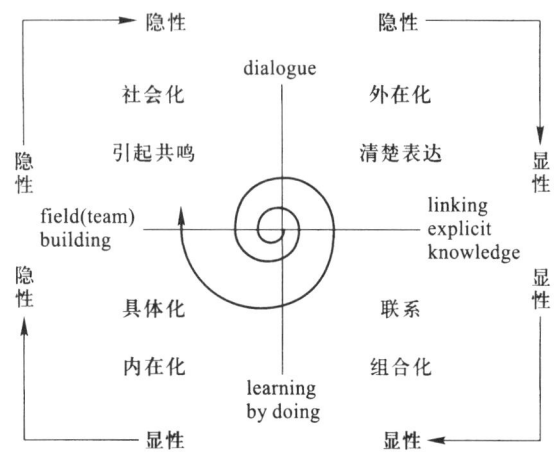

图 16-2　知识转换模式与螺旋上升运动

（2）外在化——从隐性知识到显性知识。隐性知识通过以隐喻、类比、概念或模型的方式显性化，是一种最经典的知识创造过程。但各种表达手段通常会与其本意存在一定的差别，这种差别又经常会促进反省和个人之间的互动。一个领导的形象化语言和想象力是从他的项目成员中引出隐性知识的重要因素。外部化的"对话巴"则有助于有意义的对话或集体反省。

（3）组合化——从显性知识到显性知识。组合是将概念系统化为整体知识的过程，它的转化涉及组合不同的显性知识体。通过选择、添加、组合和分类来重构显性知识，可以产生新的知识。在商业环境中，组合方式常见于管理者将愿景、商业概念和产品概念分解并将其具体化的过程中。组合过程的"系统巴"是一种网络化过程。

（4）内在化——从显性知识到隐性知识。在现实中，显性知识只有转化成隐性知识，才会有个人行动。同时，这种转化过程更有利于知识的传播，这样新的知识就可以在虚拟情境中得到。内在化的过程和"干中学"紧密相连。内在化的"演练巴"通过"干中学"来不断学习和自我完善。具体如图 16-3 所示。

（二）知识创新过程的五个阶段

组织知识创新的螺旋过程，始于个人层面，经过不断扩张的相互作用而上升，这种相互作用的过程超越了小组、部门，甚至组织的界限。它不仅仅是成员之间的能动互动，也是成员与环境之间的互动过程。知识创造的过程是在隐性知识与显性知识、个体知识与集体知识之间的交互作用中螺旋式上升的。

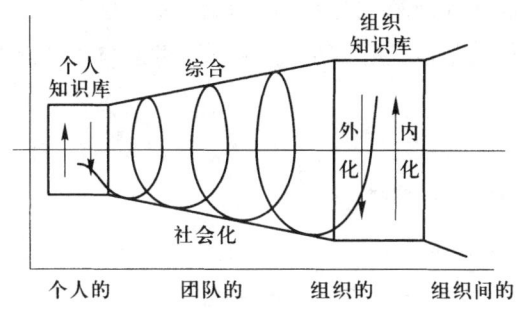

图 16-3　隐性知识与显性知识的转化

1. 共享隐性知识阶段

组织知识始于分享隐性知识，因为个人所掌握的丰富的未经使用的知识首先在组织中放大，这个过程对应的就是社会化。但隐性知识难以交流和传递，不同背景、观点和动机的人共享隐性知识就成为组织知识创新的关键步骤。因此，组织中个人必须共享情感和心智模式来共同创造信任。

2. 创造新概念阶段

在这个阶段将共享的知识、共同的心智模式用文字表述出来，最终明确到一个新的概念，从而转化成显性知识。在这个过程中，组织成员通过对话合作创造出概念。为了创造新的概念，需要组织成员彻底思考现存的假设，必要的多样性可以使大家在看待同一问题上拥有不同的视角和观点。例如，本田公司就用"汽车进化论""人性最大化""机器最小化"等概念来灌输组织创造性思维方式。

3. 证明概念阶段

在这个阶段新的概念必须接受检验，以决定这个概念是否值得付诸实践。证明的过程涉及新的概念是否真的对组织和社会具有价值，一般的标准包括成本、边际利润及产品对企业成长的重要性；证明的过程需要判断创造的最佳时机是否出现；证明过程需要以组织意愿来判断价值取向，其前提是要通过明确的方式来检验组织意愿是否完整。

4. 构建原型阶段

被证实的概念要进一步转化成实在的成果，这种转化既可能是新的产品，也可能是新的公司价值观、新的管理系统或组织结构。因为这个过程比较复杂，不同部门间的动态合作是必不可少的。组织内部多样性、冗余信息的存在都有助于这个阶段的实现。

5. 知识层次交叉阶段

最后一个阶段是将部门新的知识在部门内扩散、部门间扩散甚至扩散到外部要素之中，野中郁次郎所称的这些外部要素包括顾客、供应商、分销商和其他利益相关者。进行创新的公司不是在一个封闭系统中，而是处于一个开放的体系中。

三、组织学习与组织修炼

（一）组织学习及其类型

组织学习并不是个人学习，更不是简单的员工知识培训。阿吉里斯和舍恩在《组织学习》中提出组织学习是"组织成员发现并纠正组织应用理论中的错误，并将探索结果深深印入个人意象和组织的共享图式中"[①]。（1）组织学习过程就是组织创新过程。组织学习是外部环境变化激发了组织内部决策规则的变化，组织通过存贮各种决策规则，而提高了对不同环境的适应能力。组织学习的结果就是组织规则和运营规程的一种适应性调整或改变。（2）组织学习是组织成员共同知识建构过程。虽然知识是依附于个体身上，并由个体自我生产，但组织学习是要将"私有知识"通过相互传递，发展成为组织知识，形成组织集体心理和集体行动的"地图"。组织学习过程就是对组织知识进行修改、发展和扩散的过程，从而形成组织成员能够共同分享的认知系统。（3）组织学习是一种实践活动。组织学习并不是纯粹的认知活动，它并不仅仅是进行理论思考，更重要的在于形成实践行动。只有实践行动才能理解，才能将知识内化于心。英格利斯认为组织学习过程就是 $L=P+G+I$（其中，L 代表学习，P 代表程序化知识，G 代表形成问题的能力，I 代表实施）。

从认知变革的角度来看，阿吉里斯提出组织学习可分三种类型：单循环学习、双循环学习和再学习。首先，单循环学习是指组织内部所设计的一个诊断与监视错误并且矫正错误的机制。换言之，针对组织行动策略，它是指在现有的组织框架内修正导致没有实现目标的错误。这种学习机制的设计，容易产生"刺激反应"的行为特征，因此比较适用于稳定的组织，这种学习方式又称为适应性学习。其次，双循环学习是在进行单循环学习模式之外进一步去检视组织规范、目标及可能存在的错误假设，并予以矫正。双循环学习是一种创新学习，学习结果不只产生表面的变革，更可以造成组织深层结构的改变。双循环学习是一个不断提出问题的过程，所考虑的不仅仅是事实本身，而是深入探究事实背后的原因和动机的层次上，由事实后面的原因和动机探究到价值观念上。阿吉里斯的理想，就是要在组织中塑造一种创造性学习的环境，提高人们的反思性学习能

---

① ［美］克里斯·阿吉里斯：《组织学习》（第二版），张莉、李萍译，中国人民大学出版社 2004 年版。

力，从而促进组织的不断发展。最后，再学习乃是上述两种学习经验的转化与再应用，借此过程内化成为组织的能力。组织经过单循环或双循环学习过程后，所产生的学习经验可否成为未来自我解决问题的基础，借由再学习的发生，提高组织解决问题的能力。再学习是指质疑学习的整个过程，又称"学习如何学习"。前两种组织学习类型是在寻求问题的"症状解"，后一种组织学习类型是在寻找问题的"根本解"。

（二）组织学习的中断与智障

组织学习的过程会因为多种原因而中断，各种各样的阻力都会破坏组织学习过程。打造学习型组织，提高管理创新效率，需要加强多种能力修炼，摆脱组织学习智障，避免学习中断。

1. 四种学习中断

马奇和奥尔森认为个体信念、个体行动、组织行动与环境反应四者之间的联系中断都可能导致组织学习的中断，如图16-4所示。他们提出了学习中断的四种类型：第一，行为受限学习。组织成员不能说服他人改变组织的行为规范，导致失去了组织学习的信念，出现了组织学习过程中的个人信仰与个人行为之间关系的中断。第二，听众学习。组织成员不能从组织学习过程中得到足够的激励，导致组织成员行为游离于组织之外，出现了组织学习过程的个体行为与组织行为之间关系的中断。第三，迷信学习。组织成员不能正确对待组织行为与环境之间作用的结果，将从中得出不正确的结论，出现了组织对于环境反应学习的中断。第四，模棱两可学习。它发生在不能明确识别环境变化的时候，组织成员不能从环境反应中建立个体的信念，造成未能完成学习的过程。

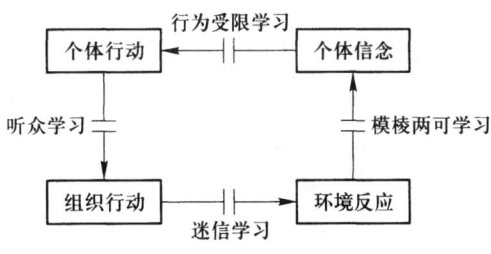

图16-4　学习循环与中断

2. 七种组织学习的智障

彼得·圣吉在《第五项修炼》中提出大多数企业的死亡是由于组织学习能力的低下，学习智障是背后的罪魁祸首。"学习智障对于孩童来说是个悲剧，对于组织来说，学习智障是致命的。"第一，局限思考。在企业中人们只专注于自身的职务，他们不对所有职务互动所产生的结果有责任感，这就产生了局限思考。在这种情况下，人们都对组织结果感到失望，却察觉不到何以如此。第二，归罪于外。

有这种智障的组织中，人们将问题归于外界，或归于组织内同仁，或归于组织以外的因素。结果人们难以发现改善行为的原因。第三，缺乏整体思考的主动性与积极性。有这种智障的组织中，人们不能担当责任，而是一再拖延。第四，专注个别的事件。如果人们的思考充斥于短期事件，那么创造性学习在一个组织中便难以持续。第五，煮青蛙的故事。组织不能从缓慢的变化中觉察到变化的危险。第六，经验学习的错觉。在这种组织中，人们往往难以克服经验学习的时空限制。第七，管理团体的迷思。组织的高层管理团队在面对例行问题时具有良好功能，但当组织遭到威胁与困境时，团体精神就丧失殆尽。这是高层管理团队的智障。

（三）打造学习型组织的五项修炼

彼得·圣吉提出经过五个方面的修炼，管理者和员工会不断培养出全新的思维方式，从而使得企业转变成学习型组织。第一，系统思考。系统思考的关键在于具有系统的观点和动态的观点，它的艺术就是要看穿复杂背后引发变化的结构。第二，自我超越。自我超越是一种愿景和实现愿景的过程，最终将不断突破极限深化到组织成员的潜意识之中。第三，改善心智模式。心智模式是深植于人们内心的思维逻辑。改善心智模式的修炼就是不断反思自己的心智模式和对他人的心智模式进行探寻，提高组织适应能力。第四，建立共同的愿景。组织在持续不断鼓励发展个人愿景的同时，将个人的愿景整合成组织的共同愿景，驱使人们为之而奋斗和奉献。第五，团体学习。团体学习是发展组织成员整体合作与实现共同目标能力的过程，只有将个体的力量整合为整体的力量，提高集体的智商，才能达到组织学习的目的。

思考题

1. 组织变革的模式和路径是什么？
2. 组织常见的变革障碍有哪些？它们是怎样影响组织创新的？
3. 如何才能做好组织变革过程管理？
4. 在知识经济时代，企业如何才能做好组织结构调整？
5. 如何才能将组织打造成为学习型组织？

▶ 自测习题及参考答案　　▶ 本篇案例

结语： 互联网时代的管理展望

作为研究管理活动一般规律的科学，管理理论总是随着管理实践的变化而发展的。管理实践总是在一定背景中进行的。互联网的广泛应用和发展是目前时代的主要特征。随着互联网时代的到来，网络信息技术的快速发展和广泛应用不仅深刻地改变着当代社会生活，也引领了信息革命，对企业的经营及管理带来了重要影响。

一、互联网在商业领域的广泛应用

20世纪60年代末互联网技术在美国首先被发明和运用以来，相关的硬件设备和软件技术均得到了快速的发展。我国于1994年正式接入互联网。经过20多年的发展，我国网络基础和网络用户迅速增长，对社会经济文化产生了深远的影响。

（一）信息制造

由于互联网的出现，信息制造的速度大大加快。首先，信息制造的内容得到了丰富。互联网的沟通使世界连成了一个整体，任何一个角落、任何一个时间的信息都能够被及时地共享，所以信息制造的原材料更加丰富和多样化。其次，信息制造的主体范围得到了拓展。随着接入互联网的个人和企业用户的不断增加，自发的草根文化和企业原生的内部文化创造，逐渐成为网络信息的主要来源。信息制造不再只是新闻官等专业人士的工作，而成了整个网络群体的共同行为。最后，信息制造的载体更加丰富。基于互联网所特有的多媒体性和互动性，互联网时代创造了报纸、广播和电视等传统媒体所没有的全新媒介。电子邮箱、网络论坛和手机APP等新兴的互联网媒介，正在逐步改变人们的工作习惯和生活习惯。

（二）信息传播

除了信息制造的增快，信息传播效率的提升也是信息爆炸的重要原因。得益于互联网的高速通信技术，当今的信息可以以光速进行传播，新的信息产生的同时，就可以被世界上任何个人或企业接收到。而且，通过互联网传播信息可以无视地理环境和文化差异的阻隔，直接传递到地球的每一个角落，最大限度地拓展了信息传播的范围。互联网传播信息的方式相对于传统的邮递、电报、电话等通信方式，还有着无可比拟的成本优势。在网络广泛覆盖的当今社会，企业和个人几乎可以零成本地传递电子信息，这进一步加快了信息的更新速度。

（三）信息存储

互联网时代下的信息存储，也表现出相应的特点。一方面，互联网的信息存储具有时间上的广延性和空间上的广阔性。人类有史以来，曾尝试过龟甲、竹简、书籍、光盘等信息存储方式，但是限于信息载体的物理局限性，都有着一定的使用寿命。而互联网将信息存储于网络云端，可以永久地进行复制和保存。另一方面，互联网使得信息存储具有数据化和编码化的特征，可以通过电子计算机和网络方便地进行查阅和调用。

二、互联网广泛应用对企业活动产生的影响

互联网深刻地改变了信息制造、信息传播和信息存储的方式，进而对社会经济和生活产生了深远的影响。信息是现代企业经营活动组织的手段和依据，因而现代企业的生产经营活动在互联网时代也必然会表现出新的特点。

（一）对企业与商业合作伙伴的关系产生的影响

企业与商业合作伙伴的关系主要包括与上游供应商的关系、与下游客户企业的关系以及与战略合作企业的关系。互联网使企业与各种商业合作伙伴的关系更加紧密。具体而言，对于与供应商的关系来说，信息数量的增加和信息传播速度的加快使得企业能够更容易地收集到供应商的信息并进行充分的对比，因此减少了企业与供应商之间的信息不对称程度，从而降低了交易成本；对于与客户的关系来说，关于企业的负面消息更容易产生和传播，会严重影响客户企业对自身的认可，因此企业声誉和品牌形象越来越重要，成为企业立身的根本；对于与战略合作企业的关系来说，互联网的沟通和信息的有效交流使得企业合作不再受到时间和地点的制约，因而战略合作伙伴之间更容易达成共识，建立更加紧密的合作关系。

（二）对企业与竞争厂家的关系产生的影响

企业与竞争厂家的关系主要包括与现有竞争者的关系、与替代品竞争者的关系和与潜在进入竞争者的关系。总体而言，基于互联网的信息制造和交换更加频繁，加剧了企业间的竞争。现有竞争者是企业抢夺市场的主要威胁来源。信息的高速流通使得技术和制度的优势更容易被模仿和复制，因此企业不再能够依靠单一的优势取得市场机会，而必须发展出不可复制的核心优势。同时，高度公开的市场信息和透明的市场价格，使市场更加接近完全竞争市场，进一步加大了市场竞争的激烈程度。替代品是指那些能够实现同种功能的其他产品，几乎所有企业都会面临替代品的竞争从而影响企业追求剩余价值。互联网时代，客户和消费者能够选择的替代品种类更多，搜寻合适的替代品的时间和机会成本更小，使企业面临着更大的替代品威胁。除了现有同类品竞争者和替代品竞争者之外，企业还面临着即将进入同行业的潜在竞争者的威胁。信息的快速流通使得行业机密难以存在，也降低了进入新行业的技术壁垒。

（三）对企业内部活动组织产生的影响

互联网时代的信息革命，快速地改变了企业间的关系模式，也对企业内部的

组织和活动提出了新的要求。信息的高速产生和传播使当今时代信息的存量和增量都呈现爆发式增长，而大量信息数量的背后则是良莠不齐的质量。因此企业经营者在综合运用各种信息进行决策时，不仅要消化和分析海量的信息和数据，还要在庞杂的信息中去芜存菁筛选出有效和有价值的真实信息，决策的工作量显著增加。同时，信息传播速度的加快提升了企业的运行速度，也需要管理层加快决策的节奏，进一步增加了企业经营者的决策难度。

对企业组织而言，互联网的应用既是挑战，也是机会。一方面，海量的信息涌现对企业组织能力提出了更高的要求，不仅需要企业组织有更强的信息收集、信息甄别和信息处理的能力，还要能够有效地利用互联网发声，自主制造、存储和传播自身的信息，在互联网中占有自己的位置；另一方面，组织学习理论认为，组织可以通过不断努力学习信息和知识来改变或重新设计自身以适应持续变化的环境从而提高核心竞争力[1]。互联网技术为组织学习提供了高效的学习途径，高速发展的信息为组织学习提供了丰富的学习材料，联系更加紧密的合作或竞争企业则为组织学习提供了良好的学习对象和目标。

三、互联网广泛应用引发的管理革命

互联网引领的信息革命在影响企业外部关系和内部组织活动的同时，对新时代的管理提出了新的要求，企业在组织形式、决策方式以及员工管理方式等方面发生着适应性变革。

（一）企业组织形式的适应性变革

组织结构是企业的流程运转、部门设置及职能规划等最基本的结构依据。常见的组织结构形式包括直线制、职能制、直线职能制、矩阵制、事业部制等。互联网时代下企业组织形式的变革主要表现为从"法理型设计"到无边界组织、无组织的转变。通用电气的 CEO 杰克·韦尔奇首先提出了无边界组织的概念，他将组织边界分为外部边界、地理边界、水平边界和垂直边界。

1. 外部边界

在传统工业经济领域，随着企业规模的增加，产品和服务的边际收益逐渐降低而边际成本逐渐升高，因此企业的规模不可能无限制地增长。当边际收益和边际成本收敛于一点时，企业获得最大收益，此时的企业规模就是企业的边界。由于信息经济和无形资产的共同作用，企业边际收益增加而边际成本递减，因而将会进入无边界企业时代。

---

[1] J. G. March, "Exploration and Exploitation in Organizational Learning", *Organization Science*, 1991, 2 (1), pp. 71—87.

2. 地理边界

传统企业经营场所局限于特定的地理场所，高度集中的业务不仅无法满足银行、机场等分散的地区业务，也会造成证券市场等集中型业务的拥堵。而互联网则提供了虚拟的集中经营场所，客户可以在任何地方使用互联网办理各种业务，从而拓展了企业经营场所的地理边界。对于企业办公环境也是如此，传统企业管理模式中，分散的业务场所决定着分散在各个地区的组织部门，造成了企业组织内部的地理分隔和沟通障碍。现代企业大量引进OA远程办公系统，使得企业内部各地区、各部门、各人员之间可以通过网络进行办公，突破了地理边界的阻隔。

3. 水平边界

信息的高速制造和传播，增加了企业每天面临的信息量，也增加了企业的环境不确定性。传统管理模式下专业化的技能分工和独立的部门设置缺乏组织柔性，难以应对企业与竞争者、合作者之间瞬息万变的关系。因此在部门层面，众多企业开始了淡化部门职责边界、强调多部门协同办公的改革尝试。

4. 垂直边界

传统组织的特点是金字塔式层级结构，无法满足互联网时代分权管理和市场变化的需要。将金字塔式层级结构中的垂直边界打通，就形成了管理层次少而管理幅度大的扁平化组织结构。在扁平化组织中，管理人员更加精简高效，上下级关系更加紧密，信息纵向流动快，管理费用更低，而且被管理者有较大的自主权，更容易形成积极感和满足感。

（二）员工管理方式的适应性变革

除了组织结构的变革之外，传统的员工管理方式也面临着挑战。泰勒的科学管理、法约尔的层级管理和韦伯的科层制管理都认为有效分工和明确岗位职责是管理员工的重点。但是互联网时代下快速变化的市场环境却很难提前预知，因此更加需要员工的综合能力和主观能动性。

1. 员工技能综合化

尽管斯密认为劳动分工能够提升单项技能的熟练度和减少工作转换的时间成本，从而提升劳动生产率，但是当今企业中的工作内容却在从单一机械动作向综合性工作转变，因此更加依赖员工的综合能力。从企业管理实践来看，很多外企开始采用管理培训和轮岗锻炼的方式，使员工能够掌握多岗位技能，培养综合性人才，更好地适应互联网时代下市场的需要。

2. 员工自主行动空间扩大

随着信息制造和传播的加速，员工的被动反应式工作已经不能满足日益变快的市场环境变化。在职责规定和任务要求都不可能详尽地反映工作特征的情况下，员工的自主意识和主观能动性显得尤其重要。例如，谷歌等创新型企业开始尝试给员工更大的自主空间和创新空间,甚至允许员工在家里办公和自主安排工作时间。

(三) 管理者决策方式的适应性变革

互联网时代管理的变革,还体现在管理者的决策方式上。传统的管理决策分析从理性经济人假设出发,认为决策的目标是企业利益最大化。西蒙提出了有限理性决策假说,认为人不可能做到绝对理性,而是选择相对满意的决策。[①] 然而,在信息爆炸的今天,基于海量信息做出快速的理性分析已经非常困难。这一方面是因为信息数量极其庞大导致企业家没有能力完全消化和处理这些信息,另一方面则是因为信息传播和市场变化的快速不允许企业家在进行充分的理性分析后再迟缓地做出决策,而是在重视理性分析的同时,借助综合的知识、历史的经验和模糊的直觉进行决策。

直觉,这个在以往的分析中被认为是主观、非理性的因素在当今企业家的决策中发挥着愈来愈重要的作用。实际上,许多成功的企业家都有这样的体验:愈是重要的决策,直觉在关键时刻愈可能有重大的影响空间。以经验累积、思维沉淀为基础,在关键时刻以灵感闪现为形式表现出来的直觉,实际上也是决策者自己可能没有意识到的一个非常迅速的理性思维过程的结果。直觉思维实际上也可能蕴含着非常丰富的科学成分,只不过今天的科学可能还没有发展到我们能用科学的语言去描述直觉决策中的科学成分而已。未来管理研究的一个非常重要的使命应该是揭示直觉的科学与理性内核,分析直觉形成的影响因素,探讨直觉以及与此相关的决策能力提升的路径。

思考题

1. 互联网的发展对企业经营可能带来哪些影响?
2. 互联网的广泛应用可能引发哪些管理变革?

[①] H. A. Simon, "Bounded Rationality and Organizational Learning", *Organization Science*, 1991, 2(1).

阅 读 文 献

- 马克思：《1844年经济学哲学手稿》，《马克思恩格斯文集》第1卷，人民出版社2009年版。

- 马克思：《法兰西内战》，《马克思恩格斯文集》第3卷，人民出版社2009年版。

- 马克思：《资本论（第一卷）》，《马克思恩格斯文集》第5卷，人民出版社2009年版。

- 马克思：《〈政治经济学批判（1857—1858年手稿）〉摘选》，《马克思恩格斯文集》第8卷，人民出版社2009年版。

- 马克思：《关于费尔巴哈的提纲》，《马克思恩格斯文集》第1卷，人民出版社2009年版。

- 马克思：《〈政治经济学批判〉序言》，《马克思恩格斯文集》第2卷，人民出版社2009年版。

- 恩格斯：《论权威》，《马克思恩格斯文集》第3卷，人民出版社2009年版。

- 毛泽东：《反对本本主义》，《毛泽东选集》第1卷，人民出版社1991年版。

- 毛泽东：《实践论》，《毛泽东选集》第1卷，人民出版社1991年版。

- 邓小平：《改革的步子要加快》，《邓小平文选》第3卷，人民出版社1993年版。

- 邓小平：《解放思想，实事求是，团结一致向前看》，《邓小平文选》第2卷，人民出版社1994年版。

- 中共中央宣传部编：《习近平总书记系列重要讲话读本》（2016年版），学习出版社、人民出版社2016年版。

- 蔡一：《华夏管理文化精粹》，高等教育出版社1996年版。

- 周三多编著：《孙子兵法与经营战略》，复旦大学出版社1995年版。

- 魏江、严进编著：《管理沟通：成功管理的基石》，机械工业出版社2006年版。

- 张玉利主编：《创新与创业基础》，高等教育出版社2017年版。

- 陈晓萍：《跨文化管理》（第二版），清华大学出版社2009年版。

- 许谨良主编：《风险管理》（第四版），中国金融出版社2011年版。

- 杨忠等编著：《组织行为学：中国文化视角》（第三版），南京大学出版社2013年版。

- ［美］彼得·圣吉：《第五项修炼：学习型组织的艺术与实务》，郭进隆译，杨硕英审校，上海三联书店1998年版。

- ［美］克里斯·阿吉里斯：《组织学习》（第二版），张莉、李萍译，中国人民大学出版社2004年版。

- ［美］赫伯特·A.西蒙：《管理行为》（第四版），詹正茂译，机械工业出版社2004年版。

- ［美］彼得·德鲁克：《管理的实践》，齐若兰译，机械工业出版社2006年版。

- ［加拿大］亨利·明茨伯格：《明茨伯格论管理》，闾佳译，机械工业出版社2007年版。

- ［美］丹尼斯·A.雷恩：《管理思想史》（第五版），孙健敏、黄小勇、李原译，中国人民大学出版社2009年版。

- ［美］弗雷德里克·泰勒：《科学管理原理》，马风才译，机械工业出版社2013年版。

- ［法］亨利·法约尔：《工业管理与一般管理》，迟力耕等译，机械工业出版社2013年版。

- ［美］拉里·罗森伯格、约翰·纳什、安·格雷厄姆：《大决策：大数据时代的预测分析和决策管理》，陈建、胡志丽译，上海社会科学院出版社2014年版。

- ［美］斯蒂芬·罗宾斯、玛丽·库尔特：《管理学》（第13版），刘刚等译，中国人民大学出版社2017年版。

人名译名对照表

[美]	阿德勒，南希	Nancy Adler
[美]	阿吉里斯，克里斯	Chris Argyris
[美]	阿沃利奥，布鲁斯	Bruce Avolio
[美]	安德鲁斯，肯尼斯	Kenneth Andrews
[美]	安德森，克里斯	Chris Anderson
[美]	奥尔森，约翰	Johan Olsen
[英]	巴贝奇，查尔斯	Charles Babbage
[美]	巴伯瑞斯，尼古拉斯	Nicolas Barberis
[美]	巴洛根，朱莉娅	Julia Balogun
[美]	巴纳德，切斯特	Chester Barnard
[美]	巴斯，伯纳德	Bernard Bass
[美]	巴特利特，克里斯托弗	Christopher Bartlett
[美]	鲍尔丁，肯尼斯	Kenneth Boulding
[美]	鲍威尔，沃尔特	Walter Powell
[匈]	波兰尼，卡尔	Karl Polanyi
[美]	波特，迈克尔	Michael Porter
[英]	伯恩斯，汤姆	Tom Burns
[美]	布莱克，罗伯特	Robert Blake
[美]	布兰查德，肯尼斯	Kenneth Blanchard
[美]	布朗，劳伦斯	Lawrence Brown
[美]	达尔，罗伯特	Robert Dahl
[美]	戴明，威廉	William Deming
[美]	丹尼尔，肯特	Kent Daniel
[美]	道尔顿，玛克辛	Maxine Dalton
[美]	道格拉斯，玛丽	Mary Douglas
[美]	德鲁克，彼得	Peter Drucker
[美]	邓肯，罗伯特	Robert Duncan
[美]	迪马吉奥，保罗	Paul DiMagio
[美]	蒂蒙斯，杰弗里	Jeffry Timmons
[英]	厄威克，林德尔	Lyndall Urwick
[法]	法约尔，亨利	Henri Fayol
[美]	费德勒，弗雷德	Fred Fiedler
[法]	弗兰奇，约翰	John French

[美]	弗鲁姆，维克托	Victor Vroom
[美]	盖茨，比尔	Bill Gates
[美]	甘特，亨利	Henry Gantt
[美]	高沙尔，苏曼特	Sumantra Ghoshal
[美]	格兰特，罗伯特	Robert Grant
[美]	葛伦，乔治	George Graen
[美]	古拉蒂，兰杰	Ranjay Gulati
[美]	哈默，迈克尔	Michael Hammer
[美]	哈默尔，加里	Gary Hamel
[美]	哈特，奥利弗	Oliver Hart
[英]	哈耶克，弗里德里希	Friedrich Hayek
[美]	汉布里克，唐纳德	Donald Hambrick
[加拿大]	豪斯，罗伯特	Robert House
[美]	赫茨伯格，弗雷德里克	Frederick Herzberg
[美]	赫根，马克	Mark Hogan
[美]	赫塞，保罗	Paul Hersey
[美]	赫什利弗尔，大卫	David Hirshleifer
[美]	赫斯科特，詹姆斯	James Heskett
[美]	赫斯特，戴维	David Hurst
[荷]	霍夫斯泰德，吉尔特	Geert Hofstede
[美]	霍姆斯特罗姆，本格特	Bengt Holmstrom
[英]	贾吉，蒂姆西	Timothy Judge
[英]	卡莱尔，托马斯	Thomas Carlyle
[美]	卡明斯，托马斯	Thomas Cummings
[美]	卡特赖特，苏珊	Susan Cartwright
[美]	柯克帕特里克，谢莉	Shelley Kirkpatrick
[美]	科伯，卡里	Cary Cooper
[美]	科斯，罗纳德	Ronald Coose
[美]	科特，约翰	John Kotter
[美]	科温，杰弗里	Jeffrey Covin
[美]	克拉克洪，克莱德	Clyde Kluck-hohn
[德]	克劳塞维茨，卡尔·冯	Karl von Clausewitz
[美]	克雷斯特利，杰拉德	Gerard Kleisterlee
[美]	孔茨，哈罗德	Harold Koontz
[美]	库拉特科，唐纳德	Donald Kuratko
[美]	库苏曼诺，迈克尔	Michael Cusumano

[美]	莱因史密斯，斯蒂芬	Stephen Rhinesmith
[德]	勒温，库尔特	Kurt Lewin
[美]	利比斯盖，朱丽亚	Julia Liebeskind
[美]	林德布洛姆，查尔斯	Charles Lindblom
[美]	罗宾斯，斯蒂芬	Stephen Robbins
[美]	罗恩，布莱恩	Brian Rowan
[英]	罗素，伯兰特	Bertrand Russell
[美]	洛克，爱德温	Edwin Locke
[美]	洛什，杰	Jay Lorsch
[美]	马奇，詹姆斯	James March
[美]	马斯洛，亚伯拉罕	Abraham Maslow
[美]	迈尔斯，雷蒙德	Raymond Meyers
[美]	麦格雷戈，道格拉斯	Douglas McGregor
[美]	麦克利兰，戴维	David McClelland
[美]	麦耶斯，保罗	Paul Myers
[美]	曼恩，理查德	Richard Mann
[美]	梅奥，乔治	George Mayo
[美]	梅森，菲莉丝	Phyllis Mason
[美]	梅耶，约翰	John Meyer
[加拿大]	明茨伯格，亨利	Henry Mintzberg
[美]	莫顿，简	Jane Mouton
[美]	莫尔斯，约翰	John Morse
[美]	莫里斯，迈克尔	Michael Morris
[美]	纳尔逊，理查德	Richard Nelson
[美]	奈特，弗兰克	Frank Knight
[英]	欧文，罗伯特	Robert Owen
[英]	帕金森，西里尔	Cyril Parkinson
[美]	潘罗斯，伊迪丝	Edith Penrose
[美]	普拉哈拉德，哥印拜陀	Coimbatore Prahalad
[美]	钱德勒，阿尔弗雷德	Alfred Chandler
[美]	钱皮，詹姆斯	James Champy
[日]	青木昌彦	Aoki Masahiko
[法]	瑞文，伯特伦	Bertram Raven
[美]	塞尔茨尼克，菲利浦	Philip Selznick
[美]	桑南菲尔德，杰弗里	Jeffrey Sonnenfeld
[西班牙]	桑托斯，塔诺	Tano Santos

[美]	沙因，艾德佳	Edgar Schein
[美]	舍恩，唐纳德	Donald Schon
[美]	圣吉，彼得	Peter Senge
[美]	施密特，沃伦	Warren Schmidt
[美]	斯金纳，伯尔赫斯	Burrhus Skinner
[美]	斯隆，艾尔弗雷德	Alfred Sloan
[英]	斯密，亚当	Adam Smith
[美]	斯坦，杰里米	Jeremy Stein
[美]	斯托格迪尔，拉尔夫	Ralph Stogdill
[英]	斯托克，约翰	George Stalker
[美]	斯托特柏克，弗雷德	Fred Strodtbeck
[美]	苏布拉马尼亚姆，阿瓦尼德哈	Avanidhar Subrahmanyam
[英]	泰勒，爱德华	Edward Tylor
[美]	泰勒，弗雷德里克	Frederick Taylor
[美]	坦南鲍姆，罗伯特	Robert Tannenbaum
[英]	特朗皮纳斯，弗恩斯	Fonts Trompenaars
[美]	托马斯，肯尼斯	Kenneth Thomas
[美]	威廉姆森，奥利弗	Oliver Williamson
[德]	韦伯，马克斯	Max Weber
[美]	韦尔奇，杰克	Jack Welch
[美]	温特，悉尼	Sideny Winter
[美]	沃尔顿，山姆	Sam Walton
[英]	伍德沃德，琼	Joan Woodward
[美]	西蒙，赫伯特	Herbert Simon
[美]	希尔伯特，马丁	Martin Hilbert
[美]	熊彼特，约瑟夫	Joseph Schumpeter
[美]	亚当斯，约翰	John Adams
[日]	野中郁次郎	Ikujiro Nonaka
[英]	英格利斯，戴维	David Inglis

后　记

《管理学》是马克思主义理论研究和建设工程重点教材，由教育部组织编写，经国家教材委员会审查通过。

在教材编写过程中，得到了国家教材委员会高校哲学社会科学（马工程）专家委员会、思想政治审议专家委员会以及教育部原马工程重点教材审议委员会的指导。同时，广泛听取了高校教师和学生的意见与建议。

本教材由陈传明主持编写，徐向艺、赵丽芬任副主编。绪论，陈传明撰写；第一篇，陈传明、贾良定撰写；第二篇，张玉利撰写；第三篇，赵丽芬、周利国、周卫中撰写；第四篇，杨忠撰写；第五篇，徐向艺、钟耕深、班博撰写；第六篇，周小虎、陈传明撰写；结语，陈传明撰写。

2018 年 12 月 28 日

郑重声明

高等教育出版社依法对本书享有专有出版权。任何未经许可的复制、销售行为均违反《中华人民共和国著作权法》，其行为人将承担相应的民事责任和行政责任；构成犯罪的，将被依法追究刑事责任。为了维护市场秩序，保护读者的合法权益，避免读者误用盗版书造成不良后果，我社将配合行政执法部门和司法机关对违法犯罪的单位和个人进行严厉打击。社会各界人士如发现上述侵权行为，希望及时举报，本社将奖励举报有功人员。

反盗版举报电话　（010）58581999　58582371　58582488
反盗版举报传真　（010）82086060
反盗版举报邮箱　dd@hep.com.cn
通信地址　北京市西城区德外大街4号
　　　　　高等教育出版社法律事务与版权管理部
邮政编码　100120

意见反馈

为收集对教材的意见建议，进一步完善教材编写和做好服务工作，读者可将对本教材的意见建议通过如下渠道反馈至我社。

咨询电话　400-810-0598
读者服务邮箱　gjdzfwb@pub.hep.cn
通信地址　北京市朝阳区惠新东街4号富盛大厦1座
　　　　　高等教育出版社总编辑办公室
邮政编码　100029

防伪查询

用户购书后刮开封底防伪涂层，利用手机微信等软件扫描二维码，会跳转至防伪查询网页，获得所购图书详细信息。用户也可将防伪二维码下的20位数字按从左到右、从上到下的顺序发送短信至106695881280，免费查询所购图书真伪。

防伪客服电话　（010）58582300